AGB-Korrektur in Dauer- und Langzeitschuldverhältnissen

Schriften zum Arbeitsrecht und Wirtschaftsrecht

Herausgegeben von Abbo Junker

Band 78

PL ACADEMIC RESEARCH

Lorenz Sylvester Mitterer

AGB-Korrektur in Dauer- und Langzeitschuldverhältnissen

PL ACADEMIC RESEARCH

Bibliografische Information der Deutschen Nationalbibliothek
Die Deutsche Nationalbibliothek verzeichnet diese Publikation in der Deutschen Nationalbibliografie; detaillierte bibliografische Daten sind im Internet über http://dnb.d-nb.de abrufbar.

Zugl.: München, Univ., Diss., 2013

D 19
ISSN 1433-4666
ISBN 978-3-631-62769-3

PL Academic Research ist ein Imprint der Peter Lang GmbH.

Peter Lang – Frankfurt am Main · Bern · Bruxelles · New York · Oxford · Warszawa · Wien

www.peterlang.de

Vorwort

Ich hätte mir nichts mehr gewünscht, als dass Du heute noch hier wärst. Du bist der Grund, weshalb ich all die Kraft und Energie in mir habe. Du wirst immer ein ganz besonderer Teil von mir sein.

Die Arbeit wurde von der Juristischen Fakultät der Ludwigs-Maximilians Universität München im Wintersemester 2012/2013 als Dissertation angenommen. Der Rechts- und Gesetzesstand der Arbeit ist November 2012.

In erster Linie möchte ich mich bei meinen Eltern Ursula und Winfried Mitterer bedanken, die mich mein ganzes Leben lang unterstützt, gefördert und gefordert haben. Danke auch an diejenigen tollen Menschen, die mich über all die Jahre begleitet haben und das hoffentlich weiterhin werden.

Ein besonderer Dank gebührt selbstverständlich auch meinem Doktorvater Herrn Professor Dr. jur. Volker Rieble für seine direkte und ehrliche Art und die vielen wertvollen Denkanstöße. Schließlich danke ich Herrn Professor Dr. jur. Martin Franzen für die rasche Zweitkorrektur.

München, im Februar 2013

Inhaltsverzeichnis

Abkürzungsverzeichnis

a. A.	andere Ansicht / am Anfang
a. a. O.	am angegebenen Ort
a. E.	am Ende
a. F.	alte Fassung
Abs.	Absatz
abw.	abweichend
AcP	Archiv für die civilistische Praxis (Zeitschrift; zitiert nach Band und Seite; in Klammer Erscheinungsjahr des jeweiligen Bandes)
ADSp	Allgemeine Deutsche Spediteurbedingungen
AG	Aktiengesellschaft
AGB	Allgemeine Geschäftsbedingungen
AGBG	Gesetz zur Regelung der Allgemeinen Geschäftsbedingungen i. d. F. der Bek. vom 29.06.2000 (BGBl. I S. 946); aufgeh. durch Gesetz v. 26.11.2001 (BGBl. I S. 3138) m. W. v. 01.01.2002
AGG	Allgemeines Gleichbehandlungsgesetz vom 14.08.2006 (BGBl. I S. 1897)
AGNB	Allgemeine Geschäfts- und Nutzungsbedingungen
AktG	Aktiengesetz vom 06.09.1965 (BGBl. I S. 1089)
Alt.	Alternative
Anh.	Anhang
AP	Arbeitsrechtliche Praxis, Nachschlagewerk des Bundesarbeitsgerichts
ArbG	Arbeitsgericht (mit Ortsnamen)
ArbR	Arbeitsrecht
ArbRB	Der Arbeits-Rechts-Berater (Zeitschrift)

ArbZG	Arbeitszeitgesetz i. d. F. der Bek. vom 06.06.1994 (BGBl. I. S. 1170)
Art.	Artikel
ARS	Arbeitsrechts-Sammlung
Ascheid/Preis/Schmidt KündR	Ascheid, Reiner / Preis, Ulrich / Schmidt, Ingrid (Hrsg.): Kündigungsrecht – Großkommentar zum gesamten Recht der Beendigung von Arbeitsverhältnissen, 4. Auflage 2012, C. H. Beck Verlag, München [zitiert: Bearbeiter in Ascheid/Preis/Schmidt KündR]
AT	Allgemeiner Teil
aufgeh.	aufgehoben
AuR	Arbeit und Recht – Zeitschrift für Arbeitsrechtspraxis
BAG	Bundesarbeitsgericht
BAGE	Entscheidungssammlung des Bundesarbeitsgerichts
Bamberger/Roth BGB	Bamberger, Heinz Georg / Roth, Herbert (Hrsg.): Kommentar zum Bürgerlichen Gesetzbuch, 2. und 3. Auflage 2007 ff., Band 1: §§ 1 – 610 [3. Auflage 2012]; Band 2: §§ 611 – 1296 [3. Auflage 2012]; Verlag C. H. Beck, München [zitiert: Bearbeiter in Bamberger/Roth BGB]
BAnz	Bundesanzeiger
Bärmann, WEG	Bärmann, Johannes: Wohnungseigentumsgesetz – Gesetz über das Wohnungseigentum und das Dauerwohnrecht, 11. Auflage 2010, Verlag C. H. Beck, München
Bärmann/Pick, WEG	Bärmann, Johannes / Pick, Eckhardt (Hrsg.): Wohnungseigentumsgesetz – Gesetz über das Wohnungseigentum und das Dauerwohnrecht – Kommentar, 19. Auflage 2010, Verlag C. H. Beck, München [zitiert: Bearbeiter in Bärmann/Pick, WEG]
Bauer/Diller, Wettbewerbsverbote	Bauer, Jobst-Hubertus / Diller, Martin: Wettbewerbsverbote, 5. Auflage 2009, Verlag C. H. Beck Verlag, München
Bauer/Göpfert/Krieger, AGG	Bauer, Jobst-Hubertus / Göpfert, Burkhard / Krieger, Steffen, Allgemeines Gleichbehandlungsgesetz, 3. Auflage 2011, Verlag C. H. Beck, München [zitiert: Bearbeiter in Bauer/Göpfert/Krieger, AGG]

Baumbach/Hopt HGB	Baumbach, Adolf / Hopt, Klaus J. (Hrsg.): Handelsgesetzbuch, 34. Auflage 2010, Verlag C. H. Beck, München [zitiert: Bearbeiter in Baumbach/Hopt HGB]
Baumbach/Hueck GmbHG	Baumbach, Adolf / Hueck, Alfred (Hrsg.): Gesetz betreffend die Gesellschaften mit beschränkter Haftung, 19. Auflage 2010, Verlag C. H. Beck München [zitiert: Bearbeiter in Baumbach/Hueck GmbHG]
Baumbach/ Lauterbach/ Albers/Hartmann ZPO	Baumbach, Adolf / Lauterbach, Wolfgang / Albers, Jan / Hartmann, Peter (Hrsg.), Zivilprozessordnung, 69. Auflage 2011, Verlag C. H. Beck, München [zitiert: Bearbeiter in Baumbach/Lauterbach/Albers/Hartmann ZPO]
BauR	Zeitschrift für das gesamte öffentliche und zivile Baurecht
BayObLG	Bayerisches Oberstes Landesgericht
BayObLGZ	Amtliche Sammlung von Entscheidungen des Bayerischen Obersten Landesgerichts in Zivilsachen
BB	Betriebs-Berater (Zeitschrift)
Beck'scher VOB-Kommentar	Beck'scher VOB- und Vergaberechts-Kommentar – Vergabe- und Vertragsordnung für Bauleistungen – Teil B (Hrsg.: Ganten, Hans /Jagenburg, Walter / Motzke, Gerd), 2. Auflage 2008, Verlag C. H. Beck, München [zitiert: Bearbeiter in Beck'scher VOB-Kommentar]
Beckmann/ Matusche-Beckmann VersR Hdb	Beckmann, Roland Michael / Matusche-Beckmann, Annemarie, Versicherungsrechts-Handbuch, 2. Auflage2009, Verlag C. H. Beck München [zitiert: Bearbeiter in Beckmann/Matusche-Beckmann VersR HdB]
Begr.	Begründung / Begründer
begr.	begründet
Bek.	Bekanntmachung
BetrAVG	Gesetz zur Verbesserung der betrieblichen Altersversorgung i. d. F. der Bek. vom 19.12.1974 (BGBl. I S. 3610)
BGB	Bürgerliches Gesetzbuch i. d. F. der Bek. vom 02.01.2002 (BGBl. I S. 42; berichtigt S. 2909; 2003 I S. 738)
BGBl.	Bundesgesetzblatt
BGH	Bundesgerichtshof
BGHZ	Entscheidungssammlung des Bundesgerichtshofs in Zivilsachen

Bork, BGB AT	Allgemeiner Teil des Bürgerlichen Gesetzbuchs, 3. Auflage 2011, Mohr Siebeck, Tübingen
Britz/Hellermann/ Hermes EnWG	Britz, Gabriele / Hellermann, Johannes / Hermes, Georg (Hrsg.): Energiewirtschaftsgesetz, 2. Auflage 2010, Verlag C. H. Beck, München [zitiert: Bearbeiter in Britz/Hellermann/Hermes EnWG]
Bruck/Möller VVG	Baumann, Horst / Beckmann, Michael Roland / Johannsen, Katharina / Johannsen, Ralf (Hrsg.): Bruck/Möller Versicherungsvertragsgesetz, Band 1 – Einführung; §§ 1 – 32 [9. Auflage 2008]; De Gruyter Recht, Berlin [zitiert: Bearbeiter in Bruck/Möller VVG]
BT	Besonderer Teil
BT-Drucks.	Drucksache des Deutschen Bundestages
BUrlG	Bundesurlaubsgesetz i. d. F. der Bek. vom 08.01.1963 (BGBl. III, Gliederungsnummer 800-4)
BverfG	Bundesverfassungsgericht
BVerfGE	Entscheidungen des Bundesverfassungsgerichts
BVerwG	Bundesverwaltungsgerichtshof
BVerwGE	Entscheidungen des Bundesverwaltungsgerichtshof
bzgl.	bezüglich
bzw.	beziehungsweise
Callies/Ruffert EUV/AEUV	Callies, Christian / Ruffert, Matthias (Hrsg.):, EUV / AEUV – Das Verfassungsrecht der Europäischen Union mit Europäischer Grundrechtscharta, 4. Auflage 2011, Verlag C. H. Beck, München [zitiert: Callies/Ruffert EUV/AEUV]
d. h.	das heißt
Danner/Theobald EnergieR	Danner, Wofgang / Theobald, Christian (Hrsg.): Energierecht, 71. Ergänzung 2011, Verlag C. H. Beck, München [zitiert: Bearbeiter in Danner/Theobald EnergieR]
DB	Der Betrieb (Zeitschrift)
dies.	dieselbe
DNotZ	Deutsche Notar-Zeitschrift
DPL	Der Personalleiter (Zeitschrift für rechtssichere Personalarbeit)
DRV-Bund	Deutsche Rentenversicherung Bund

DStR	Deutsches Steuerrecht (Zeitschrift)
DVBl	Deutsches Verwaltungsblatt
DZWir	Deutsche Zeitschrift für Wirstchaftsrecht
Ebenroth/ Boujong/ Joost HGB	Ebenroth, Carsten Thomas / Boujong, Karlheinz / Joost, Detlev (Hrsg.), Handelsgesetzbuch, 2001; Band 1 §§ 1 – 342a [2001]; Verlag C. H. Beck / Verlag Franz Vahlen, München [zitiert: Bearbeiter in Ebenroth/Boujong/Joost HGB]
EFZG	Entgeltfortzahlungsgesetz i. d. F. der Bek. vom 26.05.1994 (BGBl. I S. 1014, 1065)
EGBGB	Einführungsgesetz zum Bürgerlichen Gesetzbuch i. d. F. der Bek. vom 21.091994 (BGBl. I S. 2494; 1997 I S. 1061)
Einf.	Einführung
EnWG	Gesetz über die Elektrizitäts- und Gasversorgung Energiewirtschaftsgesetz vom 07.07.2005 (BGBl. I S. 1970, 3621)
Emmerich/ Sonnenschein, MietR	Emmerich, Volker / Sonnenschein, Jürgen: Miete – Handkommentar §§ 535 bis 580a des Bürgerlichen Gesetzbuches, 10. Auflage 2007, De Gruyter Recht, Berlin
ErfK ArbR	Erfurter Kommentar zum Arbeitsrecht (Begr.: Dietrich, Thomas / Hanau, Peter / Schaub, Günther – Hrsg.: Müller-Glöge, Rudi / Preis, Ulrich / Schmidt, Ingrd), 12. Auflage 2012, Verlag C. H. Beck, München [zitiert: Bearbeiter in ErfK ArbR]
ErbbauRG	Gesetz über das Erbbaurecht i. d. F. der Bek. vom 15.01.1919 (veröffentlichte, bereinigte Fassung: BGBl. III Gliederungsnummer 403-6)
Erman BGB	Erman, Bürgerliches Gesetzbuch – Handkommentar (Begr.: Erman Walter – Hrsg.: Westerman, Harm, Peter), 13. Auflage 2011 ff., Band I, §§ 1 – 758 [2011]; Verlag Dr. Otto Schmidt, Köln [zitiert: Bearbeiter in Erman BGB]
etc.	et cetera
EWG	Europäische Wirtschaftsgemeinschaft
EzA	Entscheidungssammlung zum Arbeitsrecht (Hrsg.: Stahlhacke, Eugen / Kreft, Burghardt)
f.	folgende
ff.	fortfolgende

FamRZ	Zeitschrift für das gesamte Familienrecht mit Betreuungsrecht, Erbrecht, Verfahrensrecht, Öffentlichem Recht [zitiert: Bearbeiter in FamRZ]
Flume, BGB AT II	Flume, Werner: Allgemeiner Teil des Bürgerlichen Rechts Zweiter Band – Das Rechtsgeschäft, 3. Auflage 1979, Springer-Verlag, Heidelberg, New York
Fn.	Fußnote
FS Bärmann	Festschrift für Johannes Bärmann zum 70. Geburtstag (Hrsg: Lutter, Marcus / Kohlhosser, Helmut / Trusen, Winfried), 1975, C. H. Beck'sche Verlagsbuchhandlung, München [zitiert: Bearbeiter in FS Bärmann]
FS Canaris	Festschrift für Claus-Wilhelm Canaris zum 70. Geburtstag (Hrsg.: Heldrich, Andreas / Prölss, Jürgen / Koller, Ingo / Petersen, Jens / Hager, Johannes / Singer, Reinhard / Langenbucher, Katja / Grigoleit, Christopher / Hey, Felix), 2007, Verlag C. H. Beck, München [zitiert: Bearbeiter in FS Canaris]
FS Dölle	Vom Deutschen zum Europäischen Recht – Festschrift für Hans Dölle, Band I (Hrsg.: von Caemmerer, Ernst / Nikisch, Arthur / Zweigert, Konrad), 1963, Verlag J. C. B. Mohr (Paul Siebeck), Tübingen [zitiert: Bearbeiter in FS Dölle]
FS Flume	Festschrift für Werner Flume zum 70. Geburtstag (12. September 1978), Band I (Hrsg.: Ballerstedt, Kurt / Jakobs, Horst Heinrich), 1978, Verlag Dr. Otto Schmidt KG, Köln [zitiert: Bearbeiter in FS Flume]
FS Großfeld	Festschrift für Bernhard Großfeld zum 65. Geburtstag (Hrsg.: Ulrich Hübner / Ebke, Werner F.), 1999, Verlag Recht und Wirtschaft GmbH, Heidelberg [zitiert: Bearbeiter in FS Großfeld]
FS Honsell	Festschrift für Heinrich Honsell zum 60. Geburtstag (Hrsg.: Harrer, Friedrich / Portmann, Wolfgang / Zäch, Robert), 2002 , Schulthess Juristische Medien AG, Zürich, Basel, Genf [zitiert: Bearbeiter in FS Honsell]

FS Hüffer	Festschrift für Uwe Hüffer zum 70. Geburtstag (Hrsg.: Kindler, Peter / Koch, Jens / Ulmer, Peter / Winter, Martin), 2010, Verlag C. H. Beck, München [zitiert: Bearbeiter in FS Hüffer]
FS Kollhosser	Recht und Risiko – Festsschrift für Helmut Kollhosser zum 70. Geburtstag, Band I – Versicherungsrecht (Hrsg.: Bork, Reinhard / Hoeren, Thomas / Pohlmann, Petra), 2004, Verlag Versicherungswirtschaft GmbH, Karlsruhe [zitiert: Bearbeiter in FS Kollhosser]
FS Korbion	Festschrift für Hermann Korbion zum 60. Geburtstag am 18. Juni 1986 (Hrsg.: Pastor, Walter), 1986, Werner-Verlag, Köln [zitiert: Bearbeiter in FS Korbion]
FS Krejci	Festsschrift für Heinz Krejci zum 60. Geburtstag, Zweiter Band (Hrsg.: Bernat, Erwin / Böhler, Elisabeth / Weilinger, Arthur), 2001, Verlag Österreich, Wien [zitiert: Bearbeiter in FS Krejci]
FS Lehman	„Das deutsche Privatrecht in der Mitte des 20. Jahrhunderts“ – Festschrift für Heinrich Lehmann zum 80. Geburtstag – Band II (Hrsg.: Nipperdey, H. C.), 1956, Walter de Gruyter & Co., Berlin; J. Schweitzer Verlag, Berlin; J. C. B. Mohr (Paul Siebeck), Tübingen, Verlag Franz Vahlen GmbH, Berlin, Frankfurt a. M.
FS Lerche	Festsschrift für Peter Lerche zum 65 Geburtstag (Hrsg.: Badura, Peter / Scholz, Ruppert), 1993, Festschrift für Peter Lerche zum 65. Geburtstag, C. H. Beck'sche Verlagsbuchhandlung, München [zitiert: Bearbeiter in FS Lerche]
FS Raiser	„Funktionswandel der Privatrechtsinstitutionen“ – Festschrift für Ludwig Raiser zum 70. Geburtstag (Hrsg: Baur, Fritz / Esser, Fritz / Kübler, Friedrich, Steindorff, Ernst), 1974, Verlag J. C. B. Mohr (Paul Siebeck), Tübingen [zitiert: Bearbeiter in FS Raiser]
FS Schaub	Festschrift für Günter Schaub zum 65. Geburtstag (Hrsg.: Schlachter, Monika / Ascheid, Reiner / Friedrich, Hans-Wolf), 1998, C. H. Beck'sche Verlagsbuchhandlung, München [zitiert: Bearbeiter in FS Schaub]

FS Steindorff	Funktionswandel der Privatrechtsinstitutionen" – Festschrift für Ludwig Raiser zum 70. Geburtstag (Hrsg: Baur, Fritz / Esser, Fritz / Kübler, Friedrich, Steindorff, Ernst), 1974, Verlag J. C. B. Mohr (Paul Siebeck), Tübingen [zitiert: Bearbeiter in FS Steindorff]
FS Ulmer	Festschrift für Peter Ulmer zum 70. Geburtstag am 02. 2003, (Hrsg.: Habersack, Matthias / Hommelhoff, Peter / Hüffer, Uwe), 2003, Verlag De Gruyter Recht, Berlin [zitiert: Bearbeiter in FS Ulmer]
FS Universität Köln	Festschrift für der Rechtswissenschaftlichen Fakultät zur 600-Jahr-Feier der Universität zu Köln, 1988, Carl Heymanns Verlag, Köln, Berlin, Bonn, München [zitiert: Bearbeiter in FS Universität Köln]
FS Westermann	Festschrift für Harm Peter Westermann zum 70. Geburtstag 2008 (Hrsg.: Aderhold, Lutz / Grunewald, Barbara / Klingberg, Dietgard / Paefgen, Walter G.), 2008, Verlag Dr. Otto Schmidt, Köln [zitiert: Bearbeiter in FS Westermann]
FS Wilburg	Festschrift für Walter Wilburg zum 70. Geburtstag (Hrsg.: Baltl, Hermann), 1975, Leykam-Verlag, Gratz [zitiert: Bearbeiter in FS Wilburg]
Führich, ReiseR	Führich, Ernst: Reiserecht, 6. Auflage 2010, Verlag C. H. Beck München
GasGVV	Gasgrundversorgungsverordnung i. d. F. der Bek. vom 26.10.2006 (BGBl. I S. 2391, 2396)
GebrMG	Gebrauchsmustergesetz i. d. F. der Bek. vom 28.08.1986 (BGBl. I S. 1455)
gem.	gemäß
GewO	Gewerbeordnung i. d. F. der Bek. vom 22.02.1999 (BGBl. I S. 202)
GG	Grundgesetz für die Bundesrepublik Deutschland vom 23.05.1949 (BGBl. S. 1)
ggf.	gegebenenfalls
GK GmbHG	Gesetz betreffend die Gesellschaften mit beschränkter Haftung (GmbHG) – Großkommentar (Hrsg.: Ulmer, Peter / Habersack, Martin / Winter, Martin), 2005 ff.; Band I, §§ 1 – 28 [2005]; Mohr Siebeck, Tübingen [zitiert: Bearbeiter in GK GmbHG]

GK KR	Gemeinschaftskommentar zum Kündigungsschutzgesetz und zu sonstigen kündigungsrechtlichen Vorschriften (Hrsg.: Etzel, Gerhard / Fischermeier, Ernst / Friedrich, Hans-Wolff / Griebeling, Jürgen / Lipke, Gert-Albert / Rost, Friedhelm / Spilger, Andreas Michael / Treber, Jürgen / Vogt, Norbert / Weigand, Horst / Wolff, Ingeborg), 9. Auflage 2009, Luchterhand, Köln [zitiert: Bearbeiter in GK KR]
GmbH	Gesellschaft mit beschränkter Haftung
GmbHG	Gesetz betreffend die Gesellschaften mit beschränkter Haftung i. d. F. der Bek. vom 20.05.1898 (RGBl. S. 369, 846)
GmS-OBG	Gemeinsamer Senat der Obersten Bundesgerichte
Grds.	Grundsatz
grds.	grundsätzlich
GRUR	Gewerblicher Rechtsschutz und Urheberrecht (Zeitschrift)
Hdb	Handbuch
h. L.	herrschende Literatur
h. M.	herrschende Meinung
Heinrichs/Löwe/ Ulmer 10 Jahre AGBG	Heinrichs, Helmut / Löwe, Walter / Ulmer, Peter (Hrsg.), Zehn Jahre AGB-Gesetz, 1987, Verlag Kommunikationsforum Recht Wirtschaft Steuern Tagungs- und Verlagsgesellschaft mbH, Köln [zitiert: Bearbeiter in GK Heinrichs/Löwe/ulmer 10 Jahre AGBG]
Henssler/ Willemsen/ Kalb ArbR	Henssler, Martin / Willemsen, Heinz Josef / Kalb, Heinz-Jürgen (Hrsg.): Arbeitsrecht Kommentar, 4. Auflage 2010, Verlag Dr. Otto Schmidt, Köln [zitiert: Bearbeiter in Henssler/Willemsen/Kalb ArbR]
HGB	Handelsgesetzbuch i. d. F. der Bek. v. 10.05.1897 (RGBl. S. 219)
HKK-BGB	Historisch-kritischer Kommentar zum BGB, 2003 ff., Band I, §§ 1 – 240 [2003]; Band II, 2. Teilband, §§ 305 – 432 [2007], Mohr Siebeck, Tübingen [zitiert: Bearbeiter in HKK-BGB]
Hromadka/ Maschmann, ArbR	Arbeitsrecht, 3. Auflage 2005, Band 1 – Individualarbeitsrecht, Springer Verlag, Berlin, Heidelberg, New York

Hrsg.	Herausgeber
HS.	Halbsatz
Hübner, BGB AT	Allgemeiner Teil des Bürgerlichen Gesetzbuches, 2. Auflage 1996, Walter de Gruyter, Berlin, New York
Hüffer, AktG	Hüffer, Uwe: Aktiengesetz (Kommentar), 10. Auflage 2012, Verlag C. H. Beck, München
i. d. F.	in der Fassung
i. d. R.	in der Regel
i. R. d.	im Rahmen des
i. R. v.	im Rahmen von
i. S. d.	im Sinne des
i. S. v.	im Sinne von
i. V. m.	in Verbindung mit
Ingenstau/ Korbion VOB	Ingenstau, Heinz / Korbion, Hermann, VOB Teile A und B – Kommentar (Hrsg: Vyrgen, Klaus / Kratzenberg, Rüdiger), 17. Auflage 2010, Werner Verlag, Köln [zitiert: Bearbeiter in Ingenstau/Korbion VOB]
InsO	Insolvenzordnung i. d. F. der Bek. vom 05.10.1994 (BGBl. I S. 2866)
Isensee/Kirchhof Hdb StaatsR	Isensee, Josef / Krichhof, Paul (Hrsg.), Handbuch des Staatsrechts der Bundesrepublik Deutschland, Band VI Freiheitsrecht (3. Auflage 1989), C. F. Müller Juristischer Verlag, Heidelberg [zitiert: Bearbeiter in Isensee/Kirchhof Hdb StaatsR]
InstitutsVergV	Instituts-Vergütungsverordnung i. d. F. der Bek. vom 06.10.2010 (BGBl. I S. 1374)
JA	Juristische Arbeitsblätter (Zeitschrift)
Jennißen WEG	Jennißen, Georg (Hrsg.): Wohnungseigentumsgesetz, 2. Auflage 2010, Verlag Dr. Otto Schmidt, Köln [zitiert: Bearbeiter in Jennißen WEG]
JuS	Juristische Schulung (Zeitschrift)
JZ	Juristenzeitung

K. Schmidt/Lutter AktG	Schmidt, Karsten / Lutter, Marcus (Hrsg.): Aktiengesetz, I. Band §§ 1 – 149 [2. Auflage 2010], Verlag Dr. Otto Schmidt, Köln [zitiert: Bearbeiter in K. Schmidt/Lutter AktG]
Kapellmann/ Messerschmidt VOB	Kapellmann, Klaus / Messerschmidt, Burkhard (Hrsg.), VOB Teile A und B – Vergabe- und Vertragsordnung für Bauleistungen mit Vergabeverordnung (VgV), 3. Auflage 2010 [zitiert: Bearbeiter in Kapellmann/Messerschmidt, VOB]
Knack/Henneke VwVfG	Knack Hans Joachim / Henneke, Hans-Günter (Hrsg.), Verwaltungsverfahrensgesetz (VwVfG), 9 Auflage 2010, Carl Heymanns Verlag (Wolters Kluwer Deutschland GmbH), Köln [zitiert: Bearbeiter in Knack/Hennecke VwVfG]
Kniffka/Koeble, BauR	Kniffka, Rolf / Koeble, Wolfgang, Kompendium des Baurechts – Privates Baurecht und Bauprozess –, 3. Auflage 2008, Verlag C. H. Beck, München [zitiert: Bearbeiter in Kniffka/Koeble BauR]
Köhler/Bassenge AHB WEG	Köhler, Wilfried J. / Bassenge, Peter (Hrsg.): Anwaltshandbuch zum Wohnungseigentumsrecht, 2. Auflage 2009, Verlag Dr. Otto Schmidt, Köln [zitiert: Bearbeiter in Köhler/Bassenge AHB WEG]
Köhler/ Bornkamm UWG	Köhler, Helmut / Bornkamm, Joachim (Hrsg.): Gesetz gegen den unlauteren Wettbewerb, 30. Auflage 2012, Verlag C. H. Beck, München [zitiert: Bearbeiter in Köhler/ Bornkamm UWG]
KommJur	Zeitschrift Kommunaljurist
Kopp/Ramsauer, VwVfG	Kopp, Ferdinand O. (Begr.) / Ramsauer, Ulrich (Hrsg.), Verwaltungsverfahrensgesetz, 12. Auflage 2011, Verlag C. H. Beck, München
krit.	kritisch
KSchG	Kündigungsschutzgesetz i. d. F. der Bek. vom 25.08.1969 (BGBl. I S. 1317)
Küttner, Personalbuch	Küttner, Wolfdieter (Hrsg.), Personalbuch 2012, 19. Auflage, Verlag C. H. Beck, München KWG [zitiert: Bearbeiter in Küttner, Personalbuch]
LAG	Landesarbeitsgericht (mit Ortsnamen)

Larenz/Wolf, BGB AT	Larenz, Karl / Wolf, Manfred, Allgemeiner Teil des Bürgerlichen Rechts, 9. Auflage 2004, Verlag C. H. Beck, München
Laux/Schlachter, TzBfG	Laux, Helga / Schlachter, Monika, Teilzeit- und Befristungsgesetz, 2. Auflage 2011, Verlag C. H. Beck, München
Lit.	Literatur
lit.	litera
Looschelders/ Pohlmann VVG	Looschelders, Dirk / Pohlmann, Petra (Hrsg.): VVG-Kommentar, 2. Auflage 2011, Carl Heymanns Verlag, Köln [zitiert: Bearbeiter in Looschelders/Pohlmann VVG]
Löwisch/Rieble TVG	Löwisch, Manfred / Rieble, Volker (Hrsg.): Tarifvertragsgesetz, 3. Auflage 2012, Verlag C. H. Beck, München und Frankfurt a. M.
LS	Leitsatz
Luz/Neus/ Schaber/Scharpf/ Schneider/Weber KWG	Luz, Günther / Neus, Werner / Schaber, Matthias / Scharpf, Paul / Schneider, Peter / Weber, Max (Hrsg.): Kreditwesengesetz (KWG), 2. Auflage 2011, Schäffer-Poeschel Verlag, Stuttgart
m. Anm.	mit Anmerkung
m. E.	meines Erachtens
Mangoldt/Klein/ Starck GG	Mangoldt, Hermann von / Klein, Friedrich / Starck, Christian (Hrsg.): Kommentar zum Grundgesetz, 6. Auflage, Band 1, Präambel, Art. 1 – 19 [2010], Verlag Franz Vahlen, München [zitiert: Bearbeiter in Mangoldt/Klein/Starck GG]
MarkenG	Gesetz über den Schutz von Marken und sonstigen Kennzeichen i. d. F. der Bek. vom 25.10.1994 (BGBl. I S. 3082; 1995 I S. 156; 1996 I S, 682)
MDR	Monatsschrift für Deutsches Recht
Medicus, BGB AT	Allgemeiner Teil des BGB, 10. Auflage 2010, C. F. Müller, Verlagsgruppe Hüthig Jehle Rehm GmbH, Heidelberg, München, Landsberg, Frechen, Hamburg
Meinel/Heyn/ Herms TzBfG	Meinel, Gernod / Heyn, Judith / Herms, Sascha (Hrsg.): Teilzeit- und Befristungsgesetz (Kommentar), 4. Auflage 2012, Verlag C. H. Beck, München [zitiert: Bearbeiter in Meinel/Heyn/Herms TzBfG]

Messerschmidt/ Voit BauR	Messerschmidt, Burkhard / Voit, Wolfgang (Hrsg.): Privates Voit Baurecht –Kommentar zu §§ 631 ff. BGB, 2008, C. H. Beck Verlag, München [zitiert: Bearbeiter in Messerschmidt/Voit BauR]
Michalski, GmbHG	Michalski, Lutz, Kommentar zum Gesetz betreffend die Gesellschaften mit beschränkter Haftung, 2. Auflage 2010; Band I §§ 1 – 34 [2010]; C. H. Beck Verlag, München
MüHdb ArbR	Münchener Handbuch zum Arbeitsrecht, 3. Auflage 2009 (Hrsg.: Richardi, Reiner / Wißmann, Hellmut / Wlotzke, Otfried / Oetker, Hartmut); Band 1 – Individualarbeitsrecht (Hrsg.: Richardi, Reiner / Wißmann, Hellmut / Wlotzke, Otfried / Oetker, Hartmut) [2009]; Verlag C. H. Beck, München [zitiert: Bearbeiter in MüHdB ArbR]
MüHdb GesR	Münchener Handbuch des Gesellschaftsrechts, 3. Auflage 2007 ff. (Hrsg.: Gummert, Hans / Weipert, Lutz); Band 1, BGB-Gesellschaft, Offene Handelsgesellschaft, Partnergesellschaft, Partenreederei, EWIV (Hrsg.: Gummert, Hans / Weiper, Lutz) [2009]; Band 3, Gesellschaft mit beschränkter Haftung (Hrsg.: Priester, Hans-Joachim / Mayer, Dieter) [2009]; Band 4 Aktiengesellschaft (Hrsg.: Hoffmann-Becking, Michael) [2007]; Verlag C. H. Beck, München [zitiert: Bearbeiter in MüHdB GesR]
MüKo AktG	Münchener Kommentar zum Aktiengesetz, 3. Auflage 2008 ff. (Hrsg.: Goette, Wulf / Habersack, Matthias / Kalss, Susanne); Band 2, §§ 76 – 117 (Hrsg.: Goette, Wulf / Habersack, Matthias) [2008]; Verlag C. H. Beck / Verlag Franz Vahlen, München [zitiert: Bearbeiter in MüKo AktG]
MüKo BGB	Münchener Kommentar zum Bürgerlichen Gesetzbuch mit Nebengesetzen, 5. und 6. Auflage 2007 ff. (Hrsg.: Säcker, Franz Jürgen / Rixecker, Roland); Band 1, §§ 1 – 240 (Red.: Säcker, Franz Jürgen) [6. Auflage 2012]; Band 2, §§ 241 – 432 (Red.: Krüger, Wolfgang) [5. Auflage 2007 und 6. Auflage 2012]; Band 3, §§ 433 – 610 (Red.: Krüger, Wolfgang / Westermann, Harm Peter) [6. Auflage 2012]; Band 4, §§ 611 – 705 (Red.: Henssler, Martin) [5. Auflage 2009]; Band 5, §§ 705 – 853 (Red.: Habersack, Martin) [5. Auflage 2009]; Verlag C. H. Beck, München [zitiert: Bearbeiter in MüKo BGB]

MüKo HGB	Münchener Kommentar zum Handelsgesetzbuch, 3. Auflage 2010 ff. (Hrsg.: Schmidt, Karsten); Band 1 §§ 1 – 104 (Red.: Schmidt, Karsten) [2010]; Band 2 §§ 105 – 160 (Red.: Schmidt, Karsten) [2011]; Verlag C. H. Beck / Verlag Franz Vahlen, München [zitiert: Bearbeiter in MüKo HGB]
MüKo VVG	Münchener Kommentar zum Versicherungsvertragsrecht, 1. Auflage 2009 ff. (Hrsg.: Langheid, Theo / Wandt, Manfred); Band 2, §§ 100 – 191 (Hrsg.: Langheid, Theo / Wandt, Manfred) [2011]; Verlag C. H. Beck, München [zitiert: Bearbeiter in MüKo VVG]
MüKo ZPO	Münchener Kommentar Zivilprozessordnung mit Gerichtsverfassungsgesetz und Nebengesetzen, 3. Auflage 2007 ff. (Hrsg.: Rauscher, Thomas / Wax, Peter / Wenzel, Joachim); Band 1, §§ 1 – 510c (Hrsg.: Rauscher, Thomas / Wax, Peter / Wenzel, Joachim) [2008]; Band 4, FamFG (Hrsg.: Rauscher) [2010]; Verlag C. H. Beck, München [zitiert: Bearbeiter in MoKo ZPO]
Musielak ZPO	Musielak, Hans-Joachim (Hrsg.): Kommentar zur Zivilprozessordnung mit Gerichtsverfassungsgesetz, 9. Auflage 2012, Verlag Franz Vahlen, München [zitiert: Bearbeiter in Musielak ZPO]
m. w. N.	mit weiteren Nachweisen
m. W. v.	mit Wirkung vom
n. F.	neue Fassung
Nachw.	Nachweis / Nachweise
NachwG	Nachweisgesetz vom 20. Juli 1995 (BGBl. I S. 946)
Nicklisch/Weick VOB B	Nicklisch, Fritz / Weick, Günter (Hrsg.): VOB – Verdingungsordnung für Bauleistungen Teil B, 3. Auflage 2001, Verlag C. H. Beck, München [zitiert: Bearbeiter in Nicklisch/Weick VOB B]
NJOZ	Neue Juristische Online-Zeitschrift
NJW	Neue Juristische Wochenschrift
NJW-RR	Neue Juristische Wochenschrift Rechtsprechungs-Report
NJWE-FER	Neue Juristische Wochenschrift Entscheidungsdienst Familien- und Erbrecht

Nomos Kommentar BGB	Anwaltkommentar zum BGB (Hrsg.: Dauner-Lieb, Barbara / Heide7, Thomas / Ring, Gerhard), 1. und 2. Auflage 2005 ff.; B Band 2, Teilband 1, §§ 241 – 631 (Hrsg.: Dauner-Lieb, Barbara / Langen, Werner) [2. Auflage 2012]; Deutscher Anwaltverlag, Bonn [zitiert: Bearbeiter in Nomos Kommentar BGB]
Nr.	Nummer
NVersZ	Neue Zeitschrift für Versicherung und Recht
NVwZ	Neue Zcitschrift für Verwaltungsrecht
NZA	Neue Zeitschrift für Arbeitsrecht
NZA-RR	Neue Zeitschrift für Arbeitsrecht Rechtsprechungs-Report
NZBau	Neue Zeitschrift für Baurecht und Vergaberecht
NZG	Neue Zeitschrift für Gesellschaftsrecht
NZM	Neue Zeitschrift für Miet- und Wohnungsrecht
o. g.	oben genannt
Oetker HGB	Oetker, Hartmut (Hrsg.): Kommentar zum Handelsgesetzbuch, 2009, Verlag C. H. Beck, München [zitiert: Bearbeiter in Oetker HGB]
OLG	Oberlandesgericht (mit Ortsnamen)
OLGZ	Rechtsprechung der Oberlandesgerichte in Zivilsachen, Amtliche Entscheidungssammlung
OVG	Oberverwaltungsgericht (mit Ortsnamen)
Palandt BGB	Palandt, Bürgerliches Gesetzbuch (Begr.: Palandt, Otto), 71. Auflage 2012, Verlag C. H. Beck, München [zitiert: Bearbeiter in Palandt BGB]
Prölss/Martin VVG	Prölss, Erich R. / Martin, Anton (Hrsg.): Versicherungsvertragsgesetz, 28. Auflage 2010, Verlag C. H. Beck, München [zitiert: Bearbeiter in Prölss/Martin VVG]
Prütting/Wegen/ Weinreich BGB	Prütting, Hanns / Wegen, Gerhard / Weinreich, Gerd, Kommentar, 4. Auflage 2009, Luchterhand – Wolters Kluwer Deutschland GmbH, Köln [zitiert: Bearbeiter in Prütting/ Wegen/Weinreich BGB]
RabelsZ	Rabels Zeitschrift für ausländisches und internationales Privatrecht

RdA	Recht der Arbeit – Zeitschrift für die Wissenschaft und Praxis des gesamten Arbeitsrechts
Red.	Redakteur
RG	Reichsgericht
RGZ	Amtliche Sammlung von Entscheidungen des Reichsgerichts in Zivilsachen
RL	Richtlinie
Rn.	Randnummer
RNotZ	Rheinische Notar-Zeitschrift
Röhricht/ Westphalen HGB	Röhricht, Volker / Westphalen, Friedrich Graf von (Hrsg.): Handelsgesetzbuch, 3. Auflage 2008, Verlag Dr. Otto Schmidt, Köln [zitiert: Bearbeiter in Röhricht/Westphalen HGB]
Rolfs/Giesen/ Kreikebohm/ Udsching ArbR	Rolfs, Christian / Giesen, Richard / Kreikebohm, Ralf / Udsching, Peter (Hrsg.): Arbeitsrecht Kommentar, 2008, Verlag C. H. Beck, München [zitiert: Bearbeiter in Rolfs/Giesen/Kreikebohm/Udsching ArbR]
Rowedder/ Schmidt-Leithoff GmbHG	Rowedder, Heinz / Schmidt-Leithoff, Christian (Hrsg.): Gesetz betreffend die Gesellschaften mit beschränkter Haftung, 4. Auflage 2002; Verlag Franz Vahlen, München [zitiert: Bearbeiter in Rowedder/Schmidt-Leithoff GmbHG]
Rspr.	Rechtsprechung
Rüffer/Halbach/ Schimikowski VVG	Rüffer, Wilfried / Halbach, Dirk / Schimikowski, Peter (Hrsg.): Versicherungsvertragsgesetz, 2. Auflage 2011, Nomos Verlagsgesellschaft, Baden-Baden [zitiert: Bearbeiter in Rüffer/Halbach/Schimikowski VVG]
RVG	Gesetz über die Vergütung der Rechtsanwältinnen und Rechtsanwälte i. d. F. der Bek. vom 05.05.2004 (BGBl. I S. 718, 788)
S.	Seite / Satz
s. a.	siehe auch
s. o.	siehe oben
Schaub ArbRHdB	Schaub, Günter (Begr.); Arbeitsrechts-Handbuch, 14. Auflage 2011, Verlag C. H. Beck, München [zitiert: Bearbeiter in Schaub ArbRHdB]

Schimansky/ Bunte/Lwowski BankenR	Schimansky, Herbert / Bunte, Hermann-Josef / Lwowski, Hans-Jürgen (Hrsg.): Bankrechts-Handbuch, Band I, 3. Auflage 2007 [zitiert: Bearbeiter in Schimansky/Bunte/ Lwoski BankenR]
Schmid/Harz MietR	Schmid, Michael J. / Harz, Annegret L. (Hrsg.): Fachanwaltskommentar Mietrecht, 3. Auflage 2012, Luchterhand, Wolters Kluwer Deustchland GmbH, Köln
Schmidt-Futterer MietR	Schmidt-Futterer, Mietrecht Großkommentar des Wohn- und Gewerberaummietrechts(Hrsg.: Blank, Hubert / Börstunghaus, Ulf Peter / Eisenschmidt, Norbert / Lammel, Siegbert / Langenberg, Hans / Streyl, Elmar), 10. Auflage 2011, Verlag C. H. Beck, München [zitiert: Bearbeiter in Schmidt-Futterer MietR]
Schmidt-Salzer, ProdHG	Schmidt-Salzer, Joachim (Hrsg.): Produkthaftung, 2. Auflage, 1988 ff.; Band I Strafrecht [1988]; Verlag Recht und Wirtschaft GmbH, Heidelberg [zitiert: Bearbeiter in Schmidt-Salzer ProdHG]
Schneider/ Theobald, Hdb EnWR	Schneider, Jens-Peter / Theobald, Christian (Hrsg.): Handbuch zum Recht der Energiewirtschaft, 2003, Verlag C. H. Beck, München [zitiert: Bearbeiter in Schneider/ Theobald Hdb EnWR]
Schwab/Löhnig, ZivR	Einführung in das Zivilrecht, 19. Auflage 2012, C. F. Müller, Heidelberg
Schwintowski/ Brömmelmeyer VVG	Schwintowski, Hans-Peter / Brömmelmeyer, Christop (Hrsg.): Praxiskommentar zum Versicherungsvertragsrecht, 2008, ZAP Verlag, Lexis Nexis Deutschland GmbH, Münster [zitiert: Bearbeiter in Schwintowski/Brömmelmeyer VVG]
SGB	Sozialgesetzbuch (nach Büchern I bis XII)
Sievers, TzBfG	Kommentar zum Teilzeit- und Befristungsgesetz, 2. Auflage 2007, Luchterhand, Köln
SMG	Gesetz zur Modernisierung des Schuldrechts vom 26.11.2001 (BGBl. I S. 3138)

Soergel BGB	Soergel, Kommentar zum Bürgerlichen Gesetzbuch, 12. und 13. Auflage 1990 ff. (Begr.: Soergel, Theodor); Band 2, §§ 241 – 432 (Bearb.: Siebert, Wolfgang) [12. Auflage 1990]; Band 5/2, §§ 320 – 327 (Bearb.: Siebert, Wolfgang) [13. Auflage 2005]; Verlag W. Kohlhammer GmbH, Stuttgart [zitiert: Bearbeiter in Soergel BGB]
st. Rspr.	ständige Rechtsprechung
StaatsR	Staatsrecht
Spindler/Stilz AktG	Spindler, Gerald / Stilz, Eberhard (Hrsg.): Kommentar zum Aktiengesetz, 2. Auflage 2010, Band 1 §§ 1 – 149 [2010], Verlag C. H. Beck, München [zitiert: Bearbeiter in Spindler/Stilz AktG]
Staub HGB	Staub, Handelsgesetzbuch Großkommentar, 5. Auflage 2005 ff. (Begr.: Staub Hermann – Hrsg.: Canaris, Claus-Wilhelm / Habersack, Matthias / Schäfer, Carsten); Dritter Band, §§ 105 – 160 [2009]; De Gruyter Recht, Berlin [zitiert: Bearbeiter in Staub HGB]
Staudinger BGB	Staudingers Kommentar zum Bürgerlichen Gesetzbuch mit Einführungsgesetz und Nebengesetzen, 13. und 14. Bearbeitung 1993 ff. (Begr.: Staudinger, Julius von); §§ 90 – 133 [14. Bearbeitung 2004]; §§ 139 – 163 [14. Bearbeitung 2010]; Einl. Zu §§ 241 ff.; §§ 241 – 243 [13. Bearbeitung 1995]; §§ 305 – 310 [14. Bearbeitung 2006]; Sellier – de Gruyter, Berlin [zitiert: Bearbeiter in Staudinger BGB]
Staudinger WEG	Staudingers Kommentar zum Bürgerlichen Gesetzbuch mit Einführungsgesetz und Nebengesetzen, 13. und 14. Bearbeitung 1993 ff. (Begr.: Staudinger, Julius von); §§ 1 – 25 Wohnungseigentumsgesetz [13. Bearbeitung 2005]; Sellier – de Gruyter, Berlin [zitiert: Bearbeiter in Staudinger WEG]
Stoffels, AGB	AGB-Recht, 2. Auflage 2009, Verlag C. H. Beck, München
StromGVV	Stromgrundversorgungsverordnung i. d. F. der Bek. vom 26.10.2006 (BGBl. I S. 2391)
teilw.	teilweise
Theobald/ Tehobald, EnWR	Grundzüge des Energiewirtschaftsrechts, 2. Auflage 2008, Verlag C. H. Beck, München

Thomas/Putzo ZPO	Thomas, Heinz / Putzo, Hans (Hrsg.): Zivilprozessordnung – Kommentar, 32. Auflage 2011, Verlag C. H. Beck, München [zitiert: Bearbeiter in Thomas/Putzo ZPO]
Thüsing, AGG	Thüsing, Gregor – Arbeitrechtlicher Diskriminierungsschutz – Das neue Allgemeine Gleichbehandlungsgesetz und andere arbeitsrechtliche Benachteiligungsverbote, 2007, Verlag C. H. Beck, München
Timme WEG	Timme, Michael (Hrsg.): Wohnungseigentumsgesetz – Gesetz über das Wohnungseigentum und das Dauerwohnrecht – Kommentar, 2010, Verlag C. H. Beck, München [zitiert: Bearbeiter in Timme WEG]
TKG	Telekommunikationsgesetz i. d. F. der Bek. vom 22.06.2004 (BGBl. I S. 1190)
Treber, EFZG	Treber, Jürgen, Kommentar zum Entgeltfortzahlungsgesetz und zu den wesentlichen Nebengesetzen, 2. Auflage 2007, Luchterhand, Köln
TVG	Tarifvertragsgesetz i. d. F. der Bek. vom 25.08.1969 (BGBl. I S. 1323)
TzBfG	Gesetz über Teilzeitarbeit und befristete Arbeitsverträge (Teilzeit- und Befristungsgesetz) i. d. F. der Bek. vom 21.12.2000 (BGBl. I S. 1966)
u. a.	unter anderem
u. U.	unter Umständen
Überbl.	Überblick
Überbl. v.	Überblick vor
UKlaG	Gesetz über Unterlassungsklagen bei Verbraucherrechts- und anderen Verstößen (Unterlassungsklagengesetz) i. d. F. der Bek. vom 27.08.2002 (BGBl. I S. 3422)
Ulmer/Brandner/ Hensen AGB	Ulmer, Peter / Brandner, Hans Erich / Hensen, Horst-Dieter (Hrsg.): AGB-Recht (Kommentar), 11. Auflage 2011, Verlag Dr. Otto Schmidt, Köln [zitiert: Bearbeiter in Ulmer/ Brandner/Hensen AGB]
UrhG	Gesetz über Urheberrecht und verwandte Schutzrechte i. d. F. der Bek. vom 09.09.1965 (BGBl. I S. 1273)
UWG	Gesetz gegen den unlauteren Wettbewerb i. d. F. der Bekanntmachung vom 03.03.2010 (BGBl. I S. 254)

v.	vom / von / vor
VAG	Versicherungsaufsichtsgesetz i. d. F. der Bek. vom 17.12.1992 (BGBl. 1993 I S. 2)
VersR	Versicherungsrecht / Zeitschrift für Versicherungsrecht, Haftungsrecht und Schadensrecht
versch.	verschiedene
vgl.	vergleiche
VOB/A	Vergabe- und Verdingungsordnung für Bauleistungen, Teil A: Allgemeine Bestimmungen für die Vergabe von Bauleistungen i. d. F. der Bek. vom 30.05.2002 (BAnz. Beilage Nr. 202a S. 19)
VOB/B	Vergabe- und Verdingungsordnung für Bauleistungen, Teil B: Allgemeine Vertragsbedingungen für die Ausführung von Bauleistungen, i. d. F. der Bek. vom 30.05.2002 (BAnz. Beilage Nr. 202a S. 19)
Vorb.	Vorbemerkung
Vorbem.	Vorbemerkung
VuR	Zeitschrift Verbraucher und Recht
VVG	Gesetz über den Versicherungsvertrag i. d. F. der Bek. vom 23.11.2007 (BGBl. I S. 2631)
VwGO	Verwaltungsgerichtsordnung i. d. F. der Bek. vom 19.03.1991 (BGBl. I S. 686)
VwVfG	Verwaltungsverfahrensgesetz i. d. F. der Bek. vom 23.01.2003 (BGBl. I S. 102)
Wandt, VersR	Wandt, Manfred, Versicherungsrecht, 4. Auflage, 2009, Carl Heymanns Verlag GmbH, Köln
WE	Wohnungseigentum (Zeitschrift)
WEG	Gemeinschaft der Wohnungseigentümer
Wendeling-Schröder/Stein AGG	Wendeling-Schröder, Ulrike / Stein, Axel (Hrsg.): Allgemeines Gleichbehandlungsgesetz, 2008, Verlag C. H. Beck, München [zitiert: Bearbeiter in Wendeling-Schröder/Stein AGG]

Westphalen AGB	Westphalen, Friedrich Graf von / Thüsing, Gregor (Hrsg.): Vertragsrecht und AGB-Klauselwerke, 31. Ergänzung 2012, Verlag C. H. Beck, München [zitiert: Bearbeiter in Westphalen AGB]
WM	Zeitschrift für Wirtschafts- und Bankrecht
WoEigG	Gesetz über das Wohnungseigentum und das Dauerwohnrecht (Wohnungseigentumsgesetz) vom 15.03.1951 (BGBl. I S. 175)
Wolf/Lindacher/Pfeiffer AGB	Wolf, Manfred / Lindacher, Walter F. / Pfeiffer, Thomas (Hrsg.): AGB-Recht (Kommentar), 5. Auflage 2009, Verlag C. H. Beck, München [zitiert: Bearbeiter in Wolf/Lindacher/Pfeiffer AGB]
Wolf/Neuner, BGB AT	Wolf, Manfred / Neuner, Jörg, Allgemeiner Teil des Bürgerlichen Rechts, 10. Auflage 2012, Verlag C. H. Beck, München
WuM	Wohnungswirtschaft und Mietrecht (Zeitschrift)
z. B.	zum Beispiel
ZfA	Zeitschrift für Arbeitsrecht
ZGR	Zeitschrift für Unternehmens- und Gesellschaftsrecht
ZGS	Zeitschrift für Vertragsgestaltung, Schuld- und Haftungsrecht
ZHR	Zeitschrift für das gesamte Handels- und Wirtschaftsrecht
ZIP	Zeitschrift für Wirtschaftsrecht
ZLW	Zeitschrift für Luft- und Weltraumrecht
ZMR	Zeitschrift für Miet- und Raumrecht
Zöller ZPO	Zöller, Zivilprozessordnung – Kommentar, 29. Auflage 2012 (Begr. Zöller, Richard), Verlag Dr. Otto Schmidt, Köln [zitiert: Bearbeiter in Zöller ZPO]
ZPO	Zivilprozessordnung i. d. F. der Bek. vom 05.12.2005 (BGBl. I S. 3202)
z. T.	zum Teil
zust.	zustimmend
ZWE	Zeitschrift für Wohnungseigentumsrecht

Einleitung

Das Thema der Korrektur von Allgemeinen Geschäftsbedingungen (AGB) ist natürlich nicht neu. Auch ist in diesem Bereich seit der Schuldrechtsmodernisierung im Jahr 2001 keine bedeutende Gesetzesänderung mehr erfolgt und wurden verschiedene Fragen in diesem Zusammenhang über mehrere Jahrzehnte hinweg ausgiebig in Rechtsprechung und Literatur behandelt. Trotz alldem möchte ich mit dieser Arbeit einen bislang in der gesamten Diskussion kaum beachteten Aspekt beleuchten. Ansatzpunkt meiner Überlegungen ist die besondere (Ver-) Bindung zwischen den Parteien eines Dauer- und Langzeitschuldverhältnisses, aus der sich umfangreiche Pflichten zur Rücksichtnahme auf die jeweils andere Partei ergeben. Ausgehend davon habe ich mir die Frage gestellt, wie stark diese Bindung ausgeprägt sein muss und welche Umstände zusätzlich vorliegen müssen, damit eine der beiden Vertragsparteien eine Anpassung des formularmäßigen Vertrages verlangen kann. Die Aktualität des Themas zeigt sich vor allem darin, dass die höchstrichterliche Rechtsprechung eine Korrektur mithilfe der ergänzenden Vertragsauslegung nur noch in Härte- oder Ausnahmefällen zulässt.[1] Damit nehmen die Gerichte in diesen Fällen der Sache nach eine AGB-Anpassung vor (dazu ausführlich im Dritten Teil, C. I. 3. d) [S. 151 ff.]).

Maßgeblicher Zweck der AGB-Anpassung ist die Erhaltung des von den Parteien vereinbarten Austauschverhältnisses. Eine vertragliche Vereinbarung lässt sich gleichsam als das von den Vertragsparteien gesetzte und ausschließlich zwischen ihnen geltende „Recht" bezeichnen. Die Wiederherstellung bzw. Wahrung dieses privatautonomen Austauschverhältnisses lässt sich daher ebenfalls als Ausfluss der Vertragsgerechtigkeit beschreiben. Dies ist maßgeblicher Zweck der AGB-Anpassung.

Im geltenden Schuldrecht wird Vertragsgerechtigkeit an sich dadurch gewährleistet, dass die Vertragsparteien die Bedingungen des Vertrages aushandeln und im Idealfall einen selbstbestimmten und angemessenen Ausgleich sämtlicher Interessen vereinbaren.[2] Dies ist der prägende Gedanke hinter dem Grundsatz der

1 So etwa BGH, vom 14.07.2010 – VIII ZR 246/08 = NJW 2011, 50 [54] und BAG, vom 12.01.2009 – 3 AZR 900/07 = NZA 2009, 666 [669].

2 Sehr anschaulich BAG, vom 21.12.1970 – 3 AZR 510/69 = NJW 1971, 1149 [1150].

Vertragsfreiheit und zugleich deren Rechtfertigungsgrund.[3] Die „Selbstbestimmung des Einzelnen im Rechtsleben“[4] ist allerdings dann nicht mehr gegeben, wenn die (Verhandlungs-)Positionen der Parteien unterschiedlich stark ausgeprägt sind, weil die Vertragsparität gestört ist oder eine Partei den Vertragsinhalt einseitig gestalten kann.[5] Als Ausgleich dafür sieht das Gesetz an verschiedenen Stellen Kompensationsmöglichkeiten vor, wie etwa in § 134 BGB, § 138 BGB, § 312 BGB, § 312d BGB, um nur einige zu nennen.[6]

So verhält es sich auch bei formularmäßigen Vertragsbedingungen: Hier nimmt der Verwender durch die Stellung einseitig die Vertragsgestaltungsfreiheit für sich in Anspruch, mit der Folge, dass sich die Vertragsfreiheit des Kunden darauf beschränkt, dem Abschluss des Vertrages zuzustimmen.[7] Als Ausgleich für die grundsätzliche Zulässigkeit der einseitigen Vertragsgestaltung durch eine Partei soll durch die §§ 305 ff. BGB sichergestellt werden, dass der Vertrag einen angemessenen Inhalt erhält.[8]

Im Zusammenhang mit formularmäßigen Verträgen stellt sich jedoch auch die Frage, in welchen Fällen und auf welche Art und Weise es die Vertragsgerechtigkeit gebietet, das intendierte Austauschverhältnis wiederherzustellen, wenn es aus anderen Gründen als der einseitigen Inanspruchnahme der Vertragsgestaltungsfreiheit durch den Verwender gestört ist. Diese Korrektur von formularmäßigen Verträgen aus Gründen der Einzelfallgerechtigkeit ist Gegenstand der vorliegenden Arbeit. Sie ist daher abzugrenzen von der Korrektur formularmäßiger Verträge, die aufgrund der allgemein anerkannten bzw. gesetzlichen AGB-Kontrollen erfolgt (dazu eingehend Dritter Teil, B. und C. [S. 99 ff.]). Angesichts der besonderen Bedeutung von Dauer- und Langzeitschuldverhältnissen für die Parteien beschränken sich die Untersuchungen dieser Arbeit auf die Korrektur solcher Vertragsverhältnisse (Vierter Teil [S. 197 ff.]).

---

3 BVerfG, vom 19.10.1993 – 1 BvR 567/89 = NJW 1994, 36 [38 f.]; vgl. auch etwa Limbach in JuS 1985, 10 [10 ff.] m. w. N.

4 Erichsen, in: Isensee/Kirchhof, Hdb StaatsR VI, § 152 Rn 58 [S. 1210] m. w. N.

5 BAG, vom 21.12.1970 – 3 AZR 510/69 = NJW 1971, 1149 [1150].

6 Eingehend dazu Hönn, Kompensation gestörter Vertragsparität, 1982.

7 Vgl. statt aller BGH, vom 07.07.1976 – IV ZR 229/74 = NJW 1976, 2345 [2346].

8 So etwa BAG, vom 11.04.2006 – 9 AZR 610/05 = NZA 2006, 1042 [1045].

Erster Teil: Korrekturbedarf

Das Gesetz stellt eine Vielzahl verschiedener Rechtsinstrumente zur Verfügung, die in bestimmtem Umfang eine Änderung, Erweiterung oder Umgestaltung rechtsgeschäftlicher Verträge ermöglichen (vgl. dazu, unten, Dritter Teil, B. [S. 99 ff.]). Darüber hinaus hat die Rechtsprechung vereinzelt weitergehende Möglichkeiten zur Vertragskorrektur entwickelt (Dritter Teil, C. [S. 143 ff.]). Sowohl der Gesetzgeber als auch die Gerichte sahen es in bestimmten Fällen als erforderlich an, dass eine Korrektur von vertraglichen Abreden möglich sein muss. Dieser Bedarf kann sich aus verschiedenen Gründen ergeben, die teilweise sogar kumulativ zusammentreffen. Gerade im Rahmen von Dauer- und Langzeitschuldverhältnissen tritt in erhöhtem Maße Korrekturbedarf auf, da diese aufgrund ihrer langen Vertragslaufzeit erheblich störungsanfälliger sind.

A. Erhöhter Korrekturbedarf in Dauer- und Langzeitschuldverhältnissen

Der Grundsatz der Vertragstreue („pacta sunt servanda"), der letztlich Ausdruck der grundrechtlich über Art. 14 Abs. 1 GG bzw. Art. 2 Abs. 1 GG geschützten Vertragsfreiheit ist, verpflichtet die Parteien aufgrund ihrer willentlichen Vertragsbindung zur Erfüllung der vereinbarten Pflichten.[1] Dadurch soll zum einen die Durchführung des Vertrages entsprechend dem übereinstimmenden Willen und zum anderen die Gewährleistung von Rechtssicherheit und Verlässlichkeit bewirkt werden. Der Rechtsverkehr soll sich darauf verlassen können, dass vereinbarte Leistungen anschließend auch tatsächlich erbracht werden bzw. dass

1 Abgestellt wird insofern auf den gebotenen Schutz vertragsrechtlicher Positionen, die im Wege der Vertragsfreiheit vereinbart werden können, vgl. Löwisch in AcP 165 (1965), 421 [422 a. E.]; Looschelders/Roth in JZ 1995, 1034 [1040 f.]; von Arnauld, Rechtssicherheit, 2006; Weller, Die Vertragstreue, 2009, S. 173; zur vertraglichen Bindung siehe BGH, vom 30.09.1958 – VIII ZR 129/57 = DB 1958, 1324 [1325]; Littbarski in JZ 1981, 8 [13]; allgemein zur Vertragsfreiheit etwa BVerfG, vom 18.02.1955 – BVerwG V C 75/54 = NJW 1955, 962 [963]; BGH, vom 09.02.1978 – III ZR 59/76 = BGHZ 70, 313, [324] = NJW 1978, 943 [945]; vgl. auch Starck in v. Mangold/Klein/Starck GG, Band 1, 6. Auflage 2010, Art. 2 Rn. 145 und Oetker, Das Dauerschuldverhältnis und seine Beendigung, 1994, S. 18 Fn. 2 m. w. N.

deren Erbringung ggf. zwangsweise durchgesetzt werden kann. Andernfalls wäre eine funktionierende Marktwirtschaft kaum vorstellbar. Dies gilt in besonderem Maße, wenn der Vertragsgegenstand für zumindest für eine Vertragspartei von erheblicher bzw. sogar essentieller Bedeutung ist. Von einer solch essentiellen Bedeutung ist regelmäßig bei Dauer- und Langzeitschuldverhältnissen auszugehen: So hat zum Beispiel das Arbeitsentgelt für den Arbeitnehmer in der Regel ebenso eine grundlegende Bedeutung wie die Überlassung einer Wohnung für den Mieter.

Gleichwohl treten störende Einflüsse gerade auch bei solchen Vertragsverhältnissen auf und kann sich daraus ggf. Bedarf für eine Korrektur des Vertrages ergeben.

Es kommen verschiedene Umstände in Betracht, die einen Korrekturbedarf auslösen können. Bei langfristigen Vertragsverhältnissen können die Gründe für die Korrekturbedürftigkeit typischerweise auf folgende vier Merkmale zurückgeführt werden:[2]

(1) Lange Vertragslaufzeit

Das Vertragsverhältnis ist aufgrund der langfristigen Vertragsbindung zwischen den Parteien in besonderem Maße Unsicherheiten und Unabwägbarkeiten ausgesetzt, welche die Parteien bei Vertragsschluss regelmäßig nicht vorhersehen können.[3] Eine entsprechende vertragliche Vorsorge ist den Parteien meistens nicht bzw. nur sehr eingeschränkt möglich. Darüber hinaus bringt es die Kombination von langer Vertragslaufzeit und erheblicher Bedeutung des Vertrages mit sich, dass sich Störungen als besonders einschneidend erweisen. Schließlich verlassen sich die Parteien in der Regel auf den Bestand des Vertrages und planen auf Grundlage von diesem langfristig.[4]

(2) Komplexität des Vertragsverhältnisses

Darüber hinaus begründen langfristig angelegte vertragliche Bindungen oftmals eine Vielzahl verschiedener Haupt- und Nebenleistungspflichten, deren Erfüllung typischerweise aufeinander abgestimmt werden müssen. Erfordert die Durchführung des Vertrages eine Beteiligung Dritter, erschwert sich die Leistungserbringung nicht selten in erheblichem Maße. Dies führt dazu, dass das Vertragsverhältnis in weitaus größerem Maße für Störungen anfällig ist.

---

2 In Anlehnung an G. Roth in FS Krejci, Zweiter Band, 2001, S. 1264.

3 Vgl. insofern etwa schon BGH, vom 14.10.1959 – V ZR 9/58 = NJW 1959, 2203 [2204]; aus der Literatur etwa Unberath in Bamberger/Roth BGB, Band 1, 2. Auflage 2007, § 313 Rn. 34.

4 Vgl. dazu etwa BGH, vom 21.12.1995 – VII ZR 198/94 = NJW 1996, 1282 [1282 f.].

(3) Besondere persönliche Bindung
Dauer- und Langzeitschuldverhältnisse kennzeichnen sich oftmals durch eine intensive Nähebeziehung zwischen den Parteien, die auf ihre Länge und ihre wirtschaftlichen Bedeutung zurückgeht. Diese Nähe erzeugt eine besondere persönliche und soziale Bindung bzw. u. U. sogar Abhängigkeit, welche die Parteien zu erhöhter Rücksichtnahme auf die Rechte, Rechtsgüter und Interessen des anderen Teils verpflichtet und eine Beendigung des Vertrages nur im Ausnahmefall zulässt.

(4) Beendigung nicht oder nur unter erheblichen Einbußen möglich
Schließlich können langfristige Verträge regelmäßig entweder überhaupt nicht oder nur unter Hinnahme erheblicher Einbußen beendet werden. Dies beruht in erster Linie auf ihrer großen wirtschaftlichen bzw. u. U. sogar existentiellen Bedeutung. Eine Beendigung sollte demnach möglichst auf besondere Ausnahmefälle beschränkt werden. Dies gilt maßgeblich für Miet-, Arbeits- und Versicherungsverhältnisse, die zu Gunsten der typischerweise schwächeren Partei in ihrem Bestand geschützt sind.

Diese für Dauer- und Langzeitschuldverhältnisse charakteristischen Merkmale verdeutlichen, dass die Bereitstellung von flexiblen und effektiven Korrekturinstrumenten unabkömmlich ist. Der Korrekturbedarf resultiert darüber hinaus aus der immer schnelleren Wandlung der wirtschaftlichen Rahmenbedingungen und der damit einhergehenden erhöhten Gefahr eines Eintritts von unvorhergesehenen Änderungen.[5]

Auch aus einem anderen Gesichtspunkt heraus ergibt sich die Notwendigkeit einer Korrekturmöglichkeit: Würde man in jedem Fall ein Festhalten am Vertrag ohne Rücksicht auf – schwerwiegende – nachteilige Entwicklungen und Störungen verlangen, wäre jede Partei stets gezwungen, diese unbegrenzten Risiken als Risikozuschläge einzupreisen.[6] Dies hätte zur Folge, dass der Vertragspartner unausweichlich mit den Kosten für sehr seltene und fernliegende Risiken belastet würde.

Insbesondere bei Dauer- und Langzeitschuldverhältnissen besteht damit aus Gründen der materiellen (Vertrags-)Gerechtigkeit ein Bedarf nach einer effektiven Möglichkeit zur Vertragskorrektur. Die Störungsursachen lassen sich folgendermaßen kategorisieren:

5 Vgl. zum Ganzen Lettl in JuS 2001, 144 und Feißl/Gorn in BB 2009, 1138.

6 Siehe dazu BGH, vom 29.04.2008 – KZR 2/07 = NJW 2008, 2172 [2173] m. w. N.; Kessel/Schwedler in BB 2010, 585 [585] jeweils zu formularmäßigen Preisanpassungsklauseln.

I. Tatsächliche Gründe

Wie zuvor dargestellt, geht die Störungsanfälligkeit von langfristigen Verträgen in erster Linie auf ihre Vertragslaufzeit zurück. Die lange Laufzeit bringt es nicht selten mit sich, dass der Vertrag für zumindest eine Vertragspartei von erheblicher wirtschaftlicher bzw. sozialer Bedeutung ist und typischerweise nicht sämtliche Entwicklungen vorhergesehen werden können. Außerdem werden bei derartigen Verträgen oftmals nur die Rahmenbedingungen vereinbart, so dass der vertraglichen Beziehung von vorneherein eine gewisse Dynamik innewohnt, da sich die weiteren Einzelheiten erst im Laufe der Zeit ergeben.[7]

Die überwiegende Anzahl der auftretenden Störungen wirkt sich auf das vertragliche Äquivalenzverhältnis aus, weil auch bloße Nebenabreden einen Geldwert haben und von den Parteien eingepreist werden. Derartige Störungen können zum Beispiel daraus resultieren, dass sich die Marktpreise für einzelne Produkte, die für die Vertragsdurchführung zwingend verwendet werden müssen, nicht entsprechend den ursprünglichen Erwartungen der Parteien entwickeln und somit zumindest einer Partei eine Leistungserbringung zu dem vereinbarten Entgelt unmöglich wird.[8] Die Entwicklung der Lebenshaltungskosten hat maßgeblich bei Renten-, Versorgungs- und Unterhaltsverträgen eine große Bedeutung.[9] Zu denken ist in diesem Zusammenhang auch an Liefer- und Produktionsschwierigkeiten, die auf arbeitskampfbedingte Streiks zurückzuführen sind.[10]

Neben diesen spezifischen Gründen sind vor allem auch klassische tatsächliche Anpassungszwänge zu nennen, wie etwa Tod, Krankheit, Pflichtverletzungen, Ehescheidungen, etc.[11]

Zu den tatsächlichen Gründen zählen ferner hoheitliche Interventionen zur Wirtschaftslenkung.[12] Solche staatlichen Lenkungsmaßnahmen werden insbesondere in bestimmten kartellrechtlichen Bereichen (Banken, Versicherungen, Landwirtschaft, Energie, etc.), im Rahmen von Gemeinschaftsaufgaben (Städtebau, Umweltschutz, etc.) sowie im Außenwirtschaftsbereich vorgenommen.[13]

Schließlich besteht ein Bedarf nach einer Vertragskorrektur auch aus präventiver Sicht. Nur so können entstandene Härten ausgeglichen und einer Beendi-

---

7 So auch G. Roth in FS Krejci, Zweiter Band, 2001, S. 1251 [1256].

8 Statt aller etwa BGH, vom 13.06.2007 – VIII ZR 36/06 = NJW 2007, 2540 [2542] m. w. N.

9 Vgl. etwa BGH, vom 23.05.1977 – II ZR 44/76 = NJW 1977, 1536; vom 08.01.1981 – VI ZR 128/79 = NJW 1981, 818; vom 15. 5. 2007 – VI ZR 150/06 = NJW 2007, 2475 [2475].

10 Ausführlich dazu bereits Löwisch in AcP 174 (1974), 233 [233 ff.].

11 Zöllner, Die Anpassung von Personengesellschaftsverträgen an veränderte Umstände, 1979, S. 17 a. E. (6.).

12 Dazu eingehend Ulmer in AcP 174 (1974), 167 [167 ff.].

13 Vgl. Ulmer in AcP 174 (1974), 167 [168].

gung des Vertrages – etwa durch (Änderungs-)Kündigung – vorgebeugt werden. Letztlich dient die Korrektur damit auch der Verwirklichung des Grundsatzes der Vertragstreue, der als Ausdruck der Vertragsfreiheit grundrechtlichen Schutz genießt.

II. Rechtliche Gründe

Daneben ergibt sich ein Bedarf zur Korrektur von Verträgen auch aus unterschiedlichen rechtlichen Gründen. Den Parteien von langfristigen und komplexen Verträgen ist es oft nicht möglich, eine vorsorgende (Ersatz-)Regelung für sämtliche, im Laufe der Zeit auftretende Störungen in den Vertrag aufzunehmen, selbst wenn sie die Möglichkeit der Änderung des konkreten Umstandes erkannt haben.

Die getroffenen Abreden erweisen sich teilweise als unpassend oder ungenügend zur Durchführung des Vertrages, so dass der Wille der Vertragsparteien bei Vertragsschluss in diesen Fällen nicht bzw. nur ungenügend verwirklicht werden kann. Insbesondere gelingt es den Parteien nicht immer, sämtliche Vertragsregelungen in rechtswirksamer Weise zu vereinbaren. In derartigen Fällen kommt zwar grundsätzlich eine – konkludente – Vertragsänderung dadurch in Betracht, dass die Parteien das Vertragsverhältnis entgegen der unzutreffenden bzw. unwirksamen Vereinbarung leben. Allerdings hängen solche faktischen Vertragsänderungen von strengen Voraussetzungen ab, deren Einschlägigkeit oftmals kaum rechtssicher bewertet werden kann. Eine faktische Vertragsänderung erfordert eine längere tatsächliche Übung (Zeitmoment) sowie ein schutzwürdiges Vertrauen derjenigen Partei, die sich auf die Konkretisierung der vertraglichen Abrede beruft (Umstandsmoment).[14] Der Verweis auf die grundsätzlich bestehende Möglichkeit einer konkludenten Vertragsänderung bringt demnach ein erhebliches Maß an Rechtsunsicherheit mit sich und lässt den Bedarf nach effektiven und rechtssicheren Instrumenten zur Korrektur von Verträgen nicht entfallen, zumal angesichts der erforderlichen Langwierigkeit der tatsächlichen Übung eine präventive Vertragsänderung in jedem Fall ausscheidet.

---

14 Vgl. zur Konkretisierung von Arbeitsverhältnissen BAG vom 23.06.1992 – 1 AZR 57/92 = NZA 1993, 89 [91]; vom 11.02.1998 – 5 AZR 472/97 = NZA 1998, 647 [647 f.]; vom 07.12.2000 – 6 AZR 445/99; vom 23.09.2004 – 6 AZR 567/03 = NZA 2005, 359 [360]; vom 13.06.2007 – 5 AZR 564/06 = NZA 2007, 974 [974 f.]; 15.09.2009 – 9 AZR 757/08 = NJW 2010, 394 [397], m. Anm. Reinhard; LAG Rheinland-Pfalz, vom 05.07.1996 – 10 Sa 165/96 = NZA 1997, 1113 [1113]; Müller-Glöge in MüKo BGB, Band 4, 5. Auflage 2009, § 611 Rn. 333; Preis in ErfK ArbR, 12. Auflage 2012, § 611 BGB Rn. 229; Hennige NZA 1999, 281 [285 f.].

Ferner ist an solche Störungen zu denken, die auf lückenhafte Verträge zurückgehen. In rechtlicher Hinsicht resultiert eine Lückenhaftigkeit vor allem aus gesetzlichen Einbeziehungs- und Inhaltskontrollschranken. Dies wirkt sich dann störend auf die Durchführung bzw. Fortsetzung des Vertrages aus, wenn sich eine Partei auf die Nichteinbeziehung bzw. Unwirksamkeit beruft oder die Rechtsprechung einzelne Klauseln für unwirksam erklärt.[15] Gleichermaßen können Störungen bei Gesetzesänderungen auftreten, die sich auf die Wirksamkeit der vertraglichen Regelungen auswirken.

Schließlich stellt eine Korrektur des Vertrages gegenüber dessen Beendigung – etwa im Wege der außerordentlichen Kündigung – das relativ mildere Mittel dar. Damit ist eine Korrektur grundsätzlich vorrangig in Betracht zu ziehen. Dies gebietet insbesondere auch der grundrechtlich geschützte Grundsatz der Vertragstreue.[16] Bei bestandsgeschützten Dauerschuldverhältnissen kommt insofern hinzu, dass deren Beendigung angesichts der erheblichen sozialen bzw. wirtschaftlichen Bedeutung des Vertrages für zumindest eine Vertragspartei auf Ausnahmefälle zu beschränken ist. Insbesondere im Miet- und Arbeitsrecht sowie in einigen Teilen des Versicherungsrechts ist eine Vertragsbeendigung in der Regel mit erheblichen Nachteilen für den Mieter, Arbeitnehmer bzw. Versicherten verbunden. Diese Personen sind typischerweise auf den Bestand bzw. die Leistungen aus den genannten Rechtsverhältnissen angewiesen. Aus diesem Grunde lässt das Gesetz eine Beendigung dieser Schuldverhältnisse durch die – wirtschaftlich – überlegene Partei nur in begründeten Ausnahmefällen zu.

III. Langzeitkalkulationen

Im Rahmen von Dauer- und Langzeitschuldverhältnissen bedarf es zwangsläufig einer Langzeitkalkulation zur Bestimmung des Verhältnisses von Leistung und Gegenleistung. Aufgrund dessen müssen sich die Parteien auf den (Fort-)Bestand des Vertrages verlassen können. Außerdem treffen sie in aller Regel weitere Dispositionen über den Vertragsgegenstand.

Ein langer Kalkulationszeitraum ist erheblichen Unabwägbarkeiten und Unsicherheiten ausgesetzt. Die Parteien können regelmäßig bei Vertragsschluss nicht sämtliche – möglicherweise – auftretende Störungen in ihre Kalkulation einstellen bzw. entsprechende vorsorgende Vereinbarungen zur Vermeidung treffen.

---

15 Zu letzterem etwa bei BGH, vom 17.03.1999 – IV ZR 218/97 = NJW 1999, 1865 [1865].

16 St. Rspr., vgl. etwa BGH, vom 23.05.1951 – II 71/50 = NJW 1951, 602; vgl. auch Meyer-Pritzel in HKK-BGB Band II, 2. Teilband (§§ 305 – 432), §§ 313 – 314 Rn. 72 m. w. N.

Unabhängig davon, dass sich Langzeitkalkulationen in Zeiten vermehrt auftretender wirtschaftlicher Krisen als äußerst schwierig bzw. fast unmöglich erweisen, ist die Inflation ein geläufiger Grund für das Entstehen von Störungen im Äquivalenzverhältnis. Der Gesetzgeber nimmt aus diesem Grunde bei Zeiten eine Korrektur seiner Regelwerke vor, wie etwa die Anpassung von Wert- und Mindestverdienstgrenzen oder die Verpflichtung des Arbeitgebers zur regelmäßige Überprüfung der Höhe der Versorgungsrente, § 16 BetrAVG[17] (vgl. speziell dazu unten, Dritter Teil, B. VII. 6. [S. 131]).

B. Korrekturbedarf bei formularmäßigen Dauer- und Langzeitverträgen

Schon in der Tendenz der Rechtsprechung, die das Rechtsinstitut der ergänzenden Vertragsauslegung in extensiver Weise zur Korrektur von formularmäßigen Verträgen verwendet hat (ausführlich dazu Dritter Teil C. I. [S. 143 ff.]), zeigt sich der praktische Bedarf nach einer Korrektur von AGB. Die zuvor unter A. genannten Gedanken sind weitestgehend auf AGB übertragbar (dazu sogleich unter I. und II.). Darüber hinaus resultiert der Korrekturbedarf teilweise auch aus den Besonderheiten der §§ 305 ff. BGB (dazu unter III. und IV.).

Das Interesse an einer Korrekturmöglichkeit besteht bei formularmäßigen Verträgen typischerweise auf Seiten des Verwenders. Dies hängt in erster Linie damit zusammen, dass der Kunde über die §§ 305 ff. BGB weitgehend vor Benachteiligungen aus der einseitigen Inanspruchnahme der Vertragsgestaltungsfreiheit durch den Verwender geschützt ist. Gleichwohl erfasst der Schutzbereich der §§ 305 ff. BGB nicht sämtliche Fälle auftretender Störungen und Nachteile, die bei und im Zusammenhang mit formularmäßigen Verträgen auftreten können, so dass ein Interesse des Kunden an einer AGB-Korrektur nicht von vorneherein ausscheidet.

I. Risiken bei Dauer- und Langzeitschuldverhältnissen

Die im Rahmen von Dauer- und Langzeitschuldverhältnissen typischerweise auftretenden Störungen ergeben sich gleichermaßen, wenn der Inhalt des Vertrages – zumindest teilweise – durch formularmäßige Klauseln geregelt wurde.

17 Ausdrücklich Zöllner, Die Anpassung von Personengesellschaftsverträgen an veränderte Umstände, 1979, S. 17 (unter 5.).

Dem steht insbesondere auch nicht die in § 306 Abs. 2 und 3 BGB getroffene Risikoverteilung entgegen, welche ausschließlich dem Verwender das Risiko der Unwirksamkeit der von ihm gestellten AGB zuweist. Zwar kann der Verwender zur Vermeidung bzw. Korrektur von möglichen Störungen ohne weiteres Vorsorgeregelungen in den Vertrag aufnehmen, wenn er die Vertragsgestaltungsfreiheit einseitig für sich in Anspruch nimmt. Dies ist ihm aber nur dann möglich, wenn er die Störungen überhaupt vorhersehen und eine – wirksame – vorsorgende Regelung treffen kann.

Die einseitige Stellung der AGB durch den Verwender rechtfertigt es nicht per se, diesem auch die Risiken aus der Unüberschaubarkeit des letztlich geschuldeten Leistungsumfangs und der Leistungserbringung sowie die erhöhte Gefahr der Veränderung der rechtlichen und tatsächlichen Umstände aufzuerlegen.[18] Dies folgt schon aus dem Sinn und Zweck der §§ 305 ff. BGB, die den Kunden nur vor Übervorteilung und sonstigen Nachteilen aus der einseitigen Inanspruchnahme der Vertragsgestaltungsfreiheit schützen wollen.[19] Der Kunde ist jedoch dann nicht schutzbedürftig, wenn unvorhergesehene bzw. unvermeidbare Störungen eine Fortsetzung des Vertrages zu den vereinbarten Konditionen für einen der beiden Vertragsteile als unzumutbar erscheinen lassen. In diesem Falle verwirklicht sich nicht die typische Gefahr aus der einseitigen Stellung von Vertragsbedingungen, vor der die §§ 305 ff. BGB schützen wollen.

II. Präventionscharakter von Korrekturen

Der Bedarf nach einer AGB-Korrektur ergibt sich darüber hinaus auch aus präventiven Gründen. Denn nur wenn die Parteien überhaupt eine Möglichkeit haben, unzumutbare Härten zu korrigieren, kann eine Beendigung des Vertrages (vor allem nach § 306 Abs. 3 und § 314 BGB) vermieden werden. In Dauer- und Langzeitschuldverhältnissen besteht dieses Bedürfnis aus den zuvor genannten Erwägungen (A. (4) und A. I. [S. 43 f.]).

Ferner ist das ultima-ratio-Prinzip auch im Rahmen von formularmäßigen Verträgen zu berücksichtigen. Danach ist eine Vertragsbeendigung auch hier auf zwingende Ausnahmefälle zu beschränken.[20] Kann eine Beendigung des Vertra-

---

18 Anschaulich zu diesen Risiken bei Dauer- und Langzeitschuldverhältnissen BGH, vom 26.09.1996 – I ZR 265/95 = NJW 1997, 1702 [1704 a. A.] = BGHZ 133, 316 [321]; Gaier in MüKo BGB, Band 2, 6. Auflage 2012, § 314, Rn. 3.

19 Zum Schutzzweck der §§ 305 ff. BGB vgl. nur BT-Drucks. 7/3919, S. 13 und S. 22; aus der Rspr. siehe etwa BGH, vom 19.11.2009 – III ZR 108/08 = NJW 2010, 1277 [1278 a. A.].

20 Anschaulich zum ultima-ratio-Prinzip etwa BAG, vom 21.04.1971 – GS 1/68 = NJW 1971, 1668 [1669 m. w. N.].

ges durch Korrektur der AGB unter Wahrung der berechtigten Interessen der Vertragsparteien vermieden werden, so ist diese vorrangig durchzuführen.

Nicht unerwähnt bleiben darf jedoch in diesem Zusammenhang, dass sich aus dem Präventionsgedanken heraus gerade auch Bedenken gegen den Bedarf bzw. sogar die Zulässigkeit einer AGB-Korrektur ergeben. Ausgehend von der Beschränkung des Kunden auf die Vertragsabschlussfreiheit ist es ein zentraler Gesichtspunkt im Rahmen der AGB-Kontrolle, eine folgenlose Stellung von unwirksamen AGB zu verhindern.[21] Der Verwender soll gerade nicht dazu verleitet werden, seine AGB im Vertrauen auf eine Korrekturmöglichkeit ausschließlich an seinen eigenen Interessen auszurichten. Insbesondere aus diesem Grunde weist ihm das Gesetz in § 306 Abs. 2 BGB das Risiko unwirksamer AGB zu.

Diese beiden gegensätzlichen Gesichtspunkte sind in einen gerechten Ausgleich zu bringen. Dabei muss sichergestellt werden, dass sich die Korrektur nicht als rechtsmissbräuchlich darstellt und die widerstreitenden Parteiinteressen hinreichend Berücksichtigung finden. In jedem Falle muss aber das Korrekturinteresse des Korrekturinteressenten das Bestandsinteresse der Gegenseite deutlich überwiegen, da letztere die Notwendigkeit der Anpassung nicht zu verantworten hat.[22] Welche Voraussetzungen dabei im Einzelnen für eine Korrektur bzw. Anpassung einschlägig sein müssen, wird unten (Vierter Teil B. [S. 199 ff.] und C. [S. 232 ff.]) umfassend untersucht.

III. Unbillige Benachteiligung erst aus Zusammenwirken mehrerer Klauseln

Der Bedarf nach einer Korrektur von formularmäßigen Dauer- und Langzeitverträgen kann sich auch noch aus einem anderen Gesichtspunkt ergeben: Die §§ 305 ff. BGB enthalten keine passende Vorschrift für Fälle, in denen eine formularmäßige Klausel zwar der Sache nach unbillig ist, dem Kunden aber gleichzeitig einen Vorteil einräumt, der ihm nach dem dispositiven Gesetzesrecht nicht zustehen würde. Dies lässt sich anschaulich am Beispiel von formularmäßigen Kilometerbegrenzungen verdeutlichen, wie sie teilweise in vom Leasinggeber gestellten Kfz-Leasing-Verträgen verwendet werden:

---

21 Vgl. etwa Schlosser in Staudinger BGB, §§ 306 – 310, 14. Bearbeitung 2006, § 306 Rn. 24 m. w. N.

22 Hau, Vertragsanpassung und Anpassungsvertrag, 2003, S. 270.

Kilometerbegrenzung

(1) Die maximal zulässige Kilometerleistung beträgt 15.000 km pro Jahr.
(2) Bei Überschreiten dieser Grenze fällt ein erhöhtes Mehrkilometerentgelt von EUR 0,10 pro Mehrkilometer an.
(3) Minderkilometer werden bis maximal 10 % der vereinbarten Gesamt-Fahrleistung gutgeschrieben. Der Leasingnehmer erhält EUR 0,02 je Minderkilometer erstattet.

Diese Klauseln stellen der Sache nach eine unangemessene Benachteiligung des Kunden gem. § 307 Abs. 1 S. 1 BGB dar. Der Marktwert eines Fahrzeugs hängt erheblich von dessen Laufleistung ab. Er mindert sich dabei degressiv im Verhältnis zur steigenden Laufleistung. Das bedeutet im Ergebnis, dass die ersten bzw. anfänglich gefahrenen Kilometer deutlich „mehr wert" sind, als die darauffolgenden: Ein Kfz mit einer Laufleistung von 10 km hat einen erheblich größeren Marktwert als ein Kfz des gleichen Typs mit einer Laufleistung von 10.000 km. Die unangemessene Benachteiligung ergibt sich somit daraus, dass die Klausel die eigentliche (Markt-)Preisentwicklung einseitig zu Lasten des Kunden verkennt. Der Leasinggeber hat unabhängig vom Fahrverhalten des Kunden einen geldwerten Vorteil: Gibt der Kunde das Kfz mit einer geringen Laufleistung zurück, fällt die Gutschrift entsprechend gering aus und erhält der Leasinggeber ein Fahrzeug mit einem hohem Marktwert. Wenn der Kunde dagegen das Fahrzeug mit einer großen Laufleistung an den Leasinggeber zurückgibt, ist er zur Zahlung des erhöhten Kilometerentgelts verpflichtet, das den geringeren Marktwert des Fahrzeugs oftmals mehr als nur auffängt.

Die Regelungen der §§ 305 ff. BGB passen im konkreten Fall nur bedingt, weil sich die unangemessene Benachteiligung nicht aus den einzelnen Klauseln selbst, sondern erst aus deren Verhältnis ergibt. Die Anordnung der Unwirksamkeit der Erstattungsklausel (3) wäre für den Kunden von noch größerem Nachteil: Er hätte dann im Falle der Minderleistung überhaupt keinen Erstattungsanspruch, zumal das dispositive Gesetzesrecht einen solchen nicht vorsieht. Würde man es dagegen bei der Erstattungsklausel für die Minderkilometerleistung (3) belassen und lediglich die Klausel für eine Mehrkilometerleistung (2) streichen, bliebe es bei dem der Höhe nach zu niedrigen Erstattungsanspruch des Kunden.

Dies gilt in gleichem Maße für solche Klauseln, die sich für den Kunden zugleich als vor- und nachteilhaftig erweisen, ohne dass der benachteiligende Teil inhaltlich bzw. sprachlich abtrennbar ist. Zur Verdeutlichung dient folgendes Beispiel einer vom Arbeitgeber gestellten Klausel, in der die ordentlichen Kündigungsfristen in einem Arbeitsvertrag geregelt werden:

Kündigung

(1) Die Parteien können das Arbeitsverhältnis mit einer Frist von drei Werktagen zum 15ten oder zum Ende eines Kalendermonats kündigen.

Diese Klausel stellt auf der einen Seite eine unangemessene Benachteiligung des Arbeitnehmers nach § 307 Abs. 2 Nr. 1 i. V. m. Abs. 1 S. 1 BGB dar, weil sie die vom Arbeitgeber nach § 622 Abs. 2 S. 1 BGB wegen § 622 Abs. 4 BGB einzuhaltenden Mindestkündigungsfristen erheblich verkürzt.[23] Auf der anderen Seite verkürzt die Klausel aber auch die Mindestfrist für die Kündigung des Arbeitnehmers nach § 622 Abs. 1 BGB zu dessen Gunsten. Aufgrund dieser Vor- und Nachteilhaftigkeit passen die Vorschriften der §§ 305 ff. BGB nicht, zumal eine sprachliche und inhaltliche Trennung der Klausel in wirksame und unwirksame Teile ausscheidet. Würde man die gesamte Klausel für unwirksam erklären, führte die alles-oder-nichts-Folge des § 306 Abs. 2 BGB auch zu einer Benachteiligung des Arbeitnehmers. Dies widerspräche jedoch dem Zweck des § 306 Abs. 2 BGB, der den Arbeitnehmer vor den Nachteilen aus der einseitigen Inanspruchnahme der Vertragsfreiheit durch den Arbeitgeber schützen und ihm gerade nicht formularmäßig eingeräumte Vorteile wieder entziehen will.

Somit besteht in einer derartigen Konstellation ebenfalls ein Bedarf nach einer Möglichkeit zur Korrektur der Klausel. Dieser entfällt auch nicht etwa deshalb, weil sich zwar der Arbeitnehmer auf die Unwirksamkeit der Klausel berufen kann, während dies dem Arbeitgeber gerade verwehrt ist.[24] Denn eine einheitliche und unteilbare Klausel kann nach den §§ 305 ff. BGB nicht zugleich wirksam und unwirksam sein. Eine solche Rechtsfolge sieht das Gesetz nicht vor.

IV. Gesetzliche Wertungen

Dass im Rahmen von Dauer- und Langzeitschuldverhältnissen ein Bedarf nach einer Möglichkeit zur Anpassung von AGB besteht, zeigen auch die Wertungen der §§ 308 f. BGB.

Nach § 308 Nr. 4 BGB kann sich der Verwender das einseitige Recht zur Vornahme von Vertragsänderungen vorbehalten, sofern dies dem Kunden unter Berücksichtigung der Verwenderinteressen zugemutet werden kann (näher zu den Voraussetzungen unter Dritter Teil A. III. 4. [S. 95 ff.]). Dies gilt anders als bei § 308 Nr. 3 BGB insbesondere auch für Dauerschuldverhältnisse, bei denen im Hinblick auf die besondere, aus der langen Laufzeit resultierende Störungs-

23 Vgl. anschaulich zur Möglichkeit von einzelvertraglichen Vereinbarungen i. R. d. § 622 BGB Müller-Glöge in ErfK ArbR, 12. Auflage 2012, § 622 BGB Rn. 34.

24 BT-Drucks. 7/5422, S. 6 (unter zu § 9); BGH vom 04.12.1986 – VII ZR 354/85 = NJW 1987, 837 [838]; vom 02.04.1998 – IX ZR 79/97 = NJW 1998, 2280 [2281]; Wolf in Wolf/Lindacher/Pfeifer AGB, 5. Auflage 2009, § 307 Rn. 95 m. w. N.

anfälligkeit ein erhebliches Bedürfnis nach einer derartigen Möglichkeit zur Vornahme von Änderungen besteht.[25]

Darüber hinaus ermöglicht die Regelung § 308 Nr. 5 BGB unter bestimmten – insbesondere formellen – Voraussetzungen die Aufnahme solcher Klauseln, die eine Zustimmungsfiktion des Kunden bezüglich vom Verwender nach Vertragsschluss erklärter Vertragsanpassungen anordnen.

Schließlich erlaubt § 309 Nr. 1 BGB bei Waren und Leistungen, die im Rahmen von Dauerschuldverhältnissen geliefert oder erbracht werden, explizit die Stellung von Preisanpassungsklauseln.

Damit kommt in den genannten Regelungen zum Ausdruck, dass der Gesetzgeber gerade von einem Korrekturbedarf für formularmäßige Bedingungen in Dauer- bzw. Langzeitschuldverhältnissen ausgeht.

V. AGB-Korrektur durch den Kunden

Die Rechtslage stellt sich dagegen anders dar, wenn der Kunde Korrektur eines formularmäßigen Vertrages begehrt. Im Unterschied zu einem Korrekturbegehren des Verwenders stehen hier die Regelungen der § 306 Abs. 2 und § 305c BGB nach ihrem Sinn und Zweck von vorneherein nicht entgegen.

Ein Bedarf des Kunden nach einer Korrektur von unwirksamen AGB lässt sich nicht mit einem pauschalen Verweis auf die Regelung des § 306 Abs. 2 BGB ablehnen, welche die Geltung des dispositiven Gesetzesrechts anordnet. Dies wird insbesondere in den Fällen deutlich, in denen eine gesetzliche Regelung zum Schluss der entstandenen Lücke fehlt. Gleiches gilt dann, wenn das dispositive Gesetzesrecht nicht oder nur teilweise passend ist. Überdies können sich Unklarheiten über das zur Lückenfüllung heranzuziehende dispositive Gesetzesrecht ergeben. Zu denken ist insofern vor allem an gemischte Verträge, bei denen Bestandteile verschiedener Vertragstypen untrennbar miteinander verbunden sind.[26]

Ferner besteht aus Sicht des Kunden dann ein Bedarf nach einer Korrektur von formularmäßigen Verträgen, wenn sich Störungen zu seinen Ungunsten ergeben, die nicht vom Schutzbereich der §§ 305 ff. BGB erfasst werden. Zu denken ist dabei insbesondere an eine nachträgliche Störung des Vertragsver-

---

25 BGH, vom 17.03.1999 – IV ZR 218/97 = NJW 1999, 1865 [1866]; Grüneberg in Palandt BGB, 71. Auflage 2012, § 308 Rn. 22; Wurmnest in MüKo BGB, Band 2, 6. Auflage 2012, § 308 Nr. 4 Rn. 3.

26 Zum gemischten Vertrag BAG, vom 24.08.1972 – 2 AZR 437/1 = DB 1972, 2358 [2359].

hältnisses zu Lasten des Kunden, welche die Parteien bei Vertragsschluss nicht vorhersehen konnten.

In erster Linie ist das Interesse des Kunden, bei dem es sich regelmäßig um die (wirtschaftlich) unterlegene Partei handelt, jedoch darauf gerichtet, eine Beendigung des Vertrages zu verhindern. Dies gilt natürlich umso mehr, als er auf den Fortbestand des Vertrages angewiesen ist, man denke hier insbesondere an Arbeits-, Wohnraummiet- und Krankenversicherungsverträge. In Rahmen derartiger Vertragsverhältnisse wird der Kunde nicht selten sogar eine Korrektur zu seinen Lasten begehren, wenn er dadurch nur die Beendigung des Vertragsverhältnisses vermeiden kann. Auf diesem Gedanken beruht etwa die Pflicht des Arbeitgebers, vor Ausspruch einer Kündigung eine Umsetzung bzw. Versetzung des zu kündigenden Arbeitnehmers als milderes Mittel in Betracht zu ziehen.[27] Daher kann ein Bedarf nach einer Korrektur von formularmäßigen Abreden zu Lasten des Kunden u. U. sogar gleichzeitig bei beiden Vertragsparteien bestehen. Dieser Aspekt wird insbesondere im dritten Teil dieser Arbeit im Rahmen der jeweiligen Korrekturinstrumente näher erörtert.

Schließlich ist es zwar durchaus vorstellbar, dass der Kunde eine – formale – Richtigstellung des verkörperten Vertragstextes begehrt, wenn er die Unwirksamkeit AGB festgestellt hat. Allerdings ist ein solcher allgemeiner Anspruch auf Klarstellung der vertraglichen Verhältnisse abzulehnen. Insofern fehlt es bereits an einer entsprechenden gesetzlichen Regelung. Insbesondere sind die speziellen Regelungen des § 3 NachwG, der §§ 1 und 3 UWG oder des § 1 UKlaG wegen ihres jeweiligen speziellen Schutzcharakters nicht verallgemeinerungsfähig. Folglich scheidet grundsätzlich auch ein Rückgriff auf die gegenseitigen vertraglichen Rücksichtnahmepflichten (vgl. § 241 Abs. 2 BGB) aus. Denn es obliegt grundsätzlich jedem Beteiligten selbst, sich über die rechtliche Wirksamkeit bzw. Richtigkeit einer verkörperten vertraglichen Abrede zu informieren.[28] Etwas anderes könnte ausnahmsweise dann gelten, wenn das Interesse des Kunden an der Klar- bzw. Richtigstellung ausnahmsweise als schützenswert erscheint und dieser ansonsten erhebliche Nachteile erleiden würde. Dafür reicht es wegen § 334 BGB jedoch nicht aus, dass eine in Wahrheit bestehende Rechtsposition des Kunden, die nicht aus dem Vertragstext hervor geht, auch im Verhältnis zu Dritten von Bedeutung ist.

---

27 Vgl. etwa BAG, vom 31.03.1993 – 2 AZR 492/92 = NJW 1994, 1891 [1893] und vom 16.01.1997 – 2 AZR 98/96 = BeckRS 1997, 30368190, jeweils m. w. N.

28 Vgl. etwa OLG Celle, vom 29.11.2001 – 11 U 70/01 = NJW-RR 2002, 559 [560] zum Anspruch auf weitergehende Information in einem Reisevertrag; vgl. auch Busche in MüKo BGB, Band 2, 6. Auflage 2012, § 241 Rn. 156.

C. Zusammenfassung

Ausgehend von diesen Erkenntnissen bleibt festzuhalten, dass im Rahmen von Dauer- und Langzeitschuldverhältnissen ein erheblicher Bedarf danach besteht, bei auftretenden Störungen korrigierend auf den Vertrag einwirken zu können. Dies gilt unabhängig davon, ob es sich um im Einzelnen ausgehandelte oder um einseitig von einer Partei gestellte Vertragsbedingungen handelt. Außerhalb des Schutzbereichs der §§ 305 ff. BGB ist sogar ein Interesse des Kunden an einer AGB-Korrektur denkbar.

Zweiter Teil: Vertragsfunktionale Analyse der AGB-Kontrollmechanismen

Bevor ich im weiteren Verlauf dieser Arbeit die Möglichkeit einer Korrektur von einbezogenen und wirksamen AGB untersuche, erfolgt an dieser Stelle zunächst eine Analyse der AGB-Kontrollmechanismen mit Blick auf deren Funktion für den Vertrag. Im Unterschied zu der mit dieser Arbeit untersuchten Thematik wird in diesem Abschnitt die vorgelagerte Frage behandelt, auf welche Art und Weise das Gesetz einseitig gestellte Vertragsbedingungen Kontrollen unterzieht und infolge dieser Kontrollen Modifikationen der AGB vorschreibt. Eine AGB-Korrektur kommt überhaupt erst dann in Betracht, wenn der Vertragsinhalt mithilfe der vom Gesetz vorgesehenen Kontrollen bestimmt ist.

Diese Kontrollmechanismen sind außerdem von wesentlicher Bedeutung für verschiedene Aspekte und Fragen, die sich im Zusammenhang mit der AGB-Korrektur stellen und die im weiteren Verlauf dieser Arbeit erörtert werden.

A. Erforderlichkeit einer AGB-Kontrolle

Die Privatautonomie ist einer der wesentlichen Grundsätze des Zivilrechts und der Rechtsgeschäftslehre. Ihr liegt die Vorstellung zugrunde, dass die Vertragsparteien den Vertragsinhalt im Wege einer privatautonomen Einigung festlegen.[1] Eine Akzeptanz von einseitigen Gestaltungen des Vertragsinhalts durch eine Vertragspartei widerspricht an sich diesem Gedanken. Die Vorformulierung von einheitlichen Klauseln für eine Vielzahl von gleichgelagerten Verträgen ohne Mitgestaltung der Gegenseite wird in der Praxis gleichwohl vor allem zur Rationalisierung, Lückenausfüllung, Rechtsfortbildung und Risikoabwälzung benötigt.[2] So wird insbesondere der Inhalt von Rechtsgeschäften über in Serie produzierte Waren oder Massendienstleistungen fast ausschließlich mit Hilfe von AGB

1 Vgl. etwa BVerfG, vom 19.10.19993 – 1 BvR 567, 1044/89 = BVerfGE 89, 214 [231].

2 Anschaulich Grüneberg in Palandt BGB, 71. Auflage 2012, Überbl v § 305 Rn. 4 ff.

gestaltet.[3] Ausgehend davon ist die einseitige Gestaltung des Vertragsinhalts durch eine Partei seit jeher als grundsätzlich zulässig anerkannt.[4]

Auch die Gründe dafür, dass Kunden den Vertragsinhalt regelmäßig nicht aushandeln, sind vielfältig. Zum Teil hat der Kunde nicht die nötige Rechtsmacht, um Einfluss auf den Vertragsinhalt zu nehmen.[5] Dies ist typischerweise bei Verträgen zwischen Unternehmern und Verbrauchern der Fall. Teilweise fehlt es dem Kunden aber auch an der notwendigen Zeit, den entsprechenden (Rechts-)Kenntnissen oder schlichtweg der Motivation, sich dem vom Verwender vorgegebenen Inhalt zu widersetzen.[6] Aufgrund dessen kann man von einem partiellen Versagen des Wettbewerbs sprechen.[7]

Der Ausschluss des Kunden von der Gestaltung des Vertragsinhalts birgt regelmäßig die Gefahr, dass dieser den Umfang seiner – möglichen – Verpflichtungen und Rechte aus dem Rechtsgeschäft nicht ersehen bzw. beurteilen kann. Ausgehend davon kann an sich nicht von einer freien und selbstbestimmten Willensentscheidung des Kunden gesprochen werden.[8] Dies gilt umso mehr, als sich letztlich sämtliche Konsequenzen aus dem Vertrag auf das Preis-Leistungs-Verhältnis auswirken. Infolge der einseitigen Vertragsgestaltung durch eine Partei wird demnach die Vertragsparität gestört.[9]

B. Systematik der gesetzlichen AGB-Kontrolle

Zum Ausgleich unterwirft das Gesetz vorformulierte Vertragsbedingungen verschiedenen Kontrollen. Auf erster Stufe wird im Rahmen der Einbeziehungskontrolle überprüft, ob die einseitig vom Verwender vorformulierten Vertragsbedingungen überhaupt Vertragsbestandteil geworden sind (dazu sogleich unter I.). AGB, die danach Vertragsbestandteil geworden sind, müssen sich auf zweiter

3 Vgl. etwa Leyens/Schäfer in AcP 210 (2010), 771 [773] m. w. N. und auch eingehend Hellwege, Allgemeine Geschäftsbedingungen, einseitig gestellte Vertragsbedingungen und die allgemeine Rechtsgeschäftslehre, 2010.

4 Hofer in HKK-BGB, Band II/2, 2007, §§ 305 – 310 (I) m. w. N. verweist auf die gängige Praxis Verwendung von Formularsammlungen bereits in der Römischen Republik.

5 So etwa Wolf/Neuner, BGB AT, 10. Auflage 2012, § 47 Rn. 4.

6 Basedow in MüKo BGB, Band 2, 6. Auflage 2012, Vor § 305 Rn. 4; siehe auch Kuntz in AcP 209 (2009), 242 [261].

7 Rösler in RabelsZ 73 (2009), 889 [899 f.]; Leyens/Schäfer in AcP 210 (2010), 771 [776]; diesen folgend Basedow in MüKo BGB, Band 2, 6. Auflage 2012, Vor § 305 Rn. 4, jeweils m. w. N.

8 So auch Basedow in MüKo BGB, Band 2, 6. Auflage 2012, Vor § 305 Rn. 4.

9 Dazu BVerfG, vom 19.10.19993 – 1 BvR 567, 1044/89 = BVerfGE 89, 214 [233] m. w. N. aus der Literatur.

Stufe als wirksam erweisen (Inhaltskontrolle, dazu II. [S. 58 ff.]). Auf dritter Stufe ist im Wege der Ausübungskontrolle (unter III. [S. 66 ff.]) festzustellen, ob eine unzulässige Rechtsausübung vorliegt, wenn sich der Verwender auf die Klausel beruft.[10] Besonderheiten ergeben sich schließlich bei der AGB-Auslegung (C. I. [S. 81 f.]) sowie im Verbandsprozess (C. II. [S. 82 ff.]).

I. Einbeziehungskontrolle

Die Vorschriften der § 305 Abs. 2 und Abs. 3, § 305a, § 305c Abs. 2 und § 310 Abs. 1 BGB regeln, unter welchen Voraussetzungen AGB überhaupt erst Vertragsbestandteil werden. Sind deren Voraussetzungen nicht erfüllt, entfalten die AGB schon keine Geltung für den Vertrag. Die genannten Vorschriften gehen als spezielle Regelungen den grundsätzlich auch im Bereich von AGB geltenden allgemeinen Regeln der §§ 104 – 185 BGB vor, weil auch die Einbeziehung von AGB auf rechtsgeschäftlicher Grundlage erfolgt.[11]

Die eingangs genannten Vorschriften bezwecken den Schutz des von der Vertragsgestaltung ausgeschlossenen Kunden sowie auf die Schaffung von Rechtssicherheit.[12] Tragender Gedanke der Einbeziehungskontrolle ist die Sicherstellung der Transparenz. Dem Kunden soll die Tragweite seiner Willenserklärung verdeutlicht werden, damit er eine freie willentliche Entscheidung bzgl. des Vertragsabschlusses treffen kann.[13] Im Unterschied dazu zielt das im Rahmen der Inhaltskontrolle zu überprüfende Transparenzerfordernis des § 307 Abs. 1 S. 2 BGB auf die Herstellung eines angemessenen Interessenausgleichs ab und umfasst auch das Stadium der Vertragsabwicklung.[14]

Die Einbeziehung von AGB ist an vier wesentliche Voraussetzungen geknüpft: Erstens muss der Verwender sicherstellen, dass dem Kunden bei Vertragsschluss bewusst wird, dass überhaupt vorformulierte Bedingungen auf das Rechtsgeschäft Anwendung finden – die u. U. für ihn nachteilige Regelungen

---

10 BGH, vom 26.02.1987 – I ZR 110/85 = NJW-RR 1987, 883 [884]; BAG, vom 12.01.2005 – 5 AZR 364/04 = NJW 2005, 1820 [1822]; von Hoyningen-Huene, Die Inhaltskontrolle nach § 9 AGB-Gesetz, 1992 Rn. 108 f. m. w. N.

11 Pfeiffer in Wolf/Lindacher/Pfeifer, AGB, 5. Auflage 2009, § 305 Rn. 65.

12 BT-Drucks. 7/3919 S. 17 [unter zu § 2 (Einbeziehung in den Vertrag) – Allgemeines]; BGH, vom 18.06.1986 – VIII ZR 137/85 = NJW-RR 1987, 112 [113].

13 BT-Drucks. 7/3919 S. 13; ferner Freitag in JA 2000, 887 [891], m. w. N.; siehe auch Ulmer/Habersack in Ulmer/Brandner/Hensen, AGB, 11. Auflage 2011, § 305 BGB Rn. 102.

14 So auch Lindacher in Vorträge zur Rechtsentwicklung der achtziger Jahre, 1991, S. 347 [350 f.]; Koller in FS Steindorff, 1990, S. 667 [675], siehe auch Wolf in Wolf/Lindacher/Pfeifer, AGB, 5. Auflage 2009, § 307 Rn. 239.

enthalten können, vgl. § 305 Abs. 2 Nr. 1 BGB. Zweitens muss sich der Kunde nach § 305 Abs. 2 Nr. 2 BGB vor Vertragsschluss tatsächlich über den Inhalt der AGB informieren können, um die Rechtsfolgen und Risiken des Rechtsgeschäfts abschätzen zu können.[15] Drittens werden AGB nur dann Vertragsbestandteil, wenn der Kunde mit deren Einbeziehung einverstanden ist, § 305 Abs. 2 BGB. Schließlich enthält § 305c Abs. 1 BGB eine negative Einbeziehungsvoraussetzung, wonach überraschende Klauseln ebenfalls nicht in den Vertrag einbezogen werden. Dies soll verhindern, dass der Kunde mit ungewöhnlichen Vertragsinhalten überrumpelt wird, mit denen er als typischer Durchschnittskunde nicht rechnen musste.[16]

Werden die AGB gegenüber Unternehmern, juristischen Personen des öffentlichen Rechts oder öffentlichen-rechtlichen Sondervermögen gestellt, ist die Erfüllung der ersten drei Tatbestandsmerkmale für die Einbeziehung nicht notwendig, § 310 Abs. 1 BGB. Grund dafür ist in erster Linie, dass die genannten Personen typischerweise größere Geschäftsgewandtheit und -erfahrung haben und daher in geringerem Maße schutzbedürftig sind.[17] Ferner sieht § 305a BGB für branchenspezifische Massengeschäfte weitere Ausnahmen von den Einbeziehungsvoraussetzungen des § 305 Abs. 2 BGB vor.[18]

II. Inhaltskontrolle

Vorformulierte Vertragsbedingungen, die in den Vertrag einbezogen wurden, sind nach der Systematik der §§ 305 ff. BGB auf zweiter Stufe einer Inhaltskontrolle zu unterziehen. Diese bezweckt den Schutz der Kunden vor den typischen Gefahren aus der einseitigen Inanspruchnahme der Vertragsgestaltungsfreiheit durch den Verwender.[19] Umgesetzt wird dies dadurch, dass die Vorschriften der §§ 307 ff. BGB die Wirksamkeit von formularmäßigen Klauseln an einem gegenüber dem allgemeinen Vertragsrecht verschärften Kontrollmaßstab bemes-

---

15 Vgl. statt aller BGH, vom 11.11.2009 – VIII ZR 12/08 = NJW 2010, 864 [867] m. w. N. aus der Rspr.

16 Dazu BGH, vom 10.11.1989 – V ZR 201/88 = NJW 1990, 576 [577] und vom 30.06.1995 – V ZR 184/94 = NJW 1995, 2637 [2638]; BAG, vom 27.04.2000 – 8 AZR 286/99 = NJW 2000, 3299 [3301].

17 Anschaulich Wolf in Wolf/Lindacher/Pfeifer, AGB, 5. Auflage 2009, § 310 Abs. 1 Rn. 3; vgl. auch BGH, vom 06.04.2005 – XII ZR 308/02 = NJW 2005, 2006 [2007].

18 Grüneberg in Palandt BGB, 71. Auflage 2012, § 305a Rn. 1.

19 BT-Drucks. 7/3919 S. 22 [unter zu § 7 (Grundsatz des angemessenen Interessenausgleichs)].

sen.[20] Ausweislich der Generalklausel des § 307 Abs. 1 S. 1 BGB sind AGB – insbesondere im Unterschied zu § 134 und § 138 BGB – bereits dann unwirksam, wenn sie den Kunden entgegen Treu und Glauben in unangemessener Weise benachteiligen.

1. Konkretisierung der unangemessenen Benachteiligung in § 307 Abs. 2 BGB

Die Vorschrift des § 307 Abs. 2 BGB enthält gesetzliche Regelbeispiele, bei deren Vorliegen regelmäßig eine unangemessenen Benachteiligung des Kunden nach § 307 Abs. 1 S. 1 BGB anzunehmen ist.[21] Eine darüber hinausgehende Bedeutung hat die Norm nicht. Insbesondere lässt sie trotz ihres Wortlauts „im Zweifel" die prozessuale Verteilung der Beweislast unberührt.[22]

Eine unangemessene Benachteiligung des Kunden ist nach § 307 Abs. 2 Nr. 1 BGB regelmäßig gegeben, wenn der Inhalt der formularmäßigen Regelung von wesentlichen Grundgedanken der gesetzlichen Regelung und damit gleichsam vom dispositiv-gesetzlichen Leitbild des jeweiligen Vertragstypus abweicht.[23] Eine Abweichung vom dispositiven Gesetzesrecht muss jedoch nicht zwingend eine unangemessene Benachteiligung des Kunden bedeuten, wenn besondere Gründe die Abweichung rechtfertigen.[24] Dies gilt in besonderem Maße für Normen, die nicht nur auf Zweckmäßigkeitserwägungen beruhen, sondern nach dem gesetzgeberischen Willen dem Gerechtigkeitsgebot Ausdruck verleihen.[25]

Daneben wird der Kunde nach § 307 Abs. 2 Nr. 2 BGB im Regelfall durch die AGB des Verwenders in unangemessener Weise benachteiligt, wenn diese wesentliche Rechte und Pflichten einschränken und dadurch die Erreichung des

20 BT-Drucks. 7/3919 S. 22 [unter zu § 7 (Grundsatz des angemessenen Interessenausgleichs)]; Wolf in Wolf/Lindacher/Pfeifer, AGB, 5. Auflage 2009, § 310 Abs. 1 Rn. 3.

21 BT-Drucks. 7/3919 S. 23; Wurmnest in MüKo BGB, Band 2, 6. Auflage 2012, § 307 Rn. 63; Grüneberg in Palandt BGB, 71. Auflage 2012, § 307 Rn. 28.

22 Canaris in FS Ulmer, 2003, 1073 [1075 ff.]; Coester in Staudinger BGB, §§ 305 – 310, 14. Bearbeitung 2006, § 307 Rn. 176; missverständlich BGH, vom 13.07.2004 – KZR 10/03 = BeckRS 2004, 09333.

23 Vgl. auch BGH, vom 24.09.1980 – VIII ZR 273/79 = NJW 1981, 117 [119]; vom 20.05.2009 – XII ZR 94/07 = NJW 2009, 2881 [2882 f.]; BAG, vom 25.04.2007 – 5 AZR 627/06 = NZA 2007, 853 [854].

24 Vgl. etwa. BGH, vom 21.12.1983 – VIII ZR 195/82 = NJW 1984, 1182 [1182 a. E.]; Canaris in FS Ulmer, 2003, 1073 [1082]; Wurmnest in MüKo BGB, Band 2, 6. Auflage 2012, § 307 Rn. 64.

25 BGH, vom 21.12.1983 – VIII ZR 195/82 = NJW 1984, 1182 [1182 a. E.]; vom 06.04.2005 – VIII ZR 260/04 = NJW-RR 2005, 960 [961]; vgl. dazu auch Coester in Staudinger BGB, §§ 305 – 310, 14. Bearbeitung 2006, § 307 Rn. 249.

Vertragszwecks gefährden. Dieser Fallgruppe kommt nur insofern eigenständige Bedeutung neben § 307 Abs. 2 Nr. 1 BGB zu, wenn kein gesetzliches Leitbild für den Vertragstypus gegeben ist und dieses auch nicht durch Auslegung bestimmt werden kann.[26]

2. Kataloge der § 308 und § 309 BGB

Die Kataloge der § 308 und § 309 BGB enthalten verschiedene Klauselverbote, die den allgemeinen Kontrollmaßstab des § 307 BGB für typische formularmäßige Klauseln konkretisieren.[27] Dennoch ist die Generalklausel des § 307 BGB neben den § 308 und § 309 BGB selbständig anwendbar, soweit deren Anwendungsbereich nicht berührt ist.[28] Zwar gelten die § 308 und § 309 BGB nach § 310 Abs. 1 S. 1 BGB nicht im unternehmerischen Geschäftsverkehr. Gleichwohl sind die Wertungen dieser Vorschriften jedenfalls im Rahmen der Generalklausel des § 307 BGB zu berücksichtigen.[29]

Der Unterschied zwischen § 308 und § 309 BGB besteht in der Wertungsmöglichkeit: Während § 308 BGB die einzelnen Verbote an unbestimmte Rechtsbegriffe knüpft, deren Vorliegen jeweils anhand der Umstände des konkreten Einzelfalls zu beurteilen ist, ist die Unangemessenheit bei § 309 BGB kraft der gesetzgeberischen Wertung grundsätzlich anzunehmen.[30]

---

26 So auch Coester in Staudinger BGB, §§ 305 – 310, 14. Bearbeitung 2006, § 307 Rn. 222 f.; Wurmnest in MüKo BGB, Band 2, 6. Auflage 2012, § 307 Rn. 70; Fuchs in Ulmer/Brandner/Hensen AGB, 11. Auflage 2011, § 307 BGB Rn. 239, der jedoch von einem weiten (eigenständigen) Anwendungsbereich ausgeht.

27 Ausdrücklich BGH, vom 04.10.1984 – III ZR 119/83 = NJW 1984, 617 [618] (noch zu §§ 9, 10, 11 AGBG) und BAG, vom 12.01.2005 – 5 AZR 364/04 = NJW 2005, 1820 [1821]; vgl. auch Coester in Staudinger BGB, §§ 305 – 310, 14. Bearbeitung 2006, Vorbem zu §§ 307 – 309 Rn. 21; Dammann in Wolf/Lindacher/Pfeifer, AGB, 5. Auflage 2009, Vor §§ 308, 309 Rn. 1.

28 BGH, vom 11.06.1980 – VIII ZR 174/79 = NJW 1980. 2518 [2519]; H. Schmidt in Bamberger/Roth, BGB, Band 1, 3. Auflage 2012, § 307 Rn. 21.

29 Lutz, AGB-Kontrolle im Handelsverkehr unter Berücksichtigung der Klauselverbote, 1991, S. 17 ff. und S. 201; Rabe in NJW 1987, 1978 [1983]; zu weitrechend dagegen BGH, vom 28.10.2004 – VII ZR 385/02 = NJW-RR 2005, 247 [248] m. w. N., der in st. Rspr. von einer Indizwirkung ausgeht.

30 BT-Drucks. 7/3919 S. 24 [unter zu §§ 8 und 9 (Unzulässige Klauseln)]; BGH, vom 08.07.1998 – VIII ZR 1/98 = NJW 1998, 3119 [3120].

3. Transparenzgebot

Das Transparenzgebot ist ungeachtet des § 307 Abs. 1 S. 2 BGB bereits im Rahmen der Einbeziehungskontrolle zu beachten (vgl. dazu bereits B. I. [S. 57 f.]). So werden nach § 305 Abs. 2 Nr. 2 BGB unverständliche und widersprüchliche Klauseln u. U. schon nicht Vertragsinhalt.[31] Im Rahmen der Einbeziehungskontrolle dürfen allerdings keine überhöhten Anforderungen an die Transparenz gestellt werden,[32] da § 307 Abs. 1 S. 2 BGB andernfalls überflüssig wäre.[33] Folglich werden nur solche Regelungen nicht einbezogen, deren Inhalt sich für einen rechtskundigen Durchschnittskunden[34] als verwirrend und unklar darstellt. Die Frage der Transparenz wird bei § 305c Abs. 2 BGB nur dann relevant, wenn an sich verständliche AGB in einzelnen Punkten mehrdeutig sind.[35]

Wie die systematische Stellung sowie der Wortlaut des § 307 Abs. 1 S. 2 BGB zeigen, stellt sich die Frage der Transparenz jedoch maßgeblich im Rahmen der Inhaltskontrolle.

a) Zweck des Transparenzgebots

Das in § 307 Abs. 1 S. 2 BGB verankerte Transparenzgebot will nach dem Regelungszweck und der systematischen Stellung der Vorschrift eine unangemessene Benachteiligung des Kunden durch unklare und irreführende AGB verhindern.[36] Hintergrund dieses Anliegens ist das berechtigte und schützenswerte Interesse des Kunden, ausschließlich mit verständlichen, bestimmten und für ihn überschaubaren Regelungen konfrontiert zu werden – wenn er schon keinen Einfluss auf die inhaltliche Ausgestaltung des Vertrages nehmen kann. Der Transparenzgedanke ist maßgeblich in § 307 Abs. 1 S. 2 BGB gesetzlich geregelt, kommt aber außerdem in § 305 Abs. 2 und § 305c BGB zum Ausdruck, wenn danach

31 OLG Schleswig, vom 27.03.1995 – 4 RE-Miet 1/93 = NJW 1995, 2858 [2859].

32 Allgemein zu den Anforderungen an die Transparenz, BGH, vom 03.06.1998 – VIII ZR 317/97 = NJW 1998, 3114 [3116] m. w. N.

33 A. A. wohl Grüneberg in Palandt BGB 71. Auflage 2012, § 306 Rn. 11 und § 305 Rn. 39, der bei salvatorischen Klauseln schon die Einbeziehung nach § 305 Abs. 2 BGB verneint; so wie hier ausdrücklich BAG, vom 25.05.2005 – 5 AZR 572/04 = NJW 2005, 3305 [3308] m. w. N.

34 Vgl. dazu statt aller BGH, vom 10.03.1993 – VIII ZR 85/92 = NJW 1993, 2052 [2054].

35 Aus der Rspr. etwa BGH, vom 09.12.2009 – XII ZR 109/98 = NJW 2010, 671 [671 f.], aus der Literatur Ulmer/Habersack in Ulmer/Brandner/Hensen AGB, 11. Auflage 2011, § 305 BGB Rn. 150 m. w. N.

36 Vgl. etwa aus der neueren Rechtsprechung BGH, vom 23.06.2003 – IV ZR 130/03 = NJW 2004, 2589 [2591]; vom 20.07.2005 – VIII ZR 121/04 = NJW-RR 1496 [1500 a. E.]; vom 24.05.2006 – IV ZR 263/03 = NJW 2006, 2545 [2547].

u. U. unverständliche bzw. unklare Regelungen bereits im Rahmen der Einbeziehungskontrolle ausgeschieden werden.[37]

aa) Rechts- bzw. Preisklarheit

Primäres Ziel des in § 307 Abs. 1 S. 2 BGB verankerten Transparenzgebots ist die Herstellung von Rechts- bzw. Preisklarheit für den Kunden.[38] Dieser soll in die Lage versetzt werden, in Kenntnis seines Recht- und Pflichtenprogramms eine freie und verständige Willensentscheidung über den Abschluss des Vertrages treffen zu können, ohne dabei fremde (rechtskundige) Hilfe in Anspruch nehmen zu müssen. Insbesondere muss der Kunde bei Vertragsschluss den Preis sowie das Preis-Leistungsverhältnis hinreichend klar ersehen können, da es sich dabei um die wichtigsten und letztlich ausschlaggebenden Gesichtspunkte für den Abschluss von Verträgen handelt (Abschlusstransparenz).[39] Dies gilt allerdings auch für die Rechte und Pflichten im Falle von ggf. auftretenden (Leistungs-) Störungen (Abwicklungstransparenz).[40]

bb) Verhinderung einer Verschleierung der tatsächlichen Rechtslage

Daneben zielt das Transparenzgebot darauf ab, Verschleierungen bzw. unzutreffende Darstellungen der tatsächlichen Rechtslage zum Nachteil des Kunden zu unterbinden.[41] Dies gilt ausweislich des Wortlauts des § 307 Abs. 1 S. 2 BGB unabhängig davon, ob eine solche Verschleierung bzw. unzutreffende Darstellung vom Verwender gewollt oder verschuldet ist. Grund dafür ist, dass die erhebliche Gefahr besteht, der Kunden werde ihm zustehende Rechte nicht aus-

---

37 So etwa Horn in WM 1997, Sonderbeilage zu Heft 11, 3, [14]; siehe auch Coester in Staudinger BGB, §§ 305 – 310, 14. Bearbeitung 2006, § 307 Rn. 171 und 172 und Wolf in Wolf/Lindacher/Pfeifer, AGB, 5. Auflage 2009, § 307 Rn. 239 f., jeweils m. w. N.

38 Vgl. nur BGH, vom 24.02.2010 – XII ZR 69/08 = NJW-RR 2010, 739 [740]; vom 21.07.2010 – XII ZR 189/08 = NJW 2010, 3152 [3154]; Fuchs in Ulmer/Brandner/Hensen, AGB, 11. Auflage 2011, § 307 BGB Rn. 325.

39 BGH, vom 10.07.1990 – XI ZR 275/89 = NJW 1990, 2383 [2383]; Koller in FS Steindorff, 1990, S. 667 [671 ff.]; Wolf in Wolf/Lindacher/Pfeifer AGB, 5. Auflage 2009, § 307 Rn. 237; Coester in Staudinger BGB, §§ 305 – 310, 14. Bearbeitung 2006 § 307 Rn. 176.

40 BGH, vom 23.03.1988 – VIII ZR 58/87 = NJW 1988, 1727 [1728 a. E.]; vom 09.07.1992 – VII ZR 7/92 = NJW 1992, 3158 [3161]; vom 14.11.2003 – V ZR 144/03 = NJW-RR 2004, 263 [264]; Koller in FS Steindorff 1990, S. 667 [671 ff.]; Wolf in Wolf/Lindacher/Pfeifer AGB, 5. Auflage 2009, § 307 Rn. 237 und Rn. 259 m. w. N.

41 BGH, vom 23.03.1988 – VIII ZR 58/87 = JZ 1988, 715 [716] m. Anm. Wolf; vom 15.06.1989 – VII ZR 205/88 = NJW 1989, 2750 [2751]; Brandner in FS Locher, 1990, S. 317 [319 f.]; Wolf in Wolf/Lindacher/Pfeifer AGB, 5. Auflage 2009, § 307 Rn. 235 und 267 m. w. N.

üben bzw. infolge von Obliegenheitsverletzungen nicht durchsetzen können, wenn ihm die tatsächliche Rechtslage nicht bekannt ist.[42] Darüber hinaus ist er in solchen Fällen geneigt, unberechtigte Ansprüche des Verwenders widerspruchslos zu erfüllen.[43]

cc) Keine ungerechtfertigten Beurteilungsspielräume zu Gunsten des Verwenders

Schließlich darf der Verwender die einseitige Vertragsgestaltungsfreiheit nicht dazu benutzen, um sich Beurteilungsspielräume einzuräumen, welche die Gewährung von Leistungen in sein freies Ermessen stellen.[44]

b) Anforderungen aus dem Transparenzgebot

Das Transparenzgebot als Ausfluss des allgemeinen Gebots von Treu und Glauben (§ 242 BGB) gebietet es im Hinblick auf seine eingangs dargestellten Zwecke, dass sich die AGB für den Kunden als hinreichend klar, bestimmt und überschaubar darstellen.[45] Der Kunde muss seine bestehenden Rechte sowie seine Pflichten und sonstigen Belastungen aus den AGB selbst so weit erkennen können, wie dies nach den Umständen des konkreten Einzelfalles gefordert werden kann.[46]

Die bloße Unklarheit der Klausel reicht grundsätzlich bereits für eine unangemessene Benachteiligung i. S. d. § 307 Abs. 1 S. 2 BGB aus. Auf die Gefahr der Benachteiligung kommt es nicht entscheidend an.[47]

---

42 So etwa BGH, vom 27.09.2000 – VIII ZR 155/99 = NJW 2001, 292 [301 f.]; vom 08.10.2003 – VIII ZR 55/03 = NJW 2004, 1041 [1043]; Koller in FS Steindorff, 1990, S. 667 [677]; Coester in Staudinger BGB, §§ 305 – 310, 14. Bearbeitung 2006 § 307 Rn. 178 m. w. N.

43 Nachweise siehe Fn. 21.

44 Vgl. etwa BGH, vom 26.10.2005 – VIII ZR 48/05 = NJW 2006, 996 [997 f.].

45 St. Rspr., vgl. etwa BGH, vom 03.06.1998 – VIII ZR 317/97 = NJW 1998, 3114 [3116]; vom 23.06.2004 – IV ZR 130/03 = NJW 2004, 2589 [2591]; vom 24.05.2006 – IV ZR 263/03 = NJW 2006, 2545 [2547] jeweils m. w. N.

46 Vgl. z. B. BGH, vom 23.02.2005 – IV ZR 273/03 = NJW-RR 2005, 902 [903]; vom 24.05.2006 – IV ZR 263/03 = NJW 2006, 2545 [2547].

47 BGH, vom 05.11.1998 – III ZR 95/97 = NJW 1995, 635 [637 f.] = BGHZ 140, 25 [31]; Grüneberg in Palandt BGB 71. Auflage 2012, § 307 Rn. 24 m. w. N., insbesondere auch zur Gegenansicht; ausführlich dazu Joppich, Die Kodifikation des Transparenzgebots in § 307 BGB, 2009.

Das Transparenzgebot erfordert insbesondere die Einhaltung folgender Voraussetzungen:

- **Bestimmtheit**
- **Verständlichkeit**
- **Überschaubarkeit**
- **Nachvollziehbarkeit**
- **Kalkulierbarkeit**

Für die Bewertung der Transparenz ist auf die konkreten Erwartungen und Erkenntnismöglichkeiten eines durchschnittlichen Vertragspartners abzustellen.[48] Die formularmäßigen Bedingungen sind objektiv-typisierend aus Sicht eines verständigen und redlichen Vertragspartners unter Berücksichtigung der Interessen der normalerweise beteiligten Kreise zu beurteilen.[49] Weitergehende Kenntnisse und Erkenntnismöglichkeiten des Vertragspartners sind grundsätzlich nicht einzustellen.[50] Etwas anderes kommt ggf. aber wegen § 310 Abs. 3 Nr. 3 BGB bei Verbraucherverträgen in Betracht.[51]

4. Reichweite der Inhaltskontrolle, § 307 Abs. 3 BGB

Nach der Vorschrift des § 307 Abs. 3 S. 1 i. V. m. S. 1 BGB scheidet die Inhaltskontrolle bei solchen Inhalten aus, die nicht gesetzlich oder durch sonstige Rechtsvorschriften geregelt sind. Vor allem ist der Bereich der Leistungsbezeichnungen, ohne die der wesentliche Vertragsinhalt nicht hinreichend bestimmt bzw. bestimmbar ist, nicht am Maßstab der §§ 307 ff. BGB zu bemessen.[52] Dies sind typischerweise die vertraglichen Hauptleistungspflichten.[53]

Der Vorschrift des § 307 Abs. 3 S. 2 BGB liegt der Gedanke zu Grunde, dass der Kunde in diesen Fällen nicht schutzwürdig ist, weil er seine Belange eigenständig und effektiv durch Sichtung und Sondierung des Marktes verfolgen kann.[54] Im Unterschied zu Nebenabreden, deren Inhalt der Kunde mangels entsprechender Informationen, Kenntnisse oder auch nur aus Zeitgründen regel-

48 BGH, vom 26.10.2005 – VIII ZR 48/05 = NJW 2006, 996 [998].

49 Vgl. etwa BGH, vom 21.07.2010 – XII ZR 189/08 = NJW 2010, 3152 [3154] m. w. N.

50 St. Rspr., vgl. nur BGH, vom 23.05.1995 – XI ZR 129/94 = NJW 1995, 2286 [2286 f.] m. w. N.

51 So etwa Grüneberg in Palandt BGB 71. Auflage 2012, § 307 Rn. 17 a. E.

52 St. Rspr., vgl. etwa BAG, vom 27.07.2005 – 7 AZR 486/04 = NZA 2006, 40 [46]; vom 14.03.2007 – 5 AZR 630/06 = NZA 2008, 45 [47].

53 BGH, vom 28.03.2001 – IV ZR 19/00 = NJW 2001, 1934 [1935]; BAG; vom 08.05.2008 – 6 AZR 517/07 = NJW 2008, 3372 [3373 a. E.].

54 Miethaner, AGB-Kontrolle versus Individualvereinbarung, 2010, S. 35.

mäßig nicht zur Kenntnis nimmt und/oder verhandelt, ist hier in der Regel ein funktionierender Wettbewerb gegeben.[55] Denn der Kunde trifft seine Entscheidung über die Eingehung eines Rechtsgeschäfts regelmäßig anhand der vertraglichen Hauptleistungspflichten. Die Kontrollmechanismen von Markt und Wettbewerb sind insofern – an sich – nicht durch die §§ 307 ff. BGB ergänzungsbedürftig.[56]

Jedoch gebietet es der Sinn und Zweck des § 307 Abs. 3 S. 1 BGB – Schutz der Vertragsfreiheit –, nur wesentliche Vertragsbedingungen von der Inhaltskontrolle auszunehmen, für die keine rechtlichen Kontrollmaßstäbe vorhanden sind.[57] Die Wesentlichkeit eines Regelungsgegenstandes kann sich daraus ergeben, dass die Parteien diesem für die Bewertung des Austauschverhältnisses eine erhebliche Bedeutung beimessen (wie bei essentiala negotii und wesentlichen Nebenpunkten i. S. v. § 154 Abs. 1 S. 1 BGB), oder dass am Markt typischerweise eine Einpreisung vorgenommen wird.[58] Klauseln, die bloße Nebenpunkte bzw. -pflichten regeln, werden vom Kunden dagegen nicht ohne weiteres wahrgenommen und unterliegen uneingeschränkt der Inhaltskontrolle.[59] Eine Inhaltskontrolle kommt allenfalls dann in Betracht, wenn die Bedingungen der freien Selbstbestimmung nicht mehr gegeben sind, sich der Inhalt des Vertrages gleichsam als „fremdbestimmt“ darstellt.[60] Daran fehlt es jedoch insbesondere bei den unmittelbar preis- und leistungsbestimmenden Regelungen.

Somit ist § 307 Abs. 3 S. 1 BGB eine eng auszulegende Ausnahmevorschrift, die lediglich solche Regelungen der Inhaltskontrolle entziehen will, die unmittelbar die wesentlichen Vertragsbedingungen (insbesondere Gegenstand, Inhalt und Umfang der Hauptleistungspflicht sowie das Entgelt) betreffen.[61] Nicht erfasst werden dagegen Klauseln, die eine Einschränkung, Ausgestaltung oder Veränderung solcher wesentlichen Vertragsbedingungen enthalten, auch wenn letztere dadurch mittelbar berührt werden.[62]

Die Kontrollfreiheit nach § 307 Abs. 3 BGB erstreckt sich nach Satz 2 jedoch nicht auf die Transparenzkontrolle gem. § 307 Abs. 1 S. 2 i. V. m. S. 1 BGB.

55 Miethaner, AGB-Kontrolle versus Individualvereinbarung, 2010, S. 35.

56 Vgl. dazu auch Stoffels in JZ 2001, 844 [848].

57 BGH, vom 28.03.2001 – IV ZR 19/00 = NJW 2001, 1934 [1935]; BAG; vom 08.05.2008 – 6 AZR 517/07 = NJW 2008, 3372 [3373 a. E.].

58 Fuchs in Ulmer/Brandner/Hensen, AGB, 11. Auflage 2011, § 307 BGB Rn. 53.

59 Kieninger in MüKo BGB, Band 2, 5. Auflage 2007, § 307 Rn. 12; Stoffels in JZ 2001, 844 [847 ff.].

60 BVerfG, vom 07.02.1990 – 1 BvR 26/84 = NJW 1990, 1469 [1470]; Medicus in AcP 192 (1992), 35 [61].

61 St. Rspr., siehe etwa BGH, vom 12.12.2000 – XI ZR 138/00 = NJW 2001, 751 [752]; Wurmnest in MüKo BGB, Band 2, 6. Auflage 2012, § 307 Rn. 12 (Fn. 39) m. w. N.

62 Vgl. statt aller BGH, vom 24.03.1999 – IV ZR 90/98 = NJW 1999, 2279 [2280].

Denn eine Bewertung des Geschäfts ist dem Kunden nur möglich, wenn sich die Vertragsparteien, der Vertragsgegenstand, der Vertragszweck und insbesondere auch das Äquivalenzverhältnis der gegenseitigen Hauptleistungspflichten hinreichend bestimmt und klar aus dem formularmäßigen Vertrag ergeben.[63] Nur in diesem Fall wird er in die Lage versetzt, sich über das Marktangebot zu informieren und einen Leistungsvergleich vorzunehmen.

III. Ausübungskontrolle

Schließlich ist auf dritter Stufe im Wege der Ausübungskontrolle zu prüfen, ob der Berechtigte sich in zulässiger Wiese auf ein ihm in den AGB zugestandenes Recht berufen durfte.[64]

1. Erforderlichkeit eines zusätzlichen Korrekturmaßstabs

Die Ausübungskontrolle unterscheidet sich in mehrfacher Hinsicht von der Inhaltskontrolle nach den §§ 307 ff. BGB.[65] Unterschiede ergeben sich insbesondere im Zweck: Während Gegenstand der Inhaltskontrolle die Wirksamkeit einer Klausel ist, frägt die Ausübungskontrolle danach, ob die Ausübung eines wirksam vereinbarten Rechts im konkreten Einzelfall gegen Treu und Glauben verstößt.[66]

Daneben betrifft die Ausübungskontrolle typischerweise die vertraglichen Hauptleistungspflichten, die der Inhaltskontrolle – abgesehen von der Frage der Transparenz nach § 307 Abs. 3 S. 1 und S. 2 BGB – entzogen sind.[67] Außerdem sind im Gegensatz zur objektiv-typisierten Inhaltskontrolle alle Umstände des Einzelfalls und daher auch die individuellen Verhältnisse der Parteien in die

---

63 BGH, vom 10.07.1990 – XI ZR 275/89 = NJW 1990, 2383 [2384]; vom 12.10.2007 – V ZR 283/06 = NJW-RR 2008, 251 [253]; H. Schmidt in Bamberger/Roth BGB, Band 1, 2. Auflage 2007, § 307 Rn. 74 a. E.; Wolf in Wolf/Lindacher/Pfeifer AGB, 5. Auflage 2009, § 307 Rn. 288 a. E.

64 St. Rspr. des BGH, vgl. etwa BGH, vom 12.02.1985 – X ZR 31/84 = NJW 1985, 1537 [1539], vom 06.07.1988 – VIII ARZ 1/88 = NJW 1988, 2790 [2794] m. w. N.; BAG, vom 12.01.2005 – 5 AZR 364/04 = NZA 2005, 465 [469].

65 Eingehend dazu Fastrich, Richterliche Inhaltskontrolle im Privatrecht, 1992, S. 16 f.; Horn in WM 1997, Sonderbeilage zu Heft 11, 3, [11]; Wolf in RdA 1988, 270 [271].

66 BGH, vom 23.06.1988 – VII ZR 117/87 = NJW 1988, 2536 [2537]; Coester in Staudinger BGB, §§ 305 – 310, 14. Bearbeitung 2006, § 307 Rn. 36 m. w. N.

67 Fastrich, Richterliche Inhaltskontrolle im Privatrecht, 1992, S. 16.

Bewertung der Zulässigkeit einer Rechtsausübung einzubeziehen.[68] Schließlich ist die Wirksamkeit zu unterschiedlichen Zeitpunkten zu beurteilen.[69] Während sich die Inhaltskontrolle auf den maßgeblichen Zeitpunkt des Vertragsschlusses bezieht,[70] ist der maßgebliche Beurteilungszeitpunkt für die Wirksamkeit der Rechtsausübung der Zugang der Gestaltungserklärung beim Gegner.[71]

Diese Erwägungen verdeutlichen, dass eine Ausübungskontrolle im Anschluss an die Inhaltskontrolle als zusätzliches Korrektiv zwingend erforderlich ist.[72] Die Systematik und Wertungen der §§ 307 ff. BGB stehen dem, wie gezeigt, nicht entgegen.[73]

2. Maßstab der Ausübungskontrolle

An die Zulässigkeit einer Rechtsausübung sind unterschiedliche Maßstäbe anzusetzen, je nachdem, ob der Berechtigte ein einseitiges Leistungsbestimmungsrecht ausübt, die Zahlung einer Vertragsstrafe verlangt oder ob er sich auf ein sonstiges Recht beruft, dessen Inhalt er nicht einseitig gestalten darf.

a) Einseitiges Leistungsbestimmungsrecht

Sehen die AGB zu Gunsten des Berechtigten ein einseitiges Leistungsbestimmungsrecht vor, beurteilt sich die Wirksamkeit dessen Ausübung allein nach dem in der Klausel selbst – wirksam – vereinbarten Maßstab.[74] Enthält die Klausel dagegen keine Aussage über die Anforderungen an die Ermessensentscheidung, bemisst sich die Zulässigkeit der Leistungsbestimmung nach § 315 BGB, bzw. nach §§ 317, 319 BGB.[75]

---

68 Fastrich, Richterliche Inhaltskontrolle im Privatrecht, 1992, S. 16; Horn in WM 1997, Sonderbeilage zu Heft 11, 3, [11]; Wensing/Niemann in NJW 2007, 401 [402].

69 Winter in BB 2010, 2757 [2761] m. w. N.

70 Vgl. etwa BAG, vom 04.03.2004 – 8 AZR 196/03 = NZA 2004, 727 [733].

71 So zum arbeitgeberseitigen Direktionsrecht nach § 106 GewO: BAG, vom 23.09.2004 – 6 AZR 567/03 = NJW 2005, 359 [361] m. w. N.

72 So wie hier auch BGH, vom 05.07.2005 – X ZR 60/04 = NZBau 2005, 578 [581]; BAG, vom 23.09.2004 – 6 AZR 567/03 = NJW 2005, 359 [361] m. w. N.; Bunte in NJW 1987, 921 [926 f.]; Fastrich, Richterliche Inhaltskontrolle im Privatrecht, 1992, S. 25 ff.; Coester in Staudinger BGB, §§ 305 – 310, 14. Bearbeitung 2006, § 307 Rn. 36 m. w. N.

73 A. A. etwa Leder/Morgenroth NZA 2002, 952 [956]; Joost in ZIP 2004, 1981 [1983].

74 Von Hoyningen-Huene, Die Inhaltskontrolle nach § 9 AGB-Gesetz, 1991 Rn. 116 und Rieble in Staudinger BGB, §§ 315 – 326, 14. Bearbeitung 2009, § 315 Rn. 81.

75 BAG, vom 12.01.2005 – 5 AZR 364/04 = NJW 2005, 1820 [1822]; Coester in Staudinger BGB, §§ 305 – 310, 14. Bearbeitung 2006, § 307 Rn. 43 und Rn. 36; Wolf in RdA 1988, 270

Den genannten Vorschriften kommt jeweils eine doppelte Bedeutung zu: Zum einen enthalten § 315 Abs. 1 und § 317 Abs. 1 BGB eine Auslegungsregel, wonach es typischerweise dem Willen der Vertragsparteien entspricht, dass eine einseitige Leistungsbestimmung nach billigem Ermessen getroffen wird.[76] Zum anderen unterwerfen sie die dem Bestimmungsberechtigten eingeräumte Gestaltungsmacht der richterlichen Billigkeitskontrolle, um dadurch willkürliche und unbillige Leistungsbestimmungen zu unterbinden, § 315 Abs. 3 und § 319 Abs. 1 BGB.[77]

aa) Vorliegen eines einseitigen Leistungsbestimmungsrechts

Ein einseitiges Leistungsbestimmungsrecht einer Vertragspartei i. S. d. § 315 Abs. 1 BGB stellt ein subjektives Gestaltungsrecht dar, das durch einseitige empfangsbedürftige Gestaltungserklärung ausgeübt werden kann.[78] Demgegenüber fehlt es bei § 317 BGB an der Subjektivität, da der Dritte kein eigenes Interesse an der Leistungsbestimmung hat.[79] Für die Qualifizierung ein Recht zur einseitigen Leistungsbestimmung kommt es entscheidend auf die vertragliche oder normative (etwa § 106 GewO, § 87 Abs. 2 AktG, § 4 Abs. 3 RVG) Rechtsmacht des Berechtigten an, auch ohne Beteiligung, Zustimmung oder sogar gegen den Willen des bzw. der Erklärungsempfänger(s) einen Vertrag zustande zu bringen oder den Inhalt eines bestehenden Vertrages zu konkretisieren.[80] Dabei muss dem Bestimmungsberechtigten ein gewisser Ermessenspielraum zustehen.[81]

Denkbar ist ein Leistungsbestimmungsrecht nur bei Vorliegen einer Lücke.[82] Andernfalls wäre weder Raum noch Bedarf nach einer einseitigen Vertragsge-

---

[271]; a. A. Würdinger in MüKo BGB, Band 2, 6. Auflage 2012, § 315 Rn. 9, der seine Auffassung als herrschend bezeichnet.

76 Würdinger in MüKo BGB, Band 2, 6. Auflage 2012, § 315 Rn. 53 a. E., m. w. N.; unzutreffend insofern BGH, vom 06.03.1985 – IVa ZR 171/83 = NJW-RR 1986, 164 [165].

77 Zutreffend Rieble in Staudinger BGB, §§ 315 – 326, 14. Bearbeitung 2009, § 315 Rn. 36 ff.; auf die „Schutzfunktion“ zu Gunsten des anderen Teils kommt es dagegen nicht entscheidend an; unzutreffend insofern BGH, vom 13.06.2007 – VIII ZR 36/06 = NJW 2007, 2540 [2541].

78 Bötticher in FS Dölle, Band I, 1963, S. 41 [51 f.[; Rieble in Staudinger BGB, §§ 315 – 326, 14. Bearbeitung 2009, § 315 Rn. 94.

79 Vgl. Rieble in Staudinger BGB, §§ 315 – 326, 14. Bearbeitung 2009, § 315 Rn. 95; a. A. Joussen in AcP 203 [2003], 429 [456 ff.].

80 Büdenbender in NJW 2007, 2945 [2957]; Rieble in Staudinger BGB, §§ 315 – 326, 14. Bearbeitung 2009, § 315 Rn. 95; Rieble/Gutfried in JZ 2008, 593 [597].

81 BGH, vom 11.10.2006 – VIII ZR 270/05 = NJW 2007, 210 [211].

82 Büdenbender in AcP 210 (2010), 611 [628 f.]; vgl. auch Dehner in NJW 1989 2000, 1986 [1989] und in NJW 2002, 3747 [3759].

staltung gegeben. Dies gilt insbesondere auch dann, wenn die Lücke mit Hilfe der ergänzenden Vertragsauslegung geschlossen werden kann.[83]

Die Parteien können den Bezugspunkt und den Umfang des Bestimmungsrechts grundsätzlich frei vereinbaren.[84] Jede formularmäßig eingeräumte Rechtsmacht zur einseitigen Vertragsgestaltung unterliegt jedoch der Einbeziehungs- und Inhaltskontrolle nach den §§ 305 Abs. 2 ff. BGB.[85] Problematisch ist dabei in der Praxis vor allem die Einhaltung der Anforderungen des Transparenzgebotes (siehe dazu oben, II. 3., [S. 61] und Dritter Teil, A. II. 2. [S. 89 ff.]).

bb) Billiges Ermessen, § 315 Abs. 3 BGB

Die Regelung des § 315 Abs. 3 BGB bestimmt, dass eine einseitige Leistungsbestimmung nach billigem Ermessen vorzunehmen ist. Aufgrund der gesetzlichen Verknüpfung der Begriffe „billig" und „Ermessen" ist die Wirksamkeit der Rechtsausübung einheitlich zu beurteilen.[86] Maßgeblicher Grund dafür ist – neben dem Gesetzeswortlaut –, dass die unbestimmten Rechtsbegriffe „Ermessen" und „Billigkeit" jeweils eine Abwägung durch den Berechtigten voraussetzen.[87] Dieser hat somit eine Ermessensentscheidung zu treffen, die sich insbesondere am Kriterium der Billigkeit ausrichten muss. Dadurch wird er in den ihm zur Verfügung stehenden Auswahlmöglichkeiten begrenzt.[88]

Eine vom Berechtigten getroffene Leistungsbestimmung ist demnach wirksam, wenn dieser alle wesentlichen Umstände des Einzelfalls entsprechend ihrer Bedeutung eingestellt und die widerstreitenden Parteiinteressen sowie sonstige schutzwürdige Belange angemessen berücksichtigt hat.[89] Das Vorliegen eines angemessenen Interessenausgleichs bestimmt sich vor allem nach dem Vertrags-

---

83 BGH, vom 04.04.2006 – X ZR 80/05 = NJW-RR 2007, 56 [57].

84 BGH, vom 15.02.2005 – X ZR 87/04 = NJW 2005, 1772 [1772 f.]; vom 12.07.2006 – X ZR 157/05 = NJW 2006, 3271 [3272]; vgl. auch Würdinger MüKo BGB, Band 2, 6. Auflage 2012, § 315 Rn. 23 ; Rieble in Staudinger BGB, §§ 315 – 326, 14. Bearbeitung 2009, § 315 Rn. 95.

85 BGH, vom 19.10.1999 – XI ZR 8/99 = NJW 2000, 651 [652] m. w. N.; vgl. auch Westphalen in NJW 1982, 2465 [2468].

86 So GmS-OBG, vom 19.10.1971 – GmS-OGB 3/70 = NJW 1972, 1411 [1414] zu § 131 Abs. 1 S. 1 Reichsabgabenordnung; vgl. insofern insbesondere auch Rieble in Staudinger BGB, §§ 315 – 326, 14. Bearbeitung 2009, § 315 Rn. 299 m. w. N.

87 Nachweise bei Rieble in Staudinger BGB, §§ 315 – 326, 14. Bearbeitung 2009, § 315 Rn. 306.

88 BAG, vom 12.10.1961 – 5 AZR 423/60 = NJW 1962, 268 [270].

89 Zu einem Versetzungsvorbehalt im Arbeitsvertrag BAG, vom 25.08.2010 – 10 AZR 275/09 = NZA 2010, 1355 [1358 f.].

zweck und der Bedeutung der zu bestimmenden Leistung.[90] Drittinteressen dürfen jedoch nur dann in die Abwägung eingestellt werden, wenn sie aufgrund vertraglicher Bindungen oder von Gesetzes wegen zu berücksichtigen sind; eine belastende Reflexwirkung ist für sich nicht ausreichend.[91]

Die richterliche Kontrolle beschränkt sich, wie aus § 315 Abs. 3 S. 2 HS. 1 BGB ersichtlich ist, auf die Überprüfung, ob der Bestimmungsberechtigte bei seiner Ermessensentscheidung diejenigen Grenzen eingehalten hat, die ihm durch den Maßstab der Billigkeit gesetzt werden.[92] Dagegen darf das Gericht die getroffene Bestimmung nicht durch eine eigene ersetzen, wenn es zwar eine andere Entscheidung für richtig(er) hält, die Billigkeitsgrenze jedoch nicht überschritten ist.[93]

Aufgrund der Parallele zu den im Verwaltungsrecht entwickelten Grundsätzen zur Ermessenskontrolle liegt es nahe, sich an diesen zu orientieren und sie in entsprechender Weise heranzuziehen.[94] Unterschiede ergeben sich in erster Linie in der Ersetzungsbefugnis der Zivilgerichte, die – anders als die Verwaltungsgerichte – im Falle einer unbilligen Ermessensausübung durch den Verwender in der Sache selbst entscheiden können.[95]

Nach überzeugender Auffassung kann eine Ermessensausübung aufgrund von Fehlern im Entscheidungsergebnis und/oder im Entscheidungsvorgang als unbillig zu bewerten sein.[96] Dies ergibt sich bereits aus den Regelungen der § 315 Abs. 3 S. 2 und § 319 Abs. 1 S. 2 letzter HS. BGB, die eine Ersetzung der Ermessensentscheidung durch das Gericht bei Verzögerung zulassen.[97] Darüber hinaus sind nur solche Ermessensentscheidungen materiell rechtmäßig, deren rechtlich zulässiges Ergebnis auf rechtmäßige Weise erzielt wurde.[98] Fehler im Entscheidungsvorgang führen allerdings nur dann zu einer Unbilligkeit gem.

---

90 St. Rspr. BGH, vom 18.10.2011 – KZR 18/10 = NVwZ 2011, 189 [191 a. A.], m. w. N.

91 Zutr. Rieble in Staudinger, BGB, §§ 315 – 326, 14. Bearbeitung 2009, § 315 Rn. 315 f.; a. A. etwa Hager in Erman BGB, Band I, 13. Auflage 2011, § 315 Rn. 19 m. w. N.

92 Vgl. statt aller nur BGH, vom 24.11.1977 – III ZR 27/76 = ZLW 1979, 140 [143] = BeckRS 1977, 30376957; vom 18.10.2007 – III ZR 277/06 = NVwZ 2008, 110 [112].

93 BGH, vom 24.11.1977 – III ZR 27/76 = WM 1978, 1097 [1099]; vom 24.06.1991 – II ZR 268/9 = NJW-RR 1991, 1248 [1249] m. w. N.

94 Vgl. etwa BAG, vom 03.12.2002 – 9 AZR 457/01 = NZA-RR 2003, 613 [615 f.].

95 Rieble in Staudinger BGB, §§ 315 – 326, 14. Bearbeitung 2009, § 315 Rn. 329.

96 So schon BAG, vom 12.10.1962 – 5 AZR 423/60 = NJW 1962, 268 [269], das eine Einbeziehung von sachfremden und willkürlichen Motiven für schädlich hält; Rieble in Staudinger, BGB, §§ 315 – 326, 14. Bearbeitung 2009, § 315 Rn. 329; ders., Die Kontrolle des Ermessens der betriebsverfassungsrechtlichen Einigungsstelle, 1990, S. 113 ff.

97 Rieble, Die Kontrolle des Ermessens der betriebsverfassungsrechtlichen Einigungsstelle, 1990, S. 116.

98 Alexey in JZ 1986, 701 [714].

§ 315 Abs. 3 BGB, wenn gewichtige Argumente dafür sprechen, dass die Ermessensentscheidung des Verwenders bei einer fehlerfreien Entscheidungsfindung tatsächlich hätte anders ausfallen können. Grund dafür ist, dass Art. 20 Abs. 3 GG nur die Verwaltungsbehörden, nicht aber die Parteien eines zivilrechtlichen Vertrages an Recht und Gesetz bindet. Abgesehen davon führen sogar im Verwaltungsrecht Verfahrensfehler nur dann zur Aufhebung eines Verwaltungsakts, wenn sie die Verwaltungsentscheidung in der Sache beeinflusst haben, § 46 VwVfG, § 44a S. 1 VwGO. Dies hat erst recht im Zivilrecht zu gelten.

Demnach kommt eine Unwirksamkeit der getroffenen Leistungsbestimmung bei folgenden Ermessensfehlern in Betracht:[99]

(1) Ermessensnichtgebrauch / Abwägungsausfall
Der Bestimmungsberechtigte muss ein ihm zu stehendes Ermessen auch tatsächlich ausüben und darf sich nicht von vorneherein auf einen bestimmten Inhalt festlegen.

(2) Ermessensfehlgebrauch
Außerdem hat der Berechtigte alle wesentlichen Umstände, die für die Ermessensentscheidung von Bedeutung sein könnten, zu ermitteln und einzustellen.[100] Sachfremde Umstände hat er bei der Abwägung außer Acht zu lassen.[101]

(3) Ermessensüberschreitung
Schließlich ist eine Leistungsbestimmung unbillig, wenn der Bestimmungsberechtigte den ihm zustehenden Ermessensspielraum überschreitet.[102] So unterliegt es insbesondere der vollen gerichtlichen Kontrolle, ob die berechtigten Interessen der Vertragsparteien in einen angemessenen und damit gerechten Ausgleich gebracht werden.[103] Dies ist anhand der Umstände des konkreten Einzelfalls zu beurteilen.[104] Eine generalisierende Betrachtung verbietet sich insofern.

Erweist sich der Inhalt der vom Berechtigten getroffenen Leistungsbestimmung wegen Überschreitung der Ermessensgrenzen als unbillig, ist sie für den anderen

---

99 Vgl. zu den Kategorien etwa Kopp/Ramsauer, VwVfG, 12. Auflage 2011, § 40 Rn. 58 ff. und Ruffert in Knack/Henneke VwVfG, 9. Auflage 2010, § 40 Rn. 47 ff., jeweils m w. N.

100 Vgl. statt aller BAG, vom 11.04.2006 = NJW 2006, 3303 [3307] m. w. N.; vgl. etwa auch OVG Münster , vom 03.01.1992 – 23 A 949/89 = NVwZ 1993, 588 [589 f.].

101 BAG, vom 12.10.1962 – 5 AZR 423/60 = NJW 1962, 268 [269].

102 Nachweise bei Fn. 133.

103 St. Rspr., zuletzt etwa BAG, vom 13.10.2009 – 9 AZR 722/08 = NZA 2010, 327 [333].

104 So auch Rieble in Staudinger BGB, §§ 315 – 326, 14. Bearbeitung 2009, § 315 Rn. 327.

Teil unverbindlich,[105] d. h. unbeachtlich.[106] Das angerufene Gericht hat dann ersatzweise den Inhalt der anzupassenden Klausel durch Gestaltungsurteil selbst zu bestimmen.[107] Erst diese Neufestsetzungen werden für den anderen Teil mit der Folge verbindlich, dass auch die Fälligkeit erst mit Rechtskraft des Urteils eintritt.[108]

cc) Leistungsbestimmung durch Dritte, § 317 Abs. 1, § 319 BGB

Auch § 317 Abs. 1 BGB enthält eine Auslegungsregel, wonach Leistungsbestimmungen Dritter im Zweifel nach billigem Ermessen erfolgen müssen. Im Unterschied zu § 315 BGB ist die Leistungsbestimmung jedoch erst dann unwirksam, wenn sie „offensichtlich" unbillig ist.

[1] Person des Dritten

„Dritter" im Sinne der § 317 Abs. 1, § 319 Abs. 1 S. 1 BGB sind unstreitig alle natürlichen oder juristischen Personen[109], die nicht Vertragspartei sind. Ob der Anwendungsbereich der Norm dahingehend einzuschränken ist, dass auch Personen, die „im Lager einer Vertragspartei stehen",[110] nicht als Dritte im Sinne dieser Vorschrift anzusehen sind, ist strittig. Für die mit dieser Arbeit untersuchte AGB-Anpassung stellt sich insbesondere die Frage, wann ein Dritter dem AGB-Verwender zuzurechnen ist und welche Auswirkungen eine solche Zurechnung auf den Maßstab der Ausübungskontrolle hat. Der Fall, dass die AGB des Verwenders einen Dritten, der dem Kunden zuzurechnen ist, zur einseitigen Leistung berechtigen, ist in der Praxis äußerst unwahrscheinlich. Die folgenden Erwägungen gelten allerdings auch für diesen Fall.

Die Norm des § 319 Abs. 1 S. 1 (i. V. m. § 317 Abs. 1) BGB beruht auf dem Gedanken, dass eine neutrale Person das ihr eingeräumte Leistungsbestimmungsrecht regelmäßig nach bestem Wissen und Gewissen trifft. Bei diesem Personenkreis kann am ehesten eine unabhängige, unparteiische und objektive Gestaltung

105 Vgl. statt aller BGH, vom 16.02.2005 – VIII ZR 48/04 = NJW 2005, 1188 [1189]; Hager in Erman BGB, Band I, 13. Auflage 2011, § 315 Rn. 22.

106 Rieble in Staudinger BGB, §§ 315 – 326, 14. Bearbeitung 2009, § 315 Rn. 350 f.; a. A. OLG Frankfurt, vom 03.12.1998 – 3 U 257/97 = NJW-RR 1999, 379 [379 a. E.]; aus der Lit. etwa Würdinger in MüKo BGB, Band 2, 6. Auflage 2012, § 315 Rn. 23.

107 St. Rspr., vgl. etwa BGH, BGH, vom 05.07.2005 – X ZR 60/04 = NJW 2005, 2919 [2921] und vom 12.10.2006 – III ZR 331/04 = NJW-RR 2007, 55 [58] jeweils m. w. N.

108 BGH, vom 05.07.2005 – X ZR 60/04 = NJW 2005, 2919 [2921] m. w. N.

109 Wolf in Soergel BGB, Band 2, 12. Auflage 1990, § 317 Rn. 7.

110 Zur Begrifflichkeit siehe Bork, BGB AT, 3. Auflage 2011 Rn. 879 (zu § 123 BGB).

des Rechtsverhältnisses erwartet werden.[111] Aufgrund dessen sieht § 319 Abs. 1 S. 1 BGB einen gegenüber § 315 Abs. 3 BGB gelockerten Prüfungsmaßstab vor, der lediglich offenbar unbillige Leistungsbestimmungen für unwirksam erklärt.[112]

Diese typische Erwartung ist jedoch dann nicht gerechtfertigt, wenn der Bestimmungsberechtigte dem Bestand des Vertrages und dessen Inhalt nicht neutral gegenüber steht. So hat der BGH etwa den Drittbegünstigten im Vertrag zu Gunsten Dritter nicht als Dritten i. S. d. § 317, § 319 BGB angesehen.[113] Diese Auffassung ist allerdings bereits sprachlich verfehlt. Zudem ist die Stellung als Dritter sowohl bei § 317, § 319 Abs. 1 BGB als auch bei § 328 BGB in Bezug auf den Vertrag bzw. das Vertragsverhältnis zu beurteilen. Dafür spricht auch die Systematik des Gesetzes: Die §§ 315 f. BGB regeln die Leistungsbestimmung durch eine Vertragspartei und grenzen sich in dieser Hinsicht von den §§ 317 ff. BGB ab, die Leistungsbestimmungen von Nichtvertragsparteien zum Gegenstand haben. Schließlich gebietet der Normzweck des § 319 Abs. 1 S. 1 (i. V. m. § 317 Abs. 1) BGB entgegen der Rechtsprechung des BGH[114] nicht zwingend die Einschränkung des Anwendungsbereichs der Norm(en). Vielmehr ist die fehlende Neutralität des Dritten bei der Beurteilung der offenbaren Billigkeit seiner Leistungsbestimmung nach § 319 Abs. 1 S. 1 BGB einzustellen[115].

Nach alldem ist der Anwendungsbereich des § 319 Abs. 1 i. V. m. § 317 BGB eröffnet, wenn der Bestimmungsberechtigte nicht Vertragspartei ist. Die Frage, ob er dem AGB-Verwender zuzurechnen ist, stellt sich erst bei der eigentlichen Beurteilung der Wirksamkeit der Leistungsbestimmung.

[2] Zurechnung des Dritten zum Verwender

Ausgehend davon ist im Rahmen der eigentlichen Bewertung der Wirksamkeit einer Leistungsbestimmung zunächst zu klären, ob der bestimmungsberechtigte Dritte dem Verwender zuzurechnen ist, er daher gleichsam als dessen Repräsentant angesehen werden kann. Dazu ist, wie bei der Risikozurechnung, eine Abgrenzung nach Sphären erforderlich. Eine Zurechnung ist vor allem in den beiden Fällen in Betracht zu ziehen, in denen der Dritte ein eigenes Interesse am Vertrag hat oder von einer der Vertragsparteien und deren Interessen beeinflusst

111 Gottwald in MüKo BGB, Band 2, 5. Auflage 2007, § 317 Rn. 2; vgl. auch OLG Düsseldorf, vom 28.04.1999 – 11 U 69/98 = NJW-RR 2000, 279 [281].

112 BGH, vom 30.05.2003 – V ZR 216/06 = NJW-RR 2003, 1355 [1357].

113 Zum Vertrag zu Gunsten Dritter BGH, vom 30.05.2003 – V ZR 216/02 = NJW-RR 2003, 1355 [1357].

114 BGH, vom 30.05.2003 – V ZR 216/02 = NJW-RR 2003, 1355 [1357].

115 Rieble in Staudinger BGB, §§ 315 – 326, 14. Bearbeitung 2009, § 315 Rn. 51 und Rn. 84.

wird bzw. werden kann. Die Gründe für die Möglichkeit des Verwenders zur Einflussnahme auf den Dritten bzw. zur Durchsetzung seiner Interessen können auf verschiedene Ursachen zurückgehen.

[a] Rechtliche Abhängigkeit

So ist eine Zurechnung immer dann zu befürworten, wenn der Bestimmungsberechtigte rechtlich von einer der beiden Vertragsparteien abhängig ist. Dies beurteilt sich in erster Linie danach, ob eine der beiden Vertragsparteien aufgrund einer rechtlichen Verbindung auf die Leistungsbestimmung Einfluss nehmen und diese auch durchsetzen kann.[116] In diesen Fällen fehlt es an der bei §§ 317, 319 BGB vorausgesetzten Neutralität des bestimmungsberechtigten Dritten; dessen Rechtsposition ist vielmehr von der Leistungsbestimmung betroffen. Eine rechtliche Abhängigkeit ist beispielsweise bei einem abhängigen Unternehmen im Konzern gegeben oder wenn eine Vertragspartei Mehrheitsgesellschafterin des Bestimmungsberechtigten ist. Demgegenüber ist die bloße schuldrechtliche Beauftragung des Dritten (z. B. eines Gutachters,[117] Sachverständigen, Schiedsrichters, Schiedsstelle,[118] oder auch einer Behörde[119] bzw. eines Gerichts,[120] sofern diese außerhalb ihrer gesetzlichen Zuständigkeiten tätig werden) mit der Vornahme der Leistungsbestimmung durch eine Vertragspartei i. d. R. nicht ausreichend. Die auftraggebende Vertragspartei wird dadurch regelmäßig nicht zur Einflussnahme auf die Entscheidung berechtigt.

[b] Wirtschaftliche Abhängigkeit

Daneben kommt eine Zurechnung des Dritten grundsätzlich auch bei Vorliegen einer wirtschaftlichen Abhängigkeit in Betracht, wenn sich die Leistungsbestimmung des Dritten entscheidend auf dessen wirtschaftliche Situation auswirkt.[121] Er steht dem Vertrag dann nicht neutral gegenüber. Ferner sind z. B. auch Personen, die ihre Einkünfte im Wesentlichen nur aus ihrer Tätigkeit für

116 Vgl. etwa BAG, vom 10.12.2008 – 4 AZR 801/07 = NZA-RR 2010, 7 [13].

117 BGH, vom 04.06.1975 – VIII ZR 243/72 = NJW 1975, 1557 [1557]; vom 12.01.2001 – V ZR 372/99 = NJW 2001, 1928 [1929].

118 Würdinger in MüKo BGB, Band 2, 6. Auflage 2012, § 317 Rn. 8.

119 Z. B. BGH, vom 19.12.1978 – VI ZR 43/77 = NJW 1979, 597 [598].

120 Vgl. etwa BGH, vom 03.02.1995 – V ZR 222/93 = NJW 1995, 1360 [1360] und vom 06.11.1997 – III ZR 177/96 = NJW 1998, 1388 [1390], jeweils m. w. N.

121 Vgl. dazu, BGH, vom 30.05.2003 – V ZR 216/02 = NJW-RR 2003, 1355 [1357].

einen einzigen Auftraggeber erzielen,[122] keine neutralen Bestimmungsberechtigten i. S. d. §§ 317, 319 BGB.

[c] Sphäre des Verwenders

Außerdem kann der bestimmungsberechtigte Dritte im Einzelfall trotz des Fehlens eines Abhängigkeitsverhältnisses der Sphäre einer Vertragspartei zuzurechnen sein. Dementsprechend sind Arbeitgeber- oder Arbeitnehmerverbände, denen aufgrund des Arbeitsvertrags ein Recht zur einseitigen Leistungsbestimmung eingeräumt ist, ausschließlich der Sphäre der jeweiligen Vertragspartei zuzurechnen.[123] Derartige Verbände vertreten typischerweise ausschließlich die Interessen ihrer Mitglieder, so dass die bei §§ 317, 319 BGB vorausgesetzte Neutralität ausscheidet. Dem steht es auch nicht entgegen, dass das einzelne Verbandsmitglied den gewünschten Inhalt einer Verbandsentscheidung regelmäßig nicht einseitig durchsetzen kann.

[d] Sonderfall: Kommission als bestimmungsberechtigte Dritte

Wird das Recht zur einseitigen Leistungsbestimmung einer Kommission überlassen, ist jeweils im Einzelfall anhand der konkreten Beteiligungsverhältnisse zu entscheiden, ob es sich dabei um ein neutrales Gremium handelt.[124] Danach ist eine Neutralität abzulehnen, wenn eine der Vertragsparteien innerhalb des Gremiums die Rechtsmacht hat, ihre Interessen notfalls sogar gegen den Willen der übrigen Mitglieder durchzusetzen.

Die Frage nach der Neutralität von bestimmungsberechtigten Kommissionen stellt sich in der Praxis vor allem im Bereich des kirchlichen Arbeitsrechts. Regelmäßig enthalten kirchliche Arbeitsverträge Klauseln, in denen einer bestimmten (kirchlichen) Kommission das Recht zur Gestaltung der materiellen Arbeitsbedingungen mit bindender Wirkung für die Parteien des Arbeitsverhältnisses eingeräumt wird. Die Änderung bzw. Ergänzung der Arbeitsverträge erfolgt in der Regel in einem speziellen kircheneigenen Regelungsverfahren (dritter Weg), dessen Ausgestaltung die Kirchen und ihre Einrichtungen zurückgehend auf die

---

122 Insofern könnte etwa auf die Verwaltungspraxis der DRV-Bund zurückgegriffen werden, die eine wirtschaftliche Abhängigkeit i. R. d. § 2 S. 1 Nr. 9 SGB VI annimmt, wenn 5/6 der Einkünfte mit der Tätigkeit für einen Auftraggeber erzielt werden, vgl. rechtliche Arbeitsanweisungen R 2.3.1, Stand 16.03.2011.

123 St. Rspr. des BAG, vgl. etwa BAG, vom 02.02.1988 – 3 AZR 115/86 = NZA 1988, 611 [612]; vom 19.02.2002 – 3 AZR 299/01 = NZA-RR 2004, 368 [371 f.].

124 Vgl. dazu etwa BAG, vom 17.04.1996 – 10 AZR 558/95 = NZA 1997, 55 [56] und vom 10.12.2008 – 4 AZR 801/07 = NZA-RR 2010, 7 [13], jeweils m. w. N.

Verfassungsgarantie in Art. 140 GG i. V. m. Art 137 Abs. 3 WRV nach § 118 BetrVG selbständig bestimmen dürfen.[125] Eine solche Kommission ist nur dann als neutral anzusehen, wenn das Beteiligungsverhältnis zwischen Mitarbeitervertretern und Vertretern der Leitungsorgane der kirchlichen Körperschaften paritätisch ist und demnach beide Seiten gleichwertige Durchsetzungschancen haben.[126] Nur dann erscheint die Kommission nicht als Repräsentantin der Arbeitgeber- bzw. Arbeitnehmerseite. Dem steht es im Übrigen auch nicht entgegen, dass es sich bei solchen Kommissionen um kraft Kirchengesetzes geschaffene Institutionen handelt, die jederzeit wieder abgeschafft bzw. deren Beteiligungsverhältnisse wieder geändert werden können.[127] Denn es kommt maßgeblich auf den Zeitpunkt der Ausübung des Gestaltungsrechts an. Ein – möglicher – späterer Entfall der Neutralität ist insofern unerheblich.

[3] Billiges Ermessen nach § 319 Abs. 1 BGB

Die Leistungsbestimmung eines Dritten ist dann „offenbar unbillig" i. S. v. § 319 Abs. 1 S. 1 BGB, „[...] *wenn sie in grober Weise gegen Treu und Glauben verstößt und sich dies bei unbefangener sachkundiger Prüfung sofort aufdrängt* [...]".[128] Im Übrigen gelten die Ausführungen zu § 315 Abs. 3 BGB (oben unter bb), [S. 69]) in entsprechender Weise.

Wenn der Dritte dem Lager einer Partei zuzurechnen ist, muss dies bei der Bewertung der offenbaren Unbilligkeit der getroffenen Leistungsbestimmung berücksichtigt werden. Insofern ist zu unterscheiden: Ist der Kunde ersichtlich von der Neutralität des bestimmungsberichtigten Dritten ausgegangen, so ist die von diesem getroffene Leistungsbestimmung bereits dann „offenbar unbillig" i. S. v. § 319 Abs. 1 BGB, wenn dieser bei der Rechtsausübung offensichtlich befangen war.[129] War dem Kunden dagegen die Parteilichkeit des Dritten erkennbar, erfordert eine offenbare Unbilligkeit zusätzlich zur Parteilichkeit einen

125 Vgl. dazu Thüsing in NZA 2006, 306 [310]; Reichold in NZA 2008, 1377 [1378] und auch BAG, vom 15.11.2001 – 6 AZR 88/01 = BeckRS 2002, 40939.

126 BAG, vom 17.04.1996 – 10 AZR 558/95 = NZA 1997, 55 [56] und vom 10.12.2008 – 4 AZR 801/07 = NZA-RR 2010, 7 [13].

127 BAG, vom 17.04.1996 – 10 AZR 558/95 = NZA 1997, 55 [56].

128 St. Rspr. des BAG; vgl. statt aller BAG, vom 26.01.2005 – 4 AZR 171/03 = NZA 2005, 1059 [1063]; Kornblum AcP 168 (1968), 450 [468]; Hoyningen-Huene, Die Billigkeit im Arbeitsrecht, 1978, S. 38 f., jeweils m. w. N.

129 Vgl. auch BGH, vom 06.06.1994 – II ZR 100/92 = NJW-RR 1994, 1314 [1325]; Rieble in Staudinger BGB, §§ 315 – 326, 14. Bearbeitung 2009, § 315 Rn. 51 und Rn. 84.

(einfachen) Ermessensfehler des Dritten bei der Ausübung des Bestimmungsrechts.[130]

b) Herabsetzung von Vertragsstrafen, § 343 BGB

Die Regelung des § 343 BGB enthält für den Bereich der (festen) Vertragsstrafen eine spezielle Ausformung des Grundsatzes der unzulässigen Rechtsausübung.[131] Es handelt sich dabei um eine unabdingbare Schutzvorschrift zu Gunsten des Strafschuldners, der vor übermäßigen Strafen bewahrt werden soll.[132] Obwohl die Gerichte im Vertragsrecht grundsätzlich auf die Rechtskontrolle beschränkt sind, dürfen sie i. R. d. § 343 BGB ausnahmsweise – wie bei § 315 Abs. 3 und § 319 Abs. 1 BGB – rechtsgestaltend in den Vertrag eingreifen.[133]

aa) Anwendungsbereich

§ 343 BGB erfasst alle wirksam vereinbarten Strafen mit privatautonomen Geltungsgrund.[134] Dies sind neben Geldstrafen i. S. v. § 339 BGB auch andere Strafen i. S. v. § 342 BGB, selbständige Strafversprechen i. S. v. § 343 Abs. 2 BGB sowie Strafen, die ihre Grundlage in einer Rechtsverordnung haben.[135] Dagegen fallen Verfallklauseln nur dann unter § 343 BGB, wenn die Art des Nachteils eine Herabsetzung zulässt.[136]

Keine Anwendung findet § 343 BGB dagegen im Handelsrecht: Ein Kaufmann, der in Ausübung seiner beruflichen Tätigkeit eine Vertragstrafe versprochen hat, kann keine Herabsetzung der Strafe nach dieser Vorschrift verlangen. Gleichwohl kommt auch hier grundsätzlich eine Herabsetzung nach § 242 BGB in Betracht.[137]

Die Vorschriften des § 655 BGB für die Herabsetzung des Mäklerlohns, des § 3a Abs. 2 RVG für die frei vereinbarte Vergütung von Rechtsanwälten sowie

---

130 Rieble in Staudinger BGB, §§ 315 – 326, 14. Bearbeitung 2009, § 315 Rn. 51.

131 BGH, vom 22.05.1968 – VIII ZR 69/66 = NJW 1969, 1625 [1625]; Bötticher in ZfA 1970, 3 [24 ff.].

132 BGH, vom 13.02.1952 – II ZR 91/51 = NJW 1952, 623 [623].

133 Canaris in FS Lerche 1993, S. 873 [886]; Janoschek in Bamberger/Roth, BGB, Band 1, 3. Auflage 2012, § 343 Rn. 1; Grüneberg in Palandt BGB, 71. Auflage 2012, § 343 Rn. 1.

134 Rieble in Staudinger BGB, 328 – 345, 14. Bearbeitung 2009, § 343 Rn. 17.

135 BGH, vom 29.01.1957 – VIII ZR 71/56 = NJW 1957, 627 [628]; Bötticher in ZfA 1970, 3 [40].

136 Grüneberg in Palandt BGB, 71. Auflage 2012, § 343 Rn. 2.

137 BGH, vom 18.09.1997 – I ZR 71/95 = NJW 1998, 1144 [1147] m. w. N.

des § 4 Abs. 2 SteuerberatungsgebührenVO für die Vergütung von Steuerberatern sind als spezielle Regelung gegenüber § 343 BGB vorrangig.[138]

Schließlich kommt die Herabsetzung nach § 343 BGB auch dann nicht zur Anwendung, wenn bereits die Geltendmachung einer wirksamen Vertragsstrafe als rechtsmissbräuchlich (dazu sogleich unter c) [S. 79]) anzusehen ist.[139]

bb) Herabsetzung der Strafe

Das Gericht darf eine wirksame Vertragsstrafe nicht von Amts wegen herabsetzen. Es ist stets ein entsprechender Antrag des Strafschuldners erforderlich, der allerdings auch konkludent gestellt werden kann.[140]

Im Unterschied zum zweistufigen Verfahren bei der einseitigen Leistungsbestimmung hebt das angerufene Gericht eine unverhältnismäßig hohe Vertragsstrafe nicht zunächst auf und setzt sie anschließend neu fest.[141] Vielmehr reduziert es die vom Strafgläubiger geforderte Strafe sofort auf das gerade noch angemessene Maß.[142]

Die Angemessenheit der Strafe bestimmt sich nach den Umständen des konkreten Einzelfalls.[143] Einzustellen sind aber vor allem Schwere und Ausmaß bzw. Gefährlichkeit des vom Strafschuldner begangenen Verstoßes und dessen Verschuldensgrad,[144] die Funktion der Vertragsstrafe[145] bzw. das (wirtschaftliche) Interesse des Strafgläubigers an der Unterbindung des strafauslösenden Verhaltens[146] sowie das Entschädigungsbedürfnis für immaterielle Schäden.[147] Maßgeblicher Zeitpunkt für die Bewertung ist nach überzeugender Auffassung der Zeitpunkt der Geltendmachung des Strafanspruchs durch den Strafgläubiger,

---

138 Rieble in DB 1994, 1776 [1777].

139 BGH, vom 23.01.1991 – VIII ZR 42/90 = NJW-RR 1991, 568 [569]; vom 31.05.2012 – I ZR 45/11 = GRUR 2012, 949 [950]; Gottwald MüKo BGB, Band 2, 6. Auflage 2012, § 343 RN. 11.

140 BGH, vom 22.05.1968 – VIII ZR 69/66 = NJW 1969, 1625 [1625] und vom 18.03.2010 – III ZR 254/09 = NJW 2010, 3222 [3226]; vgl. auch Rieble in DB 1994, 1776 [1779 f.]; das Ermäßigungsrecht wird regelmäßig im Wege der Einrede erhoben, im Einzelfall kommt aber eine Herabsetzungsklage bzw. inzidenter Antrag i. R. e. Leistungsklage, sollte die Strafe dem Strafschuldner Recht nehmen, vgl. Rieble in Staudinger BGB, 328 – 345, 14. Bearbeitung 2009, § 343 Rn. 54.

141 Rieble in Staudinger BGB, 328 – 345, 14. Bearbeitung 2009, § 343 Rn. 99.

142 OLG Köln, vom 23.02.2011 – 13 U 115/10 = NJOZ 2011, 1960 [1961]; vgl. auch Kaiser, Die Vertragsstrafe im Wettbewerbsrecht, 1999, S. 180.

143 BGH, vom 07.10.1982 – I ZR 120/80 = NJW 1983, 941 [942].

144 BGH, vom 30.09.1993 – I ZR 54/91 = NJW 1994, 45 [46 f.].

145 BGH, vom 07.10.1982 – I ZR 120/80 = NJW 1983, 941 [942].

146 BGH, vom 01.06.1983 – I ZR 78/81 = NJW 1984, 919 [921].

147 BGH, vom 30.09.1993 – I ZR 54/91 = NJW 1994, 45 [46 f.].

weil § 343 BGB – in erster Linie – ein Instrument zur Ausübungskontrolle darstellt.[148]

Für die gerichtliche Kontrolle der Angemessenheit gelten im Wesentlichen die Ausführungen zu § 315 BGB: Bei der gerichtlichen Entscheidung handelt es sich in erster Linie um eine Kontrollentscheidung.[149] Das Gericht prüft dabei lediglich, ob die Vertragsparteien bei der Festsetzung der Strafe die Grenzen des ihnen eingeräumten Spielraums überschritten haben.[150] Stellt das Gericht insofern einen Verstoß fest, kann es die Vertragsstrafe nach billigem Ermessen herabsetzen. Das Revisionsgericht überprüft seinerseits ebenfalls nur anhand eines eingeschränkten Prüfungsmaßstabes die Einhaltung der Grenzen des Ermessensspielraums durch das vorinstanzliche Gericht.[151]

c) Ausübungskontrolle nach § 242 BGB

Schließlich kann sich die Berufung auf eine sonstige Rechtsposition, die nicht vom Anwendungsbereich der §§ 315 ff. bzw. des § 343 BGB erfasst wird, im Einzelfall als rechtsmissbräuchlich darstellen und daher nach § 242 BGB unzulässig sein.[152] Demgegenüber darf § 242 BGB nicht mehr als Maßstab für die inhaltliche Bewertung von AGB herangezogen werden, da dies nunmehr in den §§ 307 ff. BGB abschließend geregelt ist.[153]

Bei formularmäßigen Vereinbarungen stellt sich typischerweise die Frage, ob die Berufung des Verwenders auf ein ihm zustehendes wirksames Recht im Einzelfall gegen Treu und Glauben verstößt. So kann sich eine im Geschäftsverkehr als GbR auftretende Personenmehrheit nicht mit Verweis auf ihre in Wahrheit gegebene Kaufmannseigenschaft auf eine in ihren AGB enthaltene Gerichtsstandvereinbarung berufen.[154] Im Einzelfall kann ferner auch der Verweis des

---

148 Bötticher, Gestaltungsrecht und Unterwerfung, 1964, S. 25; Sieg in NJW 1951, 506 [508]; Grüneberg in Palandt BGB, 71. Auflage 2012, § 343 Rn. 7.

149 Rieble in Staudinger BGB, 328 – 345, 14. Bearbeitung 2009, § 343 Rn. 101.

150 Rieble in Staudinger BGB, 328 – 345, 14. Bearbeitung 2009, § 343 Rn. 100.

151 BGH, vom 30.09.1993 – I ZR 54/91 = NJW 1994, 45 [46 f.]; BAG, vom 25.10.1994 – 9 AZR 265/93 = BeckRS 2009, 56449; Gottwald MüKo BGB, Band 2, 6. Auflage 2012, § 343 Rn. 22.

152 BAG, vom 25.05.2005 – 5 AZR 572/04 = NZA 2005, 1111 [1116]; Coester in Staudinger BGB, §§ 305 – 310, 14. Bearbeitung 2006, § 307 Rn. 36 m. w. N.

153 So Roussous in JZ 1988, 997 [1006] und insbes. Wolf in Wolf/Lindacher/Pfeifer AGB, 5. Auflage 2009, § 307 Rn. 28; der BGH griff zur Bewertung der Wirksamkeit von Formularverträgen vor Erlass des AGBG in st. Rspr. auf § 242 BGB zurück; Vgl. etwa BGH, vom 04.12.1975 – VII ZR 269/73 = NJW 1976, 515 [515].

154 Vgl. LG Freiburg, vom 14.09.1998 – 12 S 3/98 = NJW-RR 1999, 1505 [1506].

Verwenders auf eine wirksame Ausschlussfrist rechtsmissbräuchlich sein.[155] Eine missbräuchliche Rechtsausübung kommt insbesondere bei Vertragsstrafen unter dem Gesichtspunkt der Mehrfachverfolgung[156] oder bei Mitverschulden des Strafgläubigers in Betracht.

Dagegen kann sich die Berufung des Kunden auf ein ihm formularvertraglich zugesichertes Recht nur in seltenen Ausnahmefällen als unzulässig und damit unwirksam darstellen, da dieser selbst keinen Einfluss auf die Vertragsgestaltung hatte. Er nimmt daher nur das in Anspruch, was ihm die andere Seite ohne sein Zutun versprochen hat. Aufgrund dessen verbietet es der Schutzzweck der §§ 305 ff. BGB dem Verwender grundsätzlich, sich auf die Unwirksamkeit der von ihm gestellten Klauseln und damit eine unzulässige Rechtsausübung des Kunden zu berufen, wenn dieser ein Recht aus einer – unwirksamen – Klausel in Anspruch nimmt.[157] Dies gilt jedoch dann nicht, wenn die gesetzliche Vorschrift, welche die Unwirksamkeit der Klausel anordnet, den Schutz des Verwenders bezweckt (vgl. dazu Dritter Teil, B. II. 1. c) [S. 91]). Abgesehen davon stehen die §§ 307 ff. BGB einer Ausübungskontrolle zu Lasten des Kunden aber nicht entgegen. Denn dieser ist infolge der einseitigen Inanspruchnahme der Vertragsgestaltungsfreiheit durch den Verwender gerade nicht benachteiligt, wenn er ein wirksames Recht ausübt. Das typische Risiko aus der Stellung von AGB durch eine Vertragspartei hat sich hier nicht verwirklicht. Es ist folglich nicht einzusehen, weshalb der Verwender bei wirksamen AGB schlechter gestellt werden sollte, als wenn er diese individualvertraglich vereinbart hätte.

So kann ausnahmsweise auch ein Verstoß gegen den Grundsatz von Treu und Glauben nach § 242 BGB in Betracht kommen, wenn sich der Kunde auf eine unwirksame, vom Verwender gestellte Klausel beruft.[158] Dieser kann etwa nicht auf die Intransparenz einer Klausel verweisen, deren Inhalt er bei Vertragsschluss tatsächlich durchschaut hat bzw. die er sogar selbst in seinen eigenen AGB verwendet.[159] Dies gilt ferner auch dann, wenn die Rechtsausübung durch den Kunden eine Zweckentfremdung bedeutet und den Verwender dadurch in unzumutbarer Weise benachteiligt.[160]

---

155 Allerdings im konkreten Fall vom BAG abgelehnt: BAG, vom 25.05.2005 – 5 AZR 572/04 = NJW 2005, 3305 [3309].

156 Vgl. dazu etwa BGH, vom 31.05.2012 – I ZR 45/11 = BeckRS 2012, 14988.

157 BGH, vom 31.08.2010 – VIII ZR 28/10 = NZM 2010, 31 [32]; siehe auch von Bernuth in BB 1999, 1284 [1286].

158 BGH, vom 30.09.1987 – IVa ZR 6/86 = NJW 1988, 410 [411]; OLG Karlsruhe, vom 30.06.2009 – 17 U 497/08 = WM 2009, 1741 [1743].

159 Wolf in Wolf/Lindacher/Pfeifer AGB, 5. Auflage 2009, § 307 Rn. 31; Fuchs in Ulmer/Brandner/Hensen AGB, 11. Auflage 2011, Vorb v. § 307 BGB Rn. 65.

160 OLG Karlsruhe, vom 30.06.2009 – 17 U 497/08 = WM 2009, 1741 [1743].

3. Zusammenfassung

Damit stellt das Rechtsinstitut der Ausübungskontrolle ein weiteres, eigenständiges Korrektiv dar, das auf formularmäßige Verträge neben der Inhaltskontrolle Anwendung findet. Die Ausübungskontrolle erfolgt erst im Anschluss an die inhaltliche AGB-Bewertung, da sie die Zulässigkeit der Ausübung einer einbezogenen und (inhaltlich) wirksamen Rechtsposition im konkreten Einzelfall zum Gegenstand hat.

C. Sonstige Besonderheiten i. R. d. AGB-Kontrolle

Daneben enthält das Gesetz in § 305c Abs. 2 BGB eine spezielle Regelung, wonach Zweifel bei der Auslegung zu Lasten des Verwenders gehen (unter I. [S. 81 f.]). Außerdem besteht nach dem UKlaG die Möglichkeit, einen Verwender von unwirksamen AGB im Verbandsklageprozess auf Unterlassung bzw. auf Widerruf in Anspruch zu nehmen (dazu sogleich unter II. [S. 82 ff.]).

I. Unklarheitenregel des § 305c Abs. 2 BGB

Der Kunde wird außerdem durch die Unklarheitenregel des § 305c Abs. 2 BGB geschützt. Danach gehen Zweifel bei der Auslegung zu Lasten des Verwenders. Der Normzweck besteht darin, dass der AGB-Verwender als Ausgleich für die Vorteile aus der einseitigen Vertragsgestaltungsfreiheit auch sämtliche Nachteile zu tragen hat, wenn er den Vertragstext mehrdeutig formuliert.[161]

Eine Klausel ist dann unklar i. S. d. § 305c Abs. 2 BGB, wenn auch nach Anwendung der allgemeinen Auslegungsregeln Zweifel über ihren Inhalt und zumindest zwei rechtlich vertretbare Auslegungsmöglichkeiten verbleiben.[162] Die Vorschrift ist jedoch auf diejenigen Fälle zu begrenzen, in denen keine der denkbaren Auslegungsvarianten eindeutig vorzuziehen ist.[163] Dagegen ist § 305c Abs. 2 BGB unanwendbar, wenn sich zwei Klauseln inhaltlich widersprechen;

161 BGH, vom 17.03.1999 – IV ZR 218/97 = NJW 1999, 1865 [1866 f.].

162 Vgl. etwa BGH, vom 23.06.2004 – IV ZR 130/03 = NJW 2004, 1589 [1590] und BAG, vom 20.01.2010 – 10 AZR 914/08 = NZA 2010, 445 [446], jeweils m. w. N.

163 BGH, vom 03.07.2002 – XII ZR 327/00 = NJW 2002, 3232 [3233]; Schwab/Löhnig, ZR, 19. Auflage 2002, Rn. 800.

diese sind vielmehr wegen Intransparenz nach § 307 Abs. 1 S. 2 BGB unwirksam.[164]

Sind mehre Auslegungsmöglichkeiten denkbar, ist in einem ersten Schritt diejenige vorzuziehen, die zur Unwirksamkeit der formularmäßigen Klausel führt (Grundsatz der kundenfeindlichsten Auslegung).[165] Wegen § 306 Abs. 2 BGB, der bei Unwirksamkeit die Geltung des dispositiven Gesetzesrechts vorschreibt, ist diese scheinbar kundenfeindlichste Auslegung in Wahrheit die kundenfreundlichste.[166] Erst wenn sich die Klausel bei allen in Betracht kommenden Auslegungen als wirksam erweist, ist in einem zweiten Schritt die für den Kunden günstigste maßgeblich.[167]

Dies gilt im Übrigen sowohl für den Individual- als auch den Verbandsprozess nach § 1 UKlaG.[168]

II. Verbandsklageverfahren, § 1 UKlaG

Die Regelung des § 1 UKlaG sieht die Möglichkeit vor, dass Verwender oder auch Empfehler von unwirksamen AGB im Verbandsprozess auf Unterlassung bzw. Widerruf seiner Vertragsbedingungen in Anspruch genommen werden können. Danach sind die gem. § 3 UKlaG anspruchberechtigten Stellen, bei denen es sich in der Regel um verbraucherschützende Institutionen handelt,[169] gesetzlich befugt, auf dem Klageweg gegen Marktteilnehmer vorzugehen, obwohl sie selbst nicht bzw. nur mittelbar von den AGB betroffen sind.

Dies bedeutet eine Ergänzung des individualrechtlichen Kunden- und Verbraucherschutzes mit dem Ziel, den Rechtsverkehr vor solchen AGB zu verschonen, die gezielt und damit in rechtsmissbräuchlicher Weise zum Nachteil der Kunden eingesetzt werden.[170] Schutzgut ist außerdem auch der Grundsatz der

---

164 Anschaulich: BAG, vom 10.12.2008 – 10 AZR 1/08 = NZA-RR 2009, 576 [577].

165 St. Rspr., vgl. etwa BGH, vom 21.04.2009 – XI ZR 78/08 = NJW 2009, 2051 [2053] m. w. N.; vgl. auch Grüneberg in Palandt BGB, 71. Auflage 2012, § 305c Rn. 18.

166 Ausführlich BGH, vom 29.04.2009 – KZR 2/07 = NJW 2008, 2171 [2173] m. w. N.

167 BGH, vom 29.04.2009 – KZR 2/07 = NJW 2008, 2171 [2173].

168 BGH, vom 11.02.1992 – XI ZR 151/91 = NJW 1992, 1097 [1099] und vom 29.04.2009 – KZR 2/07 = NJW 2008, 2171 [2173] mit ausführlicher Begründung und Belegen aus Rspr. und Lit.

169 E. Schmidt in NJW 2002, 25 [26].

170 BGH, vom 12.10.1989 – VII ZR 339/88 = NJW 1990, 317 [318]; Lindacher in Wolf/Lindacher/Pfeifer, AGB, 5. Auflage 2009, Vor § 1 UKlaG Rn. 2 f.; Gaul in FS Beitzke 1979, S. 997 [1021 f.]

Vertragsfreiheit als Rechtsinstitution des Privatrechts.[171] Hintergrund ist vor allem, dass einzelne betroffene Personen oftmals nicht dazu bereit und/oder in der Lage sind, sich gerichtlich gegen unzulässige AGB zu Wehr zu setzen.[172] Schließlich dient das Instrument der Verbandsklage auch dem vorbeugenden Rechtsschutz: Die nach § 3 Abs. 1 UKlaG befugten Institutionen können den Verwender bzw. Empfehler von unzulässigen AGB bereits vorprozessual in Anspruch nehmen und somit u. U. eine Aufnahme unwirksamer Klauseln in den Vertrag verhindern.[173]

Ein Unterlassungsanspruch nach § 1 UKlaG setzt nach dem Sinn und Zweck der Vorschrift über den Wortlaut hinaus eine Erstbegehungs-[174] bzw. Widerholungsgefahr voraus.[175] Die geschäftsmäßige Verwendung unzulässiger AGB bzw. das konkrete Vorhaben zur Verwendung indiziert jedoch in der Regel bereits eine derartige Gefahr.[176] Für deren Fehlen ist der AGB-Verwender bzw. Empfehler vollumfänglich darlegungs- und beweisbelastet.[177]

Gerügt werden kann lediglich die Unwirksamkeit der AGB, nicht aber deren Einbeziehung.[178] Im Unterschied zum Individualprozess muss die Auslegung der AGB wegen des objektiven Charakters des Verbandsprozesses zwingend generalisierend erfolgen.[179]

D. Zusammenfassung

Nach alldem bleibt festzuhalten, dass formularmäßige Verträge nach der Systematik des Gesetzes auf folgenden Stufen überprüft werden:

171 BT-Drucks. 7/5422, S. 10; Gaul in FS Beitzke 1979, S. 997 [1021 f.] und Lindacher in Wolf/Lindacher/Pfeifer, AGB, 5. Auflage 2009, Vor § 1 UKlaG Rn. 8, jeweils m. w. N.

172 BGH, vom 09.07.2009 – Xa ZR 19/08 = NJW 2009, 3321 [3323]; vgl. Köhler in Köhler/Bornkamm UWG, 30. Auflage 2012, Einf. UKlaG Rn. 1.

173 Lindacher in Wolf/Lindacher/Pfeifer, AGB, 5. Auflage 2009, Vor § 1 UKlaG Rn. 9.

174 OLG Köln, vom 02.07.2010 – 6 U 19/10 = BeckRS 2011, 09518.

175 BGH, vom 18.04.2002 – III ZR 199/01 = NJW 2002, 2386 [2386]; Köhler in Köhler/Bornkamm UWG, 30. Auflage 2012, § 1 UKlaG Rn. 10 m. w. N.

176 St. Rspr., vgl. etwa BGH, vom 09.07.1992 – VII ZR 7/92 = NJW 1992, 3158 [3161] und vom 10.01.1996 – XII ZR 271/94 = NJW 1996, 988 [988], jeweils m. w. N.

177 So etwa BGH, vom 27.01.1986 – I ZR 76/81 = NJW 1983, 2026 [2026]; vom 09.07.1992 – VII ZR 7/92 = NJW 1992, 3158 [3161].

178 BGH, vom 25.06.1986 – IVa ZR 263/84 = NJW-RR 1987, 45 [46]; vom 16.10.2002 – IV ZR 307/01 = NJW-RR 2003, 103 [104].

179 Lindacher in Wolf/Lindacher/Pfeifer, AGB, 5. Auflage 2009, § 1 UKlaG Rn. 10.

1. Stufe: Einbeziehungskontrolle
2. Stufe: Inhaltskontrolle
3. Stufe: Ausübungskontrolle.

Sämtliche Unklarheiten bei der Auslegung einseitig gestellter Vertragsbedingungen gehen zu Lasten des AGB-Verwenders. Dieser kann im Verbandsklageprozess auf Unterlassung bzw. auf Widerruf seiner unwirksamen AGB in Anspruch genommen werden.

Dritter Teil: Bestehende Korrekturmöglichkeiten

Gegenstand der Untersuchungen dieses Abschnitts ist die Frage, inwiefern eine Partei im Rahmen von formularmäßigen Verträgen einseitig Korrekturen durchsetzen kann. Zu denken ist dabei einerseits an die Aufnahme von vorsorgenden Klauseln (dazu sogleich unter A.) durch den Verwender. Andererseits ist unter Heranziehung der bestehenden gesetzlichen und allgemein anerkannten Rechtsinstitute zu ermitteln, inwiefern korrigierend auf formularmäßige Verträge eingewirkt werden kann, sollte der Verwender keine – wirksame – Korrekturmöglichkeit in die von ihm gestellte AGB mit aufgenommen haben. Die gewonnenen Ergebnisse werden anschließend unter D. dieses Abschnitts [S. 192 ff.] systematisch im Hinblick auf die wesentlichen Anforderungen an eine AGB-Korrektur untersucht (vgl. dazu auch die tabellarische Übersicht im Anhang [S. 196 f.]). Schließlich behandeln die nachfolgenden Abschnitte (Vierter [S. 197 ff.] und Fünfter Teil [S. 247 ff.]) die Frage, unter welchen Voraussetzungen und mit welchen Folgen eine AGB-Korrektur auch in den Fällen erfolgen kann, in denen die bestehenden gesetzlichen und höchstrichterlich anerkannten Korrekturmöglichkeiten an sich nicht einschlägig sind.

A. Vertragliche Vorsorge

Einem Verwender von AGB bleibt es grundsätzlich unbelassen, durch die Aufnahme von entsprechenden Klauseln Vorsorge für mögliche Störungen des Vertragsverhältnisses und der Vertragsparität zu tragen.

Insofern wird im Folgenden zunächst untersucht, ob sich die einseitige Inanspruchnahme der vertraglichen Gestaltungsfreiheit zur Vorsorge von eventuellen Störungen des Vertragsverhältnisses überhaupt mit dem Vertragsprinzip vereinen lässt. Anschließend wird auf die Anforderungen eingegangen, die im Rahmen von Langzeitverträgen an das Transparenzgebot des § 307 Abs. 1 S. 2 BGB zu stellen sind. Schließlich werden die grundsätzlich in Betracht kommenden formularmäßigen Regelungsmöglichkeiten überprüft, wobei ein besonderes Augenmerk auf die Gesichtspunkte der Rechtswirksamkeit und der Praktikabilität gelegt werden soll.

Die Möglichkeiten der formularmäßigen Erweiterung gesetzlicher Korrekturinstitute werden im Rahmen der Untersuchung der bestehenden gesetzlichen Korrekturmöglichkeiten (Dritter Teil B. [S. 99 ff.]) mitbehandelt, sofern sich Besonderheiten gegenüber den in diesem Abschnitt zu erläuternden allgemeinen Grundsätzen ergeben.

I. Gestaltung von AGB durch den Verwender und Vertragsprinzip

Die Vertragsfreiheit als Ausfluss der grundrechtlich über Art. 1 und Art. 2 Abs. 1 GG geschützten Privatautonomie umfasst nicht nur das Recht, selbstbestimmt schuldrechtliche Rechte und Pflichten mit grundsätzlich beliebigem Inhalt zu begründen, sondern auch die einseitige, selbstbestimmte Gestaltung von Schuldverhältnissen.[1] Wichtigstes Mittel hierzu ist der Vertrag, dem im deutschen Rechtssystem sowie im Rechtsverkehr aufgrund der häufigen Verwendung überragende Bedeutung zukommt.[2] Ein Vertragsschluss setzt eine Einigung der Parteien über die den Vertrag charakterisierenden (Haupt-)Leistungspflichten sowie solche (Neben-)Leistungspflichten voraus, über welche nach dem erklärten Willen zumindest einer der Parteien eine Vereinbarung getroffen werden soll, § 154 Abs. 1 S. 1 BGB. Das BGB geht in den §§ 116 ff. und §§ 145 ff. davon aus, dass der Inhalt und die Bedingungen des Vertrages grundsätzlich individuell ausgehandelt werden, vgl. insofern auch § 154 Abs. 1 S. 1 BGB. Nach dieser gesetzlichen Grundkonzeption kommt ein Vertrag erst dann zu Stande, wenn eine Einigung über sämtliche regelungsbedürftige Punkte erzielt wurde. Aus Gründen der Privatautonomie ist eine willentliche Einigung der Parteien grundsätzlich an deren vollständige Kenntnis vom Vertragsinhalt geknüpft; denn „[...] *der gesetzliche Schutz der materialen Entscheidungsfreiheit baut auf den Gedanken der Selbstbestimmung und Selbstverantwortung auf.* [...]“[3]

Eine solche tatsächliche Kenntnis ist nach allgemeiner Rechtsgeschäftslehre aber ausnahmsweise dann nicht erforderlich, wenn eine Auslegung der betreffenden Willenserklärung aus der Sicht des Erklärungsempfängers nach §§ 133, 157 BGB (sog. objektiver Empfängerhorizont)[4] ergibt, dass das Verhalten des Erklärenden als entsprechende vertragskonstituierende Willenserklärung zu werten ist. Dies gebietet der Schutz des Rechtsverkehrs.

---

1 Nachweise siehe Erster Teil Fn. 1.
2 Vgl. auch Ellenberger in Palandt BGB 71. Auflage 2012, Einf. v. § 145, Rn. 1.
3 Neuner in JuS 2007, 881 [887 a. E.].
4 Vgl. nur Trupp in NJW 1990, 1346 m. w. N.

Darüber hinaus lässt das BGB in §§ 305 ff. BGB unter bestimmten Voraussetzungen die einseitige Inanspruchnahme der Vertragsgestaltungsfreiheit durch eine Vertragspartei zu. Danach können AGB grundsätzlich rechtswirksam in den Vertrag miteinbezogen werden, auch wenn die andere Vertragspartei keine Möglichkeit zur Einflussnahme auf die inhaltliche Gestaltung hat. Die Verwendung von AGB ist im Laufe der Zeit ein unentbehrliches Instrument der Vertragsgestaltung im Rechtsverkehr geworden. Insbesondere im täglichen Massengeschäftsverkehr ist ein Aushandeln der Vertragsbedingungen im Einzelnen schon in zeitlicher Hinsicht praktisch unmöglich. Die einseitige Vertragsgestaltung durch AGB hat damit in erster Linie Rationalisierungsfunktion.[5] Überdies werden formularmäßige Klauseln vor allem auch zur Lückenfüllung, zur Rechtsfortbildung sowie zur Abwälzung von Risiken auf den Kunden verwendet.[6]

Mit dem Recht des Verwenders auf einseitige Inanspruchnahme der Vertragsgestaltungsfreiheit korrespondiert die gesetzliche Risikoverteilung in § 306 Abs. 2 BGB, die dem Verwender das alleinige Risiko aus der Stellung von unwirksamen AGB zuweist.[7] Dies hat zur Folge, dass – vorbehaltlich einer Aufrechterhaltung teilwirksamer AGB – unwirksame Klauseln von Gesetzes wegen vollständig aus dem Vertragswerk gestrichen werden, § 306 Abs. 2 BGB. Die dadurch entstehende Lücke wird mithilfe des dispositiven Gesetzesrechts gefüllt.

II. Zulässigkeit von vorsorgenden Klauseln

Aufgrund dieser „alles-oder-nichts-Folge“[8] des § 306 Abs. 2 BGB und der praktischen Erfahrung, dass die verwendeten AGB oftmals in vielen Teilen unwirksam sind, werden regelmäßig vorsorgende Klauseln aufgenommen, die eine Heranziehung des dispositiven Gesetzesrechts verhindern sollen.

1. Einbeziehungs- und Inhaltskontrolle

Die Wirksamkeit einer Vorsorgeklausel hängt – abgesehen von der Frage der Transparenz – maßgeblich davon ab, ob eine von § 306 Abs. 2 BGB abweichende Regelung den Kunden in unangemessener Weise benachteiligt und damit einen Verstoß gegen § 307 Abs. 2 Nr. 1 i. V. m. Abs. 1 S. 1 BGB darstellt.

5 Bunte in Schimansky/Bunte/Lwowski BankR Hdb, Band I, 4. Auflage 2011, § 4 Rn. 20 f.
6 Vgl. zum Ganzen Grüneberg in Palandt BGB, 71. Auflage 2012, Überbl. v. § 305, Rn. 4. Ff.
7 St. Rspr., vgl. statt aller BGH, vom 9. 7. 2008 – VIII ZR 181/07 = NJW 2008, 2840 [2842].
8 Vgl. BAG, vom 04.03.2004 – 8 AZR 196/03 = NZA 2004, 727 |734 a. E.] unter Berufung auf Hromadka in NJW 2002, 2523 [2529].

Eine Regelung in AGB, welche der Sache nach zu einer Abbedingung der Rechtsfolge des § 306 Abs. 2 BGB führt, soll nach der herrschenden Meinung im Schrifttum gemäß § 307 Abs. 2 Nr. 1 BGB in jedem Fall wegen Verstoßes gegen § 306 Abs. 2 BGB unwirksam sein.[9] Als Begründung für diese Ansicht wird angeführt, dass nach der Rechtsprechung des BGH eine formularmäßige Abbedingung des § 306 Abs. 2 BGB nicht möglich ist, weil eine Abwälzung des Risikos aus der Verwendung unwirksamer AGB auf den Kunden in jedem Falle vermieden werden soll.[10] Überdies sollen derartige formularmäßige Vorsorgeklauseln eine wesentliche Abweichung und damit letztlich eine Umgehung der Regelung des § 306 Abs. 2 BGB darstellen.[11]

Dem kann nicht zugestimmt werden. Der BGH geht im Bereich des Versicherungsrechts ausdrücklich davon aus, dass Anpassungsklauseln, die dem Versicherer bei Vorliegen bestimmter Voraussetzungen das Recht zur einseitigen Anpassung der allgemeinen Vertragsbedingungen einräumen grundsätzlich zulässig sind.[12] Danach kann die Rechtsprechung des BGH nicht als Begründung für den – angeblichen – Grundsatz herangezogen werden, dass § 306 Abs. 2 BGB eine zwingende Regelung darstellt, die unter keinen Umständen durch AGB abbedungen werden kann. Darüber hinaus lässt die höchstrichterliche Rechtsprechung unter bestimmten Voraussetzungen eine „ergänzende Vertragsauslegung" zu, wenn die Rechtsfolge des § 306 Abs. 2 BGB zu unpassenden und damit ungewollten Ergebnissen führt (dazu ausführlich mit Nachweisen unten C. I. 3. [S. 148 ff.]).

Für die hier vertretene Ansicht spricht außerdem die Erwägung, dass eine unbegrenzte Risikozuweisung zu Lasten einer Vertragspartei gegen den Grundsatz von Treu und Glauben verstoßen würde.[13] Auch § 306 Abs. 2 BGB schließt nicht

---

9 So auch Dammann in Wolf/Lindacher/Pfeifer AGB, 5. Auflage 2009, Anhang zu § 310, Rn. T 37 und H. Schmidt in Ulmer/Brandner/Hensen, AGB, 11. Auflage 2011, § 306 BGB Rn. 40, der aber im Falle der fehlenden Vorhersehbarkeit des Verstoßes eine Ausnahme machen will; dies ist jedoch in § 306 Abs. 2 BGB nicht vorhergesehen und verursacht daneben für den Kunden erhebliche Rechtsunsicherheit.

10 BGH, vom 05.12.1995 – X ZR 14/93 = NJW-RR 1996, 783 [789], zur Regelung des § 6 Abs. 2 AGBGB a. F., der inhaltlich § 306 Abs. 2 BGB entspricht; a. A. etwa Michalski/ Römermann in NJW 1994, 886 [890].

11 OLG München, vom 15.04.1988 – 23 U 6557/88 = NJW-RR 1988, 786.

12 BGH, vom 17.03.1999 – IV ZR 218/97 = NJW 1999, 1865 [1866].

13 Vgl. BGH, vom 12.04.1957 – I ZR 1/56 = NJW 1957, 1317 [1317]; BGH, vom 31.01.1963 = BB 1963, 448 [448]; vom 25.05.1970 – II ZR 245/67 = BB 1970, 1191 [1192]; siehe auch Fikentscher, Die Geschäftsgrundlage als Frage des Vertragsrisikos, 1971 S. 34; Ulmer in AcP 174 (1974), 167 [187] und Grüneberg in Palandt BGB, 71. Auflage 2012, § 313 Rn. 21 und Rn. 33 jeweils m. w. N.

von vornherein eine Neuzuordnung des Risikos unwirksamer AGB aus.[14] Eine solche kann in bestimmten Ausnahmesituationen aus Gründen der Einzelfallgerechtigkeit zwingend erforderlich erscheinen. Im Hinblick auf das Transparenzgebot müssen die Voraussetzungen für eine derartige Anpassungsbefugnis jedoch in der betreffenden Klausel für den Kunden hinreichend klar und bestimmt zu Ausdruck kommen (zu den Anforderungen an die Transparenz in Langzeitverträgen sogleich ausführlich unter A. II. 2. [S. 89 ff.]).

Nach alldem sind Klauseln, die beim Eintritt von Störungen oder nachteiligen Entwicklungen Möglichkeiten zur Vertragskorrektur eröffnen, nicht per se wegen Verstoßes gegen § 306 Abs. 2, § 307 Abs. 2 Nr. 1 BGB unzulässig. Vielmehr ist jeweils anhand der Umstände des konkreten Einzelfalls zu prüfen, ob die betreffende vorsorgende Klausel einer Inhaltskontrolle standhält. Mit Ausnahme der Transparenz (dazu sogleich unter 2.) ergeben sich darüber hinaus keine Besonderheiten bei der Einbeziehungs- und Inhaltskontrolle (siehe allgemein zu den insofern bestehenden Anforderungen, Zweiter Teil, B. I. und II. [S. 57 ff.]).

2. Besonderheiten bei der Transparenz in Langzeitverträgen

Zentrales Kriterium im Rahmen der Einbeziehungs- und Inhaltskontrolle ist in der Regel die hinreichende Transparenz einer vorsorgenden Klausel.

Die allgemeinen Anforderungen, die nach § 307 Abs. 1 S. 2 i. V. m. S. 1 BGB an hinreichend klare und verständliche Klauseln zu stellen sind, wurden bereits im Zweiten Teil dieser Arbeit (unter B. II. 3. [S. 61]) behandelt. Dagegen werden in diesem Abschnitt die besonderen Anforderungen an die Transparenz bei Langzeitverträgen untersucht

In die Beurteilung, ob eine Klausel den Anforderungen des § 307 Abs. 1 S. 2 BGB gerecht wird, ist insbesondere auch Art und Umfang des Vertragsgegenstandes einzustellen, weil dadurch die Möglichkeiten des Verwenders bei der Formulierung maßgeblich beeinflusst werden.

a) Probleme im Zusammenhang mit der langen Vertragslaufzeit

Dem Verwender ist es angesichts der langen Vertragslaufzeit von Dauer- und Langzeitschuldverhältnissen im Regelfall nicht möglich, sämtliche ggf. auftretende Störungen umfassend und detailliert in seinen AGB zu benennen. Die

---

14 Grds. zur Neuzuordnung von Risiken BGH, vom 31.01.1963 = BB 1963, 448 [448]; vom 25.05.1970 – II ZR 245/67 = BB 1970, 1191 [1192].

Entwicklung der tatsächlichen Verhältnisse ist bei Vertragsschluss oftmals zu unsicher und daher nicht hinreichend vorhersehbar.[15] Hervorzuheben ist auch der erhöhte Korrekturbedarf, welcher vor allem aus der Störungsanfälligkeit sowie der besonderen Bedeutung des Vertrages für zumindest eine Vertragspartei resultiert.[16] Schließlich ist in diesem Zusammenhang auch das berechtigte Interesse des Verwenders zu nennen, auf nachteilige wirtschaftliche Entwicklungen angemessen reagieren zu können.[17]

b) Anforderungen an die Transparenz bei Langzeitverträgen

Gleichwohl gebietet es das Transparenzgebot, dass es für Kunden einigermaßen kalkulierbar und vorhersehbar sein muss, weshalb und in welchem Rahmen Leistungsanpassungen eintreten bzw. bewirkt werden können.[18] Der Kunde muss daher aus dem Vertrag die Gründe,[19] die Reichweite der Korrekturmöglichkeit,[20] die konkreten Vertragsbestandteile, die möglicherweise betroffen sein könnten,[21] sowie Art und Intensität der Störungen, die eine Korrektur auslösen können, ersehen können. Ansonsten kann er bei Vertragsschluss nicht beurteilen, was er seinerseits aufwenden muss, um die versprochene Gegenleistung zu erhalten, bzw. was er für seine eigene Leistung erhält. Die Notwendigkeit einer hinreichend transparenten Vorsorgeregelung entfällt auch nicht etwa deshalb, weil im Rahmen der Ausübungskontrolle (dazu eingehend oben, Zweiter Teil, B. III. [S. 66 ff.]) jede vorgenommene Korrektur anschließend ohnehin einer – weiteren – Billigkeitskontrolle unterzogen wird.[22] Andernfalls bestünde die Gefahr, dass es im Einzelfall zu gerichtlichen Auseinandersetzungen kommt oder dass der Kunde im Hinblick auf die Unüberschaubarkeit des Prozessrisikos die Korrektur ohne weiteres hinnimmt.[23]

Jedoch muss auch an dieser Stelle die lange Vertragslaufzeit bei Dauer- und Langzeitschuldverhältnissen berücksichtigt werden. Deshalb braucht der Verwender die Voraussetzungen, die zu einer Korrektur berechtigen bzw. eine sol-

15 BGH, vom 19.10.1999 – XI ZR 8/99 = NJW 2000, 651 [652].

16 BGH, vom 17.03.1999 – IV ZR 218/97 = NJW 1999, 1865 [1865]; vgl. auch Basedow in MüKo BGB, Band 2, 6. Auflage 2012, § 305 Rn. 81.

17 Vgl. etwa BAG, vom 12.01.2005 – 5 AZR 364/04 = NJW 2005, 1820 [1821].

18 BGH, vom 21.09.2005 – VIII ZR 284/04 = NJW 2005, 3567 [3569] m. w. N.

19 Vgl insofern etwa BAG, vom 12.01.2005 – 5 AZR 364/04 = NJW 2005, 1820 [1821].

20 Dammann in Wolf/Lindacher/Pfeifer AGB, 5. Auflage 2009, § 308 Nr. 4 Rn. 33.

21 BGH, vom 08.10.1997 – IV ZR 220/96 = NJW 1998, 454 [456] m. w. N.; vom 17.03.1999 – IV ZR 218/97 = NJW 1999, 1865 [1866]; Fricke in VersR 2000, 257 [259] m. w. N.

22 BGH, vom 11.06.1980 – VIII ZR 174/79 = NJW 1980, 2518 [2519]; zust. Wandt, Änderungsklauseln in Versicherungsverträgen, 2000, S. 12 a. A. [Rn. 27].

23 BGH, vom 11.06.1980 – VIII ZR 174/79 = NJW 1980, 2518 [2519].

che auslösen, sowie die daraus resultierenden Rechtsfolgen nur so hinreichend deutlich und klar formulieren, wie es ihm nach den Umständen möglich ist.[24] Die Tragweite der Rechte und Pflichten des Kunden sind im Rahmen des rechtlich und tatsächlich Zumutbaren so klar und präzise wie möglich zu beschreiben.[25] Dies gebietet es auch, dass keine übermäßigen und unerfüllbaren Anforderungen an das Bestimmtheitsgebot gestellt werden.[26]

Danach ist etwa eine Verwendung der Rechtsbegriffe Unmöglichkeit, Streik, höhere Gewalt, Naturkatastrophen, etc. unschädlich, sofern sich die Korrekturbefugnis jedenfalls auf dauerhafte Störungen beschränkt.[27]

Dafür spricht auch, dass das Transparenzgebot gerade auch ausufernde und aus diesem Grunde nicht mehr verständliche bzw. überschaubare Verträge verhindern soll. Diesem Anliegen würde es ersichtlich zuwiderlaufen, müsste der Verwender eine umfassende und detaillierte Auflistung sämtlicher Szenarien aufnehmen, in denen eine Korrektur in Betracht kommen könnte.[28]

Eine weitere Vertiefung an dieser Stelle erscheint jedoch nicht zielführend, da sich die an die Transparenz zu stellenden Anforderungen maßgeblich nach den Umständen des konkreten Einzelfalls richten.

c) Zusammenfassung

Es bleibt daher festzuhalten, dass der Verwender im Hinblick auf das Transparenzgebot die Korrektur auslösenden Umstände sowie die Art, Umfang und Reichweite so konkret wie möglich im Vertrag zu beschreiben hat. Allerdings sind dabei auch die Vertragslaufzeit und die daraus resultierenden tatsächlichen und rechtlichen Formulierungsschwierigkeiten einzustellen. Es verbietet sich daher, unerfüllbare Anforderungen an die Klarheit und Bestimmtheit zu stellen. Maßgeblich ist letztlich, dass der Kunde dem Vertrag sein Rechte- und Pflichtenprogramm entnehmen kann.

---

24 BGH, vom 03.06.1998 – VIII ZR 317/97 = NJW 1998, 3114 [3116] m. w. N.; Köhler in FS Steindorff, 1990, S. 611 [639].

25 BGH, vom 26.09.2007 – VIII ZR 143/06 = NJW 2007, 3632 [3635] m. Anm. Kappus.

26 Vgl. etwa BGH, vom 26.01.1983 – VIII ZR 342/81 = NJW 1983, 1320 [1321]; Grüneberg in Palandt BGB, 71. Auflage 2012, § 308 Rn. 15.

27 BGH, vom 26.01.1983 – VIII ZR 342/81 = NJW 1983, 1320 [1321]; anschaulich auch OLG Koblenz, vom 14.04.1989 – 2 U 1874/87 = NJW-RR 1989, 1459 [1460].

28 So auch BGH, vom 21.06.1990 – VII ZR 308/89 = NJW 1990, 3197 [3198].

3. Ausübungskontrolle

Für die auf nächster Stufe durchzuführende Ausübungskontrolle ergeben sich keine Besonderheiten gegenüber den Darstellungen des zweiten Teils (dort B. III., [S. 92 ff.]).

III. Einzelne formularmäßige Vorsorgeklauseln

Es kommen verschiedene formularmäßige Regelungsmöglichkeiten in Betracht, mittels derer auftretende Störungen korrigiert werden sollen.[29] Im Folgenden werden die in der Praxis gängigsten Vorsorgeklauseln dargestellt und auf ihre Wirksamkeit untersucht.

1. Salvatorische Klauseln

Unter salvatorischen Klauseln versteht man Regelungen, die im Falle der Unwirksamkeit einer formularmäßigen Bestimmung nach §§ 307 ff. BGB die Fortgeltung der unwirksamen Regelung in dem gesetzlich gerade noch zulässigen Maße vorschreiben.[30]

Derartige salvatorische Klauseln sind unwirksam wegen unangemessener Benachteiligung des Kunden nach den §§ 307 ff. BGB. Auf die Frage, ob die in Bezug genommene Regelung als teilwirksam bestehen bleiben kann, kommt es hier schon nicht mehr an.

Zum einen verstoßen solche Regelungen gegen das Transparenzgebot des § 307 Abs. 1 S. 2 i. V. m. S. 1 BGB.[31] Der Kunde kann weder seine Rechte noch Inhalt und Umfang seines Pflichtenprogramms hinreichend klar aus dem Vertrag entnehmen.[32] Dies gilt insbesondere für die im Falle der Unwirksamkeit einzelner Klauseln geltende Regelung, so dass es mithin an hinreichender Rechtsklarheit fehlt.[33]

---

29 Ausführlich dazu Eckelt, Vertragsanpassungsrecht, 2008, S. 132 ff.

30 Damman in Wolf/Lindacher/Pfeifer, AGB, 5. Auflage 2009, Anhang zu § 310 Rn. T 28.

31 So explizit BGH, vom 12.10.1996 – I ZR 172/93 = NJW 1996, 1407 [1408] m. w. N. und vom 05.12.1995 – X ZR 14/93 = NJW-RR 1996, 783 [789]; dagegen vertritt Grüneberg in Palandt BGB 71. Auflage 2012, § 306 Rn. 11 und § 305 Rn. 39, dass salvatorische Klauseln mangels Transparenz gem. § 305 Abs. 2 BGB schon nicht in den Vertrag einbezogen werden.

32 Etwa BAG, vom 25.05.2005 – 5 AZR 572/04 = NJW 2005, 3305 [3308] m. w. N.

33 Zu den Anforderungen an die Transparenz im Hinblick auf die Rechtsklarheit siehe BGH, vom 23.03.1988 – VIII ZR 58/87 = NJW 1988, 1726 [1728].

Zum anderen sind salvatorischen Klauseln gemäß § 307 Abs. 2 Nr. 1 i. V. m. Abs. 1 S. 1 BGB unwirksam. Sie benachteiligen den Kunden in unangemessener Weise, indem diesem entgegen § 306 Abs. 2 BGB das Risiko aus der Stellung unwirksamer AGB zugewiesen wird. Denn der Verwender könnte so stets sicherstellen, dass die Klausel den jeweils für ihn günstigsten und zugleich gerade noch rechtswirksamen Inhalt erhält. Im Übrigen wären die Regelungen der §§ 307 ff. BGB sinnentleert und überflüssig, würde man derartige salvatorische Klauseln als wirksam erachten.[34] Denn diese würden letztlich entgegen § 306 Abs. 2 i. V. m. §§ 307 ff. BGB ausnahmslos jede unwirksame Klausel auf ihren gerade noch wirksamen Kern reduzieren.

2. Ersatzklauseln

Daneben enthalten AGB teilweise Ersatzklauseln, die im Falle der Unwirksamkeit einer bestimmten AGB ersatzweise eine bestimmte anderweitige Regelung mit konkretem Inhalt vorsehen.[35]

a) Erste Stufe: Einbeziehungs- und Inhaltskontrolle

Bei der auf erster Stufe durchzuführenden Wirksamkeitskontrolle ist zwischen der Ersatzklausel selbst und der durch sie in Bezug genommenen Klausel zu unterscheiden.

Entgegen einigen Stimmen in der Literatur verstößt eine Ersatzklausel nicht grundsätzlich gegen das Transparenzgebot nach § 307 Abs. 1 S. 2 BGB.[36] Falls die Ersatzregelung inhaltlich hinreichend bestimmt ist, kann der Kunde seine Rechte und Pflichten jedenfalls dann erkennen, wenn sich die Ersatzregelung von ihrem Regelungsgehalt her nicht wesentlich von der zu ersetzenden Klausel unterscheidet. Sind diese Voraussetzungen gegeben, ist dem Normzweck des § 307 Abs. 1 S. 2 BGB – Schaffung von Rechtsklar- und Rechtssicherheit – hinreichend Genüge getan, da sich der Kunde auf das vertragliche Leistungsprogramm einstellen kann. Er kann erkennen, worauf er sich bei Abschluss des Vertrages einlässt.

---

34 So auch BGH, vom 09.02.2002 – X ZR 70/00 = WM 2003, 798 [800] und vom 05.12.1995 – X ZR 14/93 = NJW-RR 1996, 783 [789].

35 Dammann in Wolf/Lindacher/Pfeifer, AGB, 5. Auflage 2009, Anhang zu § 310 Rn. T 36.

36 So wie hier etwa H. Schmidt in Bamberger/Roth, BGB, Band 1, 3. Auflage 2012, § 306 Rn. 20 m. w. N.; anders Heinrichs in NJW 1995, 1395 [1398], der nicht zwischen Ersatzklauseln und salvatorischen Klauseln zu unterscheiden scheint.

Wann eine erhebliche bzw. wesentliche Abweichung vorliegt, lässt sich kaum verallgemeinern, sondern ist vielmehr stets anhand der jeweiligen Umstände des konkreten Einzelfalles zu bewerten. Insofern bietet es sich aber an, auf die von der Rechtsprechung entwickelten Grundsätze vom Schweigen auf ein kaufmännisches Bestätigungsschreiben abzustellen. Danach ist eine wesentliche Abweichung anzunehmen, wenn sich der Inhalt der Ersatzklausel von dem der zu ersetzenden (unwirksamen) Klausel so weit entfernt, dass der Verwender bei verständiger Betrachtung nicht mehr mit dem Einverständnis des Kunden rechnen kann.[37] Maßgeblich sind dabei die Auswirkungen auf das Äquivalenzverhältnis der Leistungspflichten.[38] Ein gleichartiger, aber – inhaltlich bestimmter – Pflichtenumfang des Kunden wird den Transparenzanforderungen regelmäßig gerecht werden. Bei handelsüblichen Abweichungen spricht vieles dafür, einen großzügigeren Maßstab anzulegen, da die Erwartung des Handelsverkehrs durch die Handelsüblichkeit bestimmt wird.[39]

Auch für Ersatzklauseln gilt, wie oben unter A. II. bereits ausführlich dargestellt, dass nicht grundsätzlich von einer Unwirksamkeit nach § 307 Abs. 2 Nr. 1 BGB wegen Verstoßes gegen § 306 Abs. 2 BGB ausgegangen werden kann.

b) Zweite Stufe: Ausübungskontrolle

Keine Besonderheiten ergeben sich im Hinblick auf die Ausübungskontrolle. Die allgemeinen Ausführungen unter A. II. gelten uneingeschränkt.

3. Ersetzungsklauseln

Formularmäßige Bedingungen, aus denen die Parteien verpflichtet werden, im Falle der Unwirksamkeit einzelner AGB wirksame Ersatzreglungen zu vereinbaren, die der ursprünglichen – unwirksamen – Reglung möglichst nahe kommen, sind regelmäßig nicht hinreichend klar und verstoßen damit gegen das Transparenzgebot des § 307 Abs. 1 S. 2 BGB.[40] Der Kunde kann daraus zumeist seine Rechte und Pflichten nicht entnehmen. Gleichwohl ist es durchaus möglich, dass

---

37 Zu diesem Aspekt der Grundsätze vom Schweigen auf ein kaufmännisches Bestätigungsschreiben BGH, vom 20.03.1974 – VIII ZR 234/72 = NJW 1974, 991 [992]; vom 05.05.1982 – VIII ZR 162/81 = NJW 1982, 1751 [1751]; vom 31.01.1994 – II ZR 83/93 = NJW 1994, 1288 [1288]; ähnlich für § 308 Nr. 4 BGB: Dammann in Wolf/Lindacher/Pfeifer, AGB, 5. Auflage 2009, Anhang zu § 310 Rn. T 29.

38 So auch BGH, vom 11.03.1987 – VIII ZR 203/86 = NJW 1987, 1886 [1887].

39 Vgl. BGH, vom 11.03.1987 – VIII ZR 203/86 = NJW 1987, 1886 [1887].

40 Vgl. BGH, vom 17.03.1999 – IV ZR 218/97 = NJW 1999, 1865 [1866].

solche Ersetzungsklauseln inhaltlich hinreichend bestimmt gefasst werden. Im Hinblick auf die rechtliche Bewertung bestehen jedenfalls keine Unterschiede zu den Ersatzklauseln (siehe zuvor unter III. 2. [S. 93 f.]).

4. Anpassungsklauseln / Änderungs- und Widerrufsvorbehalte

Bedingungen in AGB, die den Verwender berechtigen, unwirksame bzw. unpassende Regelungen durch wirksame (passende) zu ersetzen, können – aus den obigen Ausführungen ersichtlich – grundsätzlich ebenfalls in rechtswirksamer Weise aufgenommen werden.[41] Dies folgt im Übrigen bereits aus § 308 Nr. 4 und Nr. 5 sowie aus § 309 Nr. 1 BGB, die im Hinblick auf den regelmäßig erhöhten Anpassungsbedarf im Rahmen von Dauerschuldverhältnissen (siehe dazu auch oben Erster Teil A. [S. 41 ff.] und B. [S. 47 ff.]) die grundsätzliche Zulässigkeit von Anpassungsklauseln bzw. Änderungsvorbehalten voraussetzen.

Der Verwender kann sich jedoch keine unbegrenzten Korrekturmöglichkeiten vorbehalten, selbst wenn er deren Voraussetzungen, Art, Reichweite, Umfang, etc. hinreichend transparent beschrieben hat. Die §§ 307 ff. BGB verlangen unabhängig von der auf nächster Stufe durchzuführenden Ausübungskontrolle, dass dem Kunden die bloße Möglichkeit der Korrektur nach eben den genannten Voraussetzungen zumutbar ist.[42]

Danach muss eine Korrektur der AGB auf diejenigen Fälle beschränkt bleiben, in denen die eingetretenen Änderungen ein Festhalten am Vertrag für den Verwender unzumutbar erscheinen lassen.[43] Die Berechtigung zur AGB-Korrektur darf nur soweit reichen, wie dies zur Beseitigung der Störung unbedingt erforderlich ist (Gebot des geringstmöglichen Eingriffs).[44] Schließlich muss die Vorsorgeklausel nicht nur das Recht des Verwenders zu Korrektur in bestimmten Fällen enthalten, sondern zugleich auch eine Pflicht, die Korrekturen bei positiven Entwicklungen wieder rückgängig zu machen.[45]

Dem Verwender ist es grundsätzlich auch unbelassen, die Ausübung des Leistungsbestimmungsrechts abweichend vom Entscheidungsmaßstab des § 315 Abs. 3 BGB zu regeln.[46] So kann er etwa den gegenüber § 315 Abs. 3 S. 1 BGB

41 Anschaulich BGH, vom 17.03.1999 – IV ZR 218/97 = NJW 1999, 1865 [1865 f.] m. w. N.; vorausgesetzt in BGH, vom 23.01.2008 – IV ZR 169/06 = NJW-RR 2008, 834 [835].

42 BAG, vom 12.01.2005 – 5 AZR 364/04 = NJW 2005, 1820 [1821].

43 BGH, vom 07.10.1981 – VIII ZR 229/80 = NJW 1982, 331 [332].

44 Wandt, Änderungsklauseln in Versicherungsverträgen, 2000, S. 28 [Rn. 69].

45 Vgl. etwa BGH, vom 28.10.2009 – VIII ZR 320/07 = NJW 2010, 993 [994] m. w. N.

46 Zur Abdingbarkeit etwa Wolf in RdA 1988, 270 [271] und Rieble in Staudinger BGB, §§ 315 – 326, 14. Bearbeitung 2009, § 315 Rn. 81; a. A. Gehrlein in Bamberger/Roth BGB, Band 1, 3. Auflage 2012, § 315 Rn. 1; Zöllner in NZA 1997, 121 [125 f.] m. w. N. in Rn. 27.

milderen Maßstab des § 319 Abs. 1 S. 1 BGB vereinbaren oder lediglich willkürliche Bestimmungen ausschließen.[47] Aus Gründen der Transparenz ist jedoch erforderlich, wegen § 307 Abs. 3 S. 1 und S. 2 BGB aber auch ausreichend, dass der Verwender die Verbindlichkeit der getroffenen Bestimmung von einem Entscheidungsmaßstab abhängig macht.[48]

Darüber hinausgehende Besonderheiten für die Transparenz- und Inhaltskontrolle bestehen nicht.

5. Freiwilligkeitsvorbehalte

Die Ausführungen unter VI. 4. gelten in entsprechender Weise auch für Freiwilligkeitsvorbehalte. Diese unterscheiden sich von den vorgenannten Klauseln dadurch, dass es hier im freien Ermessen des Verpflichteten (in der Regel des Verwenders) steht, dem anderen Vertragsteil bestimmte Leistungen zu gewähren. Formularmäßige Freiwilligkeitsvorbehalte sind jedoch nur eingeschränkt zulässig: Bezieht sich der Freiwilligkeitsvorbehalt auf synallagmatische Hauptleistungspflichten, steht regelmäßig eine unangemessene Benachteiligung des Kunden nach § 307 Abs. 2 Nr. 1 BGB im Raum, da eine solche Regelung dem Zweck eines Austauschverhältnisses und dem Prinzip der Vertragsbindung widerspricht und die synallagmatische Verknüpfung der beiderseitigen Leistungen löst.[49]

6. AGB-Gestaltung durch Dritte

Abschließend wird im Folgenden noch untersucht, inwiefern Dritten formularmäßig die Befugnis eingeräumt werden kann, Korrekturen des Vertrages vorzunehmen. Diesbezüglich kommt vor allem die Einräumung eines Leistungsbestimmungsrechts (vgl. § 317 BGB) oder die Aufnahme von dynamisierten Bezugnahme- bzw. Jeweiligkeitsklauseln in Betracht.

a) Vereinbarung eines Leistungsbestimmungsrechts zu Gunsten eines Dritten

Die Aufnahme von Klauseln, nach denen sich eine Vertragspartei dem einseitigen Leistungsbestimmungsrecht eines Dritten unterwirft, unterliegt stets der

---

47 Rieble in Staudinger BGB, §§ 315 – 326, 14. Bearbeitung 2009, § 315 Rn. 81.

48 BGH, vom 20.01.1993 – VIII ZR 10/92 = NJW 1993, 1061 [1062].

49 Zur freien Widerruflichkeit von laufendem Arbeitsentgelt BAG, vom 25.04.2007 – 5 AZR 627/06 = NZA 2007, 853 [854].

AGB-Kontrolle.[50] Solche formularmäßigen Unterwerfungsvereinbarungen können wirksam vereinbart werden, wenn die Korrekturmöglichkeit hinsichtlich Art, Umfang, Reichweite, etc. hineichend transparent beschrieben ist und der Kunden dadurch nicht in unzumutbarer Weise benachteiligt wird.[51]

Bezüglich der Ausübungskontrolle kann an dieser Stelle auf die Ausführungen des Zweiten Teils verwiesen werden (dort B. III. 2. a) cc) [S. 72 ff.]).

b) Dynamisierte Bezugnahmeklauseln / Jeweiligkeitsklauseln

Insbesondere in Arbeitsverträgen wird häufig auf Regel- und Tarifwerke von Dritten verwiesen.[52] Diese Verweisungen werden als dynamisierte Bezugs- bzw. Jeweiligkeitsklauseln bezeichnet, wenn die miteinbezogenen Regelungen in ihrer jeweils gültigen Fassung gelten sollen. Derartige Klauseln sind ebenfalls an den strengen Anforderungen der §§ 305 Abs. 2 ff. BGB zu messen, da sie das „[...] *rechtsgeschäftliche Konsensprinzip außer Kraft* [...]“ setzen.[53]

Die Einbeziehung von Regelungs- bzw. Tarifwerken Dritter ist für den Kunden regelmäßig nicht überraschend. Etwas anderes gilt lediglich dann, wenn das Bezugnahmeobjekt ungewöhnlich ist, wie etwa bei Verweisungen auf branchen- oder ortsfremde Regelungen.[54]

Auch wenn der Kunde bei Verweisungen auf erst künftig geltende Regeln sein (zukünftiges) Rechte- und Pflichtenprogramm nicht klar erkennen kann,[55] sind diese dennoch nicht von vorneherein wegen Verstoßes gegen das Transparenzgebot des § 307 Abs. 1 S. 2 BGB unzulässig.[56] Grund dafür ist zum einen, dass dynamische Verweisungen dem Zweck des Transparenzgebots insoweit nicht entgegenstehen, als diese sicherstellen wollen, dass der Kunde nicht von der Wahrnehmung seiner Rechte abgehalten wird.[57] Dieser kann seine Rechte hinreichend bestimmt aus der in Bezug genommenen Regelungen entnehmen, auch

---

50 So ausdrücklich BGH, vom 09.07.1981 – VII ZR 139/80 = NJW 1981, 2351 [2352] m. w. N.

51 Nachweise dazu oben bei Fn. 78 – 80.

52 Vgl. zur Begrifflichkeit etwa Giesen in NZA 2006, 625 [625] und Preis in NZA 1010, 361 [361].

53 Stoffels in Wolf/Lindacher/Pfeifer AGB, 5. Auflage 2009, ArbR Rn. 43a.

54 Ganz h. M., vgl. etwa Seibert in NZA 1985, 730 [732 a. A.] und Preis in ErfK, ArbR, 12. Auflage 2012, §§ 305 – 310 Rn. 80a; ders. in NZA 1010, 361 [362] m. w. N.

55 Oetker in JZ 2002, 337 [339] und Diehn in NZA 2004, 129 [134].

56 So auch schon BGH, vom 21.06.1990 – VII ZR 308/89 = NJW 1990, 3197 [3198] und BAG, vom 24.09.2008 – 6 AZR 76/07 = NJW 2009, 154 [157] m. w. N.

57 Vgl. statt aller BAG, vom 14.03.2007 – 5 AZR 630/06 = NZA 2008, 45 [47] und vom 15.04.2008 – 9 AZR 159/07 = NZA-RR 2008, 586 [594].

wenn ihm deren Inhalt im Einzelfall nicht ohne weiteres verständlich sein mag.[58] Zum anderen verstoßen dynamische Verweisungsklauseln jedenfalls im Arbeitsrecht nicht gegen § 307 Abs. 1 S. 2 BGB, auch wenn der Kunde im Zeitpunkt des Vertragsschlusses nicht das – zukünftige – Verhältnis von Leistung und Gegenleistung beurteilen kann. Dies zeigt bereits § 4 Abs. 1 TVG, der die normative Geltung von Tarifverträgen anordnet und damit das arbeitsvertragliche Äquivalentverhältnis von Arbeitsentgelt und –leistung von vorneherein gewissen unvorhersehbaren Schwankungen aussetzt. Daneben wird die Zulässigkeit von arbeitsvertraglichen Verweisungen in § 622 Abs. 4 BGB, § 13 Abs. 1 S. 2 BUrlG, § 7 Abs. 3 ArbZG, § Abs. 4 S. 2 EFZG und § 14 Abs. 2 S. 4 TzBfG vorausgesetzt.[59] Diese arbeitsrechtlichen Besonderheiten sind auch im Rahmen der Beurteilung der Transparenz zu berücksichtigen, § 310 Abs. 4 S. 2 BGB. Schließlich ist in diesem Zusammenhang auch die Zukunftsgerichtetheit von Arbeitsverhältnissen anzuführen.[60] Außerhalb des Arbeitsrechts scheidet eine Zulässigkeit von dynamischen Bezugnahme- bzw. Jeweiligkeitsklauseln dagegen mangels Bestimmtheit des vertraglichen Äquivalenzverhältnisses regelmäßig aus. Die vorgenannten Besonderheiten gelten hier gerade nicht.

Darüber hinaus darf die dynamische Verweisung den Kunden auch nicht in inhaltlicher Hinsicht benachteiligen, §§ 307 ff. BGB. Insofern gelten die obigen Ausführungen zu den Anpassungsklauseln in entsprechender Weise (Dritter Teil A. III. 4. [S. 95]). Danach sind im Hinblick auf § 308 Nr. 4, § 307 Abs. 1. S. 1 BGB jedenfalls solche Klauseln unwirksam, die dem Verwender letztlich ein umfassendes und voraussetzungsloses Eingriffsrecht in die Vertragsbedingungen gewähren.[61] Dies gilt insbesondere bei weitreichenden dynamischen Verweisungen auf weitere Regelwerke des Verwenders.[62] Zulässig ist dagegen wegen § 310 Abs. 4 S. 3 BGB eine Verweisung auf Tarifverträge, die ihrerseits nach § 307 Abs. 3 S. 1 BGB keiner Inhaltskontrolle unterliegen.[63] Aufgrund der Besonderheiten des Arbeitsrechts, § 310 Abs. 4 S. 2 BGB und der grundgesetzlich garantierten Selbstbestimmungsrecht der Kirchen gilt dies auch für dynamisch in Bezug genommene kirchliche Regelungswerke, die „[...] *von einer paritätisch mit*

58 Vgl. statt aller BAG, vom 14.03.2007 – 5 AZR 630/06 = NZA 2008, 45 [47] und vom 15.04.2008 – 9 AZR 159/07 = NZA-RR 2008, 586 [594].

59 BAG, vom 24.09.2008 – 6 AZR 76/07 = NZA 2009, 154 [157 f.].

60 BAG, vom 14.03.2007 – 5 AZR 630/06 = NZA 2008, 45 [47] m. w. N.

61 BAG, vom 11.02.2009 – 10 AZR 222/08 = NZA 2009, 428 [430] m. w. N.

62 BAG, vom 11.02.2009 – 10 AZR 222/08 = NZA 2009, 428 [430]; Preis in NZA 1010, 361 [362].

63 St. Rspr., vgl. etwa BAG, vom 20.04.2005 – 4 AZR 292/04 = NZA 2006, 281 [283].

weisungsunabhängigen Mitgliedern besetzten Arbeitsrechtlichen Kommission [...]" beschlossen wurden.[64]

Der Inhalt der neuen Regelungen, auf die im Vertrag verwiesen wird, unterliegt der Ausübungskontrolle nach § 317 BGB[65] (vgl. dazu auch Zweiter Teil, B. III. 2. a) cc) [S. 72 ff.]). Eine Überprüfung der Angemessenheit von kirchlichen Regelungen scheidet dagegen wegen des grundrechtlich garantierten Selbstbestimmungsrechts der Kirchen aus.[66]

IV. Zusammenfassung

Damit können Korrekturmöglichkeiten nur eingeschränkt in rechtswirksamer Weise in formularmäßige Verträge aufgenommen werden. Dies gilt insbesondere im Hinblick auf Transparenzgebot des § 307 Abs. 1 S. 2 BGB, das strenge Anforderungen an die Bestimmtheit und Klarheit der nach den AGB zulässigen Änderungen stellt. Gleichwohl dürfen wegen des bestehenden Korrekturbedarfs und der langen Vertragslaufzeit in Dauer- und Langzeitschuldverhältnissen keine übertriebenen Anforderungen an die Transparenz gestellt werden.

B. Gesetzliche Korrekturmöglichkeiten

Es fehlt gegenwärtig an einer speziellen gesetzlichen Regelung, auf Grundlage derer eine Korrektur von AGB vorgenommen werden kann. Im Folgenden werden diejenigen gesetzlichen Rechtsinstrumente, die grundsätzlich für eine Korrektur von formularmäßigen wie auch individuell ausgehandelten Verträgen in Betracht kommen, hinsichtlich ihrer Reichweite, ihren Voraussetzungen und Rechtsfolgen behandelt.

I. Korrektur nach den §§ 305 ff. BGB

Die Vorschriften der §§ 305 ff. BGB, welche das Vorliegen, die Einbeziehung sowie die Wirksamkeit von AGB regeln, enthalten keine (spezial-)gesetzliche Regelung für die Korrektur von AGB. Eine solche Korrekturmöglichkeit ist

---

64 BAG, vom 22.07.2010 – 6 AZR 847/07 = NZA 2011, 634 [637]; vgl. auch BAG, vom 17.11.2005 – 6 AZR 160/05 = NZA 2006, 872 [873 f.].

65 So etwa BAG, vom 22.01.1997 – 10 AZR 468/96 = NZA 1997, 837 [838].

66 So wohl auch BAG, vom 22.07.2010 – 6 AZR 847/07 = NZA 2011, 634 [638].

insbesondere nicht in § 306 BGB vorgesehen, der in seinem Absatz 2 die Geltung des dispositiven Gesetzesrechts anordnet, wenn einzelne formularmäßige Bedingungen nicht einbezogen wurden bzw. unwirksam sind. Sollte das Festhalten am Vertrag auch unter Berücksichtigung dieser Änderungen für eine Partei eine unzumutbare Härte darstellen, ordnet § 306 Abs. 3 BGB die Unwirksamkeit des gesamten Vertrages an. Eine (alternative) dritte Rechtsfolge, die eine Korrekturmöglichkeit vorsieht, ist dagegen nicht vorgesehen.

Allerdings lassen § 308 Nr. 4 und Nr. 5 sowie § 309 Nr. 1 BGB eingeschränkt die Aufnahme von Korrekturmöglichkeiten in formularmäßigen Verträgen zu.

II. Wegfall der Geschäftsgrundlage, § 313 Abs. 1 BGB

Das BGB enthält in § 313 Abs. 1 BGB eine allgemeine Regelung zur Vertragsanpassung für sämtliche Vertragsverhältnisse. Die Vorschrift wurde im Zuge der Schuldrechtsmodernisierung im Jahres 2001 aufgrund der „[...] *erheblichen Bedeutung* [der] *zum Rechtsinstitut gewordenen Grundsätze zum Fehlen und zum Wegfall der Geschäftsgrundlage* [...]“[67] in das BGB eingefügt. Diese Grundsätze waren bereits zuvor einhellig in Literatur und Rechtssprechung anerkannt.[68]

Nach § 313 Abs. 1 BGB kann jeder Vertragsteil Anpassung des Vertrages verlangen, wenn sich nach Vertragsschluss Umstände, die zur Grundlage des Vertrags geworden sind, schwerwiegend verändert haben und die Parteien den Vertrag nicht oder mit anderem Inhalt geschlossen hätten und sie diese Veränderung vorausgesehen hätten. Dies gilt jedoch nur, soweit einem Teil unter Berücksichtigung aller Umstände des Einzelfalls, insbesondere der vertraglichen oder gesetzlichen Risikoverteilung, das Festhalten am unveränderten Vertrag nicht zugemutet werden kann.

Das Äquivalenzverhältnis der gegenseitigen Hauptleistungspflichten ist bei Dauer- und Langzeitschuldverhältnisses regelmäßig ein solcher Umstand, den die Parteien dem Vertrag bei Vertragsschluss zu Grunde gelegt haben.[69] Insofern kommt eine Anpassung nach § 313 BGB sogar dann in Betracht, wenn sich die Äquivalenzstörungen daraus ergeben, dass einzelne vertragliche Regelungen unwirksam sind. Denn ein Vertrag ist letztlich als eine Summierung von zugesicherten Rechtspositionen (bzw. spiegelbildlich von übernommenen Pflichten) zu

67 BT-Drucks. 14/6040, S. 175.

68 Vgl. nur BGH, vom 19.11.1971 – V ZR 103/69 = NJW 1972, 1191 [1191].

69 BT-Drucks. 14/6040, S. 175 [zu Absatz 1]; siehe auch schon BGH, vom 14.10.1959 – V ZR 9/58 = NJW 1959, 2203 [2204]; vom 02.11.1961 – II ZR 126/59 = NJW 1962, 250 [251].

begreifen, denen jeweils ein bestimmter Wert zugemessen werden kann. Dem steht es auch nicht entgegen, dass Geschäftsgrundlage nur solche Umstände sein können, die nicht schon zum Inhalt des Vertrages gehören.[70] Denn das von den Parteien bei Vertragsschluss intendierte Austauschverhältnis wird in der Regel nicht separat vertraglich vereinbart. Das Bestehen des Anpassungsanspruchs beurteilt sich maßgeblich danach, ob die eingetretenen Äquivalentstörungen dem Risikobereich des Anpassungsinteressenten zuzuordnen und ihm zumutbar sind.[71]

Daneben könnte man das Vorliegen einer Geschäftsgrundlage grundsätzlich auch nur im Hinblick auf die unwirksame Regelung selbst befürworten, wenn man darauf abstellt, dass deren Bestand von zumindest einer Partei dem Vertrag zu Grunde gelegt wurde. Dies ist m. E. aber nur in Ausnahmefällen denkbar, da die Parteien – und auch der Verwender – bei Vertragsschluss regelmäßig davon ausgehen, dass die Vereinbarung rechtswirksam ist und schon gar nicht an eine mögliche Unwirksamkeit einzelner Regelungen denken. Darüber hinaus bestünde andernfalls die Gefahr, dass in der Regel das Vorliegen einer Geschäftsgrundlage zu befürworten ist, obwohl § 313 BGB an sich lediglich als Ausnahmetatbestand gedacht war.

§ 313 Abs. 1 BGB sieht als Rechtsfolge die Pflicht der Parteien zur Verhandlung über die Anpassung vor.[72] Bei fehlender Einigung der Parteien ist dann jedoch „[...] *eine Klage unmittelbar auf die angepasste Leistung möglich* [...]“[73].

1. Gesetzliche Risikoverteilung des § 306 BGB

Aufgrund der Einschränkung im letzten Halbsatz, wonach eine Anpassung nicht zumutbar ist, wenn einer Vertragspartei (einseitig) das Risiko des Wegfalls der Geschäftsgrundlage zugewiesen ist, scheidet § 313 Abs. 1 BGB im Rahmen von AGB jedoch regelmäßig aus. Grund dafür ist, dass nach der Regelung des § 306 Abs. 2 BGB grundsätzlich der Verwender das Risiko der Unwirksamkeit bzw.

---

70 St. Rspr, vgl. statt aller BGH, vom 04.05.1983 – VIII ZR 94/82 = NJW 1983, 2034 [2036] m. w. N.

71 Vgl. zu diesem Erfordernis nur BGH, vom 11.10.1994 – XI ZR 189/93 = NJW 1995, 47 [48 a. E.] m. w. N.

72 Heinrichs in FS Heldrich, 2005, S. 195.

73 BT-Drucks. 14/6040, S. 176; siehe auch BGH, vom 05.02.1958 – V ZR 129/56 = NJW 1958, 906 [906 a. E.]; vom 30.03.1984 – V ZR 119/83 = NJW 1985, 126 [127] und vom 15.11.2000 – VIII ZR 324/99 = NJW 2001, 1204 [1205 f.].

der Nichteinbeziehung der AGB trägt.[74] § 313 Abs. 1 BGB scheidet in diesen Fällen tatbestandlich aus.[75]

a) Fehlen von dispositivem Gesetzesrecht zum Schluss entstandener Lücken

Ist kein dispositives Gesetzesrecht zum Schluss einer infolge der §§ 305 Abs. 2 ff. BGB entstandenen Lücke gegeben, scheidet § 313 BGB unabhängig von der Risikoverteilung des § 306 Abs. 2 BGB auch deshalb aus, da die unwirksame Regelung zum Inhalt des Vertrages geworden ist und damit nicht gleichzeitig Geschäftsgrundlage sein kann.[76] Gleichermaßen ist die Erwartung bzw. Hoffnung der Parteien, dass sich sämtliche Vertragsbedingungen als wirksam erweisen, in aller Regel nicht Geschäftsgrundlage eines Vertrages. Andernfalls würde die eng auszulegende Ausnahmeregelung[77] des § 313 BGB eine ungewollte – erhebliche – Ausdehnung erfahren. Zu berücksichtigen ist insofern auch, dass sich der Kunde regelmäßig keine Gedanken bzgl. der Wirksamkeit einer konkreten Klausel macht.

b) Störungen betreffend Vertragsbedingungen i. S. v. § 307 Abs. 3 S. 1 BGB

Die gesetzliche Risikoverteilung des § 306 Abs. 2 BGB lässt einen Anspruch des Verwenders auf Anpassung aus § 313 Abs. 1 BGB nicht entfallen, wenn dieser ausschließlich Anpassung der – wirksam einbezogenen und transparenten (§ 307 Abs. 1 S. 2 und S. 1 BGB i. V. m. § 307 Abs. 3 S. 1 BGB) – wesentlichen Vertragsbedingungen begehrt.

Zwar ließe sich gegen die Heranziehung des § 313 Abs. 1 BGB anführen, dass § 306 Abs. 2 BGB trotz seiner systematischen Stellung sämtliche Fälle erfasst, in denen das Gesetz die Unwirksamkeit einer Abrede als Rechtsfolge anordnet, daher auch die Nichtigkeit nach den allgemeinen Vorschriften, § 134, § 138 BGB, etc.[78] Außerdem könnte man argumentieren, dass sich auch bei derartigen

---

74 St. Rspr., vgl. statt aller BGH, vom 9. 7. 2008 – VIII ZR 181/07 = NJW 2008, 2840 [2842].

75 A. A. Hager, Gesetzes- und sittenkonforme Auslegung und Aufrechterhaltung von Rechtsgeschäften, 1983, S. 183; Ulmer in BB 1982, 1125 [1130], die bereits die Anwendbarkeit des § 313 BGB im Rahmen von AGB verneinen.

76 BT-Drucks. 14/6040, S. 175 (zu Absatz 1); vgl. daneben auch bereits BGH, vom 14.10.1959 – V ZR 9/58 = NJW 1959, 2203 [2204]; vom 02.11.1961 – II ZR 126/59 = NJW 1962, 250 [251].

77 Vgl. dazu nur etwa Grüneberg in Palandt BGB, 71. Auflage 2012, § 313 Rn. 1.

78 BGH, vom 03.05.1995 – XII ZR 29/94 = NJW 1995, 2028 [2030]; speziell zur Anfechtung Lass in JZ 1997, 67 [73].

Klauseln die Einbeziehung und Transparenz nach den §§ 305 Abs. 2 ff. BGB und § 307 Abs. 1 S. 2 BGB beurteilt.

Diese Argumente überzeugen jedoch nur vordergründig, da der Schutzzweck des § 306 Abs. 2 BGB in den Fällen des § 307 Abs. 3 S. 1 BGB nicht erfüllt ist. Der Kunde kann hier in zumutbarer Weise das Verhältnis von Leistung und Gegenleistung beurteilen und das Angebot auf dem Markt sondieren – jedenfalls sofern die Abrede der Transparenzkontrolle standhält, § 307 Abs. 3 S. 2, Abs. 1 S. 2 BGB. Es fehlt mithin an der typischen Benachteiligung infolge der Beschränkung des Kunden auf die Vertragsabschlussfreiheit. Im Übrigen würde § 306 Abs. 2 BGB in dieser Konstellation in keinem denkbaren Fall weiterhelfen, da im Rahmen des § 307 Abs. 3 BGB ja gerade kein dispositives Gesetzesrecht zum Schluss der entstanden Lücke existiert.

Die besondere Bedeutung des § 313 BGB für Störungen betreffend die wesentlichen Vertragspflichten ergibt sich dabei daraus, dass das zwischen den Parteien vereinbarte (Austausch-)Verhältnis von Leistung und Gegenleistung bei gegenseitigen Verträgen regelmäßig Geschäftsgrundlage i. S. d. § 313 Abs. 1 BGB ist.[79] Dieses Äquivalenzverhältnis der Hauptleistungspflichten zueinander ist bei Dauer- und Langzeitschuldverhältnissen bereits aufgrund der langen Vertragslaufzeit in besonderem Maße anfällig für Störungen (siehe dazu auch Erster Teil A. [S. 41 ff.]).[80] Freilich berechtigt den Benachteiligten nicht jede beliebige Störung des Äquivalenzverhältnisses zur Vornahme einer Anpassung. Vielmehr sind erhebliche Verschiebungen erforderlich, die zumindest einer Partei eine Fortsetzung des Vertrages zu unveränderten Konditionen unmöglich machen.[81]

Auf der anderen Seite ist hier jedoch auch zu bedenken, dass sich das vertragliche Äquivalenzverhältnis regelmäßig nicht auf die Hauptleistungspflichten beschränkt. Vielmehr bemessen die Parteien auch den einzelnen Nebenpflichten und Risiken jeweils einen bestimmten Geldwert zu, der in das Austauschverhältnis einzustellen ist.[82] Betreffen Störungen nun nicht unmittelbar die wesentlichen Vertragspflichten, so kann eine AGB-Anpassung nach § 313 BGB nicht ohne weiteres mit Hinweis auf eine Störung des Äquivalenzverhältnisses erfolgen. Denn außerhalb des engen Anwendungsbereichs § 307 Abs. 3 S. 1 BGB besteht, wie gezeigt, typischerweise die Gefahr einer Übervorteilung des Kunden. Hier ist

---

79 Vgl. BT-Drucks. 14/6040, S. 174 [Vorbemerkung zu § 313 BGB]; so auch schon BGH, vom 14.10.1959 – V ZR 9/58 = NJW 1959, 2203 [2204]; vom 02.11.1961 – II ZR 126/59 = NJW 1962, 250 [251].

80 Nachweise bei Erster Teil Fn. 3.

81 Vgl. etwa BGH, vom 28.05.1973 – II ZR 58/71 = NJW 1973, 1599 [1600]; Papier in JuS 1974, 477 [482 a. A.].

82 Zum Geldwert von übernommenen Risiken G. Roth in FS Krejci, Zweiter Band, 2001, S. 1264.

dem Verwender das Risiko aus der einseitigen Stellung der AGB von Gesetzes wegen zugewiesen. Eine Anpassung nach § 313 BGB scheidet aus.

Dies gilt auch dann, wenn die wesentlichen Vertragsbedingungen nach den §§ 305 Abs. 2 ff. BGB nicht Vertragsbestandteil geworden oder mangels Transparenz unwirksam sind (§ 307 Abs. 1 S. 2 und S. 1 BGB i. V. m. § 307 Abs. 3 S. 1 BGB). Auch hier verwirklicht sich das typische Risiko aus der einseitigen Inanspruchnahme der Vertragsgestaltungsfreiheit durch den Verwender. Eine Anpassung nach § 313 BGB ist wegen § 306 und § 305c BGB nicht möglich.

c) Unwirksamkeit wegen Benachteiligung des Verwenders

Schließlich ist es theoretisch sogar denkbar, dass sich die Lückenhaftigkeit des formularmäßigen Vertrages daraus ergibt, dass einzelne Vertragsbedingungen eine unzumutbare (Selbst-)Benachteiligung des Verwenders bewirken und aus diesem Grunde unwirksam sind. Man könnte hier von „selbstbenachteiligenden Klauseln" sprechen.

Jedoch können dem Verwender die strengen Wirksamkeitsanforderungen der §§ 307 ff. BGB bei solchen Klauseln nicht zu Gute kommen, weil diese einseitig auf seine Veranlassung in den Vertrag einbezogen wurden.[83] Denn er hat es bei Stellung selbst in der Hand, durch die Verwendung angemessener Vertragsbedingungen für seinen Schutz zu sorgen. Allerdings beurteilt sich die Wirksamkeit von selbstbenachteiligenden Klauseln ebenfalls nach den Vorschriften des allgemeinen Teils (z. B. § 104 ff., § 134 und § 138 BGB). Diese allgemeinen Schranken der Privatautonomie schützen neben den Interessen des Kunden und sonstiger Dritter auch die Interessen des Verwenders.[84] So soll etwa durch § 138 BGB eine als sittenwidrig empfundene Selbstschädigung des Verwenders unterbunden werden, die insbesondere bei einem unzulässigen Verzicht auf Grundrechte im Raume steht.[85] Gleichwohl ist die Nichtigkeit nach den allgemeinen Regelungen an erheblich strengere Voraussetzungen gebunden, als bei den §§ 307 ff. BGB.[86]

Die dadurch entstehende Lücke kann grundsätzlich mittels ergänzender Vertragsauslegung geschlossen werden.

---

83 BT-Drucks. 7/5422, S. 6 [zu § 9]; daneben etwa auch BGH, vom 04.12.1986 – VII ZR 354/85 = NJW 1987, 837 [838] m. w. N.

84 So auch Wolf in Wolf/Lindacher/Pfeifer AGB, 5. Auflage 2009, § 307 Rn. 20.

85 Vgl. insofern OLG Celle, 08.09.2004 – 15 WF 214/04 = FamRZ 2004, 1969 [1969 f.] m. Anm. Bergschneider und OLG Karlsruhe, vom 11.09.2007 – 20 UF 164/05 = FamRZ 2007, 477 [477 f.] m. Anm. Bergschneider jeweils zur Gewährung von übermäßigem Unterhalt; Wolf in Wolf/Lindacher/Pfeifer AGB, 5. Auflage 2009, § 307 Rn. 20.

86 Z. B. BGH, vom 18.09.1997 – IX ZR 283/96 = NGHZ 136, 347 [350 f.] zu § 138 BGB.

Daneben kommt grundsätzlich auch ein Rückgriff auf § 313 BGB in Betracht. Begehrt der Verwender Anpassung von selbstbenachteiligenden AGB, steht die gesetzliche Risikoverteilung in § 305c und § 306 Abs. 2 BGB nicht von vorneherein entgegen.[87] Dies begründet sich in erster Linie dadurch, dass sich hier gerade nicht das typische Risiko aus der einseitigen Stellung von Vertragsbedingungen verwirklicht, da eine Übervorteilung des Kunden ausbleibt und dieser hier nicht schutzwürdig ist. Außerdem stellt es in diesem speziellen Fall keine unzulässige Rechtsausübung dar, wenn sich der Verwender auf die Unwirksamkeit seiner AGB beruft, da die Unwirksamkeit nicht den Schutz des Kunden bezweckt.[88] Gleichwohl scheidet § 313 BGB aus, wenn dem Verwender die Unwirksamkeit der AGB bei Vertragsschluss (bzw. Stellung der AGB) nach der im Verkehr erforderlichen Sorgfalt erkennbar war.[89]

d) Lückenlose AGB

Eine Anpassung nach § 313 Abs. 1 BGB kommt dagegen aber grundsätzlich in Betracht, wenn die einzelnen formularmäßigen Klauseln für sich genommen zwar rechtswirksam sind, sich jedoch in Zusammenwirken als unzumutbare Härte für den Verwender erweisen. Eine derartige Anpassung von lückenlosen Verträgen wird vom weiten Anwendungsbereich des § 306 Abs. 2 BGB[90] nicht erfasst. Dies gilt in gleichem Maße in den Fällen, in denen die – an sich wirksamen – AGB aufgrund nachträglicher Entwicklungen als unpassend empfunden werden. Da sich das Vorliegen eines Verstoßes gegen die §§ 307 ff. BGB maßgeblich nach den Umständen im Zeitpunkt des Vertragsschlusses beurteilt,[91] führen nachträgliche Gesetzesänderungen – anders als Rechtssprechungsänderungen – regelmäßig nicht dazu, dass die betreffende Klausel rückwirkend unwirksam wird.

Unerheblich ist dabei, ob die Störungen die wesentlichen Vertragspflichten i. S. d. § 307 Abs. 3 S. 1 BGB betreffen oder sonstige (Neben-)Pflichten. Eine Unterscheidung wie bei lückenhaften Verträgen ist nicht erforderlich, weil die in

---

87 Ebenso von Bernuth in BB 1999, 1284 [1286]; letztlich wohl auch Tiedemann/Triebel in BB 2011, 1723 [1724 f.]; s. a. Gelhaar in NJW 2010, 2550 [2550 ff.].

88 Vgl. zu dieser Thematik BGH, vom 04.12.1986 – VII ZR 354/85 = NJW 1987, 837 [838] unter Berufung auf BT-Drucks. 7/5422 S. 6 [zu § 9]; daneben etwa auch BAG, vom 24.11.2004 – 10 AZR 202/04 = NZA 2005, 349 [350].

89 Von Bernuth in BB 1999, 1284 [1286]; Tiedemann/Triebel in BB 2011, 1723 [1724 f.].

90 Nachweise oben bei Fn. 18.

91 Unter Berufung auf Art. 4 I der Richtlinie 93/13/EWG vom 05.04.1993 Medicus in NJW 1995, 2577 [2580]; zust. etwa Grüneberg in Palandt, BGB, 71. Auflage 2012, § 307 Rn. 3.

den §§ 305 ff. BGB getroffene Risikoverteilung unabhängig davon ausscheidet, welche Pflichten von den eingetretenen Störungen betroffen sind.

Ist beispielsweise der von den Parteien bei Vertragsschluss vorausgesetzte, aber nicht vertraglich geregelte Zweck der Vereinbarung gestört bzw. entfällt er gänzlich, kommt ein Rückgriff auf § 313 BGB grundsätzlich in Betracht. So ist es etwa dem Käufer von Gesellschaftsanteilen nicht verwehrt, vom Verkäufer, der nach Vertragsvertragsschluss in Wettbewerb zum Käufer tritt, (AGB-)Anpassung zu verlangen, auch wenn der Käufer die formularmäßigen Verkaufsbedingungen einseitig gestellt hat.[92] Dies setzt freilich voraus, dass er nach den Umständen des Einzelfalls, insbesondere aus den Äußerungen des Verkäufers, auf eine Unterlassung jeglicher Wettbewerbstätigkeit vertrauen durfte.[93] Ansonsten würde er das alleinige Risiko einer Zweckverfehlung tragen.

Dafür spricht neben dem Wortlaut des § 306 Abs. 2 BGB insbesondere auch dessen Normzweck. Die Vorschrift dient der Wahrung der Vertragsgerechtigkeit. Sie will einen angemessenen Ausgleich dafür schaffen, dass der Verwender einseitig die Vertragsgestaltungsfreiheit für sich in Anspruch nimmt.[94] Fehlt es jedoch an einer Schutzbedürftigkeit des Kunden, da sich die Nachteile aus der Beschränkung seiner Selbstbestimmungsfreiheit überhaupt nicht verwirklichen,[95] ist eine – weitergehende – Risikoverteilung zu Lasten des Verwenders nicht sachgerecht. Sind die vom Verwender gestellten AGB im Zeitpunkt des Vertragsschlusses wirksam, liegt keine unangemessene Benachteiligung des Kunden vor. Somit ist dieser nicht schützenswert im Sinne der §§ 305 ff. BGB.

Dies lässt freilich die Frage unberührt, ob dem Verwender das Risiko der nachträglich eingetretenen Störungen nicht aus anderem Grunde zugewiesen ist, etwa weil er diese hätte verhindern oder vermeiden können (dazu ausführlich unter Vierter Teil, B. V. 1. a) [S. 217 ff.]).

2. Anpassung durch den Kunden

Die gesetzliche Risikoverteilung der § 306 Abs. 2 und § 305c Abs. 2 BGB steht aufgrund ihrer Schutzrichtung einem Anspruch des Kunden nach § 313 BGB nicht entgegen.

---

92 Nach BGH, vom 08.02.2006 – VIII ZR 304/04 = NJW-RR 2006, 1037 [1038].

93 BGH, vom 08.02.2006 – VIII ZR 304/04 = NJW-RR 2006, 1037 [1038].

94 Siehe oben Fn. 34.

95 Dazu anschaulich bereits Wolf in JZ 1974, 465 [468 ff.] und Nicklisch in BB 1974, 941 [944 ff.].

3. Zusammenfassung

Somit bleibt festzuhalten, dass die Regelung des § 313 Abs. 1 BGB grundsätzlich auch zur Anpassung von formularmäßigen Verträgen herangezogen werden kann. Dies gilt jedoch nur, sofern die in § 306 Abs. 2 und § 305c BGB getroffene Risikoverteilung nicht entgegensteht.

III. Einseitiges Leistungsbestimmungsrecht, §§ 315 ff. BGB

Eine Korrektur von AGB nach §§ 315 ff. BGB ist nur sehr eingeschränkt möglich. Die Vorschriften begründen kein selbständiges Leistungsbestimmungsrecht, sondern setzen vielmehr voraus, dass die Parteien diesbezüglich eine wirksame Abrede getroffen haben.[96] Im Übrigen betreffen diese Vorschriften, wie zuvor gezeigt, die Ebene der Rechtsausübung (Zweiter Teil, B. III. 2 a) [S. 67 ff.]).

IV. Minderung, §§ 441, 536, 638, 651d BGB

In den Bereichen des Kauf-, Miet-, Werk-, und Reisevertragsrechts hat der Geldschuldner unter bestimmten Voraussetzungen das Recht zur Minderung seiner Geldleistung nach § 441 Abs. 1, § 536 Abs. 1, § 638 Abs. 1 und § 651d BGB. Er kann einseitig einen Teil des nach der vertraglichen Vereinbarung zu zahlenden Geldbetrages einbehalten, bzw. zurückfordern und so auf die mangelhafte Gegenleistung seines Vertragspartners reagieren.

1. Voraussetzungen

Sämtliche gewährleistungsrechtlichen Vorschriften, die ein Minderungsrecht vorsehen, erfordern das Vorliegen eines Sach- oder Rechtsmangels der vom Vertragspartner erbrachten Leistung.

Zusätzlich müssen im Kauf- und Werkvertragsrecht die Voraussetzungen für ein Rücktrittsrecht vorliegen. Dies hat zur Folge, dass Käufer bzw. Besteller seinem Vertragspartner vor Minderung grundsätzlich eine Möglichkeit zur Nacherfüllung einräumen muss.

In jedem Fall muss die mindernde Vertragspartei der Gegenseite die Mangelhaftigkeit der Leistung anzeigen, um dieser eine möglichst rasche Beseitigung

96 BGH, vom 28.04.2009 – XI ZR 86/08 m. w. N. = WM 2009, 1180.

des Mangels und die Erbringung der (vollen) vertraglich geschuldeten Leistung zu ermöglichen. Dies folgt für das Kauf- und Werkvertragsrecht aus dem Vorrang der Nacherfüllung vor den sonstigen Gewährleistungsrechten, vgl. §§ 440, 437 Nr. 1 BGB[97] bzw. §§ 637 Abs. 1, 634 Nr. 1 BGB[98]. Denn ohne eine Benennung des Mangels weiß der Schuldner regelmäßig nichts von seiner Nacherfüllungspflicht. Das Mietrecht sieht bei Mängeln, die sich im Laufe der Mietzeit zeigen, in § 536c Abs. 2 Nr. 1 BGB eine Pflicht zur Anzeige vor, das Reisevertragsrecht in § 651d Abs. 2 BGB. Unterlässt der mindernde Vertragsteil die Anzeige bzw. räumt er dem anderen nicht die Möglichkeit der Nacherfüllung ein, entfällt auch sein Anspruch auf Minderung.

2. Rechtsfolge

Im Kauf- und Werkvertragsrecht ist die Minderung als Gestaltungsrecht ausgestaltet.[99] Mit Wirksamwerden der Erklärung des Mindernden wird der Kaufpreis, bzw. Werklohn entsprechend herabgesetzt und damit das Schuldverhältnis umgestaltet.[100] Der Vertrag hat nunmehr nur noch die mangelhafte Leistung sowie eine geringere Geldleistung zum Gegenstand. Das Wahlrecht des Mindernden zwischen Rücktritt, bzw. Schadensersatz statt der Leistung erlischt ebenso wie das Recht des Schuldners zur zweiten, bzw. dritten Andienung.[101] Dagegen führen Sach- oder Rechtsmängel im Miet- und Reisevertragsrecht automatisch zu einem Erlöschen – eines Teils – der Miete, bzw. des Reisepreises kraft Gesetzes. Die Minderung stellt in diesen Fällen eine rechtsvernichtende Einwendung dar.[102]

3. Bedeutung der Minderung für Dauerschuldverhältnisse

Die Minderung ist kein Rechtsinstitut, das spezifisch auf Dauerschuldverhältnisse zugeschnitten ist. Dies zeigt sich bereits daran, dass eine solche gem. § 441 BGB grundsätzlich auch bei einem Kaufvertrag als den typischsten Fall eines punktuellen Austauschverhältnisses in Betracht kommt.

---

97 So auch ausdrücklich BGH, vom 23.02.2005 – VIII ZR 100/04 = NJW 2005, 1348 [1349].

98 Vgl. Sprau in Palandt BGB, 71. Auflage 2012, § 634 Rn. 2.

99 BT-Drs 14/6040 vom 14.05.2001, S. 234 f.

100 Vgl. B. Grunewald in Erman BGB, Band I, 13. Auflage 2011, § 441 Rn. 4.

101 Vgl. zum Ganzen Lögering in MDR 2009, 664 [666].

102 Für das Mietrecht: BGH, vom 26.10.1994 – VIII ARZ 3/94 = NJW 1995, 254 [255]; für das Reisevertragsrecht: Führich, ReiseR, 6. Auflage 2010, § 8 Rn. 286 m. w. N.

Gleichwohl passen Sinn und Zweck der Minderungsvorschriften gerade auch für die besonderen Bedürfnisse bei Dauer- und Langzeitschuldverhältnissen. Die Minderung ist Ausdruck des schuldrechtlichen Äquivalenzprinzips und gewährleistet rückwirkend die Gleichwertigkeit von Leistung und Gegenleistung.[103] Auf der einen Seite soll dem Verpflichteten daher ein Vorteil entzogen werden, der ihm wegen seiner mangelhaften (bzw. hier treffender: ungenügenden) Leistung nicht gebührt.[104] Im Dauerschuldverhältnis tritt insofern auch noch der Gesichtspunkt der Dynamik des Rechtsverhältnisses hinzu: Aufgrund der langen Laufzeit sind derartige Vertragsverhältnisse erheblich störungsanfälliger und damit regelmäßig anpassungsbedürftiger.[105] Somit besteht wie bereits gezeigt (Erster Teil, A. [S. 41 ff.]) ein erhöhtes Bedürfnis nach einer effektiven Reaktionsmöglichkeit auf eintretende Störungen des Äquivalenzverhältnisses. Eine solche bietet das Rechtsinstitut der Minderung.

Auf der anderen Seite bezweckt die Minderung aus § 441 Abs. 1 und § 638 Abs. 1 BGB ersichtlich gerade auch den Erhalt des Vertrages.[106] Sie ist im Gegensatz zur Vertragsbeendigung (beim Kauf- und Werkvertrag durch Rücktritt) das mildere und regelmäßig sachgerechtere Mittel. Denn eine Rückabwicklung des Vertrages entspricht oftmals nicht dem Interesse der Parteien – sofern der Vertrag nicht für eine Seite ein ungünstiges Geschäft darstellt. Dies wird insbesondere im Wohnraummietrecht deutlich, wo der Mieter die gemietete Wohnung in aller Regel als Lebensmittelpunkt nutzt und daher in besonderem Maße auf den Bestand des Mietvertrages angewiesen ist. Eine Kündigung wegen der unvollständigen Leistung durch den Vermieter bedeutet für ihn insbesondere in Gegenden knappen Wohnraums keine in Betracht kommende Alternative. Vielmehr stellt die Minderung sogar ein wichtiges Mittel zur außerprozessualen zwangsweisen Durchsetzung des Anspruchs auf ordnungsgemäße Leistung dar. Somit ist das Recht zur Minderung in Dauer- und Langzeitschuldverhältnissen auch Ausdruck des Verhältnismäßigkeitsgrundsatzes.

---

103 BGH, vom 21.12.1960 – VIII ZR 214/59 = BeckRS 1960, 31188852 = MDR 1961, 683 [684]; vom 06.04.2005 – XII ZR 225/03 = ZMR 2005, 524 [525] m. Anm. Emmerich in JuS 2005, 841 [841]; Eisenschmid in Schmidt-Futterer MietR, 10. Auflage 2011, § 536 BGB Rn. 3; Sternel in WuM 2002, 244 [244]; vgl. auch Zöllner, Die Anpassung von Personengesellschaftsverträgen an veränderte Umstände, 1979, S. 11 ff. und Hau, Vertragsanpassung und Anpassungsvertrag, 2003, S. 162 ff.

104 Vgl. etwa Peters in NZBau 2012, 209 [210], der sogar von einem elementaren Gebot der ausgleichenden Gerechtigkeit spricht.

105 In diesem Sinne auch Artz in NZM 2005, 367 [367].

106 Peters/Jacoby in Staudinger BGB, 14. Bearbeitung 2009, § 634 Rn. 111 sprechen insofern vom „kleinen Rücktritt" – der allerdings bei Dauerschuldverhältnissen deren Fortbestand unberührt lässt.

Schließlich enthält das Recht zur Minderung auch eine – vor allem in der Mietpraxis bedeutende – Druckkomponente zur Erzwingung der ordnungsgemäßen Leistung.[107] Die zur Leistung verpflichtete Vertragspartei muss im Falle einer unvollständigen Leistung davon ausgehen, ihrerseits nicht die volle Gegenleistung zu erhalten. Somit bewirkt die gesetzliche Regelung zugleich auch einen Anreiz zur ordnungsgemäßen Vertragserfüllung.

4. Zusammenfassung

Somit enthalten die Gewährleistungsprogramme des Kauf- und Werkvertragsrechts mit der Minderung ein Rechtsinstitut, mit welchem der Käufer, bzw. Besteller das vereinbarte Austauschverhältnis einseitig wiederherstellen kann. Im Miet- und Reisevertragsrecht erfolgt die Minderung kraft Gesetzes.

Die Minderung ist mithin ein spezielles Rechtsinstitut zur Vertragskorrektur, wenn die den Vertrag prägende Hauptleistung in mangelhafter Weise erbracht wird. Sie findet in gleichem Maße im Rahmen von formularmäßigen Verträgen Anwendung.

V. Korrektur von Versicherungsverträgen

Das VVG enthält verschiedene Regelungen zur Korrektur der Versicherungsbedingungen in Lebens-, Kranken- und Berufsunfähigkeitsversicherungsverhältnissen. Damit hat der Gesetzgeber den speziellen und zwingenden Korrekturbedürfnissen in den genannten Versicherungsverhältnissen Rechnung getragen.[108]

1. Besonderer Korrekturbedarf bei Versicherungsverträgen

Der besondere Korrekturbedarf bei Lebens-, Kranken- und Berufsunfähigkeitsversicherungsverträgen und die damit einhergehende Einschränkung der grundrechtlich geschützten Privatautonomie der Versicherungsnehmer[109] resultiert zum einen daraus, dass die versicherungsvertraglichen Rechtsverhältnisse nur bruch-

---

107 Häublein in MüKo BGB, Band 3, 6. Auflage 2012, § 536 Rn. 1.

108 BT-Drucks. 12/7595 S. 112; Römer in VersR 1994, 125 [125 f.]; Renger in VersR 1994, 753; W.-T. Schneider in Prölss/Martin VVG, 28. Auflage 2010, § 164 Rn. 2 m. w. N.

109 Vgl. nur BGH, vom 12.10.2005 – IV ZR 162/03 = NJW 2005, 3559 [3561 f.]; Elfring in NJW 2005, 3677 [3678]; allgemein zur Privatautonomie etwa BVerfG, vom 26.07.2005 – 1 BvR 782/94 = NJW 2005, 2363 [2365 a. E.].

stückhaft im Gesetz geregelt sind. Dadurch fehlt es regelmäßig an einem dispositiven Gesetzesrecht i. S. v. § 306 Abs. 2 BGB zum Schluss von Lücken, die auf unwirksame AGB zurückgehen.[110] Daneben wird die Anwendbarkeit der bestehenden gesetzlichen Regelungen im Bereich des Versicherungsrechts in vielen Fällen als unpassend bzw. unangemessen empfunden.[111]

Zum anderen gebietet die Schutzbedürftigkeit der Risiko- bzw. Gefahrengemeinschaft[112] der Versicherten eine Korrekturmöglichkeit bei auftretenden Störungen zu Lasten des Versicherers: Versicherungen zeichnen sich dadurch aus, dass typisierte Risiken auf eine Vielzahl von gleichermaßen bedrohte Einzelpersonen (Versicherungsnehmer) übertragen werden und der entgeltlichen Risikoübernahme durch den Versicherer eine Kalkulation zu Grunde liegt, die auf dem Gesetz der großen Zahl beruht.[113] Demnach trägt letztlich die Gesamtheit der Versicherungsnehmer das Risiko des Eintritts eines Versicherungsfalles beim Einzelnen.[114] Die anteilige Prämie des einzelnen Mitglieds des Risikokollektivs errechnet sich aus dem wahrscheinlichen Gesamtbedarf, der mithilfe der Erfahrungswerte bzgl. des durchschnittlichen Risikoeintritts berechnet wird.[115] Zwar wäre es verfehlt, den Versicherer gleichsam als Treuhänder der Risikogemeinschaft zu bezeichnen, da er eigenständig auf dem Markt tätig wird und seine eigenen wirtschaftlichen Interessen verfolgt.[116] Gleichwohl ist der Versicherer gegenüber der Risikogemeinschaft verpflichtet, das Verhältnis des zu deckenden Schadens und der Prämie zu optimieren.[117] Das Prinzip von der Risikogemeinschaft ist nicht ausdrücklich im VVG geregelt. Gleichwohl trägt das Gesetz diesem Grundprinzip an verschiedenen Stellen Rechnung, etwa in § 5 Abs. 1, § 13

---

110 Vgl. z. B. aus der Rspr. BGH, vom 22.01.1992 – IV ZR 59/91 = NJW 1992, 1164 [1165 f.]; grundlegend Römer in VersR 1994, 125; darüber hinaus auch Matusche-Beckmann in NJW 1998, 112 [112]; E. Lorenz in VersR 2001, 1146 [1148]; ders. in VersR 2002, 410 [411]; Kollhosser in VersR 2003, 807 [808].

111 Vgl. statt aller Römer in VersR 1994, 125 [125].

112 Zum Begriff der Risiko- bzw. Gefahrengemeinschaft: BGH, vom 14.07.1962 – III ZR 21/61 = VersR 1962, 974 [976]; Prölss in Prölss/Martin VVG, 28. Auflage 2010, Vorbem. II Rn. 1; Looschelders in Looschelders/Pohlmann VVG, 2. Auflage 2011, § 1 Rn. 9; vgl. auch EuGH, vom 21.09.1999 – verb. Rs. C-115/97 bis C-117/97 = NZA 2000, 201 [201 ff.].

113 BVerwG, vom 10.01.1961 – I A 4/59 = VersR 1961, 306 [306]; vom 19.06.1969 – I A 3/66 = NJW 1969, 1978 [1979]; vom 11.11.1986 – 1 A 45/83 = NJW 1987, 474 [474]; BGH, vom 29.09.1994 – I ZR 172/92 = NJW 1995, 324 [325]; vgl. auch Looschelders in Looschelders/Pohlmann VVG, 2. Auflage 2011, § 1 Rn. 9 m. w. N.; Jung in VersR 2003, 282 [282]

114 So etwa Wandt, VersicherungsR, 4. Auflage 2009, Rn. 95; Matusche-Beckmann in Bruck/Möller VVG, Band 1, 9. Auflage 2008, Vor § 23 Rn. 3.

115 Wandt, VersR, 9. Auflage 2009, Rn. 96.

116 Prölss in FS Larenz, 1983, S. 487 [491 ff.]; zust. Jung in VersR 2003, 282 [283].

117 Prölss in FS Larenz, 1983, S. 487 [491 ff.]; ders. in Prölss/Martin VVG, 28. Auflage 2010, Vorbem. II Rn. 2.

und den §§ 19 ff. VVG.[118] Ferner enthält das VAG an verschiedenen Stellen Regelungen bzgl. der Kalkulation von Versicherungsprämien, so etwa in § 11 VAG zur Lebensversicherung und in § 12c VAG zu Krankenversicherung.[119]

Unzumutbare Belastungen des Versicherers wirken sich damit stets auch auf die Risikogemeinschaft aus. Gerade im Bereich der Lebens-, Kranken- und Berufsunfähigkeitsversicherung müssen die vermögensrechtlichen Ansprüche jedes einzelnen Versicherten gegen den Versicherer in besonderem Maße geschützt werden, da derartige Versicherungsverträge auf die Sicherung der wirtschaftlichen Existenz, insbesondere die Alterssicherung abzielen.[120] Dieses Interesse an einer dauerhaften Erfüllbarkeit der Versicherungsverträge besteht nicht nur aus Sicht der Versicherten, sondern auch aus Sicht der Sozialversicherungsträger, die im Bedürftigkeitsfall u. U. einstandspflichtig würden.[121] Das Recht zur Anpassung des formularmäßigen Versicherungsvertrages zum einzelnen Versicherungsnehmer gem. §§ 164, 176, 203 VVG unterfällt ebenfalls dem Optimierungsgedanken.

Daneben bedeutet die Beendigung eines Lebens-, Kranken- oder Berufsunfähigkeitsversicherungsverhältnisses durch den Versicherer nach § 306 Abs. 3 BGB in vielen Fällen für den Versicherungsnehmer eine unzumutbare Härte. Dieser kann oftmals aufgrund einer Erkrankung, seines Gesundheitszustandes oder seines Alters keine bzw. nur unter Zahlung einer erheblich höheren Versicherungsprämie eine Anschlussversicherung abschließen.[122] In jedem Falle verursacht eine Anschlussversicherung aber zusätzliche Abschlusskosten, die vom Versicherungsnehmer zu tragen sind.[123] Die zuvor genannten Faktoren werden außerdem bereits in die Kalkulation der Versicherungsprämie eingestellt, so dass die Eintrittskonditionen mit zunehmendem Alter und der damit einhergehenden erhöhten Krankheitsanfälligkeit für die zu versichernde Person – ggf. deutlich – ungünstiger werden.[124] Damit ist dem Versicherungsnehmer nach

118 Knappmann in Beckmann/Matusche-Beckmann VersHdb, 2. Auflage 2009, § 14 RN. 1; Prölss in Prölss/Martin VVG, 28. Auflage 2010, Vorbem. II Rn. 2; Matusche-Beckmann in Bruck/Möller VVG, Band 1, 9. Auflage 2008, Vor § 23 Rn. 3.

119 Vgl. E. Lorenz in Prölss/Martin VVG, 28. Auflage 2010,§ 1 Rn. 118.

120 So auch ausdrücklich zur Lebensversicherung BVerfG, vom 26.07.2005 – 1 BvR 782/94 und 1 BvR 957/96 = NJW 2005, 2363 [2366].

121 Dieser Gesichtspunkt ist nach § 81 Abs. 1 S. 5 VAG ein Hauptziel der Versicherungsaufsicht, vgl. BVerwG, vom 05.05.1999 – 1 A 2/97 = VersR 1999, 1001 [1003]; BGH, vom 16.06.2004 – IV ZR 117/02 = VersR 2004, 991 [991].

122 So zur Krankentagegeldversicherung BGH, vom 06.07.1983 – IV a ZR 206/81 = NJW 1983, 2632 [2633]; vom 22.01.1992 – IV ZR 59/91 = NJW 1992, 1164 [1164 f.].

123 Vgl. BVerfG, 26.07.2005 – 1 BvR 80/95 = NJW 2005, 2376 [2379]; BGH, vom 12.10.2005 – IV ZR 162/03 = NJW 2005, 3559 [3564].

124 BGH, vom 22.01.1992 – IV ZR 59/91 = NJW 1992, 1164 [1165].

Beendigung des Versicherungsvertrages eine adäquate soziale Absicherung in vielen Fällen praktisch unmöglich.

Darüber hinaus hat das nach dem Versicherungsmathematiker benannte Verfahren der Zillmerung (vgl. § 65 Abs. 1 Nr. 2 VAG) zur Folge, dass der Rückkaufswert in den ersten Jahren nach Abschluss des Versicherungsvertrages trotz ggf. hoher Prämienzahlung außerordentlich gering ist, so dass der Anspruch des Versicherungsnehmers bei Beendigung einen deutlich geringeren Vermögenswert hat, als bei Fortbestand des Versicherungsvertrages.[125]

Diese Erwägungen verdeutlichen, dass eine Beendigung des Versicherungsvertrages für den Versicherungsnehmer einschneidende wirtschaftliche und soziale Einbußen in seine von der Eigentumsgarantie nach Art. 14 Abs. 1 und Art. 2 Abs. 1 GG geschützten Rechtspositionen zur Folge hätte.[126] Die Rechtsfolge des § 306 Abs. 3 BGB gilt es demnach unbedingt zu vermeiden.

Schließlich ist eine gesetzliche Regelung zur Korrektur von allgemeinen Versicherungsbedingungen auch aus Gründen der Rechtssicherheit geboten. Andernfalls wäre ein einheitlicher Schluss von Lücken, die auf unwirksame AGB zurückgehen, in der Praxis nicht möglich. Angesichts der Vielzahl der bestehenden Versicherungsverträge ist die Einholung einer Zustimmung jedes einzelnen Versicherungsnehmers zur Ersetzung der unwirksamen Klausel kaum denkbar. Außerdem kann eine ergänzende Vertragsauslegung, wenn überhaupt, nur im Individualprozess durchgeführt werden, verbietet sich jedoch im Verbandsklageverfahren. Denn Gegenstand eines Verbandsprozesses kann nach § 1 UKlaG ausschließlich die Frage der Unwirksamkeit der streitgegenständlichen AGB sein, nicht aber, welchen Inhalt eine Klausel alternativ haben muss, um wirksam zu sein, bzw. wie die infolge der Unwirksamkeit entstehende Lücke zu schließen ist.[127] Ohne eine einheitliche gesetzliche Korrekturregelung bestünde die erhebliche Gefahr unterschiedlicher Entscheidungen in derselben Rechtsfrage, zumal die im Individualprozess ergehenden Urteile lediglich zwischen den jeweiligen Prozessparteien Rechtskraft entfalten.[128] Einzustellen ist ferner, dass ein Verband im Anschluss an ein Urteil in einem Individualprozess sofort auf Unterlassung

---

125 So auch BVerfG, vom 26.07.2005 – 1 BvR 782/94 und 1 BvR 957/96 = NJW 2005, 2363 [2366]; siehe auch Schwintowski in NVersZ 2001, 337 [338 f.]; Elfring in NJW 2005, 3677 [3678].

126 So auch BVerfG, vom 26.07.2005 – 1 BvR 80/95 = NJW 2005, 2376 [2379 a. E.].

127 Vgl. BGH, vom 13.12.2006 – VIII ZR 25/06 = NJW 2007, 1054, 1057; Witt in Ulmer/Brandner/Hensen, AGB, 11. Auflage 2011, § 1 UKlaG Rn. 18; Wandt in VersR 2001, 1449 [1451]; Matusche-Beckmann in NJW 1998, 112 [113]; Römer in VersR 1994, 125 [126]; Präve in VersR 1999, 699; Bunte in NJW 1984, 1145 [1146].

128 Wandt in VersR 2001, 1449 [1451]; Matusche-Beckmann in NJW 1998, 112 [113]; Römer in VersR 1994, 125 [126]; Präve in VersR 1999, 699.

klagen könnte, so dass eine Korrektur im konkreten Fall nur eine vorübergehende Behelfslösung bedeuten würde.[129] Die Möglichkeit einer Anpassung der Versicherungsbedingungen hat damit eine prozessökonomische und sogar -beschleunigende Funktion.[130] In diesem Zusammenhang ist auch das Gebot der Gleichbehandlung aller Versicherungsnehmer des § 11 Abs. 2 VAG anzuführen, zumal regelmäßig eine große Anzahl von Verträgen betroffen und ein einheitlicher Schluss der Lücke, wie soeben dargestellt, andernfalls praktisch unmöglich ist.[131]

Anhand dieser Gesichtspunkte wird das besondere Interesse an einer Sicherstellung der dauerhaften Erfüllbarkeit der Versicherungsleistungen und des Ausschlusses einer Gefährdung der vermögenswerten Ansprüche der Versicherten deutlich.[132] Ohne die Möglichkeit einer Korrektur der allgemeinen Versicherungsbedingungen müssten die Versicherer bei Neuabschlüssen von Versicherungsverträgen eine Erhöhung der Versicherungsprämien vornehmen, um Liquiditätsengpässe zu vermeiden. Außerdem bestünde sogar die Gefahr, dass bestimmte Risiken zukünftig überhaupt nicht mehr bzw. nicht mehr zu einer erschwinglichen Prämie versichert werden könnten. Dies würde allerdings dem Interesse der Risikogemeinschaft widersprechen, deren Fortbestand maßgeblich auch vom Beitritt neuer Versicherungsnehmer abhängig ist.

Zusammenfassend ist demnach festzuhalten, dass die Besonderheiten im Bereich der Lebens-, Kranken- und Berufsunfähigkeitsversicherung eine Möglichkeit des Versicherers zur Anpassung der allgemeinen Versicherungsbedingungen zwingend erfordern. Dies ist insbesondere deshalb der Fall, weil sich die nachteiligen Folgen einer unveränderten Fortgeltung der Regelungen nicht nur auf den Versicherer als Verwender, sondern auch auf Dritte – die Risikogemeinschaft der Versicherten – auswirken.

2. Anpassung der Versicherungsbedingungen, § 164 VVG

Im Bereich des Versicherungsvertragsrechts ordnet § 164 Abs. 1 S. 1 VVG unter bestimmten Voraussetzungen das Recht des Versicherers an, eine Bestimmung in seinen Allgemeinen Versicherungsbedingungen durch eine neue Regelung zu ersetzen. Die Vorschrift erstreckt sich allerdings nicht auf sämtliche Versiche-

---

129 Römer in VersR 1994, 125 [126].

130 Vgl. statt aller Ortmann in Schwintowski/Brömmelmeyer VVG, 2008, § 164 Rn. 2 m. w. N.

131 Vgl. insofern nur BGH, vom 12.10.2005 – IV ZR 162/03 = NJW 2005, 3559 [3561 f.] m. w. N.

132 Vgl. BT-Drucks. 12/6959, S. 102; vgl. auch Buchholz-Schuster in NVersZ 1999, 297 [298 a. E.].

rungsverträge. Aufgrund der systematischen Stellung des § 164 VVG im Kapitel „Lebensversicherung“ beschränkt sich die gesetzliche Ersetzungsbefugnis des Versicherers lediglich auf die Allgemeinen Bedingungen einer Lebensversicherung. Jedoch sind in § 203 Abs. 4 VVG und § 176 VVG Verweisungen auf diese Vorschrift enthalten, so dass eine Anpassung auch im Rahmen der Kranken- und Berufsunfähigkeitsversicherungen erfolgen kann.[133]

Für die übrigen Versicherungen kann, wie oben dargestellt (vgl. Dritter Teil A. II. 3. [S. 92]), grundsätzlich auch in den Allgemeinen Versicherungsbedingungen eine Ersetzungsklausel vereinbart werden.

a) Voraussetzungen

Die Wirksamkeit der Anpassung von unwirksamen Allgemeinen Versicherungsbedingungen nach § 164 Abs. 1 VVG ist im Wege einer zweistufigen Prüfung zu ermitteln: Entsprechend den allgemeinen Grundsätzen der Rechtsgeschäftslehre ist auf erster Stufe eine Einbeziehungskontrolle vorzunehmen, in deren Rahmen die Voraussetzungen der Ersetzung zu prüfen sind.[134] Auf zweiter Stufe erfolgt anschließend eine Ausübungskontrolle der neuen Klausel.

aa) Anwendbarkeit des § 164 Abs. 1 VVG

§ 164 Abs. 1 VVG ist selbständig neben den Vorschriften der §§ 307 ff. BGB anwendbar, wobei bei der Ersetzung der Maßstab des § 306 Abs. 2 BGB zu beachten ist.[135] Somit muss zunächst versucht werden, die Lücke mit dispositivem Gesetzesrecht zu schließen oder zu beheben, § 306 Abs. 2 BGB. Danach ist zu untersuchen, ob die ersatzlose Streichung der Klausel eine sachgerechte Lösung darstellt.[136] Erst wenn dies zu verneinen ist, kommt eine Anpassung nach § 164 Abs. 1 VVG in Betracht.

---

133 Beckmann in Beckmann/Matusche-Beckmann VersHdb, 2. Auflage 2009, § 10, Rn. 164.

134 So auch Brömmelmeyer in Beckmann/Matusche-Beckmann VersHdb, 2. Auflage 2009, § 42 Rn. 111.

135 So ausdrücklich BGH, vom 12.10.2005 – IV ZR 162/03 = NJW 2005, 3559 [3563] und diesem folgend Schneider in Prölss/Martin VVG, 28. Auflage 2010, § 164 Rn. 5; so dass sich damit der Streit über die dogmatische Einordnung des § 164 VVG (§ 172 VVG a. F.) erledigt hat (zum Streitstand vgl. nur Brömmelmeyer in Beckmann/Matusche-Beckmann VersHdb, 2. Auflage 2009, § 42 Rn. 109 m. w. N.).

136 So auch BGH, vom 12.10.2005 – IV ZR 162/03 = NJW 2005, 3559 [3563], der aber in einem nächsten Schritt – mithin nach der Prüfung, ob die Klausel vollständig entfallen kann – dogmatisch verfehlt eine ergänzende Vertragsauslegung vornehmen will; vgl. auch Wandt in VersR 2001, 1449 [1452]; E. Lorenz in VersR 2001, 1146 [1148]; ders. in VersR 2002, 410 [412].

bb) Einbeziehungskontrolle

§ 164 Abs. 1 VVG erfordert zunächst, dass eine Klausel des Versicherungsvertrages durch höchstrichterliche Rechtsprechung oder bestandskräftigem Verwaltungsakt für unwirksam erklärt wurde. Anpassungen rechtswirksamer Klauseln aufgrund veränderter tatsächlicher Umstände sind – anders als bei der Krankenversicherung, vgl. § 203 Abs. 3 VVG (dazu sogleich unter 3. [S. 117. ff.]) – gerade nicht möglich.[137] Darüber hinaus soll eine analoge Anwendung des § 164 VVG in Betracht kommen, wenn im Versicherungsvertrag eine Lücke von Anfang bestand und nicht infolge der Unwirksamkeit einer einzelnen Bestimmung entstanden ist.[138]

Neben der ausgeurteilten bzw. bestandskräftig verbeschiedenen Unwirksamkeit muss eine Ersetzung zur Fortführung des Vertrages notwendig sein oder ohne eine Modifizierung eine unzumutbare Härte für eine Vertragspartei entstehen. Erforderlich ist damit eine Lücke bzw. Äquivalenzstörung im Versicherungsvertrag, die den Parteien die Fortsetzung oder Durchführung des Versicherungsvertrages vollkommen beziehungsweise weitestgehend unmöglich macht.[139] Überdies müssen die Belange des Versicherungsnehmers in jedem Fall angemessen berücksichtigt werden, § 164 Abs. 1 S. 2 VVG.

b) Rechtsfolge

§ 164 Abs. 1 S. 1 VVG räumt dem Versicherer ein Recht zur einseitigen Ersetzung der betreffenden Klauseln ein.

aa) Ausübungskontrolle

Der Versicherer hat die Anpassung nach billigem Ermessen entsprechend § 315 Abs. 3 BGB vorzunehmen (vgl. zu Anforderungen oben Zweiter Teil B. III. 2. a) bb) [S. 72]). Die neue Klausel muss dabei ihrerseits wiederum einer Wirksamkeitskontrolle nach §§ 307 ff. BGB standhalten.[140] Bzgl. der neuen, zu ersetzenden Klausel sind über den Wortlaut des § 164 Abs. 1 S. 2 VVG hinaus nicht nur die Belange des Versicherungsnehmers, sondern auch der mitversicherten sowie

137 Vgl. statt aller Niederleithinger, Das neue VVG, 2007, A Rn. 299.

138 Bartmuß in VuR 2000, 299 [304]; zust. Wandt in MüKo VVG, Band 2, 2011, § 164 Rn. 35 und 89.

139 Vgl. BGH vom 17.03.1999 – IV ZR 218/97 = NJW 1999, 1865 [1866].

140 Krause in Looschelders/Pohlmann VVG, 2. Auflage 2011, § 164 Rn. 13.

der bezugsberechtigten Personen angemessen zu berücksichtigen.[141] Zu fordern ist regelmäßig die Wiederherstellung des gestörten Äquivalenzverhältnisses, wobei der Versicherungsnehmer in seiner Position nicht schlechter gestellt werden darf, als er im Zeitpunkt des Vertragsschlusses stand.[142]

bb) Wirksamwerden der neuen Regelung

Die neuen Bestimmungen werden nach § 164 Abs. 2 VVG zwei Wochen nach Mitteilung der neuen Regelung und der hierfür maßgeblichen Gründe gegenüber dem Versicherungsnehmer Vertragsbestandteil. Die Klauselersetzung wirkt parallel zum Fall der Unwirksamkeit einer Bestimmung rückwirkend auf den Zeitpunkt des Vertragsschlusses.[143] Eine Wirkung ex-nunc wäre mit dem Sinn und Zweck des § 164 VVG, Rechtsunsicherheiten zu beseitigen, nicht vereinbar.[144] Sonst könnten bis zu diesem Zeitpunkt entstandene Lücken lediglich nach § 306 Abs. 2 BGB beziehungsweise mittels ergänzender Vertragsauslegung geschlossen werden. Dies soll § 164 VVG jedoch gerade verhindern.[145]

3. Anpassung der Bedingungen der Krankenversicherung, § 203 Abs. 3 VVG

Abweichend von § 164 Abs. 1 VVG hat der Krankenversicherer unter den Voraussetzungen des § 203 Abs. 3 VVG die Möglichkeit, seine Allgemeinen Versicherungsbedingungen und die Tarifbestimmungen den veränderten tatsächlichen Verhältnissen anzupassen. Dabei handelt es sich um eine spezielle Regelung der Störung der Geschäftsgrundlage (§ 313 BGB).[146]

a) Hintergrund der erweiterten Korrekturmöglichkeit

Neben den oben genannten Erwägungen, aufgrund derer bei Versicherungsverträgen ein besonderer Korrekturbedarf besteht (siehe oben, B. V. 1. [S. 110 ff.]),

141 BT-Drucks. 16/3945, S. 100; siehe auch BGH, vom 12.10.2005 – IV ZR 162/03 = VersR 2005, 1565 [1571].

142 Krause in Looschelders/Pohlmann VVG, 2. Auflage 2011, § 164 Rn. 13.

143 So BGH, vom 12.10.2005 – IV ZR 162/03 = NJW 2005, 2559 [3563] zu § 172 Abs. 3 S. 2 VVG a. F. Anders die Gesetzesbegründung BT-Drucks. 16/3945, S. 100, nach der die Anpassung nur für die Zukunft, daher mit Wirkung ex-nunc, wirken soll.

144 BGH, vom 12.10.2005 – IV ZR 162/03 = NJW 2005, 2559 [3563].

145 Wandt in VersR 2001, 1449 [1455] m. w. N.

146 BGH vom 12.12.2007 – IV ZR 130/06 = VersR 2008, 246 [247]; vom 12.12.2007 – IV ZR 144/06 = VersR 2008, 386 [387].

trägt § 203 Abs. 3 VVG dem Umstand Rechnung, dass im Gesundheitswesen eine Änderung der tatsächlichen Verhältnisse kaum oder überhaupt nicht vorhersehbar ist. Im Unterschied zur Berufsunfähigkeits- und Lebensversicherung ist die Verpflichtung des Krankenversicherers, Aufwendungsersatz für eine medizinisch notwendige Heilbehandlung sonstige vereinbarte Leistungen zu gewähren, lediglich vage umschrieben, vgl. § 192 Abs. 1 VVG. Darüber hinaus ist die Gefahr der Eintrittspflicht des Krankenversicherers erheblich größer und umfangreicher.

Überdies korrespondiert § 203 Abs. 3 VVG mit dem vertraglichen bzw. gesetzlichen (§206 VVG) Ausschluss des ordentlichen Kündigungsrechts des Versicherers und dient insofern als Korrektiv.[147]

b) Voraussetzungen

Die Prüfung der Zulässigkeit der Bedingungsanpassung erfolgt analog zu § 164 Abs. 1 VVG, so dass auch hier zwischen Einbeziehungs- und Ausübungskontrolle zu unterscheiden ist (siehe oben, Dritter Teil B. V. 2. [S. 115]).

Die Anpassung der Versicherungsbedingungen ist subsidiär gegenüber einer Prämienerhöhung nach § 203 Abs. 1 und Abs. 2 VVG, welche als relativ milderes Mittel vorrangig heranzuziehen ist, um die Erfüllbarkeit der Versicherungsverträge sicherzustellen.[148]

Die Vorschrift des § 203 Abs. 3 VVG ist nur heranzuziehen, wenn das ordentliche Kündigungsrecht der Krankenkassen vertraglich oder gesetzlich ausgeschlossen ist. Ein Anpassungsrecht des Versicherers setzt vor allem eine Änderung der tatsächlichen Verhältnisse im Gesundheitswesen voraus. Dazu zählen die – tatsächlichen – Faktoren und Rahmenbedingungen im Bereich der Krankenversicherung, der medizinischen Leistungserbringer und/oder der Patienten.[149] Dies erfasst neben den medizinischen Verhältnissen, daher dem allgemein anerkannten medizinischen Wissen, auch sonstige Verhältnisse, insbesondere den Markt der medizinischen Leistungserbringer.[150]

Die Veränderung der Verhältnisse muss sich als nachhaltig erweisen, d. h., die Auswirkungen auf die Äquivalenz von Leistung und Gegenleistung im Krankenversicherungsverhältnis müssen hinreichend wahrscheinlich erscheinen und die

147 Reinhard in Looschelders/Pohlmann VVG, 2. Auflage 2011, § 203 Rn. 1.

148 OLG Düsseldorf, vom 18.05.2006 – I-6 U116/05 = VersR 2006, 1111 [1112]; Brömmelmeyer in Schwintowski/Brömmelmeyer VVG, 2008, § 203 Rn. 32 m. w. N.; gegen einen generellen Vorrang Langheid in FS Kollhosser, Band I, S. 231 [241]; Voit in Prölss/Martin VVG, 28. Auflage 2010, § 203 Rn. 38.

149 Brömmelmeyer in Schwintowski/Brömmelmeyer VVG, 2008, § 203 Rn. 28.

150 Boetius in MüKo VVG, Band 3, 2009, § 203 Rn. 890 ff.

dauerhafte Erfüllbarkeit der Versicherungsverträge darf angesichts der dem Tarif zu Grunde liegenden Kalkulation nicht mehr gewährleistet sein.[151] Dagegen scheidet eine Anpassung aus, wenn die Störung einseitig in den Risikobereich einer Vertragspartei fällt.[152] Dies betrifft regelmäßig den Versicherer als Verwender der Allgemeinen Versicherungsbedingungen.

Überdies muss die Bedingungsanpassung im Hinblick auf das Gemeinschaftsinteresse der Gefahrgemeinschaft erforderlich, d. h. in erster Linie auf die Erfüllbarkeit der Versicherungsverträge gerichtet sein.[153]

Die Voraussetzungen des § 203 Abs. 3 VVG sind, wie die Angemessenheit der neuen Klausel (§ 315 Abs. 3 BGB), von einem fachkundigen, zuverlässigen und unabhängigen Treuhänder zu prüfen, vgl. § 12b Abs. 5 S. 1 und S. 2, Abs. 3 VAG.[154]

4. Prämienanpassung in der Lebens- und Berufsunfähigkeitsversicherung, § 163 VVG

Daneben besteht für Lebens- und Berufsunfähigkeitsversicherer (§ 176 VVG) nach § 163 Abs. 1 VVG grundsätzlich die Möglichkeit zur einseitigen Neufestsetzung der vereinbarten Prämie. Im Falle einer Anpassung hat der Versicherungsnehmer jedoch das Recht, an Stelle der Erhöhung eine entsprechende Herabsetzung der Versicherungsleistung zu verlangen, § 163 Abs. 2 S. 1 VVG.

Dies setzt insbesondere voraus, dass sich der Leistungsbedarf gegenüber den Rechtsgrundlagen der vereinbarten Prämie in nicht nur vorübergehender Weise geändert hat, ohne dass dies für den Versicherer vorhersehbar war (§ 163 Abs. 1 S. 1 Nr. 1 VVG). Daneben muss die neu festgesetzte Prämie nach § 163 Abs. 1 S. 1 Nr. 2 VVG angemessen und erforderlich sein, um die dauerhafte Erfüllbarkeit der Versicherungsleistung zu gewährleisten. Eine Neufestsetzung ist jedenfalls gem. § 163 Abs. 1 S. 2 VVG ausgeschlossen, wenn der Versicherer die Versicherungsleistungen im Zeitpunkt der Erst- oder Neukalkulation in fehlerhafter Weise berechnet hat und diese Fehlkalkulation aus objektiver Sicht eines verständigen Aktuars (§ 11a VAG) für den Versicherer erkennbar war.

---

151 BGH, vom 12.12.2007 – IV ZR 130/06 = VersR 2008, 246 [247]; vom 12.12.2007 – IV ZR 144/06 = VersR 2008, 386 [387]; Präve in VersR 1995, 733 [737]; Langheid/Grothe in VersR 2003, 1469 [1471]; Boetius in MüKo VVG, Band 3, 2009, § 203 Rn. 893 f.; Brömmelmeyer in Schwintowski/Brömmelmeyer VVG, 2008, § 203 Rn. 28 f. m. w. N.

152 BGH, vom 21.09.2005 – XII ZR 66/03 = NJW 2006, 899 [901]; vom 12.12.2007 – IV ZR 130/06 = VersR 2008, 246 [247]; vom 12.12.2007 – IV ZR 144/06 = VersR 2008, 386 [387].

153 Reinhard in Looschelders/Pohlmann VVG, 2. Auflage 2011, § 203 Rn. 19.

154 Brömmelmeyer in Schwintowski/Brömmelmeyer VVG, 2008, § 203 Rn. 36; Reinhard in Looschelders/Pohlmann VVG, 2. Auflage 2011, § 203 Rn. 20.

5. Prämienanpassung in der Krankenversicherung, § 203 Abs. 2 VVG

Die Vorschrift des § 203 Abs. 2 VVG in S. 3 beschränkt das Anpassungsrecht des Krankenversicherers abschließend auf Änderungen der Versicherungsleistungen und der Sterbewahrscheinlichkeiten. Andere Rechnungsgrundlagen können für sich allein kein Anpassungsrecht auslösen, da sie regelmäßig auf einer Unternehmensentscheidung beruhen und damit einseitig in die Risikosphäre des Versicherers fallen.[155] Die Beschränkung auf diese beiden Rechnungsgrundlagen ist darauf zurückzuführen, das eine Verlängerung der allgemeinen Lebenserwartung wie auch die überdurchschnittliche Erhöhung der Kosten im Gesundheitswesen,[156] etwa aufgrund wissenschaftlichen Fortschritts, technologischen Weiterentwicklungen, steigender Nachfrage oder Erhöhung der Rohstoffpreise nicht bzw. nur eingeschränkt berechnet werden kann. Ansonsten sind die Vorschriften des § 163 VVG und des § 203 Abs. 2 VVG im Hinblick auf ihre Voraussetzungen deckungsgleich.

Auf der Rechtsfolgenseite unterliegt die erfolgte Prämienanpassung im Rahmen der Krankenversicherung keiner weiteren Billigkeits- bzw. Angemessenheitskontrolle (§§ 315, 317, 319 BGB).[157] Vielmehr ist sie nach aktuariellen Grundsätzen an strenge öffentlich- und zivilrechtliche Vorgaben gebunden, welche dem Versicherer wie auch dem Treuhänder keinen Ermessensspielraum einräumen, vgl. § 203 Abs. 2 VVG, § 12b Abs. 1 – 2a und der aufgrund § 12c VAG erlassenen Kalkulationsverordnung.[158]

6. Änderung der Allgemeinen Versicherungsbedingungen nach § 41 Abs. 2 S. 2 VAG

Die oberste Vertretung eines Versicherungsvereins auf Gegenseitigkeit (das oberste Organ bzw. die Versammlung von Mitgliedern oder von Vertretern der Mitglieder, § 29 VAG) kann nach § 41 Abs. 2 S. 2 VAG den Aufsichtsrat ermächtigen, die allgemeinen Versicherungsbedingungen vorläufig zu ändern, wenn ein dringendes Bedürfnis dafür besteht.

---

155 BT-Drucks. 16/3945, S. 113.

156 BVerwG, vom 05.05.1999 – 1 A 2/97 = VersR 1999, 1001 [1003].

157 BT-Drucks. 12/6959, S. 62.

158 Vgl. BGH, vom 16.06.2004 – IV ZR 117/02 = NJW 2004, 2679 [2680 f.]; vom 22.09.2004 – IV ZR 97/03 = NJW-RR 2004, 1677 [1678].

7. Anpassungsklauseln in Versicherungsverträgen

Daneben sollten nach der Rechtsprechung des BGH schon vor der Einführung der §§ 164, 203 Abs. 4, 176 VVG sämtliche Versicherer grundsätzlich die Möglichkeit haben, in ihren Allgemeinen Versicherungsbedingungen eine vertragliche Ersetzungsklausel zu vereinbaren.[159] Diese vertragliche Bestimmung ist aufgrund der Vertragsfreiheit als Ausfluss der grundgesetzlich geschützten Privatautonomie vorrangig gegenüber der gesetzlichen Regelung.[160]

Ersetzungsklauseln in Allgemeinen Versicherungsbedingungen sind qua Vertragsfreiheit grundsätzlich auch außerhalb des Anwendungsbereichs der §§ 164, 203 Abs. 4, 176 VVG zulässig.[161] Weder aus § 306 BGB noch aus dem Umkehrschluss zu den zuvor genannten Sonderbestimmungen kann auf eine generelle Unzulässigkeit formularmäßiger Anpassungsklauseln geschlossen werden.[162] Anpassungs- bzw. Ersetzungsklauseln außerhalb des Anwendungsbereichs der oben genannten Vorschriften verstoßen nicht gegen § 307 Abs. 2 Nr. 1 BGB.[163] Dies folgt schon daraus, dass die Versicherungsverträge für den Versicherer regelmäßig – ordentlich – unkündbar sind.[164] Im Übrigen ist die grundsätzliche Zulässigkeit von Anpassungsklauseln in Allgemeinen Versicherungsbedingungen bereits in § 40 Abs. 1 S. 1 VVG sowie § 41 Abs. 2 S. 1 VAG vorausgesetzt.

Gleichwohl sind formularmäßige Anpassungsklauseln an hohe Wirksamkeitsvoraussetzungen geknüpft:[165] Sie unterliegen sowohl der Inhaltskontrolle nach den §§ 305 ff. BGB[166] als auch der Ausübungskontrolle nach den §§ 315 ff. BGB.

Im Hinblick auf die Wirksamkeitsanforderungen gelten weitestgehend die obigen Ausführungen unter Dritter Teil A. III. 3. [S. 94] und 4. [S. 95]. Danach muss der Versicherungsnehmer aus Gründen der Transparenz vorhersehen können, „[...] *in welchen Bereichen er mit Änderungen zu rechnen hat* [...]".[167] Die Gestaltungsmöglichkeiten des Versicherers müssen hinreichend konkretisiert

---

159 Vgl. BGH, vom 08.10.1997 – IV ZR 220/96 = NJW 1998, 454 [458]; Kollhosser in VersR 2003, 807 [807].

160 BT-Drucks. 16/3945, S. 99 [Zu § 163, Zu Abs. 1]; vgl. Brambach in Rüffer, Halbach, Schimikowski, VVG, 1. Auflage 2009, § 164 Rn. 4.

161 Zu entnehmen etwa BT-Drucks. 16/3945, S. 99 [Zu § 163, Zu Abs. 1]; Entzian in NVersZ 1998, 65 [65]; a. A. wohl Wandt in MüKo VVG, Band 2, 1. Auflage 2011, § 164 Rn. 85.

162 Wandt in Beckmann/Matusche-Beckmann VersHdb, 2. Auflage 2009, § 11 Rn. 159.

163 Vgl. etwa BGH, 17.03.1999 – IV ZR 218/97 = NVersZ 1999, 396 [397]; anschaulich auch OLG Celle, vom 15.06.2006 – 8 U 26/06 = NJOZ 2006, 3024 [3028 f.].

164 Vgl. Baumann in JZ 1999, 881 [882] m. w. N.

165 Matusche-Beckmann in NJW 1998, 112 [116].

166 BT-Drucks. 16/3945, S. 99 [Zu § 163, Zu Abs. 1].

167 BGH, vom 17.03.1999 – IV ZR 218/97 = NJW 1999, 1865 [1866].

werden.[168] Bezüglich des Anlasses für die Anpassung ist auf das gesetzliche Leitbild der § 164, § 203 Abs. 4 und § 176 BGB zurückzugreifen, vgl. §§ 306 Abs. 2, 307 Abs. 2 Nr. 1 BGB.[169]

Daneben bedarf es weiterer inhaltlicher Kriterien, um eine unangemessene Benachteiligung des Versicherungsnehmers auszuschließen.[170] Die Anpassungsbefugnis muss damit auf die Lückenfüllung und die Beseitigung von Äquivalenzstörungen beschränkt werden. Es muss also eine „unzumutbare Härte" für mindestens eine Vertragspartei vorliegen, vgl. § 164 Abs. 1 S. 1 BGB.[171]

Im Rahmen der Ausübungskontrolle ist insbesondere zu beachten, dass der Versicherungsnehmer durch die Änderung nicht schlechter gestellt werden darf als bei Vertragsschluss.[172]

8. Zusammenfassung

Damit stellt das Gesetz im Bereich des Versicherungsrechts verschiedene Rechtsinstrumente zur Verfügung, die in bestimmten Situationen eine Korrektur von Allgemeinen Versicherungsbedingungen ermöglichen. Diese sind allerdings angesichts des besonderen Korrekturbedürfnisses im Versicherungsrecht nicht auf andere Rechtsgebiete übertragbar.

VI. Preisanpassung in Energielieferungsverträgen

Im Bereich der Energielieferung enthalten die Regelungen der § 5 Abs. 2 StromGVV und § 5 Abs. 2 GasGVV gesetzlich eingeräumte Leistungsbestimmungsrechte i. S. d. § 315 BGB zu Gunsten der betreffenden Energieversorgungsunternehmen.[173] Diese Gestaltungsrechte wurden vom Gesetzgeber als erforderlich angesehen, damit die Energieversorgungsunternehmen auf die Änderungen der ökonomischen Rahmenbedingungen reagieren und ihre individuelle

168 BGH, vom 8.10. 1997 – IV ZR 220/96 = NJW 1998, 454 [456].

169 Präve in VersR 1999, 699 [700]; Beckmann in Beckmann/Matusche-Beckmann, VersHdb, 2. Auflage 2009, § 10 Rn. 165.

170 BGH, vom 08.10.1997 – IV ZR 220/96 = NJW 1998, 454 [455]; BGH, vom 17.03.1999 – IV ZR 218/97 = NJW 1999, 1865 [1866]; Zusammenfassung der Voraussetzung bei Fricke in VersR 2000, 257 [263].

171 Vgl. BGH, vom 17.03.1999 – IV ZR 218/97 = NJW 1999, 1865 [1865].

172 BGH, vom 17.03.1999 – IV ZR 218/97 = NJW 1999, 1865 [1866].

173 Vgl. Büdenbender in NJW 2007, 2945 [2947]; ders. in NJW 2009, 3125 [3126] und Zabel in KommJur 2011, 289 [289].

Leistungsfähigkeit erhalten können.[174] Dadurch soll letztlich eine sichere und flächendeckende Energieversorgung zu einem möglichst geringen bzw. bezahlbaren Preis sichergestellt und damit Versorgungssicherheit (vgl. § 1 EnWG) hergestellt werden.[175] Die Versorgungssicherheit will auf der einen Seite in technischer Hinsicht gewährleisten, dass den Abnehmern mengenmäßig ausreichend Energie zu Verfügung gestellt werden kann. Auf der anderen Seite ist auch der ökonomische Aspekt betroffen: Die Energieversorgungsunternehmen sollen die erforderlichen finanziellen Mittel zur Anlage von Reserven sowie für den Ausbau, die Instandhaltung und Wartung ihrer Infrastruktur erwirtschaften können.[176]

Das weite Recht zur einseitigen Preisgestaltung der Energieversorgungsunternehmen dient zugleich auch dem Erhalt des Energieversorgungsvertrages mit dem Kunden. Der Gesetzgeber möchte dadurch eine (außerordentliche) Kündigung dieser Energielieferungsverträge verhindern; diese sind in der Regel als auf längere Zeit angelegte Dauerschuldverhältnisse mit langfristigen Kündigungsfristen ausgestaltet.[177]

Daraus wird ersichtlich, dass die genannten Vorschriften jeweils nur auf den Energiepreis beschränkte und punktuelle Rechtsinstrumente zur Korrektur von AGB bereithalten. Zudem ist aufgrund der dargestellten Normzwecke eine Verallgemeinerungsfähkeit über den Bereich der Energielieferungsverträge hinaus abzulehnen.

VII. Arbeitsrechtliche Korrekturmöglichkeiten

Das Interesse des Arbeitnehmers am Fortbestand seines Arbeitsverhältnisses ist im Grundgesetz sowohl über das in Art. 20 Abs. 1 verankerte GG Sozialstaats-

---

174 BGH, vom 14.03.2012 – VIII ZR 113/11 = NJW 2012, 1865 [1867] zu Gasversorgungsverträgen; Theobald in Danner/Theobald EnergieR, 71. Ergänzung 2011, § 1 EnWG B 1 Rn. 19; Hellermann/Hermes in Britz/Hellermann/Hermes, EnWG, 2. Auflage 2010, § 1 Rn. 28; Büdenbender in NJW 2007, 2945 [2946].

175 BGH, vom 02.10.1991 – VIII ZR 240/90 = NJW-RR 1992, 183 [184 f.]; Theobald in Danner/Theobald EnergieR, 71. Ergänzung 2011, § 1 EnWG B 1 EnWG Rn. 7 und 26; ders. in Schneider/Theobald Hdb EnWR, 2003, § 1 Rn. 156 ff.

176 BGH, vom 14.03.2012 – VIII ZR 113/11 = NJW 2012, 1865 [1867]; Hellermann/Hermes in Britz/Hellermann/Hermes, EnWG, 2. Auflage 2010, § 1 Rn. 26.

177 BGH, vom 24.03.2010 – VIII ZR 178/08 = NJW 2010, 2789 [2791], jeweils m. w. N.; Büdenbender in NJW 2007, 2945 [2946].

prinzip[178] als auch über die Berufsfreiheit nach Art. 12 Abs. 1 GG[179] geschützt. Die Berufsausübungsfreiheit als Ausfluss der Berufsfreiheit schütz das Recht des abhängigen wie freien Mitarbeiters, seinen Arbeitsplatz nach eigener Wahl anzunehmen, beizuhalten oder aufzugeben.[180] Der Staat ist der ihm obliegenden Pflicht zum Schutz des Arbeitsplatzes als eine konkrete Betätigungsmöglichkeit, welche die Verrichtung von beruflicher Arbeit ermöglicht, insbesondere durch Normierung der geltenden Kündigungsvorschriften nachgekommen.[181]

Namentlich das Kündigungsschutzgesetz (KSchG) schütz Arbeitverhältnisse in ihrem Bestand, in dem es i. R. s. Anwendungsbereichs auch den Ausspruch einer ordentlichen Kündigung an das Vorliegen eines besonderen Kündigungsgrundes knüpft, § 1 Abs. 2 KSchG. Hintergrund ist die besondere Bedeutung des Arbeitsverhältnisses für den jeweiligen Arbeitnehmer. Dieser bestreitet in aller Regel seinen Lebensunterhalt mit den Einkünften aus seiner Arbeitstätigkeit. Ferner hat die Eingliederung in einen Betrieb auch eine soziale bzw. gesellschaftliche Komponente. Für die (soziale) Stellung des Einzelnen in der Gesellschaft hat die ausgeübte Tätigkeit eine erhebliche Bedeutung. Ferner zielen die Kündigungsschutzvorschriften selbstverständlich auch darauf ab, die öffentlichen Sozialträger zu entlasten, die ansonsten für den Unterhalt des Arbeitslosen aufkommen müssten. Aufgrund dieser Erwägungen wird auch eine Beschränkung der unternehmerischen Freiheit des Arbeitgebers – welche die Kündigungsschutzvorschriften zugleich bedeuten – in Kauf genommen. Es ließe sich insoweit auch von einem gerechten Ausgleich sprechen, da der Arbeitgeber mithilfe der betriebsbedingten Kündigung auch auf Störungen reagieren kann, die aus seiner Sphäre stammen.[182]

Ausgehend von diesem gesetzlichen Bestandsschutz verbietet sich im Bereich des Arbeitsrechts grundsätzlich eine Möglichkeit des Arbeitgebers zur einseitigen Korrektur von Arbeitsverträgen. Eine Korrektur von Arbeitsverträgen, deren

---

178 BVerfG, vom 13.01.1982 – 1 BvR 848 1047/77 = BVerfGE 59, 231 [262 ff.]; Hergenröder in ZfA 2002, 355 [359]; Oetker in RdA 1997, 9 [13]; vgl. dazu auch Kreft in NZA-Beil. 2012, 58 [58 ff.].

179 Kiel in Schreid/Preis/Schmidt, KR, 4. Auflage 2012, § 1 KSchG Rn. 447; a. A. Reuter in RdA 2004, 161 [165] und Lindner in RdA 2005, 166 [169], die den grundrechtlichen Schutz nur aus dem Sozialstaatsprinzip ableiten wollen.

180 BVerfG, vom 24.04.1991 – 1 BvR 1341/90 = NJW 1991, 1667 [1667]; Matthießen in NZA 1998, 1153 [1154].

181 BVerfG, vom 21.02.1995 – 1 BvR 1397/93 = NZA 1995, 619 [620]; vgl. auch I. Schmidt in ErfK ArbR, 12. Auflage 2012, Art. 12 GG Rn. 7; vgl. auch Dieterich in FS Schaub, 1998, S. 117 [122] zum Über- und Untermaßverbot.

182 BVerfG, vom 29.03.1990 – 2 AZR 369/89 = NJW 1991, 181 [181] m. w. N.; eingehend auch Preis in NZA 1995, 241 [242]; Kiel in Schreid/Preis/Schmidt, KR, 4. Auflage 2012, § 1 KSchG Rn. 448.

Inhalt in der Praxis fast ausschließlich vom Arbeitgeber vorgegeben wird, kann demnach nur in besonderen Ausnahmefällen erfolgen.

1. Arbeitgeberseitiges Direktionsrecht, § 106 S. 1 GewO

Das in § 106 GewO geregelte Direktions- bzw. Weisungsrecht gibt dem Arbeitgeber die Möglichkeit, die Leistungspflichten des Arbeitnehmers, welche im Arbeitsvertrag in der Regel nur rahmenmäßg umschrieben sind, einseitig zu konkretisieren.[183] Es handelt sich dabei um ein zentrales Merkmal des Arbeitsrechts, das gerade Ausfluss der Weisungsabhängigkeit des dienstverpflichteten Arbeitnehmers ist.[184]

a) Keine Möglichkeit zur Korrektur des Arbeitsvertrages

Aufgrund der soeben beschriebenen Konkretisierungsfunktion stellt das Direktions- bzw. Weisungsrecht somit keine einseitiges Recht des Arbeitgebers dar, korrigierend auf die vertragliche Abrede zwischen den Parteien einzuwirken.

b) Vertragliche Erweiterung des Direktionsrechts

Eine Erweiterung des arbeitgeberseitigen Direktionsrechts ist grundsätzlich durch vertragliche Abrede möglich. Da es sich bei den arbeitsvertraglichen Vereinbarungen schon wegen § 310 Abs. 3 Nr. 1 und 2 BGB in aller Regel um AGB handelt, müssen sich derartige Erweiterungen hinsichtlich ihrer Wirksamkeit an den §§ 307 ff. BGB messen lassen. Zu unterscheiden ist insofern zwischen unechten und echten Direktionsrechtserweiterungen:

aa) Unechte Direktionsrechtserweiterungen

Von einer unechten Direktionsrechtserweiterung spricht man, wenn dem Arbeitgeber keine über § 106 GewO hinausgehenden Leistungsbestimmungsrechte eingeräumt werden. Mit dieser Regelung wird allenfalls festgestellt, dass dem Arbeitgeber die Rechte aus § 106 GewO zustehen bzw. wird sein Leistungsbestimmungsrecht näher konkretisiert und damit ggf. sogar eingeschränkt.[185]

183 Griese in Küttner, Personalbuch 2012, 19. Auflage, 453 Weisungsrecht Rn. 1.

184 Vgl. Preis in ErfK ArbR, 12. Auflage 2012, § 106 GewO Rn. 1.

185 Vgl. zum Ganzen Preis/Genenger in NZA 2008, 969 [970].

Derartige Klauseln sind wegen § 307 Abs. 3 BGB bzw. mangels Abweichung zu Lasten des Arbeitnehmers unbedenklich.[186]

bb) Echte Direktionsrechtserweiterungen

Unter einer echten Direktionsrechtserweiterung versteht man solche Klauseln, die dem Arbeitgeber Weisungsbefugnisse einräumen, die über § 106 GewO hinausgehen, so dass der Arbeitgeber einseitig die arbeitsvertraglich geschuldete Tätigkeit des Arbeitgebers ändern könnte.[187]

Derartige Erweiterungen des Direktionsrechts können wegen den strengen Anforderungen der §§ 307 ff. BGB nur sehr eingeschränkt in AGB erfolgen. So sind Klauseln, die es dem Arbeitgeber erlauben, dem Arbeitnehmer einseitig eine geringwertige Tätigkeit zu zuweisen[188] bzw. seine Vergütung zu kürzen,[189] grundsätzlich wegen Verstoßes gegen § 307 Abs. 2 Nr. 1, Abs. 1 S. 1 BGB unwirksam. Etwas anderes kann jedoch ausnahmsweise dann gelten, wenn die Möglichkeit zur Absenkung der Vergütung und zur Zuweisung einer geringwertigeren in angemessener und transparenter Weise begrenzt wurde (vgl. zu den Anforderungen oben, Dritter Teil A. III. [S. 92 ff.]).

Auch die Ausübung eines erweiterten Direktionsrechts unterliegt ihrerseits wiederum der Ausübungskontrolle und muss nach § 106 GewO billigem Ermessen entsprechen. Besonderheiten ergeben sich insofern nicht.

Damit ist es dem Arbeitgeber im Falle einer wirksam vereinbarten echten Direktionsrechtserweiterung grundsätzlich möglich, geringfügige Anpassungen des Arbeitsvertrages vorzunehmen.

2. Änderungskündigung, vgl. § 2 KSchG

Einer über § 106 GewO hinausgehenden Möglichkeit zur (einseitigen) Korrektur des Arbeitsverhältnisses durch den Arbeitgeber steht die Vorschrift des § 2 KSchG entgegen, welche den Inhalt des bestehenden Arbeitsvertrages schützt. Danach kann der Arbeitnehmer eine arbeitgeberseitige Vertragsänderung, die

---

186 So etwa BAG, vom 13.06.2007 – 6 AZR 564/06 NZA 2007, 974 [975 a. E.].

187 Preis/Genenger in NZA 2008, 969 [972].

188 Vgl. etwa Dzida/Schramm in BB 2007, 1221 [1224] unter Berufung auf BAG, vom 09.05.2006 – 9 AZR 424/05 = NZA 2007, 145 [147]; Preis in ErfK, ArbR, 11. Auflage 2011, §§ 305 – 310 BGB Rn. 55a.

189 Vgl. etwa Preis/Genenger in NZA 2008, 969 [974] (bis 20 %) in Anlehnung an BAG, vom 07.12.2005 = NZA 2006, 423 [428]; Kleinebrink in ArbRB 2007, 57 [59 f.] (bis 25 %) , vgl. auch BAG, vom 11.10.2006 – 5 AZR 721/05 = NZA 2007, 87 [89].

nicht mehr vom arbeitgeberseitigen Direktionsrecht gedeckt ist, auf ihre soziale Rechtfertigung hin überprüfen zu lassen.[190] Aufgrund dessen stellt die Änderungskündigung kein geeignetes Rechtsinstrument zur einseitigen Korrektur von Arbeitsverträgen dar.[191]

3. Änderung der Arbeitszeit nach dem TzBfG

Der Arbeitnehmer hat nach § 8 Abs. 1 und Abs. 4 TzBfG einen klagbaren Anspruch auf Reduzierung seiner vertraglich geschuldeten Arbeitszeit. Unter den Voraussetzungen des § 8 TzBfG ist es dem Arbeitnehmer möglich, eine für die Reduzierung der Arbeitszeit erforderliche Vereinbarung mit dem Arbeitgeber durchzusetzen.[192] Der Sache nach handelt es sich dabei um einen speziellen Anspruch des Arbeitnehmers auf Vertragsanpassung.

Auf eine Verlängerung der Arbeitszeit hat der Arbeitnehmer dagegen grundsätzlich keinen Anspruch. Er kann vom Arbeitgeber nach § 9 TzBfG lediglich verlangen, dass er nach Mitteilung seines Verlängerungswunsches bei gleicher Eignung wie andere Bewerber bevorzugt behandelt wird, sollte ein entsprechender Arbeitsplatz frei werden.

Demgegenüber vermittelt das TzBfG kein Recht des Arbeitgebers zur einseitigen Kürzung der vertraglich vereinbarten Arbeitszeit. Somit handelt es sich auch hier nicht um ein praktikables Instrument zur AGB-Korrektur von Arbeitsverträgen, die typischerweise nur vom Arbeitgeber begehrt wird.

4. Anpassung des Arbeitsvertrags wegen Verstoßes gegen das Gleichbehandlungsgebot

Dies gilt in gleichem Maße für den Anspruch des Arbeitnehmers auf Anpassung der Bedingungen des Arbeitsvertrages gemäß § 15 Abs. 1 S. 1 AGG bei Verstößen gegen das Benachteiligungsverbot des AGG. Daraus resultiert bereits nach der Schutzrichtung des AGG, welches ausschließlich den Schutz der Arbeitnehmer vor Diskriminierung gewährt, keine Möglichkeit zur Korrektur von formularmäßigen Arbeitsverträgen durch den Arbeitgeber.

---

190 Vgl. zum Ganzen Künzl in Ascheid/Preis/Schmidt, KündR, 4. Auflage 2012, § 2 KSchG Rn. 3; eingehend Berkowsky in NZA-Beil. 2010, 50 [50 ff.].

191 Rieble, NZA-Beilage 2000, 34 [36 f.].

192 Laux in Laux/Schlachter, TzBfG, 2. Auflage 2011, § 8 Rn. 1.

5. Unverbindlichkeit eines nachvertraglichen Wettbewerbsverbotes, § 74a Abs. 1 HGB

Die Regelungen des § 74 Abs. 2 und des § 74a Abs. 1 HGB ordnen bei Vorliegen bestimmter Voraussetzungen die Unverbindlichkeit eines nachvertraglichen Wettbewerbsverbots an. Danach können sich weder Arbeitgeber noch Arbeitnehmer auf das nachvertragliche Wettbewerbsverbot berufen, wenn die Vereinbarung entgegen § 74 Abs. 2 HGB überhaupt keine Entschädigungszusage enthält.[193] Bleibt die vertraglich vereinbarte Entschädigungszusage dagegen hinter dem Mindestbetrag des § 74 Abs. 2 HGB zurück, soll dem Arbeitnehmer nach dem BAG ein Wahlrecht zustehen, ob er die Abrede gelten lassen will oder nicht.[194]

Dagegen kommt eine Anpassung der vertraglichen Abrede nach § 74a Abs. 1 S. 1 HGB in Betracht. Allerdings handelt es sich auch hierbei lediglich um ein eng beschränktes Instrument zur Vertragskorrektur.

a) Voraussetzungen

Nach § 74a Abs. 1 S. 1 HGB ist ein nachvertragliches Wettbewerbsverbot insoweit unverbindlich, als es nicht den berechtigten geschäftlichen Interessen des Prinzipals dient. Die frühere Tätigkeit des Arbeitnehmers und die untersagte Konkurrenztätigkeit müssen dabei in finaler Beziehung zueinander stehen,[195] d. h. das Wettbewerbsverbot muss den Schutz von Betriebs- Geschäftsgeheimnissen oder von Kundenkreisen und sonstigen Kontakten bezwecken.[196]

Darüber hinaus darf ein nachvertragliches Wettbewerbsverbot gemäß § 74a Abs. 1 S. 2 HGB das Fortkommen des Arbeitnehmers nach Ort, Zeit oder Gegenstand nicht in unbilliger Weise erschweren. Dies ist im Wege einer umfassenden Abwägung der widerstreitenden Interessen zum maßgeblichen Zeitpunkt der Geltendmachung der Rechte aus dem Wettbewerbsverbot[197] unter Berücksichtigung der gewährten Karenzentschädigung zu ermitteln.[198] Das Wettbewerbsverbot kann nach § 74a Abs. 1 S. 3 HGB nicht auf einen längeren Zeitraum als zwei Jahre nach Beendigung des Arbeitsverhältnisses erstreckt werden.

---

193 BAG, vom 03.05.1994 – 9 AZR 606/92 = NZA 1995, 72 [73].

194 BAG, vom 09.01.1990 – 3 AZR 110/88 = NZA 1990, 519 [519].

195 Vgl. nur BAG vom 01.08.1995 – 9 AZR 884/93 = NZA 1996, 310 [310].

196 Vgl. Bauer/Diller, Wettbewerbsverbote, 5. Auflage 2009, Rn. 196.

197 BAG, vom 28.01.1966 – 3 AZR 374/65 = AP HGB § 74 Nr. 18.

198 Wagner in Röhricht/Graf von Westphalen, HGB, 3. Auflage 2008, § 74a Rn. 10; s. a. von Hoyningen-Huene in MüKo HGB, Band 1, 3. Auflage 2010, § 74a Rn. 13.

b) Rechtsfolge

Im Hinblick auf die Rechtsfolge des § 74a Abs. 1 HGB ist zwischen Verstößen gegen S. 1 und 2 und Verstößen gegen S. 3 zu unterscheiden: Eine Untersagung der Konkurrenztätigkeit ist insoweit rechtlich unverbindlich, als die vertragliche Abrede gegen § 74 Abs. 1 S. 1 und S. 2 HGB verstößt, wohingegen das Verbot ansonsten wirksam bleibt.[199] Somit führt die Regelung der Sache nach zu einer geltungserhaltenden Reduktion unwirksamer Wettbewerbsabreden auf ein zulässiges Maß.[200] In diesem Fall kann der Arbeitnehmer wählen, ob er sich nach Beendigung des Arbeitsverhältnisses an das Wettbewerbsverbot hält oder zu seinem früheren Arbeitgeber in Konkurrenz tritt.[201] Demgegenüber kann sich der Arbeitgeber nach der Schutzrichtung des § 74a Abs. 1 HGB nicht auf die Unwirksamkeit der Abrede berufen und muss daher Karenzentschädigung zahlen, sollte der Arbeitnehmer das Verbot einhalten.[202] Das Wahlrecht des Arbeitnehmers erstreckt sich allerdings nicht auf die Reichweite der Teilverbindlichkeit. Diese tritt kraft Gesetzes ein, ohne dass es insofern einer Geltendmachung durch den Arbeitnehmer bedarf.[203]

Dagegen reduziert sich das Wettbewerbsverbot im Falle einer überlangen Dauer von Gesetzes wegen auf die zulässige Höchstdauer von zwei Jahren nach § 74a Abs. 1 S. 3 HGB.[204] Die Teilunwirksamkeit ergibt sich auch hinsichtlich ihrer Reichweite aus dem Gesetz und ist für beide Teile verbindlich, so dass insofern im Unterschied zu § 74a Abs. 1 S. 1 und S. 2 HGB ein Wahlrecht des Arbeitnehmers ausscheidet.[205]

c) Verhältnis zum Verbot der geltungserhaltenden Reduktion

In diesem Zusammenhang stellt sich die Frage, ob die in § 74a Abs. 1 HGB gesetzlich angeordnete geltungserhaltende Reduktion auch im Anwendungsbereich der §§ 305 ff. BGB zu berücksichtigen ist, wo eine solche an sich nicht als zulässig angesehen wird (vgl. dazu unten C. II. [S. 162 ff.]).

---

199 BAG, vom 02.02.1968 – 3 AZR 462/66 = AP HGB § 74 Nr. 22; LAG BW, 30.01.2008 – 10 Sa 60/07 = NZA-RR 2008, 508 [509].

200 BAG, vom 16.12.1968 – 3 AZR 434/67 = AP GewO § 133f Nr. 21; vom 21.04.2010 – 10 AZR 288/09 = NZA 2010, 1175 [1177]; LAG BW, 30.01.2008 – 10 Sa 60/07 = NZA-RR 2008, 508 [509].

201 Grunsky, Wettbewerbsverbote, 2. Auflage 1987, S. 101.

202 Siehe etwa BAG, vom 02.12.1968 – 3 AZR 402/67 = AP HGB § 74a Nr. 3; vom 22.05.1990 – 3 AZR 647/88 = NZA 1991, 263.

203 Bauer/Diller, Wettbewerbsverbote, 5. Auflage 2009 Rn. 222 a. E.

204 Vgl. BAG, vom 19.05.1983 – 2 AZR 171/81 = BB 1984, 533 [535].

205 Hopt in Baumbach/Hopt HGB, 35. Auflage 2012, § 74a Rn. 4.

Für einen Vorrang der geltungserhaltenden Reduktion gem. § 74a Abs. 1 HGB gegenüber der Anordnung der Gesamtunwirksamkeit nach § 307 Abs. 1 S. 1 HGB wird teilweise angeführt, dass es sich bei der geltungserhaltenden Reduktion des § 74a Abs. 1 HGB um eine spezialgesetzliche Sonderregelung handelt, deren Anwendung schon keine Abweichung vom Gesetz analog § 307 Abs. 3 S. 1 BGB darstellt.[206] Außerdem soll die Regelung des § 307 Abs. 1 S. 1 BGB auch deshalb nicht anzuwenden sein, da es sich bei § 74a Abs. 1 HGB um eine Besonderheit des Arbeitsrechts handle.[207]

Nach überzeugender Ansicht ist die Abrede über die inhaltliche, räumliche und zeitliche Reichweite eines nachvertraglichen Wettbewerbsverbots jedoch Gegenstand der synallagmatischen Hauptleistungspflichten einer Wettbewerbsvereinbarung.[208] Damit fehlt es bereits an einer Abweichung oder Ergänzung einer Rechtsvorschrift i. S. v. § 307 Abs. 3 S. 1 BGB, so dass auch formularmäßige Wettbewerbsabreden eine AGB-Kontrolle nach §§ 307 ff. BGB nicht zugänglich sind.[209]

d) Zusammenfassung

Demnach ermöglicht auch § 74a Abs. 1 S. 1 HGB nur eine punktuelle Anpassung für den Bereich der nachvertraglichen Wettbewerbsverbote. Für eine allgemeine Korrektur von AGB kann das Rechtsinstrument nicht herangezogen werden.

6. Anpassung von Leistungen der betrieblichen Altersvorsorge, § 16 BetrAVG

Schließlich ist der Arbeitgeber nach § 16 Abs. 1 BetrAVG verpflichtet, alle drei Jahre eine Anpassung der laufenden Leistungen der betrieblichen Altersvorsorge zu prüfen. Er hat über die Anpassung nach billigem Ermessen (§ 315 Abs. 3 BGB) zu entscheiden, wobei er insbesondere die Belange des Versorgungsemp-

---

206 LAG Hamm, vom 14.04.2003 – 7 Sa 1881/02 = NZA-RR 2003, 513 [515]; auf den allgemeinen Grundsatz „lex specialis derogat legi generali“ abstellend etwa Raffler/Weissgerber in DPL 2007, 187 [190] oder Thüsing/Leder in BB 2004, 42 [46].

207 So Diller in NZA 2005, 250 [251].

208 Bauer/Diller, Wettbewerbsverbote, 5. Auflage 2009 Rn. 233a; so auch LAG Baden-Württemberg, vom 30.02.2008 – 10 Sa 60/07 = NZA-RR 2008, 508 [509].

209 Vgl. BGH vom 15.01.1987 – III ZR 153/85 = NZA 1987, 2014 [2015]; vom 09.05.2001 – IV ZR 121/00 = NJW 2001, 2014 [2016]; BAG vom 27.11.2003 – 2 AZR 135/03 = NZA 2004, 597 [603]; Bauer in NZA 2002, 169 [172 a. E.]; Däubler in NZA 2001, 1329 [1334 a. E.]; Lingemann in NZA 2002, 181 [185].

fängers auf der einen und die wirtschaftliche Lage seines Unternehmens auf der anderen Seite zu berücksichtigen hat. Auch diese Anpassungsmöglichkeit ist lediglich punktueller Natur.

VIII. Korrektur von Mietverträgen

In den §§ 535 ff. BGB sind an verschiedenen Stellen (§§ 553, 557 ff. BGB) Möglichkeiten zur Korrektur von Mietverträgen vorgesehen und in bruchstückhafter Weise gesetzlich geregelt. Aufgrund der systematischen Stellung der §§ 553, 557 ff. BGB innerhalb der §§ 549 ff. BGB sind derartige Anpassungen nur bei Mietverhältnissen über Wohnraum möglich. Insbesondere ordnet § 578 BGB nicht die Geltung der genannten Vorschriften für Mietverhältnisse über Grundstücke und sonstige Räume an.

1. Gestattung der Gebrauchsüberlassung an Dritte, § 553 Abs. 1 S. 1 BGB

Nach § 553 Abs. 1 S. 1 BGB kann der Mieter nach Abschluss des Mietvertrages vom Vermieter die Erlaubnis dazu verlangen, einen Teil des Wohnraums einem Dritten zum Gebrauch zu überlassen. Die Gebrauchsüberlassung darf dabei ausschließlich zu Wohnzwecken erfolgen, wobei insbesondere auch der Fall der Untervermietung erfasst ist.[210] Nicht erforderlich ist dagegen, dass der Mieter seinen Lebensmittelpunkt in der Wohnung hat, bzw. behalten muss.[211]

Voraussetzung für den Anspruch des Mieters ist dessen berechtigtes Interesse an der Gebrauchsüberlassung. Der Vermieter kann die Erlaubnis wiederum davon abhängig machen, dass sich der Mieter mit einer angemessenen Erhöhung der Miete einverstanden erklärt, wenn ihm die Überlassung nur bei einer solch angemessenen Erhöhung zuzumuten ist. Er kann die Erfüllung des Anspruchs verweigern, wenn in der Person des Dritten ein wichtiger Grund vorliegt, der Wohnraum übermäßig belegt werden würde, oder dem Vermieter die Überlassung aus sonstigen Gründen nicht zugemutet werden kann. An das Erfordernis des berechtigten Interesses des Mieters im Sinne des § 553 Abs. 1 S.1 BGB sind keine übermäßig hohen Anforderungen zu stellen. Der Mieter muss vernünftige rechtliche, persönliche, wirtschaftliche oder familiäre Gründe darlegen, „[...] *die*

---

210 Blank in Schmidt-Futterer MietR, 10. Auflage 2011, § 553 BGB Rn. 1.

211 BGH, vom 23.11.2005 – VIII ZR 4/05 = NJW 2006, 1200.

seinen Wunsch nach Überlassung eines Teils der Wohnung an Dritte nachvollziehbar erscheinen lassen [...]".[212]

Die Regelung stellt damit eine wichtige Ausnahme vom Verbot des § 540 BGB dar, wonach dessen der Mieter ohne Erlaubnis seines Vermieter nicht zur Überlassung der Mietsache an einen Dritten befugt ist, insbesondere nicht zur Weitervermietung.[213]

2. Erhöhung des Mietpreises

§ 557 Abs. 1 BGB bringt zum Ausdruck, dass es den Parteien freisteht, den Mietvertrag im Wege eines selbständigen schuldrechtlichen Änderungsvertrags abzuändern.[214] Daneben können die Parteien nach § 557 Abs. 2 BGB künftige Änderungen der Miethöhe als Staffel- oder Indexmiete vereinbaren. Weitergehende Mieterhöhungen sind ausschließlich nach Maßgabe der §§ 558 bis 560 BGB möglich, § 557 Abs. 3 BGB.

a) Staffelmiete, § 557a BGB

Von Staffelmiete spricht man, wenn die Miete für unterschiedliche Zeiträume in unterschiedlicher Höhe schriftlich vereinbart wurde, § 557a Abs. 1 HS. 1 BGB, i. V. m. § 557 Abs. 2 Alt. 1 BGB. Eine nachträgliche Anpassung der Höhe des Mietzinses ist jedoch gerade nicht möglich.

b) Indexmiete, § 557b BGB

Gleiches gilt nach § 557b BGB i. V. m. § 557 Abs. 2 Alt. 2 BGB für die Indexmiete: Eine Anpassung der Miethöhe an den vom Statistischen Bundesamt ermittelten Preisindex für die Lebenshaltung aller privaten Haushalte in Deutschland ist ausweislich des ausdrücklichen Wortlauts des § 557b Abs. 1 BGB nur dann möglich, wenn dies zuvor in schriftlicher Weise vertraglich zwischen den Parteien vereinbart wurde. An einer Anpassungsautomatik fehlt es aber gerade.[215]

212 BGH, vom 03.10.1984 – VIII ARZ 2/84 = NJW 1985, 130 [131].
213 Emmerich in Emmerich/Sonnenschein, Miete, 9. Auflage 2007, § 553 Rn. 1.
214 BT-Drucks. 14/4553, S. 52 [Zu § 557 Entwurf].
215 Riecke in Schmid/Harz MietR, 3. Auflage 2012, § 557b BGB Rn. 6.

c) Mieterhöhung bis zur ortsüblichen Vergleichsmiete, § 558 BGB

Demgegenüber eröffnet § 558 Abs. 1 S. 1 BGB i. V. m. § 557 Abs. 3 BGB dem Vermieter die Möglichkeit, auch ohne – schriftliche – Vereinbarung vom Mieter die Zustimmung zu einer Erhöhung der Miete bis zur ortsüblichen Vergleichsmiete zu verlangen. Die Vorschriften der §§ 558 bis 560 BGB finden nur dann Anwendung, wenn eine Einigung zwischen den Parteien nicht erfolgt, wie der Wortlaut des § 557 Abs. 3 BGB „im Übrigen“ zeigt.[216] Damit wird dem Interesse des Vermieters Rechnung getragen, in angemessenem Rahmen die Wirtschaftlichkeit seines Hausbesitzes zu erhalten.[217] Als notwendiges Korrektiv zu diesem Anpassungsbestimmungsrecht des Vermieters gewährt § 561 BGB dem Mieter im Falle der Ausübung ein Sonderkündigungsrecht.[218]

Damit kann der Vermieter lediglich bestimmen, dass sich der Mieter wahlweise für Vertragsanpassung oder Vertragsbeendigung zu entscheiden hat, die Anpassung im Ergebnis aber nicht erzwingen.[219] Stimmt der Mieter der Mieterhöhung nicht innerhalb von zwei Monaten nach Zugang des Erhöhungsverlangens zu, muss der Vermieter innerhalb von drei weiteren Monaten auf Zustimmung klagen, § 558b Abs. 2 S. 1 und 2 BGB. Er muss somit ggf. ein weiteres Mal tätig werden, um die Mieterhöhung zu bewirken.

Das Anpassungsbestimmungsrecht setzt voraus, dass die Miete in dem Zeitpunkt, in dem die Erhöhung eintreten soll, seit mindestens 15 Monaten unverändert ist, § 558 Abs. 1 S. 1 BGB. Das Mieterhöhungsverlangen kann der Vermieter frühestens nach einer Sperrfrist von einem Jahr nach der letzten Mieterhöhung geltend machen, § 558 Abs. 1 S. 2 BGB. Eine Anhebung der Miete ist bis zur ortsüblichen Vergleichsmiete möglich, welche anhand der Merkmale des § 558 Abs. 2 BGB zu bestimmen ist. Schließlich hat der Vermieter die Kappungsgrenze nach § 558 Abs. 3 und 4 BGB zu wahren und die Erhöhung in einem formal ordnungsgemäßen Verfahren nach § 558a BGB geltend zu machen.[220]

Eine Mieterhöhung über die Kappungsgrenze des § 558 Abs. 3 und 4 BGB hinaus ist grundsätzlich nicht, auch nicht mit Hilfe anderer Rechtsinstitute (z. B. § 313 Abs. 1 BGB) möglich.[221] Anders verhält es sich jedoch nach dem Sinn und Zweck dieser Gesetze, welche ein Stagnieren der Mieten vermeiden wollen, ausnahmsweise bei Äquivalenzstörungen von derart einschneidendem

216 Börstinghaus in Schmidt-Futterer MietR, 10. Auflage 2011, vor § 558 BGB Rn. 1.
217 Weidenkaff in Palandt BGB, 71. Auflage 2012, § 558 Rn. 1.
218 Artz in MüKo BGB, Band 3, 6. Auflage 2012, § 558 Rn. 2.
219 Hau, Vertragsanpassung und Anpassungsvertrag, 2003, S. 252.
220 Vgl. Börstinghaus in Schmidt-Futterer, MietR 10. Auflage 2011, § 558 BGB Rn. 2.
221 Artz in MüKo BGB, Band 3, 6. Auflage 2012, § 558 Rn. 46.

Charakter, die dem Vermieter ein Festhalten am Vertragsinhalt unzumutbar machen.[222]

d) Mieterhöhung bei Modernisierung, § 559 BGB

Daneben sieht § 559 Abs. 1 BGB ein Anpassungsbestimmungsrecht des Vermieters vor, wonach dieser die jährliche Miete auf bis zu 11 vom Hundert der für die Wohnung aufgewendeten Modernisierungskosten erhöhen und diese damit teilweise umlegen kann.[223] Die schriftlich abzufassende Anpassungserklärung ist nur wirksam, wenn der Mieter über die Berechnung der Modernisierungskosten und deren Grundlagen hinreichend genau informiert wird, § 559b Abs. 1 S. 2 BGB. Auch hier hat Mieter nach § 561 BGB ein Sonderkündigungsrecht.

e) Veränderung von Betriebskosten, § 560 BGB

Parallel zur Mieterhöhung bei Modernisierung der Wohnung kann der Vermieter Erhöhungen der Betriebskosten anteilig auf den Mieter umlegen, wenn eine Betriebskostenpauschale vereinbart ist, § 560 Abs. 1 S. 1 BGB. Diese Möglichkeit muss jedoch im Mietvertrag vorbehalten sein.

f) Zusammenfassung

Daraus wird ersichtlich, dass auch im Bereich des Mietrechts kein praktikables Instrument zur Korrektur von formularmäßigen Mietverträgen vorhanden ist. Insbesondere kann der Vermieter aufgrund des zu Gunsten des Mieters bestehenden Bestandsschutzes nur die vorgenannten, punktuellen Veränderungen einseitig herbeiführen. Eine darüber hinausgehende Korrekturmöglichkeit ist gesetzlich nicht geregelt.

IX. Anpassung der Gemeinschaftsordnung einer Wohnungseigentumsgesellschaft

Das Verhältnis der Wohnungseigentümer untereinander kann durch eine schuldvertragliche Vereinbarung näher ausgestaltet werden, vgl. § 10 Abs. 2 S. 1

---

222 Vgl. BGH, vom 22. 12. 2004 – VIII ZR 41/04 = NZM 2005, 144 [144].

223 Artz in MüKo BGB, Band 3, 6. Auflage 2012, § 559 Rn. 1.

WoEigG.[224] Eine derartige Vereinbarung wird hinlänglich auch als Gemeinschaftsordnung, Miteigentumsordnung, Satzung oder Statut bezeichnet.[225] § 10 Abs. 2 S. 3 WoEigG sieht in Ausnahmefällen ein Anpassungsrecht zu Gunsten jedes einzelnen Wohnungseigentümers vor.

1. Besonderer Korrekturbedarf bei der WEG

Die Notwendigkeit einer Möglichkeit zur Korrektur der Gemeinschaftsordnung ergibt sich aus verschiedenen Gesichtspunkten: Bei der Gemeinschaft der Wohnungseigentümer handelt es sich um eine langfristige korporative Verbindung mehrerer Personen, die eine besondere Rücksichtnahme jedes einzelnen auf die Rechte und Interessen der anderen Wohnungseigentümer erfordert.[226] Dies zeigt sich in rechtlicher Hinsicht insbesondere in der mittlerweile anerkannten Teilrechtsfähigkeit der WEG als überindividueller Personenverband.[227] Im Unterschied zu der in den §§ 741 ff. BGB geregelten Bruchteilsgemeinschaft beruht die WEG selbst – wie auch die Zugehörigkeit der einzelnen Wohnungseigentümer – nicht auf Zufall, sondern auf einem planvollen Willensakt.[228] Die Verweisung in § 10 Abs. 1 WoEigG auf die für die Bruchteilsgemeinschaft geltenden Vorschriften betrifft lediglich die sachenrechtliche Seite der WEG.[229] Darüber hinaus besteht in tatsächlicher Hinsicht bei der WEG ein erhöhtes Bedürfnis nach Harmonie und Rücksichtnahme.[230] Aufgrund der unvermeidbaren unmittelbaren räumlichen Nähe und des (all-)täglichen Kontakts ist die WEG eine echte soziale Gemeinschaft.[231] Der soziale Aspekt tritt noch deutlicher hervor, wenn man sich den täglichen gemeinschaftlichen Gebrauch der im Miteigentum der Wohnungseigentümer stehenden Anlagen und Einrichtungen, wie Treppenhäuser, Fahrstuhl, Zentralheizung etc., vergegenwärtigt.[232]

Überdies ist die WEG in ihrem Bestand geschützt. Eine Aufhebung des Personenverbandes WEG ist – anders als bei sonstigen Dauerschuldverhältnissen –

224 BT-Drucks. 16/887, S. 19 [unter cc)]; Klein in Bärmann WEG, 11. Auflage 2010, § 10 Rn. 66 m. w. N.

225 BGH, vom 22.01.1987 – V ZB 3/86 = NJW 1987, 1638 [1639]; vgl. auch Klein in Bärmann WEG, 11. Auflage 2010, § 10 Rn. 83 m. w. N.

226 So auch Merle, Das Wohnungseigentum im System des bürgerlichen Rechts, 1979, S. 154; zust. Lutter in AcP 180 (1980), 84 [146].

227 Grundlegend BGH, vom 02.06.2005 – V ZB 32/05 = NJW 2005, 2061 [2062 f.] m. w. N.

228 Armbrüster in ZWE 2002, 333 [337].

229 Grundlegend BGH, vom 02.06.2005 – V ZB 32/05 = NJW 2005, 2061 [2062 f.] m. w. N.

230 Tasche in DNotZ 1973, 453 [463].

231 Merle, Das Wohnungseigentum im System des bürgerlichen Rechts, 1979, S. 154.

232 Merle in WE 1992, 239 [239].

nach § 11 Abs. 1 S. 1. und S. 2 WEG sogar bei Vorliegen eines wichtigen Grundes ausgeschlossen.[233] Einem Wohnungseigentümer kann nur ausnahmsweise unter den strengen Voraussetzungen des § 18 Abs. 1 und Abs. 2 WEG sein Wohnungseigentum entzogen werden. Demnach ist in jedem Falle eine Anpassung der Gemeinschaftsordnung als milderes Mittel vorrangig anzuwenden. Auf der anderen Seite bleibt es jedem Wohnungseigentümer zwar selbstverständlich unbelassen, sein Eigentum zu veräußern und somit aus der WEG auszuscheiden. Allerdings erscheint dies oftmals nicht als geeignete bzw. wirtschaftlich sinnvolle Alternative. Dies gilt insbesondere in Gegenden, in denen Wohnraum knapp ist und dementsprechend hohe Miet- bzw. Kaufpreise verlangt werden. Darüber hinaus bedeutet eine Aufgabe der Wohnung regelmäßig eine Verlegung des Lebensmittelpunkts.

Schließlich ergibt sich der Korrekturbedarf auch aus praktischen Erwägungen: Die Veränderung einer beschlossenen Gemeinschaftsordnung bedarf grundsätzlich einer wirksamen schuldrechtlichen (Änderungs-)Vereinbarung, mit der sich sämtliche Wohnungseigentümer einverstanden erklären müssen, vgl. § 10 Abs. 2 S. 2 WoEigG.[234] Die Herbeiführung einer derartigen Vereinbarung ist jedenfalls bei großen Gemeinschaften (man denke etwa an WEGen mit 1000 und mehr Wohnungseigentümern) praktisch unmöglich.[235] Außerdem sind die Wohnungseigentümer bei Großanlagen oft über das Bundesgebiet verstreut bzw. sogar im Ausland ansässig und als reine Kapitalanleger häufig wenig daran interessiert, Fragen des praktischen Zusammenlebens in der WEG in Übereinstimmung mit andern Wohnungseigentümern zu regeln.[236]

2. Voraussetzungen und Rechtsfolge

Wie bereits eingangs dargestellt, bedürfen Änderungen einer Gemeinschaftsordnung grundsätzlich einer schuldrechtlichen Vereinbarung sämtlicher Vertragsparteien.[237] Allerdings kann nach § 10 Abs. 2 S. 3 WoEigG jeder Wohnungseigentümer ausnahmsweise[238] Anpassung der Vereinbarung verlangen, wenn sich für ihn ein Festhalten an der bestehenden Regelung unter Berücksichtigung aller Umstände des konkreten Einzelfalls als unbillig darstellen würde. Für die Beurteilung der Angemessenheit sind maßgeblich die Rechte und Interessen der ande-

233 Tasche in DNotZ 1973, 453 [463].
234 Vgl. BGH, vom 27.06.1985 – VII ZB 21/84 = NJW 1985, 2832 [2833] = ZMR 1986, 19 [20].
235 Tasche in DNotZ 1973, 453 [465].
236 So BGH, vom 27.06.1985 – VII ZB 21/84 = NJW 1985, 2832 [2833] = ZMR 1986, 19 [20].
237 St. Rspr., vgl. grundlegend BGH, vom 27.06.2985 – VII ZB 21/84 = NJW 1985, 2832 [2833].
238 Zum Ausnahmecharakter siehe Bärmann/Pick WEG, 19. Auflage 2010, § 10 Rn. 18.

ren Wohnungseigentümer einzustellen. Eine Verweigerung der danach erforderlichen Zustimmung zur Anpassung der Gemeinschaftsordnung durch die übrigen Wohnungseigentümer würde sich als treuwidrig darstellen.

Auf Rechtsfolgenseite enthält der Anpassungsinteressierte kein einseitiges Gestaltungsrecht, sondern lediglich einen Anspruch auf Zustimmung zur Anpassung.

X. Anpassung der Gesamtbezüge von Vorstandsmitgliedern, § 87 Abs. 2 S. 1 AktG

Der Aufsichtsrat einer Aktiengesellschaft kann im Ausnahmefall nach § 87 Abs. 2 S. 1 AktG die Gesamtbezüge der Mitglieder des Vorstandes nach Vertragsschluss einseitig herabsetzen. Die Vorschrift bezweckt den Schutz der AG, ihrer Aktionäre und ihrer Gläubiger vor einem übermäßigen Kapitalabfluss in Form von Vorstandsbezügen.[239] Diese gesetzlich angeordnete Einschränkung der Vertragsfreiheit ist Ausfluss der jedem Vorstandsmitglied gegenüber der Gesellschaft obliegenden Treuepflicht.[240]

Dieses Anpassungsinstrument liefert jedoch aufgrund seiner spezifischen Beschränkung auf Vorstandsbezüge keine tieferen Erkenntnisse für die hier in Rede stehende Korrektur von formularmäßigen Verträgen in Dauer- und Langzeitschuldverhältnissen.

XI. Prozessuale Korrekturinstrumente

Das Prozessrecht enthält verschiedene Regelungen zur Anpassung von vollstreckungsfähigen Titeln an veränderte Umstände. Diese rein prozessualen Rechtsbehelfe sind für den Gegenstand dieser Arbeit insofern von Bedeutung, als sie ebenfalls Rückschlüsse darauf zulassen, unter welchen Voraussetzungen eine Neuordnung von Rechtsverhältnissen als zulässig erachtet werden kann.

---

239 Seibt in K. Schmidt/Lutter AktG, Band I, 2. Auflage 2010, § 87 Rn. 1.

240 Vgl. zum GmbH-Geschäftsführer BGH, vom 15.06.1992 – II ZR 88/91 = DStR 1992, 1443 [1444 f.].

1. Korrekturbedarf

Der Bedarf nach einer Abänderung von Urteilen, die wiederkehrende Leistungen zum Gegenstand haben, ergibt sich in erster Linie daraus, dass die darin rechtskräftig festgestellten Verpflichtungen in besonderem Maße störungsanfällig sind. Aufgrund des langen Verpflichtungszeitraums und der stetigen der Wandelbarkeit der wirtschaftlichen und persönlichen Verhältnisse der Parteien ist es dem Richter kaum möglich, alle künftigen Entwicklungen vorherzusehen bzw. in angemessener Weise im Urteil zu berücksichtigen.[241] Dabei ist insbesondere einzustellen, dass das Urteil einen vollstreckungsfähigen Tenor haben muss. Die Aufnahme einer flexiblen Anpassungsmöglichkeit ist daher – weitestgehend – ausgeschlossen, da die Berechnung der ausgeurteilten Leistungsverpflichtung aus dem Tenor hervorgehen muss.[242]

Überdies kann die Rechtskraft eines Urteils nur mittels Nichtigkeits- oder Restitutionsklage unter den äußerst engen Voraussetzungen der §§ 578 ff. ZPO bzw. mittels erneuter Leistungsklage, gestützt auf § 826 BGB, beseitigt werden.[243]

2. Abänderung von Urteilen, § 323 Abs. 1 ZPO

Die Vorschrift des § 323 Abs. 1 ZPO sieht einen außerordentlichen, rein prozessualen Rechtsbehelf vor, der eine Abänderung von Urteilen unter Anpassung an die stets wandelbaren wirtschaftlichen Verhältnisse ermöglicht.[244] Sie ist Ausdruck des allgemeinen Rechtsgedankens, wonach Rechtsverhältnisse bei wesentlichen Änderungen der ihnen zu Grunde liegenden Umstände aus Gründen der Billigkeit zu modifizieren sind (clausula rebus sic stantibus).[245] Die Parteien erhalten so die Möglichkeit, richterliche Fehlprognosen im Hinblick auf künftige Entwicklungen zu korrigieren.[246] Der Rechtsbehelf ist als prozessuale Gestal-

---

241 Vgl. BGH, vom 06.03.1987 – V ZR 19/86 = NJW 1987, 3266 [3267] = BGHZ 211 [213].

242 Zur hinreichend Bestimmtheit eines Vollstreckungstitels BGH, vom 07.12.1988 – IV b ZR 49/88 = FamRZ 1989, 267 [268]; vgl. auch Greger in Zöller ZPO, 29. Auflage 2011, § 253 Rn. 13.

243 Allgemein zu den Möglichkeiten für die Beseitigung der Rechtskraft Reichold in Thomas/Putzo ZPO, 32. Auflage 2011, § 322 Rn. 49 und 50 ff.

244 BGH, vom 03.11.2004 – XII ZR 120/02 = NJW 2005, 142 [142 f.]; vom 08.06.2005 – XII ZR 294/02 = NJW 2005, 2323 [2313]; Baumbach/Lauterbach/Albers/Hartmann ZPO, 69. Auflage 2011, § 323 Rn. 1.

245 BGH, vom 20.12.1960 – VI ZR 38/60 = NJW 1961, 871 [872].

246 BGH, vom 06.11.1985 – IV b ZR 74/84 = NJW 1986, 383 [383]; vom 14.03.2008 – V ZR 16/07 = NJW 2008, 1446 [1448].

tungsklage ausgestaltet, bei der es sich der Sache nach um eine Leistungsklage handelt, soweit dadurch Neufestsetzung der ausgeurteilten Leistung begehrt wird.[247]

a) Voraussetzungen

Nach § 323 Abs. 1 ZPO ist eine Abänderungsklage statthaft, wenn sie sich gegen ein Urteil richtet, das Verpflichtungen zu künftig fällig werdenden, wiederkehrenden Leistungen enthält. Überdies muss der Kläger Tatsachen vortragen, aus denen sich eine wesentliche Veränderung der entscheidungserheblichen rechtlichen oder tatsächlichen Verhältnisse ergibt. § 323 ZPO betrifft nur die prozessrechtliche Frage der Zulässigkeit der Abänderungsklage. Die sachliche Begründetheit des klageweise geltend gemachten Abänderungsanspruchs bestimmt sich nach dem materiellen Recht, insbesondere nach den Grundsätzen vom Wegfall der Geschäftsgrundlage gem. § 313 BGB.[248]

Die Klage ist nur dann statthaft, wenn nach dem Schluss der letzten Tatsachenverhandlung aus objektiver Sicht eine wesentliche Änderung derjenigen Verhältnisse eingetreten ist, die für den Grund, die Höhe und die Dauer der Verpflichtung ausschlaggebend waren.[249] Unerheblich ist, ob die Änderung auf tatsächlichen oder rechtlichen Gründen beruht.[250] Während eine geänderte Rechtsauffassung grundsätzlich diesen Anforderungen genügt,[251] ist eine abweichende Beurteilung der für die Entscheidung maßgebenden Umstände aus sonstigen Gründen jedoch nicht ausreichend.[252]

Eine Veränderung der Verhältnisse ist dann als wesentlich anzusehen, wenn sie sich in erheblicher Weise auf die im Urteil festgesetzte Leistungsverpflichtung auswirkt, so dass bei Einstellung der Änderungen nunmehr eine deutlich abweichende Beurteilung zu treffen wäre.[253] Dies beurteilt sich in erster Linie nach den Umständen des konkreten Einzelfalls, wobei insbesondere Einkommen und sonstige Vermögensverhältnisse, bestehende Unterhaltsverpflichtungen und Bedeutung der Verpflichtung einzustellen sind. Die Festlegung einer starren

247 BGH, vom 03.05.2001 – XII ZR 62/99 = NJW 2001, 2259 [2260].

248 BGH, vom 05.09.2001 – XII ZR 108/00 = NJW 2001, 3618 [3619]; vgl. auch den klarstellenden Wortlaut des nachträglich eingefügten § 323a Abs. 2 ZPO.

249 Vgl. etwa BGH, vom 15.10.1986 – IV b ZR 78/85 = NJW 1987, 1201 [1202] m. w. N.

250 Greger in Zöller ZPO, 29. Auflage 2011, § 253 Rn. 30.

251 BGH, vom 05.02.3003 – XII ZR 29/00 = FamRZ 2003, 848 [851 f.]; vom 23.02.2005 – XII ZR 114/03 = NJW 2005, 1279 [1279 f.]= BGHZ 162, 234 [238].

252 BGH, vom 15.01.1986 – IV b ZR 3/85 = NJW-RR 1986, 938 [938 f.].

253 BGH, vom 25.02.1987 – IVb ZR 36/86 = NJW 1987, 1551 [1552] m. w. N.; Gottwald in MüKo ZPO, Band 1, 3. Auflage 2008, § 323 Rn. 79.

Grenze (etwa 10 % der Verpflichtung)[254] erscheint insofern schon deshalb als unangemessen, weil vor allem bei Personen mit geringem Einkommen auch kleinere Änderungen der Vermögensverhältnisse weitreichende Auswirkungen haben.

b) Rechtsfolge

Gibt das angerufene Gericht der Abänderungsklage statt, bewirkt dies einerseits die Beseitigung der innerprozessualen Bindung des Gerichts (vgl. § 318 Abs. 1 ZPO).[255] Andererseits durchbricht § 323 ZPO die Rechtskraft des abzuändernden Urteils und ermöglicht so dessen Anpassung.[256]

3. Abänderung von Vergleichen und Urkunden, § 323a ZPO

Die im Zuge des FGG-RG[257] zum 01.09.2009 neu eingeführte Vorschrift des § 323a ZPO regelt parallel zur § 323 ZPO die Möglichkeit der Abänderung von vollstreckbaren Vergleichen (§ 794 Abs. 1 Nr. 1 ZPO) und sonstigen vollstreckbaren Urkunden.

4. Abänderungen von Beschlüssen nach § 48 Abs. 1, §§ 225 ff. und §§ 238 ff. FamFG

Das FamFG enthält eigenständige Regelungen zur Abänderung von Beschlüssen, die im Verfahren nach dem FamFG (§ 1 FamFG) ergangen sind. Auch insofern kann auf die Ausführungen zu § 323 ZPO verwiesen werden, dem die Vorschriften der § 48 Abs. 1, §§ 225 ff. und §§ 238 ff. FamFG angelehnt sind.[258]

XII. Hoheitliche Eingriffsrechte

Daneben können auch verschiedene staatliche Behörden regulierend in bestehende formularmäßige Verträge des Privatrechts eingreifen.

254 Gottwald in MüKo ZPO, Band 1, 3. Auflage 2008, § 323 Rn. 80 m. w. N.

255 Greger in Zöller ZPO, 29. Auflage 2011, § 253 Rn. 30.

256 BGH, vom = NJW 1982, 578; vom 14.03.2008 – V ZR 16/07 = NJW 2008, 1446 [1448].

257 Gesetz zur Reform des Verfahrens in Familiensachen und in den Angelegenheiten der freiwilligen Gerichtsbarkeit (FGG-Reformgesetz – FGG-RG) vom 17.12.2008 (BGBl. I. S. 2586).

258 Vgl. auch Ulrici in MüKo ZPO, Band 4, 3. Auflage 2010, § 48 Rn. 1.

1. Eingriffsrechte nach dem KWG

So kann etwa die Bundesanstalt für Finanzdienstleistungen (BaFin) unter den Voraussetzungen des § 45 Abs. 2 S. 1 Nr. 1 KWG Entnahmen durch die Inhaber bzw. Gesellschafter eines Kreditinstitutes sowie die Ausschüttung von Gewinnen untersagen oder beschränken. Dies gilt in gleichem Maße für die Gewährung gewisser Kredite (§ 45 Abs. 2 S. 1 Nr. 4 KWG) und die Auszahlung von variablen Vergütungsbestandteilen an Mitarbeiter des Kreditinstitutes. Unter den Voraussetzungen des § 45 Abs. 5 S. 4 KWG kann sogar eine Anordnung erfolgen, wonach die arbeitsvertraglichen Ansprüche auf variable Vergütung ganz erlöschen. In der aufgrund § 25a Abs. 5 S. 1 bis S. 3 KWG erlassenen InstitutsVergV wurden allgemeine Anforderungen an die Vergütungssysteme von Kreditinstituten aufgestellt. Diese gelten grundsätzlich auch für bereits bestehende Vergütungsregelungen.[259] Allerdings schreibt die InstitutsVergV nicht die Unwirksamkeit von abweichenden Vergütungsregelungen vor. Vielmehr sollen die Kreditinstitute nach § 10 InstitutsVergV lediglich auf eine Korrektur bestehender Vereinbarungen im Rahmen der gesetzlichen Korrekturmöglichkeiten hinwirken, die mit den Anforderungen der InstitutsVergV nicht übereinstimmen.[260]

Eine Korrektur bestehender Vergütungsvereinbarungen mittels der ergänzenden Vertragsauslegung ist nicht möglich, da es insofern bereits an einer Lücke im Vertragsrecht fehlt. Insbesondere sind Vergütungsvereinbarungen, die gegen die Anforderungen der InstitutsVergV verstoßen, nicht nichtig nach § 134 BGB. Zum einen handelt es sich bei der InstitutsVergV nicht um ein formelles Gesetz i. S. v. Art 2 EGBGB, § 134 BGB. Zum anderen richtet sich die Verordnung ausweislich ihres § 1 Abs. 1 ausschließlich an die Kreditinstitute, so dass § 134 BGB auch aus dieser Hinsicht keine Unwirksamkeit der Vereinbarung im Verhältnis zwischen Kreditinstitut und Angestelltem vorschreibt.[261] Eine Sittenwidrigkeit der Vergütungsvereinbarung nach § 138 BGB scheidet insofern ebenfalls aus, da § 10 InstitutsVergV eine Anpassung nur vorschreibt, dies gesetzlich möglich ist. Die §§ 307 ff. BGB sind insofern aufgrund ihrer Schutzrichtung nicht einschlägig: Die Zahlung einer höheren Vergütung, als dies nach der InstitutsVergV zulässig wäre, stellt keine unangemessene Benachteiligung des Angestellten dar.

---

259 Vgl. dazu etwa Langen/Schielke/Zöll in BB 2009, 2479 [2483]; zu den Anforderungen im Einzelnen etwa Maßmann/Weber in Luz/Neus/Schaber/Scharpf/Weber KWG, 2. Auflage 2011, KWG § 25a Abs. 5 Rn. 13 ff.

260 Näher Müller-Bonanni/Mehrens in NZA 2010, 792 [796].

261 St. Rspr. zu einseitigen Verbotsgeschäften, vgl. etwa BGH, vom 14.12.1999 – X ZR 34/98 = NJW 2000, 1186 [1187].

Eine Anpassung wegen Wegfalls der Geschäftsgrundlage nach § 313 Abs. 1 BGB scheidet im Bereich des Arbeitsrechts wegen des Vorrangs der Änderungskündigung ebenfalls aus (ausführlich unten C. IV. 3 [S. 181 ff.]). Auch bei Angestelltenverhältnissen außerhalb des Arbeitsrechts wäre eine Anpassung danach nur dann denkbar, wenn dem Kreditinstitut jedenfalls schwere bzw. sogar existentielle Einbußen drohen.[262]

Zwar sind die Wertungen des § 313 BGB auch bei der Beurteilung der Rechtswirksamkeit einer Änderungskündigung zu berücksichtigen.[263] Allerdings fehlt es auch hier in aller Regel an einer schweren Äquivalenzstörung, welche eine Anpassung der Vergütungsvereinbarung rechtfertigen würde. Eine betriebsbedingte Kündigung wegen drohender bankenaufsichtsrechtlicher Maßnahmen ist regelmäßig bereits deshalb unzulässig, weil diese an sich nicht den Beschäftigungsbedarf beim Kreditinstitut entfallen lässt (unten C. IV. 3 [S. 181 ff.]). Jedenfalls ist eine Korrektur von Vergütungsabreden, die gegen die InstitutsVergV verstoßen, für das Kreditinstitut wegen der behördlichen Handlungsmöglichkeiten nach § 45 KWG nicht zwingend erforderlich. Die BaFin kann theoretisch jeden einzelnen Vergütungsanspruch aus der Vereinbarung untersagen bzw. sich das Kreditinstitut vor Auszahlung bei der Behörde rückversichern.

Nach alldem kann § 10 InstitutsVergV nur dahingehend zu verstehen sein, dass die Kreditinstitute auf eine einvernehmliche Abänderung der entsprechenden Vergütungsabreden hinwirken sollen.

2. Weitere hoheitliche Eingriffsrechte

Die Bundesnetzagentur kann nach § §§ 28 ff. TKG die Entgelte für Telekommunikationsdienstleistungen regulieren.

Staatliche Lenkungsmaßnahmen können insbesondere in bestimmten kartellrechtlichen Bereichen (Versicherungen, Landwirtschaft, Energie, etc.). im Rahmen von Gemeinschaftsaufgaben (Städtebau, Umweltschutz, etc.) sowie im Außenwirtschaftsbereich vorgenommen werden.[264]

---

262 Vgl. insofern BAG, vom 27.09.2001 – 2 AZR 236/00 = NZA 2002, 750 [753] zur Fortzahlung von Urlaubsgeld und Sondervergütung nach Austritt aus dem Arbeitgeberverband; Feißel/Gorn in BB 2009, BB 2009, 1138 [1139 f.].

263 BAG, vom 08.10.2009 – 2 AZR 235/08 = NZA 2010, 465 [467]; Rost in GK KR, 9. Auflage 2009, § 2 KSchG Rn. 54k.

264 Vgl. Ulmer in AcP 174 (1974), 167 [168].

XIII. Zusammenfassung

Nach alldem bleibt festzuhalten, dass das Gesetz keine umfassende Möglichkeit zur Korrektur von AGB vorsieht. In einzelnen Bereichen sind (Spezial-)Vorschriften enthalten, die in bestimmten Fällen eine punktuelle Korrektur ermöglichen. Die weitreichenden Korrekturvorschriften im VVG sind angesichts des besonderen Korrekturbedarfs im Versicherungsrecht keiner Analogie zugänglich.

C. Richterliche AGB-Korrektur

Über die soeben dargestellten, gesetzlichen Korrekturmöglichkeiten hinaus haben Gerichte und Rechtsprechung im Laufe der Zeit verschiedene Rechtsinstitute entwickelt, mit Hilfe derer auf bestehende vertragliche Vereinbarungen eingewirkt werden kann. Im Folgenden werden die wichtigsten richter- und teilweise sogar gewohnheitsrechtlich anerkannten Anpassungsmöglichkeiten beispielhaft aufgezählt.

I. Ergänzende Vertragsauslegung

Bestehende Vereinbarungen können unter bestimmten Voraussetzungen mit Hilfe der ergänzenden Vertragsauslegung nach Kriterien, „[...] *die sich entweder an der konkreten Interessenlage im Anlassfall oder an Gesichtspunkten orientieren, die für Rechtsgeschäfte dieser Art typisch sind* [...]“[265], vervollständigt werden.

1. Das Rechtsinstitut der ergänzenden Vertragsauslegung

Das Rechtsinstitut der ergänzenden Vertragsauslegung wurde von der höchstrichterlichen Rechtsprechung zum Schluss solcher Lücken im Vertragswerk entwickelt, die im Regelungsplan der Parteien nicht vorgesehen waren.[266] Die ergänzende Vertragsauslegung hat, wie bereits ihre Bezeichnung verdeutlicht,

---

265 Busche in MüKo BGB, Band 1, 6. Auflage 2012, § 157 Rn. 26; a. A. wohl Neuner in FS Canaris, Band I, 2007, S. 901 [918], der eine Vermengung von „Auslegung“ und „Ergänzung“ als verfehlt bezeichnet, da nach seiner Ansicht die kategoriale Unterscheidung von autonomer und heteronomer Bindung erhalten werden solle.

266 BGH, vom 24.02.1954 – II ZR 88/53 = NJW 1954, 799 [800]; vom 07.10.2004 – V ZB 22/04 = NJW 2004, 3413 [3416].

eine Zwitterstellung: Sie hat einerseits eine ergänzende, lückenschließende und damit rechtsfortbildende Funktion, aufgrund derer sie normativ geprägt ist. Andererseits dient sie auch zur Auslegung von vertraglichen Abreden.[267] Sie hat sich demnach stets innerhalb des Regelungsplans der Parteien zu bewegen und wird durch den übereinstimmenden Parteiwillen begrenzt.[268] Die Lückenfüllung ist bloße Rechtsfolge der – hypothetischen – Auslegung des Willens der Vertragsparteien.

Die ergänzende Vertragsauslegung kann erst dann heran gezogen werden, „[...] *wenn die offene Auslegungsfrage durch „einfache Auslegung" nicht (vollständig) zu lösen ist* [...]".[269] Sie ist gegenüber den übrigen Auslegungsarten bzw. -methoden subsidiär. Mittels der ergänzenden Vertragsauslegung können nur solche Punkte ergänzt werden, über welche die Parteien keine Vereinbarung getroffen haben, obwohl sie den Punkt als regelungsbedürftig angesehen haben (sog. planwidrige Regelungslücke).[270] Keinesfalls können aber ohne weiteres sämtliche Lücken im Vertrag geschlossen werden.

Rechtsgrundlage für die ergänzende Vertragsauslegung ist nach ganz herrschender Meinung der Grundsatz von Treu und Glauben nach §§ 157, 242 BGB bzw. §§ 157, 133 BGB[271].

Ein lückenhafter Vertrag ist danach zu ergänzen, was objektive und redlich handelnde Vertragsparteien in der konkreten Situation bei Abwägung der widerstreitenden Interessen nach Treu und Glauben als angemessenen Ausgleich vereinbart hätten, wenn sie den nicht geregelten Fall im Zeitpunkt des Vertragsschlusses bedacht hätten.[272] Bei Vornahme der ergänzenden Vertragsauslegung wird damit der lückenhafte Vertrag gleichsam zu Ende gedacht.[273]

---

267 St. Rspr., vgl. etwa BGH, vom 22. 4. 1953 – II ZR 143/52 = NJW 1953, 937 [937]; Canaris in ZIP 1996, 1109, [1115 f.]; Fastrich, Richterliche Inhaltskontrolle im Privatrecht, 1992, S. 343 f.; vgl. auch Vogenauer in HKK-BGB, Band 1, 2003, §§ 133, 157 Rn. 89 ff.

268 Vgl. etwa BGH, vom 25.06.1980 – VIII ZR 260/79 = NJW 1980, 2347 [2347].

269 Busche in MüKo BGB, Band 1, 6. Auflage 2012, § 157 Rn. 26; vgl. auch Looschelders in AnwK BGB, § 157, Rn. 6; H. Roth in Staudinger BGB, §§ 139 – 163, 14. Bearbeitung 2010, § 157 Rn. 5.

270 So schon RG, vom 27.06.1940 – V 205/39 = RGZ 164, 196 [202].

271 BGH, vom 22. 4. 1953 – II ZR 143/52 = NJW 1953, 937 [937]; vom 29.04.2008 – KZR 2/07 = NJW 2008, 2172 [2175]; Medicus, BGB AT, 10. Auflage 2010 Rn. 343; Biehl in JuS 2010, 195 [200]; vgl. auch Vogenauer in HKK-BGB, Band 1, 2003, §§ 133, 157 Rn. 103.

272 BGH, vom 22.04.1953 – II ZR 143/52 = NJW 1953, 937 [937].

273 BGH, vom 02.07.2004 – V ZR 209/03 = NJW-RR 2005, 205 [206]; Bork, BGB AT, 3. Auflage 2011, Rn. 536; I. Schmidt in NZA 2004, 1002 [1010]; Willemsen/Grau in RdA 2003, 321 [325]; Ohlendorf/Salamon, RdA 2006, 281 [285]; Schlewing in RdA 2011, 92 [98].

2. Ergänzende Vertragsauslegung als Instrument zur richterlichen Rechtsfortbildung

Entgegen ihrer Bezeichnung handelt es sich bei der ergänzenden Vertragsauslegung der Sache nach nicht um eine Auslegungsmethode, sondern um ein Instrument zur Korrektur von lückenhaften Verträgen (siehe ausführlich dazu bei der Darstellung der geltungserhaltenden Reduktion, II. 1. und 3. [S. 143 ff.]) sowie zur (richterlichen) Vertrags- bzw. Rechtsfortbildung. Denn sie bewirkt im Ergebnis wie die Vertragsanpassung eine Verkürzung von unwirksamen Klauseln bzw. verhilft nicht einbezogenen Bedingungen zu einer (teilweisen) Geltung.[274]

Eine richterliche Rechtsfortbildung verstößt an sich gegen die grundrechtlich geschützte (Art. 1 und Art. 1 Abs. 1 GG) Vertragsfreiheit als Ausfluss der Privatautonomie. Denn es ist ausschließlich Sache der Parteien, die zwischen ihnen bestehenden Rechtsbeziehungen inhaltlich im Wege der Einigung festzulegen und auszugestalten. Die Gerichte sind grundsätzlich nur dann zur Veränderung eines Vertrages berechtigt, wenn das Gesetz die Vertragsautonomie – wie etwa in §§ 134, 138 BGB – aufhebt oder einschränkt.[275] Den Parteien ist vom Grundgesetz her die alleinige Verantwortung für die Formulierung ihres Vertrages zugewiesen.[276] Gleichwohl ist eine Rechtsfortbildung nach allgemeiner Ansicht immer dann mit dem verfassungsrechtlichen Gewaltenteilungsprinzip vereinbar und damit zulässig, wenn das Gesetz eine Lücke aufweist (gesetzesimmanente Rechtsfortbildung).[277] Eine solche Lücke ist gegeben, wenn die tatsächlichen Verhältnisse nach dem Gesetzeszweck sowie der Intention des Gesetzgebers geregelt werden sollten (Analogie).[278] Ferner kommt eine Rechtsfortbildung auch dann in Betracht, wenn eine Einschränkung einer Norm erforderlich sein sollte (teleologische Reduktion), weil der Gesetzgeber ohne entsprechenden Willen die betreffende Norm zu weit gefasst hat.

Die Gegenansicht, welche die ergänzende Vertragsauslegung als Auslegungsmethode begreift, begründet dies insbesondere mit Verweis auf den Gesichts-

---

274 Ausführlich Hager, Gesetzes- und sittenkonforme Auslegung und Aufrechterhaltung von Rechtsgeschäften, 1983, S. 31 ff., 125 ff., 154 ff.; ders in JZ 1996, 175 [176]; Canaris in FS Steindorff, 1990, S. 519 [551.].

275 Anschaulich Henckel in AcP 159 (1959), 106 [114] m. w. N.; vgl. auch Wolf/Neuner, BGB AT, 10. Auflage 2012, § 43 Rn. 83.

276 Stoffels AGB, 2. Auflage 2009, Rn. 596 m. w. N.

277 BGH, 21.09.1998 – II ZR 89/97 = NJW 1998, 3771 [3771]; Canaris, Die Feststellung von Lücken im Gesetz, 1964 S. 161 ff.; Larenz /Wolf, BGB AT, 9. Auflage 2004, § 4 Rn. 78 m. w. N.

278 Larenz /Wolf, BGB AT, 9. Auflage 2004, § 4 Rn. 78 m. w. N.

punkt, dass die ergänzende Vertragsauslegung den – hypothetischen – Parteiwillen verwirkliche.[279] Dies machen die Vertreter dieser Ansicht insbesondere daran fest, dass bei der ergänzenden Vertragsauslegung in erster Linie ein individueller Maßstab anzulegen ist, sich der Richter daher am tatsächlichen Parteiwillen zu orientieren hat.[280] Als weiterer Umstand wird angeführt, dass die ergänzende Vertragsauslegung nicht dem tatsächlichen Parteiwillen widersprechen darf.[281]

Diese formalen Argumente lassen den normsetzenden Charakter jedoch nicht entfallen. Denn unter dem Strich führt die ergänzende Vertragsauslegung dazu, dass der Richter einen Vertragsinhalt festlegt, der weder von den Parteien vereinbart war, noch dem dispositiven Gesetzesrecht entnommen werden kann.[282] Das Ergebnis enthält notwendigerweise immer auch eine erheblich objektiv-normative Komponente.[283] Dies zeigt im Übrigen auch ein Vergleich mit der Gesetzesauslegung, bei welcher der Begriff einer „ergänzenden Gesetzesauslegung“ nicht verwendet, sondern lediglich zwischen „Auslegung“ und „Rechtsfortbildung“ unterschieden wird.[284]

Das Fehlen jeglichen Bezugs zum Parteiwillen zeigt sich in besonderem Maße bei der Ergänzung von formularmäßigen Verträgen.[285] Hier nimmt die herrschende Ansicht eine Ergänzung von einseitig gestellten Bestimmungen – die ohnehin bereits ungeachtet des Willens der Vertragsparteien objektiv am Vertragswortlaut ausgelegt werden[286] – anhand eines generalisierenden Maßstabes vor. Es fehlt bei der ergänzenden Vertragsauslegung mithin gänzlich an einem subjektiven Element.

Als Beispiel soll an dieser Stelle die Rechtsprechung des BGH zu revolvierenden Globalsicherheiten dienen, die aufgrund einer formularmäßigen Siche-

---

279 Eingehend dazu Larenz in NJW 1963, 737 [738 ff.]; vgl. auch Vogenauer in HKK-BGB, Band I, 2003, §§ 133, 157 Rn. 101.

280 H. Roth in Staudinger BGB, §§ 139 – 163, 14. Bearbeitung 2010, § 157 Rn. 4 und Rn. 18, jeweils m. w. N.

281 Mayer-Maly in FS Flume Band I, 1978, S. 621 [625]; unter Bezug auf BGH, vom 22.04.1953 – II ZR 143/52 = NJW 1953, 937 [937].

282 Henckel in AcP 159 (1959), 106 [122 f.]; Wieacker in JZ 1967, 385 [390]; Rüßmann in BB 1987, 843 [845].

283 Säcker in FS Westermann, 2009, S. 617 [622].

284 Neuner in FS Canaris, Band I, 2007, S. 901 [919 f.]; a. A. Larenz in NJW 1967, 737 [739], der eine „ergänzende Gesetzesauslegung“ zulassen möchte (dies lehnte Larenz allerdings anfangs selbst ab, vgl. Larenz, Die Methode der Auslegung des Rechtsgeschäft, 1. Auflage 1930, S. 101).

285 H. Roth in Staudinger BGB, §§ 139 – 163, 14. Bearbeitung 2010, § 157 Rn. 49 f. spricht hier von einem „[...] *funktionswidrigen Einsatz dieses Rechtsinstruments im vertragsfernen § 306* [...]“.

286 St. Rspr., vgl. statt aller BGH, vom 18.06.2008 – VIII ZR 154/06 = NJW-RR 2008, 1371 [1372]; Schwab/Löhnig, ZivR, 19. Auflage 2012, Rn, 800.

rungsabrede zu stellen sind.[287] Der BGH kam dabei mittels ergänzender Vertragsauslegung zu dem Ergebnis, dass ein Sicherungsgeber im Falle einer nachträglichen Übersicherung unabhängig von einer Regelung in den AGB einen ermessensunabhängigen Freigabeanspruch habe und die Deckungsgrenze in jedem Fall 110 % der gesicherten Forderungen betrage. Ausgehend davon verneinte das Gericht schließlich die Unwirksamkeit der Sicherungsabrede wegen Übersicherung. Dieses Ergebnis erzielte der BGH ausschließlich aufgrund von objektiv-typischen Billigkeitsgesichtspunkten. Der subjektive Wille der konkreten Vertragsparteien kommt darin an sich nicht bzw. kaum zum Ausdruck.

Demnach bleibt festzuhalten, dass es sich bei der Korrektur von AGB mittels ergänzender Vertragsauslegung der Sache nach um richterliche Rechtsfortbildung handelt. Gleichwohl ist die ergänzende Vertragsauslegung als Ausfluss bzw. besondere Ausformung der richterlichen Rechtsfortbildung i. R. v. Vertragsverhältnissen zu begreifen.[288] Aus den zuvor genannten Ausformungen der Rechtsfortbildung wird ersichtlich, dass unter dem Begriff der ergänzenden Vertragsauslegung für den speziellen Bereich der Schuldverhältnisse diejenigen Korrekturen vorgenommen werden, die allgemein mithilfe der Analogie vollzogen werden. Jegliche Vertragsfortbildung bedeutet zugleich auch eine Fortbildung des dispositiven Gesetzesrechts, wenn dieses bezüglich der betreffenden Sachfrage keine Regelung enthält.[289] Demgegenüber lässt sich die Vertragsanpassung als teleologische Reduktion bzw. Extension des Vertrages bezeichnen.[290] Somit kann an dem – zugegebenermaßen widersprüchlichen und verwirrenden – Begriff der „ergänzenden Vertragsauslegung“ festgehalten werden, zumal er mittlerweile allgemein anerkannt ist.

---

287 BGH, vom 27.11.1997 – GSZ 1 u. 2/97 = BGHZ 137, 212 [212 ff.].

288 So wohl auch Wiedemann in Fastrich, Richterliche Inhaltskontrolle im Privatrecht, 1992, S. 341 ff.; FS Canaris, Band I, 2007, S. 1281 [1287]; demgegenüber will ein Teil des Schrifttums den widersprüchlichen Begriff der ergänzenden Vertragsauslegung aufgeben und die Korrektur mit der richterlichen Rechtsfortbildung begründen, vgl. Heckel in AcP 159 (1959), 106 [124]; Wieacker in JZ 1967, 385 [390]; Neuner in FS Canaris, Band I, 2007, S. 901 [919 f.; 924]; Uffmann, Das Verbot der geltungserhaltenden Reduktion, 2010, S. 200 und 210 f.

289 Vgl. insofern Henckel in AcP 159 (1959), 106 [122 f.].

290 So auch Köhler in 50 Jahre Bundesgerichtshof – Festgabe aus der Wissenschaft, Band I, 2000, S. 295 [309].

3. Zulässigkeit der ergänzenden Vertragsauslegung im Rahmen von AGB

Eine ergänzende Vertragsauslegung ist grundsätzlich auch im Rahmen von AGB möglich.[291] Sie kann unabhängig davon erfolgen, ob sich die Lückenhaftigkeit des formularmäßigen Vertrages aufgrund Einbeziehungs-, Inhaltskontrollschranken oder aus sonstigen Gründen ergibt.[292]

a) Entgegenstehender Parteiwille

Die ergänzende Vertragsauslegung findet ihre Grenze in vertraglichen Regelungen, die dem rechtsgeschäftlichen Parteiwillen entsprechen.[293] Ihr Ziel ist die Wahrung der privatautonomen Entscheidung der Parteien, die eine Abrede mit einem konkreten Inhalt getroffen haben. Damit wird die Anwendbarkeit der ergänzenden Vertragsauslegung durch den Wortlaut der Vereinbarung begrenzt, sofern der übereinstimmende Parteiwille darin zum Ausdruck kommt.[294] Eine Änderung, Einschränkung oder auch Erweiterung der vertraglichen Abrede ist hier nicht möglich.[295] Soll eine nach ihrem Wortlaut eindeutige Klausel ergänzend ausgelegt werden, bedarf es konkreter Tatsachen, aus denen hervorgeht, dass sie nicht dem Willen der Parteien entspricht.[296]

Aus diesem Grunde darf eine Lücke im Vertragswerk im Rahmen der ergänzenden Vertragsauslegung auch nicht mit Inhalten geschlossen werden, die von Parteien zuvor bewusst abgelehnt worden waren.[297] Dies ist im Rahmen von AGB allerdings nur dann vorstellbar, wenn der Wille des Verwenders, den betreffenden Gegenstand offen zu lassen, eindeutig aus den formularmäßigen Bedingungen hervorgeht und die Nichtregelung sich weder als überraschend i. S. v.

291 Ganz h. M.: BGH, vom 16.04.1973 – VII ZR 140/7 = NJW 1973, 1190 [1192]; vom 04.03.2009 – XII ZR 141/07 = NJW-RR 2009, 880; Lindacher in Wolf/Lindacher/Pfeifer, AGB, 5. Auflage 2009, § 305c Rn. 122; a. A. E. Schmidt in ZIP 1987, 1505 [1508 f.]; ders. in JuS 1987, 927 [935]; wohl auch Rüßmann in BB 1987, 843 [845 ff.].

292 Vgl. nur BGH, vom 08.02.1988 – II ZR 210/87 = NJW 1988, 1590 [1591]; vom 18.07.2007 – VIII ZR 227/06 = NJW-RR 2007, 1697 [1701].

293 So ausdrücklich BGH, vom 22.04.1953 – II ZR 143/52 = NJW 1953, 937 [937]; BGH, vom 07.10.2004 – V ZB 22/04 = NJW 2004, 3413 [3416]; Wolf/Neuner, BGB AT, 10. Auflage 2012, § 35, Rn. 66.

294 St. Rspr., vgl. nur BGH, vom 07.02.1957 – II ZR 249/55= NJW 1957, 708 [709]; vom 31.01.1995 – XI ZR 56/94 = NJW 1995, 1212 [1213]; vgl. auch Flume, BGB AT II, 3. Auflage 1979, § 16 4 (S. 323 und 326 ff.).

295 BGH, vom 07.10.2004 – V ZB 22/04 = NJW 2004, 3413 [3416].

296 BGH, vom 18.06.2008 – VIII ZR 154/06 = NJW-RR 2008, 1371 [1372].

297 Siehe nur BGH, vom 31.01.1995 – XI ZR 56/94 = NJW 1995, 1212 [1213].

§ 305c BGB, noch als unangemessene Benachteiligung des Kunden i. S. d. §§ 307 ff. BGB darstellt.

b) Lücken aufgrund von Inhaltskontrollschranken

Es entspricht ganz herrschender Meinung, dass die ergänzende Vertragsauslegung unabhängig davon erfolgen kann, ob die Lücke von Anfang an bestanden hat – weil eine entsprechende Regelung nicht aufgenommen wurde bzw. die formularmäßige Klausel schon nicht Vertragsbestandteil (§§ 305 Abs. 2 ff. BGB) geworden ist – oder ob sie infolge der Unwirksamkeit einer Klausel nach §§ 307 ff. BGB entstanden ist.[298]

Dem ist im Ergebnis zuzustimmen. Insbesondere steht einer ergänzenden Auslegung von formularmäßigen Verträgen, deren Lückenhaftigkeit auf den Inhaltskontrollschranken der §§ 307 ff. BGB beruht, der in der – unwirksamen – Klausel zum Ausdruck kommende Wille der Vertragsparteien bzw. des Verwenders nicht entgegen. Zwar kommt der Wille des Verwenders hinreichend klar in einer formularmäßigen Klausel zum Ausdruck, wenn diese nach §§ 305 Abs. 2 ff. BGB Bestandteil des Vertrages geworden ist[299] und wird nicht etwa wegen der Rechtsfolge der §§ 307 ff. BGB unbeachtlich.[300] Die §§ 307 ff. BGB ordnen entgegen ihrem Wortlaut die Nichtigkeit der jeweiligen Klausel an, da eine Heilung ausgeschlossen ist.[301] Anders als nichteinbezogene Klauseln, bei denen es bereits an einer Einigung zwischen den Parteien fehlt (Nichtgeschäft), sind unwirksame Klauseln existent.[302] Allerdings können die intendierten rechtlichen Wirkungen nicht eintreten, weil ihnen die Rechtsordnung die Anerkennung versagt.[303]

---

298 Vgl. z. B. BGH, vom 30.10.1974 – VIII ZR 69/73 = NJW 1975, 44 [45]; aus der neueren Rspr.: BGH vom 18.07.2007 – VIII ZR 227/06 = NJW-RR 2007, 1697 [1701]; Cziupka, Dispositives Vertragsrecht, 2010, S. 201 a. E.; Bork, BGB AT, 3. Auflage 2011 Rn. 532; Canaris in FS Steindorff, 1990, S. 519 [539 f.]; Verse/Wurmnest in AcP 204 (2004), 855 [870]; Ulmer in NJW 1981, 2025 [2030]; Neuner in FS Canaris, Band I, 2007, S. 901 [913].

299 Häsemeyer in FS Ulmer, 2003, S. 1097 [1100].

300 H. Roth in Staudinger BGB, §§ 139 – 163, 14. Bearbeitung 2010, § 157 Rn. 18; vgl. Verse/Wurmnest in AcP 204 (2004), 855 [870].

301 Grüneberg in Palandt BGB, 71. Auflage 2012, Vorb v § 306 Rn. 7; vgl. auch Ellenberger in Palandt BGB, 71. Auflage 2012, Überbl v § 104 Rn. 27 und Rn. 30.

302 Flume, BGB AT II, 3. Auflage 1979, § 30 1 (S. 548); Wolf/Neuner, BGB AT, 10. Auflage 2012, § 55 Rn. 1; die Nichtigkeit ist abzugrenzen von einem Nichtgeschäft, bei dem mangels rechtsgeschäftlicher Einigung (Dissenz) schon kein Vertragsverhältnis zustande kommt, vgl. nur § 154 Abs. 1. S. 1 BGB.

303 Vgl. Knothe in Staudinger BGB, §§ 90 – 133, 14. Bearbeitung 2004, § 105 Rn. 3; Hübner, BGB AT, 2. Auflage 1996, Rn. 929; Wolf/Neuner, BGB AT, 10. Auflage 2012, § 55, Rn. 1; Fastrich, Richterliche Inhaltskontrolle im Privatrecht, 1992, S. 341.

In der nichtigen Klausel kommt jedoch zugleich auch der Wille der Parteien zum Ausdruck, den betreffenden Umstand überhaupt vertraglich zu regeln.[304] Aufgrund dessen, dass das Gesetz die einseitige Stellung von Vertragsbedingungen durch eine Partei anerkennt und diese – bei Vorliegen der Voraussetzungen der §§ 305 ff. BGB – individuell ausgehandelten Abreden gleichstellt, sind AGB als vollwertige vertragliche Abreden zu behandeln. Es ist daher maßgeblich auf den Willen des Verwenders abzustellen, wie ihn ein verständiger und redlicher Vertragspartner objektiv verstehen darf.[305] Danach kommt man regelmäßig zu dem Auslegungsergebnis, dass dieser, wie bereits die bloße Stellung der Klausel zeigt, den betreffenden Gegenstand einer vom dispositiven Gesetzesrecht abweichenden Regelung zuführen wollte.

Der Anwendbarkeit der ergänzenden Vertragsauslegung steht es weiter nicht entgegen, dass der Schluss einer auf Inhaltskontrollschranken beruhenden Lücke mittels ergänzender Vertragsauslegung zwangsläufig bedeutet, dass ein und die selbe Klausel unterschiedlich ausgelegt werden würde, je nachdem, ob die Auslegung vor oder nach Feststellung der Unwirksamkeit der Klausel erfolgte. Dies ist der Zwitterstellung der ergänzenden Vertragsauslegung geschuldet, der auch eine rechtsfortbildende Funktion zukommt.[306]

Als Begründung ist ferner auch anzuführen, dass das im Wege der ergänzenden Vertragsauslegung gefundene Ergebnis mit der Vertragsgerechtigkeit übereinstimmt, wie sie von den Parteien bei Vertragsschluss vereinbart wurde. Das vertragliche Austauschverhältnis wurde bei Vertragsschluss auch durch den unwirksamen Vertragsgegenstand mitgeprägt. Dies gilt angesichts des Zwecks des § 306 Abs. 2 BGB – der neben dem Schutz des Kunden vor unwirksamen AGB auch Rechtssicherheit herstellen will – jedoch nur dann, wenn kein dispositives Gesetzesrecht zum Schluss der entstandenen Lücke herangezogen vorhanden ist (dazu sogleich unter d) [S. 151]).

Schließlich hatte der Gesetzgeber die Zulässigkeit der ergänzenden Vertragsauslegung bei unwirksamen AGB ausdrücklich vorgesehen: Der Gesetzesentwurf zum AGBG sah ursprünglich in § 5 Abs. 2 HS. 2 AGBG vor, dass sich der Inhalt des Vertrages bei unwirksamen AGB nach der Natur des Vertrages richten sollte, wenn kein dispositives Gesetzesrecht zum Schluss der entstandenen Lücke zur Verfügung stand.[307] Diese Regelung wurde jedoch anschließend nicht in das AGBG aufgenommen, da die Gesetzesbegründung davon ausging,

---

304 So zu nichtigen individualvertraglichen Abreden Hager, Gesetzes- und sittenkonforme Auslegung und Aufrechterhaltung von Rechtsgeschäften, 1983, S. 159; BGH.

305 St. Rspr., vgl. nur BGH, vom 03.05.2011 – XI ZR 373/08 = NJW-RR 2011, 1350 [1351 a. E.] und BAG, vom 09.06.2010 – 5 AZR 332/09 = NJW 2010, 2455 [2457 f.].

306 Nachweise dazu bei Fn. 286.

307 Gesetzentwurf der Bundesregierung, BT-Drucks. 7/3919, S. 4, und S. 21 [Zu Absatz 2].

entstandene Lücken können mittels der ergänzenden Vertragsauslegung geschlossen werden.[308]

Darüber hinaus ist eine ergänzende Vertragsauslegung auch dann möglich, wenn die Parteien mit der Durchführung des Vertrages beginnen, obwohl sie sich der Unwirksamkeit bzw. nachträglichen Lückenhaftigkeit bewusst sind.[309] Wenn diesem Verhalten der Parteien – nach Auslegung – ausnahmsweise der Erklärungswert beizumessen ist, dass sie über den betreffenden Gegenstand dennoch eine vertragliche Abrede treffen wollen, kann die auf Inhaltskontrollschranken beruhende Lücke mittels ergänzender Vertragsauslegung geschlossen werden.[310] Anders als bei Individualverträgen fehlt es den Parteien eines formularmäßigen Vertrages allerdings regelmäßig an dem (übereinstimmenden) Bewusstsein, dass einzelne AGB unwirksam sind.

Nach alldem ist eine ergänzende Vertragsauslegung bei auf Inhaltskontrollschranken beruhenden Lücken in AGB grundsätzlich zulässig. Etwas anderes gilt jedoch dann, wenn die entstandene Lücke mit Hilfe des dispositiven Gesetzesrechts geschlossen werden kann (dazu sogleich unter d) [S. 151 ff.]).

c) Lücken aufgrund von Einbeziehungskontrollschranken

Wie zuvor bereits erwähnt, können Lücken, die infolge von Einbeziehungskontrollschranken nach den §§ 305 Abs. 2 ff. BGB entstanden sind, ohne weiteres mit Hilfe der ergänzenden Vertragsauslegung geschlossen werden, sofern kein dispositives Gesetzesrecht zum Schluss der Lücke vorhanden ist (dazu sogleich unter d)). Grund dafür ist, dass hier weder die Klausel noch der darin zum Ausdruck kommende Wille des Verwenders Vertragsbestandteil geworden sind. Der Wille des Verwenders ist vielmehr unbeachtlich und steht einer ergänzenden Vertragsauslegung nicht entgegen.[311]

d) Vorliegen von dispositivem Gesetzesrecht zum Schluss entstandener Lücken

Die ergänzende Vertragsauslegung kann allerdings nicht zum Schluss von Lücken herangezogen werden, die mit Hilfe des dispositiven Gesetzesrechts

---

308 Begründung des Rechtsausschusses, BT-Drucks. 7/5422, S. 5 [Zu § 6 – Rechtsfolgen bei Nichteinbeziehung und Unwirksamkeit].

309 Vgl. BGH, vom 02.04.1964 – KZR 10/62 = NJW 1967, 1617 [1618 f.]; vom 20.06.1997 – V ZR 39/96 = NJW 1997, 2671 [2672]; vom 05.05.2010 – 3 U 79/09 = NJW 2011, 202 [202].

310 Vgl. allgemein zum schlüssigen Verhalten auch Busche in MüKo BGB, Band 1, 6. Auflage 2012, § 157 Rn. 33.

311 Vgl. zu diesem Erfordernis bereits BGH, vom 22.04.1953 – II ZR 143/52 = NJW 1953, 937 [937] unter Bezug auf die Rspr. des RG.

geschlossen werden können.[312] Wie die Regelung des § 306 Abs. 2 BGB zeigt, ist es dabei unerheblich, ob die Lücke infolge von Einbeziehungs- (§ 306 Abs. 2 Alt. 1 BGB) oder Inhaltskontrollschranken (§ 306 Abs. 2 Alt. 2 BGB) entstanden ist.

Kann eine Lücke entsprechend § 306 Abs. 2 BGB mittels des dispositiven Gesetzesrechts geschlossen werden, fehlt es bereits an einer – für die ergänzende Vertragsauslegung zwingend erforderlichen – Lücke im Vertrag.[313] Auch kann die Notwendigkeit der ergänzenden Vertragsauslegung bei unwirksamen AGB nicht mit dem Willen des Verwenders begründet werden, eine vom dispositiven Gesetzesrecht abweichende Reglung zu treffen.[314] Die gesetzliche Risikoverteilung in § 306 Abs. 2 BGB kann nicht ohne weiteres mit Hilfe der voraussetzungslosen ergänzenden Vertragsauslegung aus den Angeln gehoben werden.[315]

Zwar verbietet § 306 Abs. 2 BGB seinem Wortlaut nach nicht die ergänzende Auslegung von unwirksamen AGB innerhalb seines Anwendungsbereichs, trifft aber eine gegenüber der Vertragsauslegung grundsätzlich vorrangige Regelung im Hinblick auf die Frage, wie entstandene Lücken zu schließen sind. Der Anwendbarkeit der ergänzenden Vertragsauslegung steht maßgeblich der Regelungszweck des § 306 Abs. 2 BGB entgegen, der Rechtssicherheit zu Gunsten des Kunden erzeugen möchte. Insofern ist wiederum einzustellen, dass die ergänzende Vertragsauslegung an fast keine Voraussetzungen gebunden ist.

Überdies kann es – anders als bei der ergänzenden Auslegung von im Einzelnen ausgehandelten Abreden – im Anwendungsbereich des § 306 Abs. 2 BGB nicht in erster Linie auf die Ermittlung des hypothetischen Willens der Parteien ankommen.[316] Denn die Regelung des § 306 Abs. 2 BGB bezweckt den Schutz des Rechtsverkehrs und nicht etwa die Verwirklichung der Privatautonomie, wenn darin dem Verwender das Risiko der Verwendung unwirksamer AGB zugewiesen wird.[317] Die Vornahme einer der ergänzenden Vertragsauslegung im

312 So wie hier auch: Trinkner in BB 1984, 490 [490]; Löwe in BB 1984, 492 [494].

313 Zu diesem Erfordernis der ergänzenden Vertragsauslegung vgl. nur BGH, vom 10.09.2009 – VII ZR 82/08 = NJW 2010, 519 [520] m. w. N.

314 So ausführlich BGH, vom 01.02.1984 – VIII ZR 54/83 = NJW 1984, 1177 [1178]; vom 28.06. 2006 – VIII ZR 124/05 = NJW 2006, 2915 [2917].

315 BGH, vom 01.06.1979 – V ZR 80/77 = BGHZ 74, 370 [374 a. E.] m. w. N.; zust. etwa H. Roth in Staudinger BGB, §§ 139 – 163, 14. Bearbeitung 2010, § 157 Rn. 19.

316 So auch H. Roth, Vertragsänderung bei fehlgeschlagener Verwendung von allgemeinen Geschäftsbedingungen, 1994, S. 62; ders. in Staudinger BGB, §§ 139 – 163, 14. Bearbeitung 2010, § 157 Rn. 50.

317 Medicus in Heinrichs/Löwe/Ulmer 10 Jahre AGBG, 1987, S. 83 [94].

Anwendungsbereich des § 306 Abs. 2 BGB würde demnach als systemfremd erscheinen.[318]

Diejenigen, die eine ergänzende Vertragsauslegung auch im Rahmen des § 306 Abs. 2 BGB zulassen wollen, stützen ihre Ansicht hauptsächlich darauf, dass es sich bei der ergänzenden Vertragsauslegung angesichts ihrer dogmatischen Verankerung in §§ 157, 242 BGB, bzw. §§ 133, 157 BGB um eine gesetzliche Vorschrift im Sinne des § 306 Abs. 2 BGB handle.[319] Diese Begründung ist allerdings weder mit der Intention des Gesetzgebers noch mit dem Sinn und Zweck der Regelung des § 306 Abs. 2 BGB vereinbar. Als gesetzliche Vorschriften i. S. d. § 306 Abs. 2 BGB kommen nur (dispositive) Regelungen mit einem materiellen Regelungsgehalt in Betracht, nicht aber methodische Vorschriften, die bloße Handlungsanweisungen zum Schluss einer Lücke im Vertragswerk bereitstellen.[320] Darüber hinaus ist es in rechtssystematischer Hinsicht nicht nachvollziehbar, wenn die ergänzende Vertragsauslegung in einem nächsten Schritt grundsätzlich hinter das dispositive Gesetzesrecht zurücktreten soll. Aufgrund des grundrechtlich geschützten Vorrangs der Privatautonomie müsste die ergänzende Vertragsauslegung dann vielmehr sogar vorrangig Anwendung finden. Dies hätte allerdings zur Folge, dass lückenhafte Verträge entgegen dem Wortlaut und dem Normzweck des § 306 Abs. 2 BGB zunächst ergänzend auszulegen wären und ein Rückgriff auf das dispositive Gesetzesrecht erst dann zulässig wäre, wenn die Auslegung zu keinem Ergebnis kommt.

Daneben wird auch die Ansicht vertreten, die ergänzende Vertragsauslegung trete gleichsam neben die Regelung des § 306 Abs. 2 BGB und sei dann anwendbar, wenn die beiderseitige Interessenlage dies im konkreten Einzelfall gebiete, um die unbillige Rechtsfolge des § 306 Abs. 3 BGB zu vermeiden.[321]

---

318 Vgl. H. Roth in Staudinger BGB, §§ 139 – 163, 14. Bearbeitung 2010, § 157 Rn. 50, der von „[...] *einem funktionswidrigen Einsatz dieses Rechtsinstruments im vertragsfernen § 306* [...]" spricht; Busche in MüKo BGB, Band 1, 6. Auflage 2012, § 157 Rn. 32.

319 So ausdrücklich BGH, vom 01.02.1984 – VIII ZR 54/83 = NJW 1984, 1177 [1178]; aus der neueren Rspr. z. B. BGH vom 28.10.2009 – VIII ZR 320/07 = NJW 2010, 993 [997]; so auch BAG vom 14.01.2009 – 3 AZR 900/07 = NZA 2009, 666 [669]; zust. Grüneberg in Palandt BGB, 71. Auflage 2012, § 306 Rn. 13; Bunte in NJW 1984, 1145 [1147]; K. Schmidt in ZIP 1983, 639 [641]; Bechthold in DB 1983, 539 [540 f.]; S. Thomas in AcP 209 (2009), 84 [121].

320 H. Schmidt in Ulmer/Brandner/Hensen, AGB, 11. Auflage 2011, § 306 BGB, Rn. 27 und 34 a. E.; Löwe in BB 1983, 2014 [2015]; H. Schmidt, Vertragsfolgen der Nichteinbeziehung und Unwirksamkeit von Allgemeinen Geschäftsbedingungen, 1986, S. 181; Ulmer in BB 1982, 1125 [1130]; Trinkner in BB 1983, 1874 [1875]; Canaris in ZIP 1996, 1109 [1116].

321 Uffmann, Das Verbot der geltungserhaltenden Reduktion, 2010, S. 178; H. Schmidt, Vertragsfolgen der Nichteinbeziehung und Unwirksamkeit von Allgemeinen Geschäftsbedingungen, 1986, S. 175; 181 f.; ders. in Ulmer/Brandner/Hensen, AGB, 11. Auflage 2011, § 306 BGB, Rn. 34a unter Verweis auf BAG vom 12. 1. 2005 – 5 AZR 364/04 = NJW 2005, 1820 [1822], das auf den Gesichtspunkt der verfassungskonformen, den Grundsatz der Verhältnismäßigkeit

Allerdings kann ein Rechtsinstitut nicht entgegen der gesetzlichen Regelung allein aufgrund der – ohne Frage bestehenden – Notwendigkeit einer Modifizierung des Vertragswerkes in systemwidriger Weise angewendet werden. Die Regelung des § 306 Abs. 2 BGB schreibt ausdrücklich und abschließend vor, wie Lücken infolge unwirksamer formularmäßiger Klauseln zu schließen sind. Außerdem müssen auch die Befürworter einer ergänzenden Vertragsauslegung im Anwendungsbereich des § 306 Abs. 2 BGB eingestehen, dass die entstandene Lücke in jedem Fall zunächst – zumindest hypothetisch – entsprechend der Regelung des § 306 Abs. 2 BGB mit dispositivem Gesetzesrecht gefüllt werden muss. Ansonsten könnte in einem nächsten Schritt überhaupt nicht festgestellt werden, ob die gesetzliche Vorschrift angemessen ist. Demnach würde dann tatsächlich eine ergänzende Vertragsauslegung erfolgen, obwohl eine Lücke im Vertragswerk gar nicht – mehr – gegeben ist.

Im Übrigen besteht auch insoweit kein praktisches Bedürfnis für die Heranziehung der ergänzenden Vertragsauslegung, da – wie im Folgenden (siehe unten, Vierten Teil [S. 197 ff.]) noch zu untersuchen ist – hier eine Vertragsanpassung zu angemessenen Ergebnissen führt. Die Rechtsprechung nimmt mittlerweile der Sache nach ebenfalls eine Vertragsanpassung vor, wenn sie die ergänzende Vertragsauslegung in dieser Konstellation abweichend von ihren selbst aufgestellten Grundsätzen an zusätzliche Voraussetzungen knüpft.[322] Dies ergibt sich aus einer Gesamtschau der eingangs (Dritter Teil B. [S. 99 ff.]) dargestellten gesetzlichen Instrumente zur Vertragsanpassung, vgl. etwa nur die besonderen Voraussetzungen des § 313 Abs. 1 BGB und § 164 VVG.[323] Ursprünglich hatte der BGH in seiner grundlegenden Tagespreisklauselentscheidung aus dem Jahre 1984[324] einen Rückgriff auf die Grundsätze vom Wegfall der Geschäftsgrundlage noch mit der Begründung abgelehnt, dass andernfalls nur „[...] *Sonderfälle besonders erheblicher und nicht voraussehbarer Äquivalenzstörungen* [...]“ einer Anpassung zugänglich werden. Diese Bedenken teilt die höchstrichterliche Rechtsprechung mittlerweile nicht mehr, wenn sie eine „ergänzende

wahrenden Gesetzesauslegung abstellt; Hager, Gesetzes- und sittenkonforme Auslegung und Aufrechterhaltung von Rechtsgeschäften, 1983, S. 57 f.; Ulmer in BB 1982, 1125 [1130 f.]; ders. in NJW 1981, 2025 [2030]; Lindacher in BB 1983, 154 [158].

322 Überblick bei H. Schmidt in Ulmer/Brandner/Hensen, AGB, 11. Auflage 2011, § 306 BGB Rn. 33a; Bork, BGB AT, 3. Auflage 2011, Rn. 534, der die ergänzende Vertragsauslegung nur dann zulassen möchte, wenn diese nötig erscheint.

323 Zu den unterschiedlichen Voraussetzungen vgl. Wendtland in Bamberger/Roth BGB, Band 1, 3. Auflage 2012, § 157 Rn. 42; a. A. wohl Nicklisch in BB 1981, 949 [952 f.], der allerdings nur auf die gemeinsamen Zweck beider Instrumente (Lückenfüllung) abstellt; ihm insofern zustimmend Littbarski in JZ 1981, 8 [13]; Chr. Müller in JZ 1981, 337 [338].

324 BGH, vom 01.02.1984 – VIII ZR 54/83 = NJW 1984, 1177 [1178] m. w. N.

Vertragsauslegung“ nur bei Vorliegen einer zwingenden Sonderlage[325], einer unangemessenen[326] bzw. unzumutbaren[327] Härte (ggf. gem. § 306 Abs. 3 BGB) für den Verwender oder einer krasse Störung des vertraglichen Gleichgewichts[328] zulässt. Nur bei Vorliegen der genannten Einschränkungen soll eine ausfüllungsbedürftige Lücke gegeben sein.[329] Damit haben die Obergerichte der Sache nach über die Jahre hinweg eine Änderung ihrer Rechtsprechung vorgenommen, freilich ohne dies als solche zu kennzeichnen.[330]

Der höchstrichterlichen Rechtsprechung ist aufgrund dessen, dass eine ergänzende Vertragsauslegung in den Fällen des § 306 Abs. 2 BGB nicht möglich ist, zuzustimmen, wenn sie die Überwindung des dispositiven Gesetzesrechts nur unter zusätzlichen Voraussetzungen zulässt.

Abgesehen davon wäre aber jedenfalls kein Grund dafür ersichtlich, eine ergänzende Vertragsauslegung von derart strengen Kriterien abhängig zu machen.[331] Es würde vielmehr dem oben genannten Sinn und Zweck der Auslegung widersprechen, die Geltung des tatsächlichen Parteiwillens von einer unzumutbaren Härte für eine Partei abhängig zu machen. Anders als bei der Vertragsanpassung geht es hier nicht darum, den anscheinend in einer gesetzlichen bzw. vertraglichen Regelung zum Ausdruck kommenden Willen des Gesetzgebers bzw. der Vertragsparteien zu überwinden. Vielmehr soll eine von den Parteien unbedachte Lücke entsprechend deren übereinstimmenden Willen geschlossen werden.[332]

Auch der Einwand, wonach eine Gleichbehandlung deshalb gerechtfertigt sei, weil letztlich auch die Vertragsanpassung nur der Verwirklichung des Parteiwillens diene, geht fehl. Es fehlt bei der ergänzenden Vertragsauslegung mithin an einem Vertrauensschutzelement, wie es sich aus § 306 Abs. 2 BGB bzw. dem

---

325 BGH, vom 24.09.1985 – VI ZR 4/84 = BGHZ 96, 18 [28f.] = NJW 1986, 1610 [1612].

326 So etwa BGH, vom 14.07.2010 – VIII ZR 246/08 = NJW 2011, 50 [54].

327 BAG, vom 12.01.2009 – 3 AZR 900/07 = NZA 2009, 666 [669]; vgl. auch Annuß in BB 2006, 1333 [1338].

328 Vgl. z. B. BAG, vom 28.10.2009 – VIII ZR 320/07 = NJW 2010, 993 [997].

329 Vgl zur Terminologie Schlewing in RdA 2011, 92 [97].

330 A. A. Graf von Westfahlen in NJW 2010, 2254 [2257] und Uffmann in RdA 2011, 154 [159], die hier von einem „dogmatischen Dissens“ sprechen.

331 So auch Graf von Westfahlen in NJW 2010, 2254 [2257] und Uffmann in RdA 2011, 154 [159]; i. E. auch H. Schmidt in Ulmer/Brandner/Hensen, AGB, 11. Auflage 2011, § 306 BGB, Rn. 37a.

332 Vgl. dazu nur BGH vom 19.12.2001 – XII ZR 281/99 = NJW 2002, 1260 [1261]; sowie st. Rspr. des BGH zur Auslegung von letztwilligen Verfügungen, z. B. BGH, vom 26.04.1951 – IV ZR 4/50 = NJW 1951, 959 [960]; vom 30.12.1999 – 1Z BR 174/98 = NJWE-FER 2000, 93; a. A. noch RG vom 09.11.1918 – 244/18 V = JW 1919, 102 [103]; und noch BGH vom 09.04.1981 – IVa ZB 6/80 = BGHZ 80, 246, [249 f.] = NJW 1981, 1736 [1737]; heute noch ablehnend Palandt BGB, 71. Auflage 2012, § 133, Rn. 6.

dispositiven Gesetzesrecht ergibt. Der Kunde darf grundsätzlich einmal darauf vertrauen, dass bei Nichteinbeziehung oder Unwirksamkeit die gesetzliche Regelung gilt. Dieses schützenswerte Vertrauen kann nur im Ausnahme- bzw. Härtefall überwunden werden.

Ein dispositives Gesetzesrecht i. S. d. § 306 Abs. 2 BGB erfordert nicht zwingend eine ausdrückliche gesetzliche Regelung. Ausreichend ist vielmehr auch, wenn der Gesetzgeber einen bestimmten Gegenstand bewusst nicht regelt. So wurde beispielsweise aus § 308 Nr. 4 BGB sowie der Systematik der §§ 305 ff. BGB ersichtlich ein umfassendes Recht zum einseitigen Widerruf von vertraglich zugesicherten Leistungen vom Gesetzgeber bewusst abgelehnt.[333]

Damit scheidet eine ergänzende Vertragsauslegung in jedem Falle aus, wenn die entstandene Lücke mit Hilfe des dispositiven Gesetzesrechts geschlossen werden kann. Dies gilt unabhängig davon, ob die Lücke auf Einbeziehungs- oder Inhaltskontrollschranken zurückzuführen ist.

e) Mehrere mögliche Vertragsgestaltungen

Aus dem beschriebenen Wesen der ergänzenden Vertragsauslegung ergibt sich auch, dass diese in solchen Fällen nicht möglich ist, in denen verschiedene (gleichwertige) Gestaltungsmöglichkeiten zur Ausfüllung einer Lücke im Vertragswerk in Betracht kommen.[334] Denn dies hätte einen unverhältnismäßigen Eingriff in die Privatautonomie zur Folge, da der tatsächliche Parteiwille schlichtweg nicht zu ermitteln ist.[335]

f) Verbandsprozess

Schließlich ist eine Lückenschließung mittels ergänzender Vertragsauslegung bei Massenverträgen, wie etwa im Versicherungsrecht oder im Bankenrecht, ungeeignet. Sie kann deshalb in Verbandsklageverfahren nicht durchgeführt werden (siehe dazu ausführlich oben, Zweiter Teil, C. II. [S. 82 f.]).[336]

---

333 St. Rspr., vgl. etwa BAG, vom 11.10.2006 – 5 AZR 721/05 = NZA 2007, 87 [88] m. w. N. aus der Rspr.; aus der Lit. etwa Heiden in RdA 2012, 225 [232].

334 St. Rspr., vgl. statt aller BGH, vom 22.12.2003 – VIII ZR 90/02 = NJW-RR 2004, 262 [263] m. w. N.; BAG vom 24.10.2007 – 10 AZR 825/06 = NJW 2008, 680 [684]; Römer in VersR 1994, 125 [125 f.]; a. A. im Hinblick auf den Vorrang eines sachgerechten Interessenausgleichs und die Fortgeltung des Vertrages H. Schmidt in Ulmer/Brandner/Hensen, AGB, 11. Auflage 2011, § 306 BGB, Rn. 38 m. w. N.; Biehl in JuS 2010, 195 [200].

335 BGH, vom 03.11.1999 – VIII ZR 269/98 = NJW 2000, 1010 [1014] m. w. N.

336 Gegenstand des Verbandsprozesses ist nur die Unwirksamkeit der streitgegenständlichen formularmäßigen Klausel, nicht aber, wie eine Regelung alternativ ausgestaltet sein muss, um

4. Abgrenzung zur Vertragsanpassung

Vertragsanpassung und ergänzende Vertragsauslegung sind in Voraussetzungen und Rechtsfolgen unterschiedlich und damit zwei voneinander streng zu unterscheidende Rechtsinstitute.

a) Notwendigkeit der Abgrenzung

Mag die Abgrenzung auch in tatsächlicher Hinsicht angesichts der fließenden Übergänge äußerst schwierig sein, ist sie dennoch zwingend vorzunehmen. Dies ist entgegen einigen Stimmen in der Literatur auch nicht etwa deshalb unnötig, weil ergänzende Vertragsauslegung und Vertragsanpassung im Hinblick auf ihre Lückenfüllungsfunktion strukturgleich sind[337] bzw. in vielen Fällen zu gleichen Ergebnissen führen[338]. Die Vertragsanpassung setzt im Gegenteil gerade voraus, dass eine ergänzende Vertragsauslegung nicht möglich ist oder zu keinem befriedigenden Ergebnis führt.[339]

Entscheidender Gesichtspunkt ist jedoch, dass die ergänzende Vertragsauslegung im Bereich der Vertragsverhältnisse das Äquivalent zur Analogie darstellt, indessen die Vertragsanpassung einer teleologischen Reduktion des Vertrages gleichkommt.[340] Für die Einschränkung der Reichweite einer Norm bzw. die Beschränkung einer wirksamen vertraglichen Regelung ist ein weitaus größerer Begründungsaufwand erforderlich, als für die Beseitigung eines rechts- bzw. vertragslosen Zustandes. Denn hier geht es, anders als bei dem bloßen Schluss von Lücken, um eine Risikoneuverteilung, weil die unveränderte Fortsetzung des Vertrags dem Verwender unzumutbar ist.[341]

Dies zeigt sich etwa daran, dass die ergänzende Vertragsauslegung im Gegensatz zur gesetzlichen Anpassung nach § 313 Abs. 1 BGB und § 164 Abs. 1 S. 1 VVG und § 10 Abs. 2 S. 3 WoEigG gerade nicht voraussetzt, dass ein Festhalten am unveränderten Vertrag für mindestens eine Partei „unzumutbar" ist. Auch die weiteren, im Folgenden noch zu untersuchenden, anerkannten Rechtsinstitute, die eine Vertragsanpassung ermöglichen, erfordern das Vorliegen von zusätz-

---

wirksam zu sein, (siehe auch § 1 UKlaG), vgl. BGH, vom 13.12.2006 – VIII ZR 25/06 = NJW 2007, 1054, 1057; Witt in Ulmer/Brandner/Hensen, AGB, 11. Auflage 2011, § 1 UKlaG Rn. 18; Bunte in NJW 1984, 1145 [1146].

337 So aber Nicklisch in BB 1980, 949; Müller in JZ 1981, 337.

338 Etwa Heinrichs in Palandt BGB, 71. Auflage 2012, § 313, Rn. 10.

339 Vgl. nur Baier in NZG 2004, 356 [358].

340 Vgl. Köhler in 50 Jahre Bundesgerichtshof – Festgabe aus der Wissenschaft, Band I, 2000, S. 295 [309].

341 A. A. Bieder in RdA 2011, 142 [153 f.].

lichen, einschränkenden Voraussetzungen. Die ergänzende Vertragsauslegung ist im Gegensatz dazu an deutlich geringere Voraussetzungen geknüpft. Auf den ersten Blick könnte man insofern sogar auf den Gedanken kommen, die ergänzende Vertragsauslegung als Unterfall der Anpassung zu sehen, wenn man im Falle einer Vertragslücke stets vom Vorliegen eines zur Anpassung berechtigenden Härtefalls ausgeht. Aufgrund der Häufigkeit von Lücken im Vertragswerk würde dies jedoch den Ausnahmecharakter der Vertragsanpassung geradezu ins Gegenteil verkehren. Im Übrigen basiert die Anpassung auf besonderen Rücksichtnahme- bzw. Treuepflichten, wie sie nur in Dauer- und Langzeitschuldverhältnissen bestehen. Demgegenüber gibt es keinen sachlich gerechtfertigten Grund, einen Schluss von Lücken in punktuellen Schuldverhältnissen von vorneherein außen vor zu lassen.

Bereits in der Tatsache, dass § 313 Abs. 1 BGB wegen der gesetzlichen Risikoverteilung des § 306 BGB im Rahmen von AGB (weitestgehend) nicht einschlägig ist (dazu oben unter Dritter Teil B. II. 1. [S. 101 ff.], wohingegen eine ergänzende Vertragsauslegung teilweise möglich ist (siehe oben, Dritter Teil C. I. 3. [S. 148 ff.]), wird deutlich, dass die Abgrenzung der beiden Rechtsinstitute keineswegs überflüssig, bzw. bloß rein theoretischer Art ist.

Außerdem scheidet eine ergänzende Vertragsanpassung nach überzeugender Ansicht immer dann aus, wenn das nach § 306 Abs. 2 BGB zum Schluss der Lücke im Vertragswerk heranzuziehende dispositive Gesetzesrecht unpassend erscheint (dazu ausführlich oben, unter C. I. 3. d) [S. 151 ff.]).

b) Abgrenzungsmerkmale

Die Abgrenzung von ergänzender Vertragsauslegung und Vertragsanpassung kann zunächst in negativer Weise dadurch erfolgen, dass eine Vertragsanpassung immer – aber auch erst dann – in Betracht kommt, wenn die ergänzende Vertragsauslegung unzulässig ist. Es ist jedoch auch möglich, die beiden Rechtsinstitute positiv von einander zu unterschieden: Wenn eine bestehende Regelung nicht mehr sachgerecht erscheint und durch eine neue ersetzt werden soll,[342] „[...] *die der Wirklichkeit unter Billigkeitsgesichtspunkten besser entsprechen soll* [...]“[343], kann dies nur mittels einer Vertragsanpassung geschehen. Wird danach

342 BGH, vom 29.04.1982 – III ZR 154/80 = NJW 1982, 2184 [2185].

343 Medicus in FS Flume, 1978, S. 629 [645]; dies verkennt Säcker in FS Westermann, 2008, S. 617 [634], wenn er bei Äquivalenzstörungen infolge des Wegfalls der Bemessungsgrundlage die ergänzende Auslegung anwenden will, weil der Vertrag angesichts einer fehlenden „Besserungsklausel“ lückenhaft erscheinen soll; in einem solchen Fall erscheint die Vertragsanpassung überdies angesichts der strengeren und klareren Voraussetzungen auch sachgerechter.

eine an sich wirksame Vereinbarung, gleich aus welchen Gründen, von zumindest einer Partei als unbillig bzw. unzumutbar empfunden, ist eine Korrektur des Vertrages ausschließlich mittels Vertragsanpassung möglich. Anders herum gefasst scheidet eine ergänzende Vertragsauslegung regelmäßig aus, wenn die gewünschte Korrektur vertragliche Abreden, die dem Willen der Parteien bei Vertragsschluss entsprechen, gleichsam in ihrer „Substanz" betrifft.

Darüber hinaus sind einer ergänzenden Vertragsauslegung nur solche Gegenstände zugänglich, die zum Inhalt des Vertrages geworden sind. Dies setzt eine planwidrige Lücke im Vertragswerk voraus, die dadurch entstanden ist, dass ein regelungsbedürftiger Punkt nicht oder nur unvollständig in den Vertrag aufgenommen wurde (vgl. aber § 154 Abs. 1 BGB). Die Ergänzung erfolgt ausschließlich innerhalb der gewollten Vereinbarung,[344] so dass eine Erweiterung mangels Stütze im Vertrag ausscheidet.[345] Im Gegensatz dazu wird eine Vertragsanpassung vorgenommen, um den – äußeren – Umständen der Wirklichkeit gerecht zu werden und die vertraglichen Regelungen dem Willen der Parteien anzugleichen.[346] Dies ist insbesondere dann der Fall, wenn sich aus dem bestehenden Regelungsplan der Parteien nichts zu dem in Frage stehenden Umstand ergibt.[347]

Außerdem scheidet eine ergänzende Vertragsauslegung in solchen Fällen aus, in denen die Parteien gemeinsam irrigen Vorstellungen über einen in der Vereinbarung nicht geregelten Punkt unterliegen.[348] Das ist freilich im Rahmen von AGB, bei denen der Verwender die Vertragsgestaltungsfreiheit einseitig in Anspruch nimmt und der andere Teil regelmäßig keine näheren Vorstellungen bezüglich der formularmäßigen Bedingungen hat, nur in Ausnahmefällen vorstellbar.

Im Einzelfall bietet es sich an, zur Abgrenzung am Wortlaut der betreffenden Klausel anzusetzen, da die ergänzende Vertragsauslegung, wie gezeigt, ihre Grenze im Willen der Parteien findet. Die Abgrenzung der beiden Rechtsinstitute lässt sich faustformelartig folgendermaßen zusammenfassen: Eine Veränderung des von den Parteien gewollten Wortlauts der Vereinbarung kann nicht mehr mittels Auslegung vorgenommen werden. Das gilt auch für jegliche Ergänzung,

---

344 St. Rspr., BGH, vom 22.04.1953 – II ZR 143/52 = NJW 1953, 937 a. E vom 02.07.2004 – V ZR 209/03 = NJW-RR 2005, 205 [206]; H. Roth in Staudinger BGB, §§ 139 – 163, 14. Bearbeitung 2010, § 157 Rn. 9; Baier in NZG 2004, 356 [357] m. w. N.

345 Vgl. Römer in VersR 1994, 125; siehe auch Cziupka in JuS 2009, 103 [105].

346 St. Rspr., BGH, vom 14.11.2003 – V ZR 346/02 = NJW-RR 2004, 554 [554].

347 BGH, vom 14.11.2003 – V ZR 346/02 = NJW-RR 2004, 554; vom 02.07.2004 – V ZR 209/03 = NJW-RR 2005, 205 [206]; OLG Hamm, vom 29.09.1992 – 7 U 41/92 = NJW-RR 1993, 181 [181].

348 BGH, vom 10.09.2009 – VII ZR 82/08 = NJW 2010, 519 [522]; H. Roth in Staudinger BGB, §§ 139 – 163, 14. Bearbeitung 2010, § 157 Rn. 9.

Ersetzung oder Streichung von vertraglichen Klauseln. Der Begriff „Auslegung" erfasst schon nach allgemeinem Verständnis gerade keine Veränderungen bzw. Einwirkungen auf den – gewollten – Wortlaut einer vertraglichen Regelung. Dies gilt auch für solche Punkte, die von den Parteien bewusst nicht in das Vertragswerk aufgenommen worden sind. Man spricht insofern von „planvollen" oder „bewussten Regelungslücken".

Andernfalls würde man den sowieso bereits sehr weiten Anwendungsbereich der Auslegung in unzulässiger Weise noch weiter ausdehnen.

5. Rechtsfolge der ergänzenden Vertragsauslegung

Wird ein Vertrag ergänzend ausgelegt, weil ein ausdrücklicher oder stillschweigender Wille der Parteien nicht fassbar erscheint, muss deren hypothetischer Wille im Zeitpunkt des Vertragsschlusses ermittelt werden.[349] Dazu muss der restliche (wirksame) Vertragsinhalt und die daraus resultierenden Wertungen herangezogen und der Vertrag zu Ende gedacht werden.[350] Es ist auf dasjenige abzustellen, was redlich handelnde Parteien bei angemessener Abwägung der widerstreitenden Interessen als gerechten Ausgleich vereinbart hätten, wenn sie den nicht geregelten Fall bedacht hätten.[351] Das durch die Auslegung gefundene Ergebnis muss – im restlichen Vertragstext – eine Stütze finden[352] und sich als logische und zwingende Folge der vertraglichen Vereinbarung darstellen.[353]

Anders als bei individuell ausgehandelten Verträgen soll der hypothetische Parteiwille nach der Rechtsprechung anhand eines objektiv-generalisierenden Maßstabes zu bestimmen sein, der sich in erster Linie am Willen der typischerweise an den betreffenden Geschäften beteiligten Rechtskreise auszurichten hat.[354]

---

349 Grundlegend BGH, vom 30.09.1952 – I ZR 31/52 = NJW 1953, 339 [341].

350 So unter anderem Wolf/Neuner, BGB AT, 10. Auflage 2012, § 35, Rn. 66; Ehricke in RabelsZ 60 (1996), 661 [686].

351 Etwa BGH, vom 06.07.1989 – III ZR 35/88 = NJW-RR 1989, 1490 [1491] m. w. N.

352 Vgl. insofern nur BGH, vom 25.06.1980 – VIII ZR 260/79 = NJW 1980, 2347 [2347 a. E.] m. w. N.

353 Siehe schon etwa BGH, vom 24.02.1954 – II ZR 88/53 = NJW 1959, 799 [800] und vom 10.07.1963 – VIII ZR 204/61 = NJW 1964, 2071 [2075].

354 St. Rspr., vgl. nur BGH, vom 18.7.2007 – VIII ZR 227/06 = NJW-RR 2007, 1697 [1701] m. w. N.; Busche in MüKo BGB, Band 1, 6. Auflage 2012, § 157 Rn. 32 m. w. N.

6. Vorrang der Auslegung

Die ergänzende Vertragsauslegung ist gegenüber der Vertragsanpassung (etwa nach § 313 Abs. 1 BGB) grundsätzlich vorrangig.[355] Denn um feststellen zu können, ob die Voraussetzungen für eine Anpassung des Vertrages überhaupt gegeben sind, muss gerade erst der tatsächliche Inhalt und die Reichweite des Vertrages durch Auslegung ermittelt werden.[356] Dies schließt sämtliche Arten der Auslegung und damit auch die ergänzende ein. Erst dann, wenn die Auslegung ergeben hat, dass die – anzupassende – Regelung inhaltlich von der ursprünglichen vertraglichen Vereinbarung nicht mehr erfasst ist, kann ggf. eine Anpassung erfolgen. Überdies ergibt sich der Vorrang der ergänzenden Vertragsauslegung schon daraus, dass diese die Durchführung des Regelungsplans entsprechend dem Willen der Parteien ermöglicht, während die Anpassung auch insoweit notwendige Korrekturen vornimmt.[357]

In diesem Zusammenhang ist schließlich der hinsichtlich der Rangfolge vergleichbare Fall der Anfechtung anzuführen, bei welcher der Vorrang der ergänzenden Vertragsauslegung allgemein anerkannt ist.[358] Hier muss zwingend zunächst der wirkliche Wille festgestellt werden, bevor beurteilt werden kann, ob und ggf. in welchem Umfang ein Irrtum vorliegt. Dieses Verhältnis von Anfechtung und ergänzender Vertragsauslegung ist mit der hier behandelten Konstellation vergleichbar, da die Anfechtung, wie die Vertragsanpassung, die „Substanz“ der vertraglichen Regelung berührt, indem sie die Willenserklärung des Anfechtenden und damit den erfolgten Vertragsschluss sogar mit Wirkung ex tunc insgesamt beseitigt.

7. Zusammenfassung

Ausgehend von diesen Erkenntnissen bleibt festzuhalten, dass es sich bei der ergänzenden Vertragsauslegung der Sache nach um eine Rechtsfortbildung han-

355 BGH, vom 14.10.1977 – V ZR 253/74 = NJW 1978, 695; aus der Literatur etwa Säcker in FS Westermann 2008, S. 617 [631 ff.]; a. A. Busche in MüKo BGB, Band 1, 6. Auflage 2012, § 157 Rn. 35 m. w. N.

356 So wie hier: Fikentscher, Die Geschäftsgrundlage als Frage des Vertragsrisikos, 1971, Seite 42; H. Roth in Staudinger BGB, §§ 139 – 163, 13. Auflage 2010, § 157, Rn. 8; Staudinger/Kassing, VersR 2007, 10 [15].

357 BGH, vom 10.07.1969 – III ZR 238/68 = WM 1969, 1237 [1239 a. E.]; vom 01.02.1984 – VIII ZR 54/83 = NJW 1984, 1177 [1178].

358 Vgl. nur zur Anfechtung letztwilliger Verfügungen: BayObLG, vom 12.11.2001 – 1Z BR 134/00 = NJW–RR 2002, 367 [368]; Weidlich in Palandt BGB, 71. Auflage 2012, § 2078, Rn. 1.

delt, die im Prozess durch den das Gericht unter Ausübung des tatrichterlichen Ermessens vorgenommen wird. Gleichwohl sollte im Bereich der Vertragsverhältnisse aufgrund der allgemeinen Akzeptanz des Begriffs an der Bezeichnung festgehalten werden.

Eine Korrektur von Verträgen kann grundsätzlich entweder mittels ergänzender Vertragsauslegung oder mittels Vertragsanpassung erfolgen. Beide Rechtsinstitute unterscheiden sich sowohl in ihren Voraussetzungen, als auch in ihren Rechtsfolgen: Eine Anpassung ist anders als die ergänzende Vertragsauslegung nur unter engen Voraussetzungen möglich. Die Vertragsanpassung auch eine Ersetzung von unpassenden bzw. unwirksamen Regelungen zu, was mittels der ergänzenden Vertragsauslegung nicht möglich ist. Die ergänzende Vertragsauslegung stellt demnach im Bereich der Vertragsverhältnisse das Äquivalent zur Analogie dar, wohingegen die Vertragsanpassung der teleologischen Reduktion bzw. Extension ähnelt.

Die Grundsätze über die ergänzende Vertragsauslegung können grundsätzlich zur Korrektur von formularmäßigen Verträgen herangezogen werden können. Dies gilt jedoch dann nicht, wenn nicht auf dispositives Gesetzesrecht zum Schluss der Lücke zurückgegriffen werden kann.

II. Geltungserhaltende Reduktion von AGB

Die Obergerichte sowie die herrschende Meinung in der Literatur halten eine geltungserhaltende Reduktion von unwirksamen Klauseln unzulässig.[359] Diese Auffassung ist jedoch abzulehnen, da sie auf der unzutreffenden Annahme beruht, dass eine geltungserhaltende Reduktion zwingend auf eine Verkürzung der unwirksamen Klausel „[...] *auf das eben noch zulässige Maß*. [...]“[360] gerichtet sein muss. Sie verkennt insbesondere, dass auch die allgemein anerkannten Methoden zur Korrektur von AGB der Sache nach eine geltungserhaltende Reduktion darstellen bzw. von dieser nicht abgegrenzt werden können.

---

359 St. Rspr.; grundlegend die Leitentscheidung des BGH, vom 17.05.1982 – VII ZR 316/81 = NJW 1982, 2309 [2310]; daneben z. B. BGH, vom 23.09.2009 – VIII ZR 344/08 = NJW 2009, 3716 [3717]; aus der Lit. etwa von Westphalen in von Westphalen AGB, 31. Ergänzung 2012, 10) Freizeichnungs- und Haftungsbegrenzungsklauseln Rn. 131 ff.

360 Wolf/Neuner, BGB AT, 10. Auflage 2012, § 43, Rn. 81.

1. Dogmatische Einordnung der geltungserhaltenden Reduktion

Eine geltungserhaltende Reduktion ist im Gesetz nicht ausdrücklich geregelt. Ihre dogmatische Einordnung ist umstritten.[361] Vertreten wird, dass es sich dabei um ein Instrument zur richterlichen Vertragskontrolle,[362] ein Rechtsinstitut[363] bzw. Rechtsfigur[364] eigener Art, eine Rechtsmethode[365] oder eine Denkfigur handelt, mithilfe derer sich eine inhaltliche Reduktion begründen bzw. herbeiführen lässt.[366] Teilweise wird dieser Begriff auch mit Teilunwirksamkeit[367] oder Umdeutung gleichgestellt.[368]

Angesichts der bestehenden Korrekturmöglichkeiten (einschließlich der mit dieser Arbeit untersuchten AGB-Anpassung) ist eine zusätzliche Modifizierung mittels einer geltungserhaltenden Reduktion nicht erforderlich.[369] Ob und in welchem Umfang eine AGB-Korrektur vorgenommen werden kann, bestimmt sich ausschließlich nach den Voraussetzungen des jeweiligen Gesetzes bzw. Rechtsinstituts. Daher sollte die geltungserhaltende Reduktion richtigerweise als eine phänomenologische Beschreibung für Korrekturen bei formularmäßigen Verträgen verwendet werden, die im Ergebnis dazu führen, dass der Vertrag einen anderen, wirksamen Inhalt erhält. So handelt es sich nach überzeugender Ansicht beispielsweise bei der ergänzenden Vertragsauslegung um ein „[...] *juristisches Instrumentarium, um zu dem Ergebnis einer geltungserhaltenden Reduktion zu gelangen* [...]“.[370]

361 Zusammenfassend Uffmann, Das Verbot der geltungserhaltenden Reduktion, 2010, S. 212 ff.; Schlewing in RdA 2011, 92 [94].

362 H. Schmidt, Vertragsfolgen der Nichteinbeziehung und Unwirksamkeit von Allgemeinen Geschäftsbedingungen, 1986, S. 85, 117 f. m. w. N.

363 Stoffels, AGB, 2. Auflage 2009, Rn. 596.

364 Westphalen in von Westphalen AGB, 31. Ergänzung 2012, 14) Rechtsfolgen Rn. 16.

365 Götz in NJW 1978, 2223 [2224].

366 Fastrich, Richterliche Inhaltskontrolle im Priavtrecht, 1992, S. 335 ff.

367 So wohl Schmidt-Salzer, Allgemeine Geschäftsbedingungen, 1971, S. 41 [28.].

368 Vgl. etwa Ebel in DB 1979, 1973 [1974] und Pfeiffer in DZWiR 1998, 154 [157]; Lorenz in MüKo BGB, 6. Auflage 2012, § 475 Rn. 24.

369 So i. E. auch Schlewing in RdA 2011, 92 [94].

370 OLG Köln, vom 04.04.2001 – 26 O 130/00 = NJW-RR 2002, 730 [730]; zust. Westermann in FS Stimpel 1985, 89; Stadler in Jauernig BGB, § 306 Rn. 5 und Das Verbot der geltungserhaltenden Reduktion, 2010, S. 223 f.; vgl. auch BAG vom 05.12.2002 – 6 AZR 539/01 = NZA 2003, 359 [361], das geltungserhaltende Reduktion und ergänzende Vertragsauslegung als gleichwertig einsetzt.

2. Begründung des generellen Verbots der geltungserhaltenden Reduktion

Das Verbot der geltungserhaltenden Reduktion wird zum einen mit dem Schutzzweck des Gesetzes begründet, wonach die Erwartung des Verwenders unterbinden werden soll, das Gericht werde ihm seine überzogene Klausel schon auf das gerade noch zulässige Maß zurecht stutzen – sofern sich der Kunde überhaupt dagegen zur Wehr setzt.[371] Der Richter werde dann gleichsam zum „Büttel" des Verwenders, der völlig risikofrei nach seinem Belieben und ohne Einflussmöglichkeit der Gegenseite unwirksame Bestimmungen treffen könnte.[372] Die Akzeptanz einer geltungserhaltenden Reduktion stünde im Widerspruch zu dieser Risikoverteilung und hätte letztlich eine Risikoumkehr zu Lasten des Kunden zu Folge.[373]

Zum anderen soll das erklärte Ziel der AGB-Kontrolle entgegenstehen, wonach von vorneherein auf angemessene AGB hingewirkt werden soll, um den Rechtsverkehr vor unwirksamen Klauseln zu verschonen und den Kunden bei Vertragsschluss sachgerecht über seine Rechte und Pflichte zu informieren.[374]

3. Richtigerweise: Zulässigkeit der geltungserhaltenden Reduktion

Die genannten Argumente können jedoch in gleichem Maße einer ergänzenden Vertragsauslegung entgegen gehalten werden, die nach ganz herrschender Meinung als zulässig erachtet wird.[375] Denn im Ergebnis zielen beide darauf ab, unwirksame Klauseln durch Verkürzung bzw. Ergänzung aufrecht zu erhalten.[376] Auch in methodischer Hinsicht sind die Vorgehensweisen bei der ergänzenden

---

371 BGH, vom 10.01.1974 – VII ZR 28/72 = NJW 1974, 551 [553]; vom 05.06.1989 – II ZR 227/88 = NJW 1989, 2681 [2682 a. E.].

372 Vgl. nur BGH, vom 10.01.1974 – VII ZR 28/72 = NJW 1974, 551 [553]; vom 17.05.1982 – VII ZR 316/81 = NJW 1982, 2309 [2310]; Schlosser in Staudinger BGB, §§ 305 – 310, 14. Bearbeitung 2006, § 306 Rn. 22.

373 Vgl. H. Schmidt, Vertragsfolgen der Nichteinbeziehung und Unwirksamkeit von Allgemeinen Geschäftsbedingungen, 1986, S. 143.

374 BGH, vom 17.05.1982 – VII ZR 316/81 = NJW 1982, 2309 [2310] mit ausführlicher Begründung; H. Schmidt in Ulmer/Brandner/Hensen, AGB, 11. Auflage 2011, § 306 BGB Rn. 14; Ulmer in NJW 1982, 2025 [2028 f.]; Löwe in JuS 1977, 421 [424]; E. Schmidt in JA 1980, 400 [404].

375 Hager. Gesetzes- und sittenkonforme Auslegung und Aufrechterhaltung von Rechtsgeschäften, 1983, S. 199 f.; ders. In JuS 1985, 264 [266]; ders. In JZ 1996, 175 [176].

376 Trinkner in BB 1984, 490 [492]; Löwe in BB 1984, 492 [494]; Hager in JuS 1985, 264 [266]; Canaris in ZIP 1996, 1109 [1113].

Vertragsauslegung und der „geltungserhaltenden Reduktion" ohne weiteres austauschbar.[377] Dies gilt im Übrigen auch im Vergleich zu den übrigen Korrekturinstrumenten, mit Hilfe derer unwirksame Klauseln zumindest teilweise aufrecht erhalten bzw. ergänzt werden können.[378] Aus diesem Grunde ist die geltungserhaltende Reduktion nicht als eigenständiges Korrektiv zu begreifen, sondern vielmehr als Oberbegriff für die Aufrechterhaltung von unwirksamen Klauseln mit Hilfe der verschiedenen Korrekturinstrumentarien. Damit stellt sich die Frage nach dem Verbot einer geltungserhaltenden Reduktion von vorneherein nicht.

Etwas anderes folgt auch nicht aus dem unterschiedlichen Zweck von geltungserhaltender Reduktion und ergänzender Vertragsauslegung bzw. AGB-Korrektur. Die überwiegende Meinung setzt ohne nähere Begründung voraus, dass die geltungserhaltende Reduktion stets darauf gerichtet ist, eine unwirksame Klausel auf das gerade noch zulässige Maß[379] herabzusetzen. Dieser Schluss ist weder zwingend noch erforderlich. Richtigerweise ist vielmehr eine Reduzierung auf das angemessene Maß zu fordern, so dass die widerstreitenden Parteiinteressen in einen gerechten Ausgleich gebracht werden können.[380] Insbesondere ist ein generelles Verbot der geltungserhaltenden Reduktion nicht erforderlich, um auszuschließen, dass sich eine Korrektur von AGB einseitig an den Interessen des Verwenders ausrichtet. Fordert man bei der Korrektur richtigerweise einen gerechten bzw. angemessenen Interessenausgleich, wird ohnehin sichergestellt, dass die Interessen sämtlicher Vertragsparteien hinreichend berücksichtigt und in einen gerechten Ausgleich gebracht werden.

Ausgehend von diesen Erwägungen ist eine geltungserhaltende Reduktion grundsätzlich als zulässig anzusehen.[381] Indem nach überzeugender Ansicht – wie etwa auch bei der ergänzenden Vertragsauslegung – eine angemessene Verkürzung der Klausel erforderlich ist, verwirklichen sich auch nicht die oben (unter 2., [S. 164 f.]) dargestellten Befürchtungen der Gegenansicht. Durch das Erfordernis der Angemessenheit wird sichergestellt, dass dem Verwender das Risiko aus der einseitigen Vertragsgestaltung nur in geringem Umfang abge-

---

377 Hager in JZ 1996, 175 [176].

378 Ausführlich Hager, Gesetzes- und sittenkonforme Auslegung und Aufrechterhaltung von Rechtsgeschäften, 1983, S. 31 ff., 125 ff., 154 ff.; ders in JZ 1996, 175 [176]; Canaris in FS Steindorff, 1990, S. 519 [551.].

379 Wolf/Neuner, BGB AT, 10. Auflage 2012, § 43 Rn. 81.

380 Canaris in FS Steindorff, 1990, S. 519 [550 f.]; ders. in NJW 1988, 1243 [1244]; Hager, Gesetzes- und sittenkonforme Auslegung und Aufrechterhaltung von Rechtsgeschäften, 1983, S. 31 ff., 125 ff., 154 ff., 199 f.; ders. in JuS 1985, 264 [266]; ders. in JZ 1996, 175 [176]; Uffmann bezeichnet die h. M. als „Stigmatisierung" der geltunsgerhaltenden Reduktion, Das Verbot der geltungserhaltenden Reduktion, 2010, S. 208 und 232.

381 So bereits Köz in NJW 1979, 785 [786].

nommen wird.[382] Ferner erkennt auch die höchstrichterliche Rechtsprechung eine derartige Einschränkung der Präventions- und Sanktionsgedanken an, wenn sie eine Umformulierung (teil-)unwirksamer Klauseln ausdrücklich für zulässig erachtet.[383]

4. Zusammenfassung

Nach alldem bleibt festzuhalten, dass die geltungserhaltende Reduktion kein eigenes bzw. zusätzliches Korrekturinstrument darstellt. Die Bezeichnung der geltungserhaltenden Reduktion sollte vielmehr als Oberbegriff für die AGB-Korrektur mit Hilfe der gesetzlichen bzw. sonstigen Rechtsinstrumente verwendet werden. Aus diesem Grunde ist auch ein generelles Verbot der geltungserhaltenden Reduktion abzulehnen.

III. Gesellschaftsrecht: gesellschaftliche Treuepflicht

Jeder einzelne Gesellschafter ist aufgrund der gesellschaftsrechtlichen Verbundenheit dazu verpflichtet, „[...] *sich persönlich für die Belange der Gesellschaft einzusetzen und alles zu unterlassen, was deren Interesse schädigen könnte* [...]“.[384] Diese gesellschaft(-srecht-)liche oder mitgliedschaftliche Treuepflicht ist nicht auf bestimmte Gesellschaftsformen beschränkt, sondern stellt vielmehr ein allgemeines, rechtsformübergreifendes Rechtsinstitut dar.[385] Sie besteht sowohl gegenüber der Gesellschaft als auch gegenüber den (Mit-)Gesellschaftern.[386] Inhalt und Reichweite der Pflicht[387] ergeben sich dabei aus den Bestimmungen des Gesellschaftsvertrages sowie aus dem gewählten Gesellschaftstypus.[388] Als Ausfluss dieser Treuepflicht kommt grundsätzlich nicht nur eine Zustimmungs-

---

382 Roth in JZ 1989, 411 [417].

383 BGH, vom 18.05.1995 – IX ZR 108/94 = NJW 1995, 2553 [2557]; so auch Hager in JZ 1998, 175 [177].

384 BGH, vom 01.04.1953 – II ZR 235/52 = NJW 1953, 780 [781]; nach K. Schmidt, GesR, 4. Auflage 2002, § 20 IV 1 [S. 588 a. A.] kommen auch die mitgliedschaftliche Zweckförderungspflicht und die Korrelation zwischen Rechtsmacht und Verantwortung als Anknüpfungspunkt in Betracht.

385 Der BGH hat die Treuepflicht zuletzt auch im Rahmen der AG anerkannt: BGH, vom 01.02.1988 – II ZR 75/87 = NJW 1988, 1579 [1581 a. E.] m. Anm. Timm; zusammenfassend Schiessl in MüHdb GesR, Band 3, 3. Auflage 2009, § 6 Rn. 12 f.

386 Hueck/Fastrich in Baumbach/Hueck, GmbHG, 19. Auflage 2010, § 13 Rn. 20 m. w. N.

387 Michalski/Funke in Michalski, GmbHG, 2. Auflage 2010, § 13, Rn. 136 m. w. N.

388 Vgl. allgemein Hopt in Baumbach/Hopt, HGB, 34. Auflage 2010, § 109, Rn. 23.

pflicht der Gesellschafter zu Änderungen des Gesellschaftsvertrages[389] in Betracht, sondern auch zur Vornahme sonstiger, die Gesellschaft betreffende Handlungen, wie etwa die Mitwirkung an der Sanierung der Gesellschaft[390] oder der Verzicht auf einzelne, dem Gesellschafter an sich zustehende Rechte[391].

1. Besonderer Korrekturbedarf

Die Pflicht der Gesellschafter zur Rücksichtnahme und Loyalität gegenüber ihren Mitgesellschaftern und der Gesellschaft und das daraus resultierende Gebot zur zweckorientierten Betätigung[392] resultiert aus verschiedenen Erwägungen: Der besondere Korrekturbedarf im Verbandsrecht ergibt sich schon aus der unvollständigen gesetzlichen Regelung der Rechtsverhältnisse zwischen den Beteiligten. Unabhängig von der gewählten Rechtsform des Verbandes fehlt es an Vorschriften zur Beseitigung auftretender Störungen. Aufgrund dessen kann im Einzelfall eine Konkretisierung und Fortbildung des Rechts erforderlich werden.[393]

Ferner ist ein gesellschaftsrechtlicher Zusammenschluss aufgrund seiner langfristigen Ausrichtung in besonderem Maße veränderten Umständen und Störungen ausgesetzt. Aufgrund dessen ist es den Vertragsparteien regelmäßig unmöglich, eine entsprechende vorsorgende Vertragsregelung zu vereinbaren.[394] In diesem Zusammenhang ist außerdem einzustellen, dass bei Gesellschaften im Laufe der Zeit typischerweise ein Entwicklungsprozess stattfindet.[395] Dies gilt in besonderem Maße, wenn sie wirtschaftlich ausgerichtet sind und in Konkurrenz zu anderen Unternehmen am Wirtschaftsmarkt teilnehmen.

Die Gesellschafter verpflichten sich mit Abschluss des Gesellschaftsvertrages in autonomer Selbstbindung, zur Verwirklichung des vereinbarten Zwecks zusammenzuwirken.[396] Die Gesellschaft hat letztlich keine über die Zweckerreichung hinausgehende Bedeutung, so dass alle Maßnahmen der Gesellschafter,

---

389 Vgl. etwa BGH, vom 28.04.1975 – II ZR 16/73 = NJW 1975, 1410 [1411] m. w. N.; ferner Michalski in NZG 1998, 460 [461]; ablehnend etwa Kohlhosser in FS Bärmann, 1975, S. 533 [533 ff.].

390 So BGH, vom 20.03.1995 – II ZR 205/94 = BGHZ 129, 136 [142 ff.] = NJW 1995, 1739 [1741 f.]; im Ergebnis zustimmend: Altmeppen in NJW 1995, 1749.

391 Zur Aufhebung der Verzinsung von Kapitalanlagen BGH, vom 05.11.1984 – II ZR 111/84 = WM 1985, 195 [196].

392 Weipert in MüHdb GesR, Band 1, 3. Auflage 2009, § 6 Rn. 37.

393 Zwissler, Treuegebot – Treuepflicht – Treuebindung, 2002, S. 9.

394 Fleischer in ZGR 2001, 1 [5].

395 Horn in Gutachten und Vorschläge zur Überarbeitung des Schuldrechts, Band I, 1981, S. 614.

396 Raiser in GK GmbHG, Band I, 2005, § 14 Rn. 67.

die einen Bezug zur Gesellschaft aufweisen, sich vorrangig am Verbandszweck orientieren müssen.[397] Individualinteressen der Gesellschafter sind hinten anzustellen, da andernfalls auch eine Verwirklichung des Gesellschaftszwecks nicht möglich wäre.[398] Aus diesen Erwägungen wird zugleich deutlich, dass eine Pflicht zur Zustimmung zu einer Anpassung des Verbandszwecks unter keinen Umständen bestehen kann, weil dieser zugleich Grund und Grenze der gesellschaftlichen Treuepflicht ist.[399]

Schließlich folgt der besondere Korrekturbedarf auch aus dem ultima-ratio-Grundsatz, wonach die Korrektur als milderes Mittel gegenüber dem Ausschluss eines Gesellschafters bzw. Liquidation der Gesellschaft vorrangig ist. Demnach kann die Kündigung bzw. Ausschließung eines Gesellschafters[400] nur erfolgen, wenn dies zur Wahrung der berechtigten Interessen im Hinblick auf den Verbandszweck unbedingt erforderlich ist. Außerdem ist insofern zu bedenken, dass ein Ausscheiden aus der Gesellschafterstellung für den einzelnen Gesellschafter regelmäßig von erheblichem Nachteil ist, zumal eine Gesellschaftsbeteiligung nicht selten eine erhebliche Einnahmequelle für den einzelnen Gesellschafter darstellt. Daneben bringt ein Verkauf von gesellschaftlichen Beteiligungen in einer Situation, in welcher die übrigen Gesellschafter Zustimmung zur Anpassung des Gesellschaftsvertrages verlangen können, in aller Regel erhebliche finanzielle Verluste mit sich.[401] Dies folgt daraus, dass ein Anpassungsrecht gerade voraussetzt, dass der Gesellschaft erhebliche Verluste drohen oder sie gar in ihrem Fortbestand gefährdet ist. Insbesondere Beteiligungen an GmbH und Personengesellschaften haben im Vergleich zu Aktien eine deutlich geringere Verkehrsfähigkeit, da die Gesellschafterstellung unter anderem auch erhebliche Pflichten mit sich bringt.[402] Voraussetzung für eine Übertragung ist jedoch, dass das Gesetz bzw. die Satzung überhaupt eine Übertragung der Beteiligung zulässt.

Gleichzeitig entfaltet der durch Gesellschaftsvertrag geschaffene Personenverband regelmäßig auch Außenwirkung gegenüber Dritten, zu denen er Geschäftsbeziehungen unterhält.[403] Damit verbunden sind in der Regel verschiede-

397 Weipert in MüHdb GesR, Band 1, 3. Auflage 2009, § 6 Rn. 34.

398 Zu Unterscheidung von Verbands- und Individualinteressen siehe schon BGH, vom 29.01.1951 – IV ZR 171/50 = NJW 1951, 308 [308]; a. A. Lettl in AcP 202 (2002), 3 [15] m. w. N., der gleichsam von einer Verschmelzung der Interessen ausgeht.

399 Vgl. statt aller Weipert in ZGR 1990, 142 [148].

400 Zum Ausschluss von GmbH-Gesellschaftern und Aktionären etwa BGH, vom 01.04.1953 – II ZR 235/52 = NJW 1953, 780 [781]; vgl. auch Hueck/Fastrich in in Baumbach/Hueck, GmbHG, 19. Auflage 2010, § 34 Anh. Rn. 2 m. w. N.; Krieger in MüHdb GesR, Band 4, 3. Auflage 2007, § 62 Rn. 35.

401 BGH, vom 01.02.1988 – II ZR 75/87 = NJW 1988, 1579 [1580] m. Anm. Timm.

402 BGH, vom 01.02.1988 – II ZR 75/87 = NJW 1988, 1579 [1581] m. Anm. Timm.

403 Horn in Gutachten und Vorschläge zur Überarbeitung des Schuldrechts, Band I, 1981, S. 614.

ne, oft erhebliche Verpflichtungen der Gesellschaft und ggf. auch ihrer Gesellschafter, die eine Anpassung im Hinblick auf die Liquidität und den Fortbestand der Gesellschaft im Einzelfall ebenfalls erforderlich machen können. Dies zeigt, dass im Bereich des Verbandsrechts ein besonderer Korrekturbedarf als Ausfluss der gesellschaftlichen Treuepflicht grundsätzlich zwingend erforderlich ist.

2. Dogmatische Herleitung

Die dogmatische Herleitung der gesellschaftlichen Treuepflicht ist strittig.[404] Genannt werden insofern die Förderungspflicht aus § 705 BGB[405], der Grundsatz von Treu und Glauben nach § 242 BGB[406], „[...] *ein a priori existentes verbandsrechtliches Prinzip* [...]“[407], oder auch Gewohnheitsrecht infolge richterlicher Rechtsfortbildung[408]. Dieser Streit kann letztlich jedoch dahinstehen, da jedenfalls Einigkeit über die Voraussetzungen und Rechtsfolgen der gesellschaftlichen Treuepflicht besteht.

3. Voraussetzungen

Nach der von der Rechtsprechung geprägten Formel setzt die aus der Treupflicht resultierende (Einzel-)Pflicht eines Mitgesellschafters zur Zustimmung einer Vertragsänderung voraus, dass ihm aus dieser unter Berücksichtigung der Umstände des konkreten Einzelfalls keine unzumutbaren Nachteile erwachsen und die Modifizierung darüber hinaus für das Gesellschaftsverhältnis erforderlich erscheint. Dies soll maßgeblich dann der Fall sein, wenn durch die intendierte Änderung erhebliche Verluste der Gesellschaft oder der Gesellschafter vermieden oder wesentliche, durch gemeinsame Arbeit geschaffene Werte bewahrt werden sollen. Darüber hinaus darf kein weniger belastendes, gleich effektives Mittel zur Bewältigung der Unternehmenskrise gegeben sein und es muss sich die Vertragsänderung als verhältnismäßig darstellen.[409] Die begehrten Korrektu-

---

404 Ausführlich dazu Zwissler, Treuegebot – Treuepflicht – Treuebindung, 2002, S. 21 ff.

405 Lutter in AcP 180 (1980), 84 [102 ff.]; ders. in ZHR 153 (1989), 446 [452]; so auch Pentz in Rowedder/Schmidt-Leithoff, GmbHG, 4. Auflage 2002, § 13 Rn. 36.

406 Etwa BGH, vom 27.06.1988 – II ZR 143/87 = ZIP, 1117 [1118]; K. Schmidt, GesR, 4. Auflage 2002, § 20 IV 1 [S. 588 a. A.].

407 So Lutter in ZHR 162 (1998), 164 [166].

408 Stimpel in Pehle/Stimpel, Richterliche Rechtsfortbildung, 1969, S. 18.

409 St. Rspr., vgl. statt aller BGH, vom 24.04.1954 – II ZR 35/53 = BB 1954, 456 und vom 19.03.2007 – II ZR 73/06 = NJW-RR 2007, 832 [834]; zust. etwa K. Schmidt in MüKo HGB,

ren betreffen in der Regel den Gesellschaftervertrag, können sich aber auch auf andere, für die Gesellschaft wesentlichen Rechtsverhältnisse beziehen, wie etwa Geschäftsführeranstellungsverträge.[410]

Die Treupflichten bestehen unabhängig von der gewählten Rechtsform als Personen- oder Kapitalgesellschaft.[411] Diese Verpflichtungen wurden für die Gesellschafter einer GmbH[412] und die Aktionäre ausdrücklich anerkannt.[413]

In zeitlicher Hinsicht besteht die gesellschaftliche Treuepflicht schon vor Abschluss des Gesellschaftsvertrages (Vorgesellschaft und ggf. sogar Vertragsanbahnung) bis zur vollständigen Beendigung des Gesellschaftsverhältnisses und ist ggf. sogar noch nachwirkend.[414]

4. Rechtsfolgen

Die gesellschaftliche Treuepflicht beschränkt sich nicht nur auf die Ausübung der gesellschaftsvertraglichen Rechte und die Kontrolle mehrheitlicher Vertragsänderungen, sondern ermöglicht auch die Durchsetzung einer Änderung des Gesellschaftsvertrages.[415] Dies gilt sowohl im Falle des Widerspruchs einzelner Gesellschafter bei Geltung des Einstimmigkeitsprinzips[416] als auch dann, wenn bei Geltung des Mehrheitsprinzips eine qualifizierte Mehrheit zumutbare und erforderliche Vertragsänderung ablehnt.[417]

Die Treuepflicht begründet einen Erfüllungsanspruch der übrigen Gesellschafter auf Zustimmung in die erforderliche Vertragsänderung gegen den widersprechenden Gesellschafter, der mittels Leistungsklage eingeklagt und über § 894

Band 2, 3. Auflage 2011, § 105 Rn. 192 und § 131 Rn. 241; KJ Müller in DB 2005, 95 [96]; a. A. Pabst in BB 1977, 1524 [1527].

410 Vgl. etwa BGH, vom 15.06.1992 – II ZR 88/91 = DStR 1992, 1443 [1444 f.].

411 So schon RG, vom 17.01.1940 – II 126/39 = RGZ 162, 288 [394]; dem folgend BGH, vom 15.06.1959 – II ZR 44/58 = NJW 1959, 1683 [1683].

412 BGH, vom 05.06.1975 – II ZR 23/74 = NJW 1976, 191 m. Anm. Ulmer.

413 BGH, vom 01.02.1988 – II ZR 75/87 = NJW 1988, 1579 [1581] m. Anm. Timm; vom 22.06.1992 – II ZR 178/90 = NJW 1992, 3167 [3171]; zur Treuepflicht eines Minderheits- und Kleinaktionärs: BGH, vom 20.03.1995 – II ZR 205/94 = NJW 1995, 1739 [1741] m. Anm. Altmeppen.

414 Hopt in Baumbach/Hopt, HGB, 34. Auflage 2010, § 109, Rn. 24 m. w. N.

415 Nachweise siehe Fn. 406.

416 Zöllner, Die Schranken mitgliedschaftlicher Stimmrechtsmacht bei privatrechtlichen Personenverbänden, 1963, S. 353 m. w. N.; Hueck in ZGR 1972, 237 [239 f.]; C. Schäfer in Staub, HGB, Dritter Band, 5. Auflage 2009, § 131, Rn. 239.

417 Ulmer in MüKo BGB, Band 5, 5. Auflage 2009, § 705, Rn. 231; ebenso C. Schäfer in Staub, HGB, Dritter Band, 5. Auflage 2009, § 131, Rn. 239.

ZPO zwangsweise durchgesetzt werden kann.[418] Gerichtlich geltend gemacht werden in diesem Zusammenhang demnach Zustimmungspflichten zu Grundlagengeschäften (Individualanspruch aus dem Gesellschaftsvertrag), so dass das Verhältnis der Mitgesellschafter und nicht das der Gesellschaft betroffen ist. Dies hat zur Folge, dass die Befugnis zur klageweisen Geltendmachung der Zustimmung jeder einzelne Mitgesellschafter hat und nicht etwa die Gesellschaft.[419]

5. Abgrenzung zu anderen Rechtsinstituten

Die hier in Rede stehende Anpassung ist zum einen von der Vertragsanpassung wegen Wegfalls der Geschäftsgrundlage und zum anderen von der ergänzenden Vertragsauslegung abzugrenzen.

a) Abgrenzung zum Wegfall der Geschäftsgrundlage, § 313 BGB

Eine Anpassung von Rechtsverhältnissen, die den Rechtskreis der Gesellschaft berühren, kommt grundsätzlich auch nach § 313 Abs. 1 BGB in Betracht. Dabei handelt es sich um ein unterschiedliches, von der Anpassung aufgrund gesellschaftlicher Treuepflicht streng zu trennendes Rechtsinstitut eigener Art, das aber grundsätzlich neben dieser Anwendung findet.[420]

Die beiden Rechtsinstitute unterscheiden sich nach richtiger Auffassung sowohl in der dogmatischen Begründung als auch nach ihrem Schutzzweck und ihren materiellen Voraussetzungen:[421] Die Vorschrift des § 313 BGB zielt auf eine angemessene Auflösung des Spannungsfeldes zwischen Privatautonomie

---

418 So etwa RG, vom 27.01.1940 – II 151/39 = RGZ 163, 35 [38]; BGH vom 28.04.1975 – II ZR 16/73 = NJW 1975, 1410 [1412]; vom 18.10.1976 – II ZR 98/75 = NJW 1977, 1013; vom 10.10.1994 – II ZR 18/94 = NJW 1995, 194 [195]; vgl. auch ebenso C. Schäfer in Staub, HGB, Dritter Band, 5. Auflage 2009, § 131, Rn. 244; Weitemeyer in Oetker, HGB, 2009, § 105, Rn. 62.

419 BGH, vom 28.04.1975 – II ZR 16/73 = NJW 1975, 1410 [1411]; K. Schmidt, Mehrseitige Gestaltungsprozesse bei Personengesellschaften, 1992, S. 92 f., 185; Hopt in Baumbach/Hopt HGB, 34. Auflage 2010, § 140, Rn. 20; C. Schäfer in Staub, HGB, Dritter Band, 5. Auflage 2009, § 131, Rn. 244; Pabst in BB 1977, 1524 [1525] ; vgl. auch H. Roth in FS Großfeld, 1999, S. 915 [915 f.].

420 Vgl, BGH, vom 18.03.1974 – II ZR 80/72 = NJW 1974, 1656 [1657]; so auch Baier in NZG 2004, 356 [359]; a. A. Westermann in FS Hefermehl, 1976, 225 [240] nach denen § 313 Abs. 1 BGB als allgemeine Regelung der Vertragsanpassung schon keine Anwendung finden soll; nach Konzen ACP 172 (1972), 317 [359] sind die Grundsätze vom Wegfall der Geschäftsgrundlage aufgrund der strengeren Voraussetzungen vorrangig anzuwenden.

421 Lettl in ACP 202 (2002), 3 [39].

und dem schutzwürdigen Interesse der Vertragsparteien, die Störungen effektiv beseitigen wollen.[422] Demgegenüber bezweckt die gesellschaftliche Treuepflicht eine Anpassung des Gesellschaftsvertrages zur Erreichung und Sicherung des Gesellschaftszwecks als gemeinsames Interesse der Gesellschafter.[423]

Im Hinblick auf die tatbestandlichen Voraussetzungen ergeben sich folgende Unterschiede: § 313 BGB erlaubt eine Anpassung nur beim Vorliegen außergewöhnlicher Umstände. Eine Vertragsanpassung ist damit nur unter erheblich strengeren Voraussetzungen zulässig, da „[...] *ein systemfremder Eingriff ungleich schwerer wiegt, als ein systemimmanenter* [...]".[424] Insbesondere rechtfertigt die gesellschaftliche Treuepflicht, anders als § 313 BGB, unter Umständen auch die Anpassung aus Gründen, ausschließlich in der Person eines Gesellschafters begründet sind.[425]

Die gesellschaftliche Treuepflicht setzt voraus, dass mit der Anpassung des Gesellschaftsvertrages ein Gesellschaftszweck verfolgt wird. Dies ist im Rahmen des § 313 BGB zwar nicht zwingend erforderlich, steht der Anwendung der Vorschrift aber auch nicht entgegen.[426]

Damit überschneiden sich § 313 BGB und die gesellschaftliche Treuepflicht in ihren Anwendungsbereichen in den Fällen, in denen die strengeren tatbestandlichen Voraussetzungen des § 313 BGB einschlägig sind und mit der Anpassung zugleich ein Gesellschaftszweck verfolgt wird.

b) Abgrenzung zur ergänzenden Vertragsauslegung

Für die Abgrenzung der Anpassung aufgrund gesellschaftlicher Treuepflicht zur ergänzenden Vertragsauslegung gelten die Ausführungen zum Verhältnis ergänzende Vertragsauslegung – Vertragsanpassung (Dritter Teil, C. I. 4. [S. 157 ff.]) in entsprechender Weise. Insbesondere ist die ergänzende Vertragsauslegung vor der Vertragsanpassung durchzuführen (vgl. oben, Dritter Teil, C. I. 6. [S. 161]).

---

422 BGH, vom 23.10.1957 – V ZR 219/55 = NJW 1958, 297 [298]; Grüneberg in Palandt BGB 71. Auflage 2012, § 313 Rn. 1; Feldhahn in NJW 2005, 3381 [3381].

423 So auch BGH, vom 23.09.1985 – II ZR 257/84 = NJW 1986, 584 [585]; vom 04.07.2005 – II ZR 354/03 = NJW-RR 2005, 1347 [1348]; vgl. ferner Ulmer in MüKo BGB, Band 5, 5. Auflage 2009, § 705, Rn. 226 m. w. N.

424 Lettl in ACP 202 (2002), 3 [39].

425 Vgl. auch G. Roth in FS Honsell, 2002, S. 575 [581]; Lettl in JuS 2001, 249 [250]; ders. in ACP 202 (2002), 3 [39].

426 Vgl. Baier in NZG 2004, 356 [359].

6. Fallgruppen

Die Rechtsprechung nahm beispielsweise die Verpflichtung eines Gesellschafters an, dem Austritt bzw. dem Ausscheiden eines anderen (Mit-)Gesellschafters zuzustimmen, weil weder der zustimmungspflichtige noch der ausscheidende Gesellschafter ein schützenswertes Interesse an einem Verbleib gerade des ausscheidenden Gesellschafters hatten.[427]

Eine Zustimmungspflicht wurde vom BGH auch im Hinblick auf die Änderungen der Verzinsung von Kapitaleinlagen befürwortet, wenn ansonsten die Zahlungsfähigkeit der Gesellschaft bedroht ist.[428]

Daneben kann die gesellschaftliche Treuepflicht einen Gesellschafter im Einzelfall verpflichten, einer Vorwegnahme der gesellschaftsvertraglichen Nachfolgeregelung aus Alters- oder Krankheitsgründen zuzustimmen, wenn diese Art der Vorsorge zur Sicherung des Fortbestands des Gesellschaftsunternehmens notwendig ist.[429]

Schließlich kann ein Gesellschafter aus der gesellschaftlichen Treuepflicht im Ausnahmefall gehalten sein, einem Entzug der Geschäftsführungsbefugnis zuzustimmen.[430]

IV. Arbeitsrecht

Die Arbeitsgerichte haben folgende, mittlerweile allgemein anerkannte Rechtsinstrumente entwickelt, mit Hilfe derer eine Korrektur verschiedener Abreden im Rahmen von Arbeitsverhältnissen ermöglicht werden soll:

1. Korrektur über den arbeitsrechtlichen Gleichbehandlungsgrundsatz

Eine Korrektur des Arbeitsvertrages könnte grundsätzlich auch bei Verstößen gegen den allgemeinen arbeitsrechtlichen Gleichbehandlungsgrundsatz in Betracht kommen. Dieser Grundsatz ist auf der einen Seite bloße Schranke der

---

427 BGH, vom 26.01.1961 – II ZR 240/59 = NJW 1961, 724 [725]; vom 21.10.1985 – II ZR 57/85 = NJW-RR 1986, 256.

428 BGH, vom 19.11.1984 – II ZR 102/84 = NJW 1985, 972 [973].

429 BGH, vom 18.03.1974 – II ZR 80/72 = NJW 1974, 1656 [1656 f.]; vom 20.10.1986 – II ZR 86/85 = NJW 1987, 952 [953]; vom 08.11.2004 – II ZR 350/02 = NJW-RR 2005, 263 [264].

430 BGH, vom 04.10.2004 – II ZR 356/02 = ZIP 2004, 2282 [2283] = NJW-RR 2005, 39 [41].

Rechtsausübung, auf der anderen Seite kann er aber auch Grundlage eines Anspruchs auf Anteilhabe an gewährten Leistungen sein.[431]

a) Dogmatische Herleitung

Als Rechtsgrundlage des allgemeinen arbeitsrechtlichen Gleichbehandlungsgrundsatzes, welcher im Ergebnis einer arbeitsrechtlichen Norm gleichzustellen ist, kommen in Betracht Art. 3 Abs. 1 GG, § 242 BGB, die arbeitgeberseitige Fürsorgepflicht,[432] richterrechtliche Rechtsfortbildung[433] oder auch Gewohnheitsrecht[434]. Eine nähere Erörterung dieser Fragestellung kann jedoch dahinstehen, da jedenfalls Einigkeit darüber besteht, dass der arbeitsrechtliche Gleichbehandlungsgrundsatz „[...] *inhaltlich durch den allgemeinen Gleichheitssatz des Art. 3 Abs. 1 GG bestimmt wird* [...]“.[435]

b) Voraussetzungen

Der Gleichbehandlungsgrundsatz ist an folgende Voraussetzungen geknüpft:

aa) Anwendbarkeit

Der allgemeine arbeitsrechtliche Gleichbehandlungsgrundsatz erstreckt sich in räumlicher Hinsicht entgegen der früheren herrschenden Auffassung nicht nur auf den einzelnen Betrieb beziehungsweise Betriebsteil, sondern auf das gesamte Unternehmen.[436] In sachlicher Hinsicht sind individualvertragliche Leistungen aufgrund der grundrechtlich geschützten Vertragsfreiheit ausgenommen, sofern sie nicht nach einem „[...] *generalisierenden System* [...]“ gewährt werden[437] und daher keinen kollektiven Bezug aufweisen.[438]

---

431 Vgl. Müller-Glöge in MüKo BGB, Band 4, 5. Auflage 2009, § 611 Rn. 1121; so bereits Bötticher in RdA 1953, 161 [161 ff.].

432 Siehe Hromadka/Maschmann, ArbR, Band 1, § 7, RN. 103 m. w. N.

433 So BAG, vom 11.04.2006 – 9 AZR 528/05 = NZA 2006, 1217 [1218].

434 So Boemke in NZA 1993, 532 [535] m. w. N.; vgl. nur die Regelungen des § 1b Abs. 1 S. 4 BetrAVG und § 75 BetrVG, die das Bestehen dieses Rechtssatzes voraussetzen.

435 BAG, vom 15.11.1994 – 5 AZR 682/93 = NZA 1995, 939; vom 21.06.2000 – 5 AZR 806/98 = NZA 2000, 1050 [1051].

436 BAG, vom 3. 12. 2008 – 5 AZR 74/08 = NZA 2009, 367 [369].

437 So etwa BAG, vom 13.02.2002 – 5 AZR 713/00 = AP BGB 242 Gleichbehandlung Nr. 192; Richardi in MüHdb ArbR, Band 1, 3. Auflage 2009, § 9 Rn. 47.

438 Thüsing in Henssler/Willemsen/Kalb, ArbR, 4. Auflage 2010, § 611 BGB Rn. 185.

bb) Gruppenbildung

Der allgemeine Gleichbehandlungsgrundsatz setzt als wesentliches Merkmal voraus, dass eine sog. Vergleichsgruppe gebildet werden kann. Dies ist dann möglich, wenn sich mehrere Arbeitnehmer aufgrund bestimmter Umstände oder Merkmale mit den benachteiligten Personen in einer ähnlichen oder vergleichbaren Lage befinden.[439]

cc) Vergleichbarkeit

Die anspruchsberechtigten, d. h. benachteiligten Arbeitnehmer müssen mit den besser gestellten Mitarbeitern vergleichbar sein. Dies ist grundsätzlich tätigkeitsbezogen festzustellen, sofern der Arbeitgeber nicht auf andere sachlich begründete Kriterien abstellt.[440] An einer Vergleichbarkeit fehlt es dann, wenn die arbeitgeberseitigen Maßnahmen unterschiedliche Reglungs- oder Ordnungsbereiche betreffen.[441]

dd) Benachteiligung

Schließlich muss eine Benachteiligung des Arbeitnehmers oder einer Gruppe von Arbeitnehmern gegeben sein. Der allgemeine Gleichbehandlungsgrundsatz verbietet „[...] *nicht nur willkürliche Schlechterstellung einzelner Arbeitnehmer innerhalb der Gruppe, sondern auch eine sachfremde Gruppenbildung* [...]“.[442] Die Benachteiligung muss darüber hinaus aus einer gestaltenden bzw. zuteilenden Maßnahme des Arbeitgebers resultieren. Der bloße Normenvollzug stellt dagegen gerade keine Benachteiligung in diesem Sinne dar.[443]

ee) Keine Rechtfertigung der Benachteiligung

Wenn der Arbeitgeber bei der Gewährung von Leistungen zwischen verschiedenen Arbeitnehmern bzw. Gruppen von Arbeitnehmern differenziert, muss dies nach dem Zweck der Leistung durch einen sachlichen Grund gerechtfertigt sein.[444] An einem derartigen sachlichen Grund fehlt es, wenn die Benachteili-

439 Thüsing in Henssler/Willemsen/Kalb, ArbR, 4. Auflage 2010, § 611 BGB, Rn. 196.
440 Linck in Schaub, ArbRHdB, 14. Auflage 2011, § 112 Rn. 12.
441 Vgl. BAG, vom 03.12.1997 – 10 AZR 563/96 = NZA 1998, 438 [439].
442 So BAG, vom 31.08.2005 – 5 AZR 517/04 = NZA 2006, 265 [265].
443 BAG, vom 06.07.2005 – 4 AZR 27/04 = BB 2006, 784.
444 Vgl. Joussen in Rolfs/Giesen/Kreikebohm/Udsching, ArbR, 1. Auflage 2008, § 611 BGB, Rn. 279 unter Berufung auf BAG, vom 19.04.1995 – 10 AZR 344/94 = NZA 1995, 985 [986].

gung sich als unbillig, insbesondere als willkürlich darstellt.[445] Die in Art. 3 Abs. 2 und 3 GG sowie in § 75 BetrVG genannten Differenzierungsgründe – Geschlecht, Herkunft, Heimat, Rasse, Sprache, Abstammung, Glaube, religiöse Anschauung und sexuelle Identität – rechtfertigen eine Benachteiligung unter keinen Umständen.[446]

c) Fallgruppen

Bislang wurde die Frage der Vertragskorrektur aufgrund des arbeitsrechtlichen Gleichbehandlungsgrundsatzes von der Rechtsprechung in verschiedenen Fällen behandelt.

Arbeitsvertragliche und sonstige Abreden, welche das vom Arbeitgeber für die Arbeitsleistung zu gewährenden Entgelt betreffen, können mit Hilfe des allgemeinen arbeitsrechtlichen Gleichbehandlungsgrundsatzes nur bei Vorliegen eines kollektiven Bezuges korrigiert werden (s. o., IV. 1. b) aa) [S. 174 f.]). Bei Gehaltserhöhungen ist eine Ungleichbehandlung dagegen nur bei Vorliegen eines sachlichen Differenzierungsgrundes zulässig.[447] Der arbeitsrechtliche Gleichbehandlungsgrundsatz ist außerdem bei der Gewährung von Sondervergütungen zu berücksichtigen.[448]

Ein neu in den Betrieb eingetretener Arbeitnehmer kann nach dem allgemeinen Gleichbehandlungsgrundsatz vom Arbeitgeber verlangen, dass auch er solche Leistungen erhält, die üblicherweise im Betrieb des Arbeitgebers an die Mitarbeiter gewährt werden.[449] Relevant wird dieser Anspruch jedoch nur in den Fällen, in denen die Geltung von bestehenden betrieblichen Übungen bei Vertragsschluss ausdrücklich ausgeschlossen wurde (dazu sogleich unter 2. [S. 178 ff.]).[450]

Der Gleichbehandlungsgrundsatz kann ferner für die Höhe der gewährten betrieblichen Altersversorgung relevant werden.[451]

---

445 BAG, vom 21.03.2002 – 6 AZR 144/01 = NZA 2002, 1304 [1304].

446 Joussen in Rolfs/Giesen/Kreikebohm/Udsching, ArbR, 1. Auflage 2008, § 611 BGB, Rn. 280.

447 BAG, vom 14.03.2007 – 5 AZR 420/06 = NZA 2007, 862 [863] m. w. N.

448 St. Rspr., vgl. nur etwa BAG, vom 28.03.2007 – 10 AZR 261/06 = NZA 2007, 687 [688].

449 BAG, vom 10.08.1988 – 5 AZR 571/87 = NZA 1989, 57 [57] und ganz h. M., vgl. nur Kreitner in Küttner, Personalbuch 2012, 19. Auflage, 104 Betriebliche Übung Rn. 9; Müller-Glöge in MüKo BGB, Band 4, 5. Auflage 2009, § 611 Rn. 416.

450 Vgl. BAG, vom 10.08.1988 – 5 AZR 571/87 = NZA 1989, 57 [58].

451 BAG, vom 06.06.1974 – 3 AZR 44/74 = NJW 1975, 78 [78]; vom 11.11.1986 – 3 ABR 74/85 = NZA 1987, 449 [449].

Auch darf der Arbeitgeber einzelne Arbeitnehmer oder Gruppen von Arbeitnehmern bei der Zuteilung von anfallender Mehrarbeit nicht ohne sachlichen Grund benachteiligen, sofern diese arbeitswillig sind.[452]

Im Bereich des Kündigungsrechts findet der arbeitsrechtliche Gleichbehandlungsgrundsatz in der Regel keine unmittelbare Anwendung.[453] Dem Arbeitgeber kann es jedoch verwehrt sein, sich auf die Unzumutbarkeit der Weiterbeschäftigung des Arbeitnehmers zu berufen, wenn er eine Kündigung in vergleichbaren Fällen unterlassen hat. (mittelbare kündigungsrechtliche Wirkung).[454] Außerdem kann der Gleichbehandlungsgrundsatz u. U. bei der Höhe von Abfindungen zu berücksichtigen sein.[455]

d) Rechtsfolge

Aus dem Verbot der Ungleichbehandlung folgt nicht nur die Unwirksamkeit der benachteiligenden Regelung, sondern vielmehr auch ein Anspruch des Arbeitnehmers auf die ihm vorenthaltene Leistung.[456] Gleichwohl handelt es sich bei dem Anspruch auf Gleichbehandlung nicht um ein Instrument zur Vertragskorrektur.

Dafür spricht zum einen, dass es der allgemeine Gleichbehandlungsgrundsatz nicht in erster Linie einen Anspruch auf Gleichbehandlung mit anderen Mitarbeitern vermittelt, sondern lediglich die Benachteiligung einzelner Mitarbeiter verbietet.[457] Er ist nicht wertoffen, sondern strikt auf den Zweck der jeweiligen Leistung bezogen, bezüglich welcher Gleichbehandlung verlangt wird.[458] Dieser besteht darin, einen Missbrauch der Verteilungsmacht und damit jegliche Dis-

452 Vgl. LAG Hessen, vom 12.09.2001 – 8 Sa 1122/00 = NZA-RR 2002, 348 [348], das den benachteiligten Arbeitnehmern weiter einen Vergütungsanspruch aufgrund des Annahmeverzugs des Arbeitgebers gewährt.

453 So ausdrücklich BAG vom 28.02.1958 – 1 AZR 491/56 = AP AZO § 14 Nr. 1.

454 Anders wohl ArbG Regensburg, vom 23.04.1990 – 6 Ca 2717/89 = BB 1990, 1418 [1418], das bei einer „herausgreifenden Kündigung“ anscheinend unmittelbar auf den Gleichbehandlungsgrundsatz zurück greift.

455 So BAG, vom 08.03.1995 – 5 AZR 869/93 = NZA 1995, 675 [676], das allerdings eine Pflicht zur Gleichbehandlung bei Eigenkündigungen verneint; ebenso BAG, vom 22.01.2009 – 8 AZR 808/07 = NZA 2009, 547 [551].

456 BAG, vom 23.04.1997 – 10 AZR 603/96 = NZA 1997, 1177; vgl. auch Linck in Schaub, ArbRHdB, 14. Auflage 2011, § 112 Rn. 31 m. w. N.

457 BAG, vom 14.12.1984 – 1 AZR 574/82 = NZA 1984, 201 [201 f.]; Hunold in DB 1991, 1670 [1670] und Kania in Küttner, Personalbuch 2012, 19. Auflage, 208 Gleichbehandlungsgrundsatz Rn. 18.

458 Fastrich in RdA 2000, 65 [70].

kriminierung durch den Arbeitgeber zu unterbinden.[459] Der Anspruch auf Gleichbehandlung des benachteiligten Mitarbeiters stellt damit lediglich eine Art Rechtsreflex dar. Zum anderen ist der Gleichbehandlungsgrundsatz nicht mehr verletzt, wenn die Vorteile auch den übrigen Arbeitnehmern nicht mehr gewährt werden.[460]

Daraus wird ersichtlich, dass der Gleichbehandlungsgrundsatz nicht dazu geeignet ist, eine dauerhafte Vertragsänderung zu bewirken. Vielmehr ordnet er lediglich eine Reaktion auf vorherrschende Ungleichbehandlungen an.

2. Betriebliche Übung

Daneben ist eine Korrektur des Vertrages aufgrund einer betrieblichen Übung denkbar. Die betriebliche Übung ist mittlerweile auch vom Gesetzgeber anerkannt, vgl. § 1b Abs. 1 S. 4 BetrAVG.[461]

a) Dogmatische Begründung

Die dogmatische Einordnung der betrieblichen Übung ist umstritten.[462] Nach der neueren Rechtsprechung des BAG resultiert ein Anspruch aus betrieblicher Übung aus einer konkludenten rechtsgeschäftlichen Vereinbarung zwischen Arbeitgeber und Arbeitnehmer:[463] In der wiederholten und gleichmäßigen Gewährung von Leistungen durch den Arbeitgeber soll ein Angebot auf Änderung des Arbeitsvertrages zu sehen sein, sofern der Arbeitnehmer unter Berücksichtigung der konkreten Umstände des Einzelfalls nach Treu und Glauben und der Verkehrssitte von einem Bindungswillen des Arbeitgebers ausgehen durfte. Dieses Angebot nehme der Arbeitnehmer bei einer für ihn günstigen betrieblichen Übung konkludent durch den widerspruchslosen Empfang der Leistungen an. Ein Zugang der Annahmeerklärung beim Arbeitgeber sei in diesen Fällen gemäß § 151 S. 1 Alt. 1 bzw. Alt. 2 BGB nicht erforderlich.[464]

---

459 Söllner, Einseitige Leistungsbestimmungen im Arbeitsverhältnis, 1966, S. 135; Söllner/Waltermann, ArbR, 19. Auflage 2009, Rn. 204; Raiser in ZHR 111 (1948), 75 [93 ff.].

460 So. z. B. BAG, vom 15.11.1994 – 5 AZR 682/93 = NZA 1995, 939 [940]; vgl. auch Hunold in NZA-RR 2006, 561 [566].

461 BAG, vom 31.07.2007 – 3 AZR 189/06 = NZA 2008, 1320 [1320]; vgl. dazu bereits Hueck in FS Lehmann, Band II, 1956, S. 633 [633 f.].

462 Vgl. statt aller die Übersicht über die Begründungsansätze bei Picker, Die betriebliche Übung, 2011, S. 9 ff.

463 St. Rspr., vgl. statt aller BAG, vom 21.06.2005 – 9 AZR 200/04 = NJOZ 2006, 681 [683].

464 Z. B. BAG, vom 29.09.2004 – 5 AZR 528/03 = NZA-RR 2005, 501 [502 f.].

Diese Auffassung ist jedoch dogmatisch verfehlt. Vielmehr ist im Rahmen jeder einzelnen Leistungsgewährung festzustellen, ob überhaupt ein entsprechender Rechtsbindungswille des Arbeitgebers vorliegt und welchen Inhalt und Umfang dieser hat.[465]

b) Einführung einer betrieblichen Übung

Sowohl die Einführung einer betrieblichen Übung als auch deren Änderung beziehungsweise Beendigung führen jeweils für sich zu einer Änderung des arbeitsvertraglichen Leistungsprogramms. Dabei kann eine Änderung der Hauptleistungspflichten ebenso erfolgen wie eine Modifizierung der Nebenleistungspflichten.

aa) Voraussetzungen

Eine betriebliche Übung setzt ein gleichförmiges und sich in regelmäßigen Abständen wiederholendes Verhalten des Arbeitgebers voraus, aus dem der Arbeitnehmer bei Berücksichtigung der konkreten Umstände des Einzelfalls nach Treu und Glauben und der Verkehrssitte auf den Rechtsbindungswillen des Arbeitsgebers schließen durfte, dieser werde die Leistungen auch zukünftig gewähren.[466] Dies ist anhand einer Einzelfallbetrachtung zu bestimmen, wobei insofern Art, Dauer und Intensität der Leistungsgewährung maßgeblich sind.[467] Maßgeblich für einen entsprechenden Verpflichtungswillen des Arbeitgebers ist in erster Linie, „[...] *ob das fragliche Arbeitgeberverhalten erkennbar Ausdruck einer besonderen „Wertschätzung“* [...]“ gegenüber den Arbeitnehmern ist,[468] wie etwa bei einer Gewährung von zusätzlichem Entgelt für erbrachte Leistungen.[469] Demgegenüber kann eine betriebliche Übung nicht entstehen, wenn der Arbeitgeber die Leistungen aufgrund einer anderen Anspruchslage erbringt, da für diese neben einer bestehenden vertraglichen oder gesetzlichen Regelung kein Raum ist.[470]

Eine betriebliche Übung wurde beispielsweise angenommen bei der wiederholten Zahlung von Treuegeld[471] oder der Gewährung eines zusätzlichen bezahlten Urlaubstages am Rosenmontag.[472]

465 Picker, Die betriebliche Übung, 2011, S. 199 ff. und 372 ff.
466 Vgl. nur BAG, vom 16.07.1996 – 3 AZR 352/95 = NZA 1997, 664 [665].
467 Vgl. Koch in Schaub, ArbRHdB, 14. Auflage 2011, § 111 Rn. 11.
468 Picker, Die betriebliche Übung, 2011, S. 223.
469 Vgl. RAG, vom 29.06.1938 – RUG 32/38 = ARS 33, 216 [218].
470 BAG, vom 14.08.2001 – 1 AZR 619/00 = NZA 2002, 276 [278].
471 BAG, vom 28.06.2006 – 10 AZR 385/05 = NZA 2006, 1174 [1174 ff.].

Der Arbeitgeber kann die Entstehung einer betrieblichen Übung und damit einen Rechtsanspruch auf die Leistung jedoch grundsätzlich durch einen klaren Freiwilligkeitsvorbehalt[473] oder alternativ durch einen dem Grunde und der Höhe hinreichend konkretisierten Widerrufsvorbehalt (bis max. 25 % – 30 % der Gesamtvergütung, § 308 Nr. 4 BGB).[474] Auch eine doppelte Schriftformklausel kann dem Entstehen einer betrieblichen Übung entgegenstehen.[475]

Eine Änderung oder Beendigung einer betrieblichen Übung, im Zuge derer eine vorbehaltslose Leistung gewährt wurde, kann nach der neuere Rechtsprechung des BAG praktisch nicht mehr durch eine gegenläufige, regelmäßig für die Arbeitnehmer ungünstige, betriebliche Übung erfolgen.[476] Der Anerkennung einer gegenläufigen betrieblichen Übung stehe – so das BAG – die Regelung des § 308 Nr. 5 BGB entgegen.[477] Diese lässt die Fiktion einer Annahmeerklärung der negativen betrieblichen Übung durch den einzelnen Arbeitnehmer nur unter der Voraussetzung zu, dass der Arbeitgeber zuvor besonders auf die Änderung hingewiesen hat und dem Arbeitnehmer eine angemessene Frist zur Abgabe einer ausdrücklichen Erklärung eingeräumt hat. Unabhängig davon, dass es in der Praxis in fast sämtlichen Fällen bereits an einer entsprechenden Regelung im Arbeitsvertrag fehlt, werden die meisten Arbeitnehmer einen solchen Nachteil nicht widerspruchslos hinnehmen.

bb) Rechtsfolge

Sind die vorgenannten Voraussetzungen gegeben, bewirkt die betriebliche Übung eine Änderung der im Betrieb des Arbeitgebers bestehenden Arbeitsverhältnisse. Allerdings stellt sie kein (geeignetes) Instrument zur Korrektur bestehender Arbeitsverträge dar. Dies folgt bereits aus dem Wesen der betrieblichen Übung, bei der es sich um ein Instrument zum Schutz des Vertrauens der

472 BAG, vom 17.11.1972 – 3 AZR 112/72 = AP JugArbSchG § 13 Nr. 3; LAG Düsseldorf, vom 03.09.1993 – 17 Sa 584/93 = NZA 1994, 969 [969].

473 BAG, vom 02.09.1992 – 10 AZR 198/95 = NZA 1996, 1027 [1028]; vom 08.12.2010 – 10 AZR 671/09 = NZA 2011, 628 [630]; vgl. auch Ricken in DB 2006, 1372 [1373]; Bepler in RdA 2005, 323 [325].

474 Vgl. etwa BAG, vom 12.01.2005 – 5 AZR 364/04 = NZA 2005, 465 [467]; aus der Lit. z. B. Hanau/Hromadka in NZA 2005, 73 [75]; Maties in DB 2005, 2689 [2690 ff.]; Waltermann in RdA 2006, 257 [258].

475 So BAG, vom 20.05.2008 – 9 AZR 382/07 = NZA 2008, 1233 [1234]; zust. Leder/Scheuermann in NZA 2008, 1223 [1225].

476 Jensen in NZA-RR 2011, 225 [227]; Rehberg in RdA 2012, 160 [169].

477 So erstmals BAG, vom 18.03.2009 – 10 AZR 281/08 = NZA 2009, 601 [602 f.] und vom 18.03.2009 – 10 AZR 281/08 = NZA 2009, 2475 [2476 f.]; vgl. auch Bloching/Ortlof in NZA 2010, 1335 [1336 ff.].

Arbeitnehmer auf Beibehaltung einer für sie günstigen Verhaltensweise des Arbeitgebers handelt.[478]

Außerdem wäre eine gegenläufige betriebliche Übung nach der neueren Rechtsprechung de facto nicht mehr möglich, so dass der Arbeitgeber dadurch kaum (mehr) die Möglichkeit hätte, eine Vertragsänderung zu bewirken. Im Übrigen wäre eine derartige Vertragskorrektur ohnehin kaum praktikabel, da der Arbeitgeber dann stets auf eine widerspruchslose Hinnahme durch die Mitarbeiter hoffen müssen. Daneben erfordert eine Vertragsänderung durch betriebliche Übung ein gewisses, meist nicht unerhebliches Zeitmoment, so dass eine flexible und kurzfristige Reaktion auf eingetretene Störungen nicht möglich ist.

Die betriebliche Übung ist somit zur Korrektur von – formularmäßigen – Vereinbarungen nicht geeignet.

c) Abgrenzung von der Gesamtzusage

Betriebliche Übung und Gesamtzusage unterscheiden sich dadurch, dass es sich bei letzterer um eine einseitige Verpflichtungserklärung handelt, die ausdrücklich gegenüber der Belegschaft als Ganzes erklärt wird.[479]

3. Korrektur von dynamisierten Verweisungen auf Tarifverträge

Im Bereich des Arbeitsrechts wird außerdem die Frage nach einer Möglichkeit zur Änderung von Bezugnahmeklauseln auf Tarifverträge kontrovers diskutiert. Hintergrund dieser Diskussion ist eine Änderung der Rechtsprechung des BAG, wonach Gleichstellungsabreden, die auf einen bestimmten Tarifvertrag in der jeweils gültigen Fassung verweisen, auch nach Entfall der Tarifbindung auf Arbeitgeberseite dynamisch fort gelten (kleine dynamische Verweisung).[480] Dies hat zur Folge, dass die Mitarbeiter trotzdem weiterhin an der dynamischen Tarifentwicklung teilhaben, sofern es sich um einen vor dem 01.01.2002 geschlossenen Vertrag handelt. Das BAG stützte seine Entscheidung insbesondere darauf, dass dem Wortlaut einer Gleichstellungsabrede bei der gebotenen objektiv-

478 So bereits Sieg in RdA 1955, 441 [442 f.] und Richardi in RdA 1960, 401 [401 ff.]; vgl. auch Henssler in 50 Jahre Bundesarbeitsgericht, 2004, S. 683 [686].

479 BAG, vom 04.06.2008 – 4 AZR 421/07 = NZA 2008, 1361 [1362] sowie BAG, vom 15.07.2008 – 3 AZR 61/07 = NZA-RR 2009, 323 [326].

480 Ankündigung der Rechtsprechungsänderung in BAG, vom 14.12.2005 – 4 AZR 536/04 = NZA 2006, 607 [608 ff.]; Vollzug sodann in BAG, vom 18.04.2007 – 4 AZR 652/05 = NJW 2008, 102 [104 ff.]; vgl. dazu etwa auch Jordan/Bissles in NZA 2010, 71 [71 ff.]; Bieder in RdA 2011, 142 [149].

normativen Auslegung von formularmäßigen Arbeitsverträgen nicht entnommen werden kann, dass sie von einer tariflichen Bindung des Arbeitgebers abhängig sei, § 305c Abs. 2, § 306, § 307 Abs. 1 S. 2 BGB.[481] Das Gericht ließ dabei den Zweck der Gleichstellungsabrede – Gleichstellung der nichttarifgebundenen Arbeitnehmer mit den tarifgebundenen –bei der Auslegung unberücksichtigt. Gleichwohl soll ein Tarifwechsel nach wie vor möglich sein, so lange er sich nur hinreichend deutlich aus der Bezugnahmeklausel ergibt; bei Unklarheiten ist aber von einer dynamischen Verweisung auszugehen.[482]

Diese Rechtsprechung führt dazu, dass aufgrund der arbeitsvertraglichen Bezugnahme künftige Tarifänderungen auf schuldrechtlicher Ebene fort gelten, auch wenn wegen der fehlenden Mitgliedschaft des Arbeitgebers keine tarifliche Legitimation mehr besteht.[483] Im Falle von Gleichstellungsabreden führt dies sogar zu dem kuriosen Ergebnis, dass nichtorganisierte Mitarbeiter weiterhin an der Tarifentwicklung partizipieren, wohingegen für tarifgebundene Mitarbeiter nach Entfall der Tarifbindung des Arbeitgebers der letzte Tarif statisch fort gilt, sollten in ihrem Arbeitsvertrag keine Bezugnahmeklauseln enthalten sein.[484]

Unabhängig von der materiellen Richtigkeit dieser Rechtsprechung[485] stellt sich die Frage, wie sich der Arbeitgeber von dieser Perpetuierung der Tarifentwicklung wieder einseitig lösen kann. Denn eine einvernehmliche Vertragsänderung ist angesichts der Nachteilhaftigkeit für den Arbeitnehmer in der Praxis aussichtslos.

Eine Anfechtung wegen eines Irrtums über die Folgen der Bezugnahmeklausel scheidet bereits deshalb aus, da Rechtsfolgenirrtümer nach der Sinn und Zweck der §§ 119 ff. BGB unbeachtlich ist.[486] Die Annahme eines nach § 119 Abs. 1 BGB beachtlichen Erklärungsirrtums würde außerdem einer unzulässigen Umgehung der §§ 305 ff. BGB gleichkommen.

Ein Rückgriff auf den Wegfall der Geschäftsgrundlage verbietet sich bereits deshalb, weil dieses Rechtsinstrument im Bereich des Arbeitsrechts gegenüber

481 BAG, vom 18.04.2007 – 4 AZR 652/05 = NJW 2008, 102 [105]; ablehnend Löwisch/Rieble, TVG, 3. Auflage 2012, § 3 Rn. 466 ff.; in diese Richtung auch Gaul in ZfA 2003, 75 [91]; Reichel, Die arbeitsvertragliche Bezugnahme auf den Tarifvertrag, S. 120 ff.; vgl. zur Auslegung auch Annuß in ZfA 2005, 405 [423].

482 So auch Giesen in NZA 2006, 625 [626] m. N. zur Formulierung und Jordan/Bissles in NZA 2010, 71 [75].

483 Löwisch/Rieble, TVG, 3. Auflage 2012, § 3 Rn. 469.

484 Vgl. etwa Klebeck in NZA 2006, 15 [17].

485 Eingehend dazu Löwisch/Rieble, TVG, 3. Auflage 2012, § 3 Rn. 466 ff. und Klebeck in NZA 2006, 15 [16], jeweils m. w. N.

486 So auch Giesen in NZA 2006, 625 [631]; zur Unbeachtlichkeit von Rechtsfolgenirrtümern vgl. etwa BAG, vom 30.10.1987 – 7 AZR 115/87 = NZA 1988, 734 [735].

der Kündigung als speziellerer Regelung zurück tritt.[487] Dies würde insbesondere für die Frage der Anpassung einer Umgehung der hohen kündigungsschutzrechtlichen Anforderungen der Änderungskündigung nach § 2 KSchG gleichkommen. Gleichwohl können die Tatbestände, die nach § 313 BGB zum Wegfall der Geschäftsgrundlage führen, auch bei der Bewertung der Rechtmäßigkeit einer Änderungskündigung nach § 2 KSchG zu berücksichtigen sein.[488]

Der Ausspruch einer Änderungskündigung ist jedenfalls im Geltungsbereich des KSchG wenig aussichtsreich. Denn deren Rechtswirksamkeit ist vom Vorliegen eines Kündigungsgrundes i. S. v. § 1 Abs. 2 KSchG abhängig. Im Hinblick auf die Unterbindung der ewigen Tarifbindung kommt vernünftigerweise nur eine betriebsbedingte Kündigung in Betracht. Zwar ist Giesen[489] insofern zuzustimmen, dass die Ersetzung einer dynamischen durch eine statische Verweisung in aller Regel auf einer unternehmerischen Entscheidung beruhen kann. Gleichwohl ist es bereits kaum vorstellbar, dass es in Folge dieses Entschlusses zwingend zu einem endgültigen und ersatzlosen Wegfall des Arbeitsplatzes des betreffenden Mitarbeiters kommt. Die Entscheidung, künftig nur noch Arbeitnehmer zu beschäftigen, die nicht an der Tarifentwicklung teilnehmen, lässt den Arbeitsbedarf an sich nicht entfallen. Damit fehlt es regelmäßig an der Erforderlichkeit der Kündigung, so dass diese nicht als dringlich i. S. d. § 1 Abs. 3 S. 2 KSchG anzusehen ist.[490]

Etwas anderes könnte sich jedoch in den – seltenen – Fällen ergeben, in denen die Existenz des Arbeitgebers bedroht wäre, sollte es nicht zu einer Einfrierung des Lohnniveaus kommen.[491] Die Änderungskündigung könnte ferner unter dem Aspekt gerechtfertigt sein, dass die Störungen der Geschäftsgrundlage auch zu

---

487 So ausdrücklich, BAG, vom 08.10.2009 – 2 AZR 235/08 = NZA 2010, 465 [467] m. Anm. Fleddermann in ArbRAktuell 2010, 145 [145]; Oetker, Das Dauerschuldverhältnis und seine Beendigung, 1994, S. 420; Giesen in NZA 2006, 625 [631] m. w. N. aus dem allgemeinen Schuldrecht; Hensseler in MüKo BGB, Band 3, 6. Auflage 2012, § 626 Rn. 45; a. A. Thüsing/Lambrich in RdA 2002, 193 [195]; LAG Berlin, vom 21.12.1998 – 9 Sa 77/98 = NZA-RR 1999, 424 [425]; anders dagegen im Mietrecht, wo § 543 znd § 313 BGB in einem alternativen Verhältnis stehen, vgl. Hirsch, Kündigung aus wichtigem Grund und Geschäftsgrundlage, 2005, S. 154 ff. und S. 180 f.

488 BAG, vom 08.10.2009 – 2 AZR 235/08 = NZA 2010, 465 [467]; Rost in GK KR, 9. Auflage 2009, § 2 KSchG Rn. 54k.

489 Giesen in NZA 2006, 625 [632].

490 Vgl. etwa BAG, 20.03.1986 – 2 AZR 294/85 = NZA 1986, 824 [825]; s. a. Oetker in ErfK ArbR, 12. Auflage 2012, § 2 KSchG Rn. 237; Kiel in Ascheid/Preis/Schmidt KR, 4. Auflage 2012, § 1 Rn. 478 m. w. N.; Soffels in ZfA 2002, 401 [411 ff.].

491 Vgl. insofern BAG, vom 27.09.2001 – 2 AZR 236/00 = NZA 2002, 750 [753] zur Fortzahlung von Urlaubsgeld und Sondervergütung nach Austritt aus dem Arbeitgeberverband; Reiserer/Powietzka in BB 2006, 1109 [1112 ff.]; Soffels in ZfA 2002, 401 [411 ff.]; Groys in NJW-Spezial 2004, 81 [81 f.].

einer sozialen Rechtfertigung des Kündigungsausspruchs führen.[492] Zwar wird die Tarifbindung des Arbeitgebers in der Regel kein Umstand sein, den dieser für den Arbeitnehmer erkennbar dem Abschluss des Vertrages zugrunde gelegt hat.[493] Dies wäre allerdings dann denkbar, wenn bei Vertragsschluss besondere Umstände gegeben wären, aus denen der Arbeitnehmer davon ausgehen musste, der Arbeitgeber mache die dynamische Verweisung gerade von der normativen tariflichen Geltung abhängig. Für die Fälle, in denen eine Gleichstellungsrede intendiert war, kommen zu einer Anpassung berechtigende Störungen auch dann in Betracht, wenn sich aufgrund der Ungleichbehandlung der organisierten und nichtorganisierten Arbeitnehmer erhebliche Streitigkeiten im Betrieb ergeben. Denn Zweck der Gleichbehandlungsabrede ist es auch, Unstimmigkeiten wegen der Höhe der Vergütung zu verhindern und damit den betrieblichen Frieden zu bewahren. Kann die Bezugnahmeklausel dagegen eine Gleichbehandlung und eine Unterbindung von Unstimmigkeiten nicht mehr leisten, kommt grundsätzlich ein Wegfall der Geschäftsgrundlage in Betracht. Abhängig vom Ausmaß der innerbetrieblichen Auseinandersetzungen könnte dies ggf. sogar eine Anpassung nach § 313 BGB rechtfertigen, was auch i. R. d. § 2 KSchG zu berücksichtigen wäre.

Eine Korrektur mithilfe der ergänzenden Vertragsauslegung scheitert bereits daran, dass die nach der Rechtsprechung des BAG vorzunehmende Auslegung – die auch die ergänzende Vertragsauslegung einschließt – zu dem Ergebnis einer dauerhaften Bindung an die Tarifentwicklung gelangt. Das Hineinlesen eines einseitigen Lösungsrechts im Wege einer Auslegung derselben Klausel lässt sich nicht in vertretbarer Weise begründen. Im Übrigen ist es kaum vorhersehbar, inwiefern der Arbeitsvertrag im Hinblick auf ein solches Lösungsrecht lückenhaft sein kann.

V. Bauvertragliches Kooperationsprinzip

Auch im Bereich des Baurechts hat die Rechtsprechung Möglichkeiten zur Korrektur von Bauverträgen entwickelt.

---

492 BAG, vom 08.10.2009 – 2 AZR 235/08 = NZA 2010, 465 [467]; Rost in GK KR, 9. Auflage 2009, § 2 KSchG Rn. 54k.

493 A. A. LAG Berlin, vom 21.12.1998 – 9 Sa 77/98 = NZA-RR 1999, 424 [425]; vgl. ferner LAG Hessen, vom 23.03.1999 – 4 Sa 1300/98 = NZA-RR 2000, 93 [96 f.]; offen gelassen von BAG, vom 20.02.2002 – 4 AZR 123/01 = NZA 2003, 933 [935].

1. Besonderes Korrekturbedürfnis

Verschiedene Aspekte haben die Rechtsprechung dazu bewegt, ein bauvertragliches Kooperationsprinzip und als Ausfluss dessen einen Anpassungsanspruch im Rahmen von Bauverträgen anzuerkennen. Der vom BGH gewählte Begriff der „Kooperationspflicht" ist in diesem Zusammenhang etwas unglücklich, da es sich dabei der Sache nach um ein bauvertragliches Prinzip handelt, das den Parteien verschiedene Haupt- und Nebenleistungspflichten auferlegt.[494] Im Folgenden wird daher der Begriff „Kooperationsprinzip" verwendet.

Das bauvertragliche Kooperationsprinzip trägt zunächst dem Umstand Rechnung, dass es sich bei Bauverträgen regelmäßig um Langzeitvertragsverhältnisse handelt, bei denen die Parteien schon aufgrund des langen Vertragszeitraumes in besonderer Weise zur gegenseitigen Rücksicht verpflichtet sind.[495] Der Langzeitcharakter ist nicht nur bei VOB-Bauverträgen gegeben, sondern u. U. auch bei BGB-Werkverträgen, die die Herstellung umfangreicher und komplexer Bauwerke zum Gegenstand haben (siehe unten 3. a) [S. 189]).

Darüber hinaus wird dadurch dem Spannungsverhältnis zwischen Planung und Realität Rechnung getragen.[496] Bei der Errichtung eines Bauwerks handelt es sich in verschiedener Hinsicht um eine komplexe Angelegenheit. Insofern ist zunächst an die Beschaffung, Lagerung und den Einbau der erforderlichen Materialien und Baustoffe sowie die dazu erforderlichen Werkzeuge und Baumaschinen zu denken. Daneben ist es aufgrund der Vielzahl der beteiligten Personen, des langen Herstellungszeitraumes und der Abhängigkeit des Baufortschritts von der Witterung praktisch unmöglich, sämtliche Umstände, die eine Anpassung erforderlich machen können, bei der Planung zu berücksichtigen.[497] Zu bedenken ist ferner die typische Verzahnung der von den einzelnen Beteiligten zu erbringenden Teilleistungen und Arbeitsabläufe, die eine erhebliche Störungsanfälligkeit zur Folge hat.[498] Die Gefahr von Bauablaufstörungen wird durch den harten Wettbewerb in der Bauindustrie noch zusätzlich erhöht.[499] In diesem Zusammen-

494 Siehe auch Schwarze in BauR 2004, 895 [897]; ders. In Das Kooperationsprinzip des Bauvertragsrechts, 2003, S. 60 ff.; von Rintelen in Messerschmidt/Voit, BauR, 2008, § 631 Rn. 114; Tomic in NZBau 2010, 5 [9].

495 BGH, vom 23.05.1996 – VII ZR 245/94 = NJW 1996, 2158 [2158 a. E.]; vgl. auch Tomic in ZfBR 2010, 315 [319]; zum Beschleunigungsgrundsatz Kimmich in BauR 2008, 263 [266 – unter b)].

496 BGH, vom 25.01.1996 – VII ZR 233/94 = NJW 1996, 1346 [1347].

497 Vgl. dazu auch ausführlich OLG Köln, vom 27.04.2001 – 11 U 63/00 = NJW-RR 2002, 15 [18].

498 Schwarze in BauR 2004, 895 [897]; Nicklisch in NJW 1985, 2361 [2362].

499 Fuchs in NZBau 2004, 65 [67]; vgl. auch Schwarze in BauR 2004, 895 [895].

hang ist weiter zu berücksichtigen, dass es sich bei Bauverträgen weit überwiegend um Rahmenverträge handelt, deren Pflichtenprogramm erst im späteren Verlauf, daher bei Vertragsdurchführung, konkretisiert bzw. geändert werden, da eine abschließende und exakte Festlegung anfänglich regelmäßig nicht möglich ist.[500]

Die besondere Korrekturbedürftigkeit von Bauverträgen ergibt sich schließlich auch daraus, dass eine Beendigung des Vertrages in der Regel für sämtliche Vertragsparteien von erheblichem Nachteile ist und damit keine in Betracht kommende Option darstellt. Bei einem Bauvertrag handelt es sich auch unter der Geltung der VOB um ein bestandsgeschütztes Vertragsverhältnis, bei dem nach § 649 S. 1 BGB, bzw. § 8 Abs. 1 Nr. 1 VOB/B ein einseitiges, freies Kündigungsrecht ausschließlich zu Gunsten des Auftraggebers besteht.

Der Auftragnehmer kann nur bei unterlassener Mitwirkung des Auftraggebers (§§ 643, 642 BGB, bzw. § 9 Abs. 1 VOB/B), bei fehlender Sicherungsleistung (§ 648a Abs. 5 BGB) oder außerordentlich fristlos aus wichtigem Grunde nach § 314 BGB (ggf. in analoger Anwendung)[501] kündigen. Der Ausspruch einer Kündigung ist für den Auftraggeber jedoch in verschiedener Hinsicht von Nachteil: Zum einen ist er dadurch nach § 649 S. 2 HS. 1 BGB, bzw. § 8 Abs. 1 Nr. 2 VOB/B zur Zahlung der vollen Vergütung verpflichtet, vorbehaltlich eventuell ersparter Aufwendungen des Auftragnehmers. Dabei ist jedoch zu berücksichtigen, dass der Auftragnehmer bei großen Bauvorhaben gezwungen ist, langfristig zu planen. Er ist demnach in der Regel nicht in der Lage, die für das konkrete Projekt beauftragten bzw. angestellten Personen und bereits beschafften Sachmittel kurzfristig anderweitig einzusetzen.[502] Darüber hinaus ergeben sich für den Auftraggeber im Prozess erhebliche Probleme, da er die Darlegungs- und Beweislast dafür trägt, dass der Auftragnehmer höhere Ersparnisse oder mehr anderweitigen Erwerb erzielt hat, als er nach Kündigung abgerechnet hat.[503] Zum anderen erhält der Auftragnehmer in diesem Falle ein unfertiges Bauwerk, das regelmäßig in äußerst kurzer Zeit verfällt. Er ist demnach gezwungen, weitere Dispositionen vorzunehmen, will er die erhaltene Gegenleistung nicht zusätzlich verlieren.

Auf der anderen Seite ist auch der Auftragnehmer meistens nicht an einer Beendigung des Vertragsverhältnisses interessiert. Zwar erhält er aufgrund seines ihm im Kündigungsfalle zustehenden Aufwendungsersatzanspruchs nahezu die vollständige Vergütung, ohne seinerseits dafür die vollständige Gegenleistung

500 Nicklisch in NJW 1985, 2361 [2362 f.].

501 Vgl. statt aller Oberhauser in Messerschmidt/Voit BauR, 2008, § 649 Rn. 58 ff. m. w. N.

502 Insofern ausführlich BGH, vom 21.12.1995 – VII ZR 198/94 = NJW 1996, 1282 [1282 f.].

503 BGH, vom 24.04.1986 – VII ZR 139/84 = NJW-RR 1986, 1026; vom 28.04.1992 – X ZR 27/91 = NJW-RR 1992, 1078 [1080]; vgl. auch van Gelder in NJW 1975, 189 [192].

erbringen zu müssen. Die Beendigung ist jedoch dann für ihn von Nachteil, wenn er – wie regelmäßig – längerfristig plant und im Hinblick auf weitere, nachfolgende Aufträge auf den Erhalt der Personal- und Sachmittel angewiesen ist.[504] Der Auftragnehmer kann außerdem ein besonderes Interesse an der Durchführung des Vertrages haben, wenn er diesen bewusst als Verlustgeschäft, bzw. ohne Gewinnerzielungsabsicht eingegangen ist.[505] Dies kommt vor allem bei Entwicklungs- und Pilotprojekten in Betracht, von deren Realisierung der Auftragnehmer sich weitere zukünftige Aufträge verspricht.[506]

Damit gebietet insbesondere das rechtlich anerkennenswerte Interesse der Parteien an der tatsächlichen Durchführung des Vertrages eine Möglichkeit zur Vertragskorrektur.[507]

2. Dogmatische Herleitung

Die Verdingungsanordnungen für Bauleistungen (VOB) sehen im Gegensatz zum Werkvertragsrecht des BGB verschiedene Möglichkeiten zur einseitigen Anpassung des Bauvertrages vor. Darin sind insbesondere Regelungen zur einseitigen Vertragsanpassung während der Durchführung des Vertrages und für Änderungen des ursprünglichen Vertragsinhalts vorgesehen.[508]

Die Pflicht zur Vertragsanpassung als Ausfluss aus dem bauvertraglichen Kooperationsprinzip wird übereinstimmend als eine vertragliche Nebenpflicht im Sinne des § 241 Abs. 2 BGB angesehen.[509]

a) VOB-Bauvertrag

Bei den VOB handelt es sich um AGB, wenn diese auf Betreiben nur einer Partei Eingang in den Bauvertrag gefunden haben, bzw. um „normales“ Vertragsrecht, sofern sich die Vertragsparteien über deren Einbeziehung geeinigt haben.[510] Die Regelungen finden demnach nur Anwendung, wenn ihre Geltung ausdrücklich

---

504 Schwarze in BauR 2004, 895 [897]; Nicklisch in BB 1979, 533 [540].

505 Vgl. van Gelder in NJW 1975, 189 [192]; siehe auch Nicklisch in BB 1979, 533 [540].

506 Siehe auch Nicklisch in BB 1979, 533 [540].

507 Müller-Foell, Die Mitwirkung des Bestellers beim Werkvertrag, 1982, S. 108 f.

508 Schwarze in BauR 2004, 895 [895 f.].

509 Zur alten Rechtslage unter Berufung auf § 242 BGB: BGH, vom 25.01.1996 – VII ZR 233/94 = NJW 1996, 1346 [1347]; vgl. auch Müller-Foell, Die Mitwirkung des Bestellers beim Werkvertrag, 1982, S. 61 f.; Schuhmann in BauR 2003, 162 [163 f.].

510 Ausführlich zur Rechtsnatur Vygen in Ingenstau/Korbion VOB, 17. Auflage 2010, Einl. Rn. 37.

vereinbart wurde.[511] Der sachliche Anwendungsbereich beschränkt sich auf Bauleistungen, daher Bauarbeiten jeglicher Art mit und ohne Lieferung von Stoffen oder Bauteilen.[512]

So kann der Auftraggeber im Rahmen des VOB Bauvertrages einseitig Änderungen des Bauentwurfs anordnen, § 1 Nr. 3 VOB/B. Daneben ist der Auftragnehmer nach § 1 Nr. 4 VOB/B verpflichtet, ggf. auch nicht vereinbarte Leistungen mit auszuführen, sofern dies zur Ausführung der vertraglichen Leistungen erforderlich ist. Parallel dazu kann in diesen beiden Fällen eine Preisanpassung nach § 2 Nr. 5 und § 2 Nr. 6 VOB/B gefordert werden. Schließlich kann bei Mengenabweichungen im Falle eines vertraglich vereinbarten Einheitspreises gemäß § 2 Nr. 3 VOB/B eine Preisanpassung erfolgen. § 2 Nr. 7 VOB/B sieht eine entsprechende Regelung für Pauschalsummen vor.

Überdies statuieren die VOB verschiedene weitere Nebenleistungspflichten zur Beseitigung von Konflikten in komplexen Langzeitverträgen und zur Sicherstellung einer engen Zusammenarbeit zwischen Vertragsparteien, wie etwa Mitwirkungs-, Informations-, Aufklärungs- und Beratungspflichten.[513]

Dies verdeutlicht, dass das Kooperationsprinzip als spezifische Ausprägung des allgemeinen Rücksichtnahmegebots den VOB immanent ist und dort unterschiedliche Ausprägungen erfahren hat.

b) BGB-Werkvertrag

Auch beim BGB Werkvertrag kommen grundsätzlich gegenseitige Kooperationspflichten in Betracht, welche die Vertragsparteien unter Umständen verpflichten können, einer Vertragsanpassung zuzustimmen.[514] Dies setzt jedoch voraus, dass das Vertragsverhältnis im Hinblick auf seine Laufzeit, seine Komplexität und Bindung der Parteien mit der eines VOB Bauvertrages vergleichbar ist (dazu sogleich unter V. 3. a) [S. 189]).

3. Voraussetzungen

Über die Voraussetzungen eines Anspruchs auf Anpassung bestehender Bau- und sonstiger Werkverträge besteht weitestgehend Einigkeit.

---

511 Vygen in Ingenstau/Korbion VOB, 17. Auflage 2010, Einl. Rn. 38.

512 Lederer in Kapellmann/Messerschmidt VOB, 3. Auflage 2010, § 1 VOB/A Rn. 9.

513 Schuhmann in BauR 2003, 162 [167]; Schwarze in BauR 2004, 895 [895].

514 Von Rintelen in Messerschmidt/Voit BauR, 2008, § 631 Rn. 115; a. A. Schwarze in BauR 2004, 895 [896].

a) Langzeitige Bau- bzw. Werkverträge

Eine besondere Kooperationspflicht besteht nicht grundsätzlich in jedem beliebigen Werkvertragsverhältnis. Vielmehr erfordert der Zweck des bauvertraglichen Kooperationsprinzips ein komplexes, zeitlich länger andauerndes Vertragsverhältnis, das eine besondere, enge Zusammenarbeit zwischen den Parteien notwendig macht.[515] Dies ist nach den Umständen des konkreten Einzelfalls zu beurteilen, wobei derartige Pflichten in der Regel im Rahmen von Bau-[516] und Anlagenverträgen[517] anzunehmen sind.

b) Weitere Voraussetzungen

Zur Bestimmung der weiteren Voraussetzungen eines Anspruchs auf einseitige Korrektur des Werkvertrages kann auf die Regelungen der VOB (insbesondere § 1 Nr. 3 und Nr. 4 VOB/B bzw. § 2 Nr. 5 und Nr. 7 VOB/B) zurückgegriffen werden. Die Anforderungen werden unten (unter 5. [S. 190 ff.]) im Rahmen des jeweiligen Korrekturgegenstandes im Einzelnen dargestellt.

4. Rechtsfolge

Bei Vorliegen der genannten Voraussetzungen kann der Anpassungsinteressierte vom Anpassungsgegner Zustimmung zu einer angemessenen Modifikation des Bauvertrages verlangen.[518] Die Vertragsänderungen müssen ihrerseits der Billigkeit entsprechen und dürfen die andere Vertragspartei nicht in unangemessener Weise benachteiligen, § 315 Abs. 3 BGB.[519]

Dem Auftragnehmer ist eine Erbringung der geänderten bzw. zusätzlichen Leistungen dabei jedoch nicht zumutbar, wenn sein Betrieb auf derartige Leistungen nicht eingerichtet ist, vgl. § 1 Abs. 4 S. 1 VOB/B. Dies bestimmt sich maßgeblich nach den tatsächlichen Verhältnissen des Auftragnehmers, daher der personellen und technischen Ausstattung sowie den vorhandenen Fachkenntnissen im Betrieb.[520] So kann der Auftraggeber etwa nicht verlangen, dass der Auf-

---

515 Von Rintelen in Messerschmidt/Voit BauR, 2008, § 631 Rn. 115.

516 OLG Düsseldorf, vom 07.06.2000 – 5 U 184/99 = NZBau 2004, 427 [428].

517 Schuhmann in BauR 2003, 162 [164].

518 Vgl. statt aller BGH, vom 25.01.1996 – VII ZR 233/94 = BauR 1996, 378 [380] m. w. N.

519 Vgl. etwa von Rintelen in Kapellmann/Messerschmidt VOB, 3. Auflage 2010, § 1 VOB/B Rn. 82 ff.

520 W. Jagenburg / I. Jagenburg in Beck'scher VOB-Kommentar Teil B, 2. Auflage 2008, § 1 Nr. 4 Rn. 14.

tragnehmer die angepassten Leistungen durch einen Dritten (Nachunternehmer) erbringt.[521]

Im Zuge dessen sind die Parteien regelmäßig gehalten, sich über Art und Umfang einer angemessenen Vertragsanpassung zu verständigen.[522] Eine weitergehende Pflicht zur Eingehung von Kompromissen besteht dagegen nicht.[523]

5. Korrekturgegenstände

In erster Linie kommt eine Korrektur von folgenden Punkten eines Bau- bzw. Anlagenvertrages in Betracht:

a) Änderung des Bauentwurfs

Parallel zur Regelung in § 1 Abs. 3 VOB/B ist das Recht des Auftraggebers zur Änderung des Bauentwurfs nach Vertragsschluss auch im BGB-Werkvertrag an keine zusätzlichen Voraussetzungen geknüpft. Dadurch soll sichergestellt werden, dass die grundrechtlich nach Art. 14 Abs. 1 GG geschützte planerische und gestalterische Freiheit des Auftraggebers für die Durchführung des Bauvorhabens erhalten bleibt.[524] Außerdem trägt dieses einseitige Leistungsbestimmungsrecht dem oben bereits angesprochenen Spannungsverhältnis von Planung und Realität Rechnung.[525]

b) Nicht vereinbarte Leistungen

Daneben kann der Auftraggeber vom Auftragnehmer auch die Erbringung zusätzlicher Leistungen verlangen, die zur einwandfreien Erreichung des vertraglichen Ziels erforderlich sind, vgl. § 1 Abs. 4 VOB/B. Erforderlich in diesem Sinne sind solche Leistungen, die aus technischer Sicht zusätzlich erbracht werden müssen, um eine vollständige und mängelfreie Herstellung des Werkes zu

---

521 Keldungs in Ingenstau/Korbion VOB, 17. Auflage 2010, § 1 Abs. 4 VOB/B Rn. 5.

522 Siehe nur BGH, vom 28.10.1999 – VII ZR 393/98 = NJW 2000, 807 [808] sowie ausführlich Nelle, Neuverhandlungspflichten, 1993, S. 206 ff.; grds. gegen eine Pflicht zu Neuverhandlungen: Martinek in AcP 198 (1998), 329 [332 f.].

523 Von Rintelen in Messerschmidt/Voit, BauR, 2008, § 631 Rn. 123; so auch der Sache nach Fuchs in BauR 2004, 65 [69], der eine „Zustimmungspflicht“ ablehnt.

524 Vgl. OLG Düsseldorf, vom 08.07.1987 – 19 U 89/86 = NJW-RR 1988, 278 [278].

525 Weick in Nicklisch/Weick VOB B, 3. Auflage 2001, § 1 Rn. 24.

gewährleisten.[526] Dies berechtigt den Auftraggeber jedoch gerade nicht, die Erbringung von neuen, selbständigen Leistungen zu fordern.[527]

c) Vergütungsanpassung

Der Auftragnehmer kann entsprechend den Regelungen des § 2 Abs. 5, Abs. 6 und Abs. 7 VOB/B eine Anpassung der Vergütung nur dann verlangen, wenn er vom Auftrageber einseitig zur Erbringung anderer bzw. zusätzlicher Leistungen verpflichtet wurde. Damit wird eine einseitige Abwälzung der Nachteile aus einer erforderlichen Anpassung auf den Auftragnehmer vermieden.

d) Weitergehende Anpassungen

Weitergehende Anpassungsmöglichkeiten als Ausfluss des bauvertraglichen Kooperationsprinzips erscheinen kaum denkbar. Denn die VOB nehmen eine angemessene Risikoverteilung im Hinblick auf mögliche Änderungen vor und lassen eine Anpassung nur in den Fällen zu, in denen der Anpassungsinteressent schutzwürdig erscheint und dem Anpassungsgegner eine Modifizierung zugemutet werden kann.

VI. Treuepflicht der Wohnungseigentümer

Lediglich der Vollständigkeit halber sei an dieser Stelle noch erwähnt, dass die höchstrichterliche Rechtsprechung Über die Vorschrift des § 10 Abs. 2 S. 3 WoEigG hinaus eine Treuepflicht jedes einzelnen Wohnungseigentümers anerkannt hat, aufgrund derer u. U. Zustimmung zu einer Änderung der sachenrechtlichen Grundlagen der WEG, namentlich der Teilung des Eigentums nach § 8 WoEigG, verlangt werden kann.[528]

---

526 Von Rintelen in Kapellmann/Messerschmidt VOB, 2. Auflage 2007, § 1 VOB/B Rn. 106.

527 Locher in FS Korbion, 1986, S. 283 [S. 285].

528 Vgl. statt aller BGH, vom 05.12.2003 – V ZR 447/01= ZMR 2004, 103 [105] m. w. N.; zust. etwa Dötsch in Timme, WEG, 2010, § 10 Rn. 91; a. A. wohl Jennißen in Jennißen WEG, 2. Auflage 2010, § 10 Rn. 37.

D. Systematische Einordnung der Befunde

Aus den Darstellungen in diesem Abschnitt lassen sich folgende Schlüsse im Hinblick auf eine Korrektur von AGB ziehen:

(1) AGB-Korrektur im Gesetz nicht vorgesehen

Der Gesetzgeber hat eine umfassende AGB-Korrektur weder im Gesetz vorgesehen noch gewollt. Diese grundsätzliche Entscheidung basiert in erster Linie darauf, dass es der Verwender bei Erstellung der AGB selbst in der Hand hat, für einen wirksamen und interessengerechten Vertragsinhalt zu sorgen. Dies gilt umso mehr, als er dabei entgegen der Konzeption der allgemeinen Rechtsgeschäftslehre, die vom Grundsatz eines tatsächliches Aushandelns des Vertragsinhalts ausging, nicht auf ein Entgegenkommen des Kunden angewiesen ist.

Im Gesetz spiegeln sich diese Erwägungen vor allem in der Regelung des § 306 Abs. 2 BGB wieder. Die Vorschrift weist dem Verwender das ausschließliche Risiko aus der einseitigen Inanspruchnahme der Vertragsgestaltungsfreiheit zu. Bei Nichteinbeziehung bzw. Unwirksamkeit einer vom Verwender gestellten Vertragsbedingung findet anstelle der betreffenden Klausel das dispositive Gesetzesrecht Anwendung. Ergänzt wird dieser Schutz durch die Unklarheitenreglung des § 305c Abs. 2 BGB, nach der Zweifel bei der AGB-Auslegung ebenfalls zu Lasten des Verwenders gehen (B. II. 1. [S. 100 ff.]).

Gleichwohl existieren im Bereich des Versicherungsrechts spezialgesetzliche Regelungen, die eine weitreichende Anpassung von einzelnen Versicherungsverträgen unter bestimmten, eng umschriebenen Voraussetzungen ermöglichen. Diese Korrekturinstrumente sind allerdings nicht verallgemeinerungsfähig, da sie auf die speziellen Bedürfnisse im Versicherungsrecht ausgerichtet sind. Zu nennen ist hier insbesondere der Bedarf nach dem Erhalt der Leistungsfähigkeit des Versicherers, der (auch) aus Sicht der Risikogemeinschaft der Versicherten erforderlich ist (vgl. dazu B. I. V. [S. 110 ff.]). Die sonstigen gesetzlichen Instrumente ermöglichen lediglich eine punktuelle Korrektur formularmäßiger Verträge. Auch diese sind bereichs- bzw. gegenstandsspezifisch und daher ebenfalls verallgemeinerungsfähig.

Demnach lässt sich die mit dieser Arbeit untersuchte AGB-Korrektur der Sache nach als systemfremd bezeichnen. Denn sie dient auf den ersten Blick ausschließlich dem Schutz des Verwenders, dem das Gesetz jedoch ausweislich der § 306 Abs. 2 und § 305c Abs. 2 BGB jeglichen Schutz verweigert. Hinzu scheint noch zu kommen, dass der Kunde über die §§ 305 ff. BGB ausreichend geschützt ist und daher an sich kein Interesse an einer AGB-Korrektur hat.

(2) Beiderseitiges Interesse an AGB-Korrektur

Auf den zweiten Blick wird allerdings deutlich, dass auch der Kunde ein – zumindest mittelbares – Interesse an einer Korrektur des formularmäßigen Vertrages haben kann. Dies gilt insbesondere dann, wenn er auf den Bestand des Vertrages angewiesen ist, wie etwa regelmäßig bei Wohnraummietverträgen, bei Arbeitsverträgen, bei Großbauverträgen oder bei Gesellschaftsverträgen. Hier wird der Kunde oftmals eine AGB-Korrektur als gleichsam geringeres Übel bevorzugen, wenn er dadurch nur die vollständige Beendigung des Vertrages verhindern kann.

Es lässt sich demnach mit Köhler sogar behaupten, dass die AGB-Korrektur den Grundsatz der Vertragstreue stärkt, wenn der Risikobereich (oder mit anderen Worten: die Opfergrenze) des Kunden überschritten und eine Vertragsanpassung erforderlich geworden ist.[529] In diesem Fall verhält sich der anpassungswillige Verwender vertragstreu, wohingegen der Kunde gegen Treu und Glauben verstößt, wenn er diesen am Vertrag festhalten will.[530] Ihm ist es vielmehr verwehrt, sich auf den Grundsatz der Vertragstreue (‚pacta sunt servanda‘) zu berufen.[531]

Im Übrigen kennt das Gesetz keine unbegrenzte Risikotragung. Denn jede Risikozuweisung ist unabhängig davon, ob sie vertraglicher oder gesetzlicher Art ist, ihrerseits wiederum an das Gebot von Treu und Glauben nach § 242 BGB gebunden. Dies kann in bestimmten Ausnahmefällen die Neuzuordnung bzw. Anpassung eines zugeteilten Risikos gebieten.[532]

(3) Maßgeblicher Anknüpfungspunkt: besonderes Näheverhältnis

Aus den Untersuchungen dieses Abschnitts ergibt sich außerdem, dass das maßgebliche Kriterium für einen sachgerechten Korrekturbedarf das Vorlie-

---

529 Köhler in JA 1979, 498 [498]; Harms in DB 1983, 322 [326].

530 So auch Martinek in AcP 198 (1998), 330 [379].

531 Vgl. statt aller BGH, vom 19.11.1971 – V ZR 103/69 = NJW 1972, 152 [153] m. w. N.

532 So BGH, vom 31.01.1963 = BB 1963, 448 [448]; vom 25.05.1970 – II ZR 245/67 = BB 1970, 1191 [1192]; vgl. auch Grüneberg in Palandt BGB, 71. Auflage 2012, § 313 Rn. 21 und Rn. 33 m. w. N.

gen eines besonderen Näheverhältnisses ist. Nur in diesem Fall sind die gegenseitigen Rücksichtnahmepflichten der Parteien derart stark ausgeprägt, dass sie unter Umständen dazu angehalten sein können, einem Anpassungsbegehren des jeweils anderen Teils zuzustimmen. Dies lässt sich aus der oben dargestellten Situation bei gesellschaftsrechtlichen Zusammenschlüssen, Großbauprojekten und Wohnungseigentumsgemeinschaften ableiten. Bei diesen wurden – im Übrigen unabhängig voneinander – inhaltliche weitestgehend übereinstimmende Pflichten aus dem Näheverhältnis abgeleitet (siehe insbesondere B. VII. [S. 124 f.], C. III. 1. [S. 167 ff.] und C. V. 1. [S. 185 ff.]).

Ferner geht aus den Untersuchungen des Dritten Teils hervor, dass jedes Näheverhältnis immer auch eine gewisse zeitliche Komponente hat. Wie diese ausgestaltet sein muss und ob darüber hinaus ein gesetzlicher, vertraglicher oder faktischer Bestandsschutz zwingend erforderlich ist, wird im folgenden Vierten Teil dieser Arbeit untersucht (dort unter B. I. 3. [S. 204 ff.]).

(4) Arten der Vertragskorrektur

Eine Korrektur von Verträgen kann entweder mittels ergänzender Vertragsauslegung oder durch Vertragsanpassung erfolgen. Bei der ergänzenden Vertragsauslegung handelt es sich der Sache nach um richterliche Vertrags- bzw. sogar Rechtsfortbildung. Sie entspricht im vertraglichen Bereich dem Instrument der Analogie. Demgegenüber kommt die Vertragsanpassung einer teleologischen Reduktion gleich (C. I. 4. [S. 157]).

(5) Anpassung nur im Ausnahmefall

Beide Rechtsinstitute unterscheiden sich in Voraussetzungen und Rechtsfolgen: Insbesondere ist die Anpassung eines Vertrages – anders als die ergänzende Vertragsauslegung – an strenge Voraussetzungen gebunden, lässt dafür auf Rechtsfolgenseite eine weitergehende Korrektur zu. Dies ergibt bei Auswertung der oben dargestellten und untersuchten Rechtsinstitute. So ist eine Anpassung nach § 313 BGB, § 164 VVG (und § 10 Abs. 2 S. 3 WoEigG), aufgrund der gesellschaftsrechtlichen Treuepflicht sowie der bauvertraglichen Kooperationspflicht an das Vorliegen eines besonderen Härtefalls geknüpft und damit auf Ausnahmefälle beschränkt. Maßgeblicher Grund dafür ist, dass der anzupassende Vertragsinhalt dem ersten Anschein nach Ausdruck des übereinstimmenden Parteiwillens ist. Für eine Änderung ist in jedem Fall ein größerer Begründungsaufwand erforderlich als bei der ergänzenden Vertragsauslegung, die lediglich eine planwidrige Lücke entsprechend dem wirklichen Willen der Vertragsparteien schließen soll. Denn der andere Teil darf zunächst auf den unveränderten Bestand der vertraglichen Regelung bzw. bei § 306 Abs. 2 BGB auf die Geltung des dispositiven Gesetzesrechts vertrauen. Dieses schützenswerte Vertrauen kann nur im Ausnahme- bzw. Härtefall überwunden werden. Bei einem bloß lückenhaften Vertrag wäre ein Vertrauen des anderen Teils in die Lückenhaftigkeit dagegen nicht schützenswert (C. I. 3. d) [151 ff.] und 4. [S. 157]).

(6) AGB-Anpassung der höchstrichterliche Rechtsprechung

Die höchstrichterliche Rechtsprechung nimmt der Sache nach bereits eine Vertragsanpassung vor, wenn es darum geht, eine Korrektur des anstelle der nichteinbezogenen bzw. unwirksamen Klausel geltenden dispositiven Gesetzesrechts vorzunehmen. Denn sie verlangt hier mittlerweile in ständiger Rechtsprechung das Vorliegen eines zusätzlichen einschränkenden Merkmals und lässt eine Korrektur nur bei Unzumutbarkeit bzw. einem Härtefall zu. Freilich wird dies nach wie vor fälschlich als „ergänzende Vertragsauslegung“ bezeichnet (C. I. 2. [S. 145]).

(7) Erforderlichkeit einer AGB-Anpassung trotz ergänzender Vertragsauslegung und § 313 BGB

Eine AGB-Korrektur mittels ergänzender Vertragsauslegung bzw. wegen Wegfalls der Geschäftsgrundlage kann in den Fällen nicht erfolgen, in den § 306 Abs. 2 BGB die Geltung des dispositiven Gesetzesrechts anordnet. Gleichwohl kann auch hier im Einzelfall eine Korrektur erforderlich sein. Dies gilt insbesondere im Hinblick auf die andernfalls ggf. erforderliche Beendigung des Vertragsverhältnisses. Die Untersuchung der AGB-Anpassung im folgenden Vierten Teil bezieht sich insbesondere auf die genannten Fälle. Daneben könnte eine Vertragsanpassung unterhalb der Anforderungen des § 313 BGB in Betracht gezogen werden.

Anhang: Tabellarische Darstellung der relevanten Fallgruppen:

Person des Anpassungsinteressenten / Anlass für Anpassungsbegehren	**Verwender**	**Kunde**
Lückenhafter Vertrag		
○ **aufgr. von Inhaltskontroll-schranken**		
– **dispos. Gesetzesrecht vorh.**	Korrektur: – **erg. Vertragsausl. (–)** – **§ 313 BGB (–)**	Korrektur: – erg. Vertragsausl. grds. (–) – § 313 BGB (+)
– **dispos. Gesetzesrecht fehlt**	Korrektur: – erg. Vertragsausl. grds. (+) – **§ 313 BGB (–)**	Korrektur: – erg. Vertragsausl. grds. (+) – § 313 BGB grds. (+)
○ **aufgr. von Einbeziehungs-kontrollschranken**		
– **dispos. Gesetzesrecht vorh.**	Korrektur: – **erg. Vertragsausl. (–)** – **§ 313 BGB (–)**	Korrektur: – erg. Vertragsausl. (–) – § 313 BGB grds. (+)
– **dispos. Gesetzesrecht fehlt**	Korrektur: – erg. Vertragsausl. grds. (+) – **§ 313 BGB (–)**	Korrektur: – erg. Vertragsausl. (+) – § 313 BGB grds. (+)
○ **betr. wesentl. Vertrags-pflichten, § 307 As. 3 BGB**		
– **wirksam einbezogen**	Korrektur: – erg. Vertragsausl. grds. (+) – § 313 BGB grds. (+)	Korrektur: – erg. Vertragsausl. grds. (+) – § 313 BGB grds. (+)
– **nicht wirksam einbezogen**	Korrektur: – erg. Vertragsausl. grds. (+) – **§ 313 BGB grds. (–)**	Korrektur: – erg. Vertragsausl. grds. (+) – § 313 BGB grds. (+)
○ **aufgrund Verwender-benachteiligung**	Korrektur: – erg. Vertragsausl. grds. (+) – § 313 BGB grds. (+)	unerheblich
○ **aus sonstigen Gründen**	Korrektur: – erg. Vertragsausl. grds. (+) – § 313 BGB grds. (+)	Korrektur: – erg. Vertragsausl. grds. (+) – § 313 BGB grds. (+)
Lückenloser Vertrag	Korrektur: – erg. Vertragsausl. (–) – § 313 BGB grds. (+)	Korrektur: – erg. Vertragsausl. (–) – § 313 BGB grds. (+)

Vierter Teil: Voraussetzungen und Rechtsfolgen einer AGB-Anpassung in Dauer- und Langzeitschuldverhältnissen

Die Untersuchungen des Vierten Teils konzentrieren sich auf die dogmatische Herleitung einer AGB-Anpassung in Dauer- und Langzeitschuldverhältnissen sowie auf deren Voraussetzungen und Rechtsfolgen.

A. Dogmatische Herleitung

Für die dogmatische Herleitung der hier in Rede stehenden AGB-Anpassung kommen an sich verschiedene Rechtsgrundlagen in Betracht.

I. Anpassungsanspruch aus § 241 Abs. 2 BGB

Angesichts der bereits erwähnten besonderen Bedeutung der gegenseitigen Rücksichtnahmepflichten bei Dauer- und Langzeitschuldverhältnissen liegt es zunächst nahe, auf die Vorschrift des § 241 Abs. 2 BGB abzustellen. Diese verpflichtet die Vertragsparteien zur Rücksicht auf die Rechte, Rechtsgüter und Pflichten des jeweils anderen Teils. In diesem Zusammenhang ist jedoch zu beachten, dass es sich bei der Regelung des § 241 Abs. 1 BGB um eine ausfüllungsbedürftige Blankettnorm handelt, die selbst keine Leistungs- oder Rücksichtnahmepflichten begründet.[1] Rechtsgrund, Umfang und Inhalt solcher Verhaltenspflichten können sich nur aus dem Vertragsverhältnis und dessen Zweck sowie aus den Gepflogenheiten und Anforderungen des Rechtsverkehrs ergeben.[2]

Demnach kann § 241 Abs. 2 BGB nicht als alleinige Rechtsgrundlage für die AGB-Anpassung herangezogen werden, da diese Norm das Bestehen einer Anpassungspflicht voraussetzt.

---

1 BGH, vom 30.09.2009 – VIII ZR 238/08 = NJW 2010, 1135 [1137]; siehe auch Grüneberg in Palandt, BGB, 71. Auflage 2012, § 241 Rn. 1 und § 242 Rn. 23.

2 Nachweise wie zuvor in Fn. 1.

II. Rücksichtnahmepflicht aus § 242 BGB

Die Pflicht des Kunden, ausnahmsweise an einer Vertragsanpassung bei nicht einbezogenen bzw. unwirksamen AGB mitzuwirken, könnte daher in der allgemeinen Vorschrift des § 242 BGB verortet werden.[3] Im Rahmen des Gebots von Treu und Glauben ist es allgemein anerkannt, dass der Gläubiger im konkreten Einzelfall einem berechtigten Leistungsverlangen seines Vertragspartners zustimmen muss, wenn dessen Interessen als schützenswert anzusehen sind.[4]

Diese grundsätzlich beide Parteien treffenden Pflichten werden u. a. als Rücksichtnahme-, Treue-, Kooperations- oder Schutzpflichten bezeichnet (siehe insbesondere Dritter Teil B. VII. [S. 124 f.], C. III. 1. [S. 166 ff.] und C. V. 1. [S. 185 ff.]). Es handelt sich dabei um selbständige Nebenpflichten i. S. d. § 241 Abs. 2 BGB, die dem Gläubiger im Einzelfall aus Gründen der Billigkeit einen eigenständigen und klagbaren Erfüllungsanspruch gewähren.[5]

Jedoch wird eine Verortung der AGB-Anpassung in § 242 BGB dem Wesen sowie dem Inhalt dieses Rechtsinstituts nicht gerecht.

III. Anpassung nach § 313 Abs. 1 BGB (analog)

Vielmehr ist die AGB-Anpassung dogmatisch in der Vorschrift des § 313 Abs. 1 BGB (analog) zu verorten.[6] Denn zum einen ist die Anpassung § 313 BGB der Sache nach eine spezielle Ausformung des Grundsatzes von Treu und Glauben bei Störungen betreffend die Geschäftsgrundlage.[7] Damit gebietet es bereits der Spezialitätsgrundsatz, dass diese Regelung vorrangig herangezogen wird. Zum anderen bewirkt die AGB-Anpassung wie die Anpassung beim Wegfall der Geschäftsgrundlage eine Neuzuordnung der Risiken aus dem Vertragsverhältnis aus Gründen der Vertragsgerechtigkeit. Im Übrigen kommt eine Anpassung nach § 313 BGB vor allem bei langzeitigen und bestandsgeschützten Schuldverhältnissen in Betracht.

---

3 Allgemein zur Funktion des § 242 BGB als Rechtsquelle für Nebenpflichten Hohloch in Erman BGB, Band I, 13. Auflage 2011, § 242 Rn. 67.

4 Bachmann / G. Roth in MüKo BGB, Band 2, 6. Auflage 2012, § 241 Rn. 81.; vgl. dazu außerdem oben etwa unter Zweiter Teil B. III. [S. 66 ff.].

5 Grüneberg in Palandt BGB, 71. Auflage 2012, § 242 Rn. 25 und Rn. 32 ff.; andere Ansicht noch G. Roth in MüKo BGB, Band 2, 5. Auflage 2007, § 242 Rn. 153, der jedenfalls für den Bereich des Gesellschaftsrechts eine von vertraglichen Hauptleistungspflichten ausgeht.

6 Davon scheint wohl auch Wolf in Wolf/Lindacher/Pfeifer, AGB, 5. Auflage 2009, § 307 Rn. 346 und 365 auszugehen.

7 Vgl. statt aller Grüneberg in Palandt BGB, 71. Auflage 2012, § 313 Rn. 1.

Wie zuvor (Dritter Teil, B. II. 1. [S. 100 ff.]) dargestellt, ist wegen der gesetzlichen Risikoverteilung des § 306 Abs. 2 BGB eine Analogie erforderlich, wenn der Verwender Anpassung von unwirksamen bzw. nicht einbezogenen AGB begehrt. Daneben ist eine analoge Anwendung des § 313 BGB auch bei einem Anpassungsbedarf in Betracht zu ziehen, der auf Störungen außerhalb der Geschäftsgrundlage(n) zurückgeht. Dies ist jedoch nur in Ausnahmefällen denkbar, weil das vertragliche Äquivalenzverhältnis in Dauer- und Langzeitschuldverhältnissen regelmäßig Geschäftsgrundlage i. S. d. § 313 BGB ist (siehe dazu oben, Dritter Teil, B. II. [S. 100 ff.]). Erfordern die auftretenden Störungen dennoch eine Anpassung, kommt sowohl beim Anpassungsbegehren des Verwenders als auch des Kunden nur eine analoge Anwendung des § 313 BGB in Betracht.

IV. Zusammenfassung

Damit bleibt festzuhalten, dass nach überzeugender Auffassung auf § 313 BGB (analog bzw. doppelt analog) als Rechtsgrundlage für eine AGB-Anpassung abzustellen ist.

B. Voraussetzungen der AGB-Anpassung in Dauer- und Langzeitschuldverhältnissen

Aus den Darstellungen der gesetzlichen bzw. allgemein anerkannten Korrekturinstrumente im Zweiten Teil dieser Arbeit lassen sich Rückschlüsse auf die Anforderungen ziehen, die an eine AGB-Anpassung zu stellen sind. Im Folgenden werden daher sämtliche Merkmale näher untersucht, die hier als tatbestandliche Voraussetzung in Betracht kommen könnten.

I. Dauer- und Langzeitschuldverhältnisse

Aus den Untersuchungen des Zweiten Teils geht hervor, dass gegenseitige Rücksichtnahme-, Treue-, Schutz- bzw. Kooperationspflichten grundsätzlich nur im Rahmen von langfristig angelegten Verträgen so stark ausgeprägt sind, dass sie die Parteien unter bestimmten Umständen zu Korrekturmaßnahmen verpflichten. Bei bloß punktuellen Rechtsverhältnissen sind die genannten Pflichten angesichts der kurzen Vertragslaufzeit in der Regel nicht so stark ausgeprägt.

Neben der langen Vertragsdauer haben Dauer- und Langzeitschuldverhältnisse für zumindest einen Vertragsteil typischerweise eine erhebliche wirtschaftliche und/oder soziale Bedeutung. Für diese Partei würde eine Beendigung des Vertragsverhältnisses erhebliche Nachteile verursachen, die es – soweit möglich – zu vermeiden gilt (ultima-ratio-Prinzip). Diese Nachteile können dabei u. U. sogar soweit gehen, dass sie die Lebensgrundlagen betreffen. Die AGB-Anpassung dient gerade auch dazu, eine solche Beendigung zu verhindern. Aufgrund dessen, dass der ultima-ratio-Gedanke derart prägend für die Anpassung der AGB ist, ist diese zwingend daran geknüpft, dass die Beendigung des Vertragsverhältnisses zumindest für eine Vertragspartei unzumutbar ist. Dies kann, wie die gewonnenen Erkenntnisse zeigen, grundsätzlich nur bei Dauer- und Langzeitschuldverhältnissen angenommen werden kann.

Nach alldem wird im Folgenden untersucht, welche Anforderungen bzw. Merkmale an derartige Rechtverhältnisse zu stellen sind.

1. Der Begriff des Dauerschuldverhältnisses

Der Begriff des Dauerschuldverhältnisses wird im Gesetz an einigen Stellen erwähnt, vgl. etwa § 308 Nr. 3, § 309 Nr. 1 und Nr. 9, § 312f, § 313 Abs. 3 und § 314 BGB, § 25 Abs. 2, § 55 Abs. 2, § 90 Abs. 2 Nr. 2 und Nr. 3, § 209 Abs. 2 Nr. 2 und Nr. 3, § 265 InsO und Art. 229 § 5, Art. 246 § 1 Abs. 1 Nr. 4 a) EGBGB. Gleichwohl fehlt es an einer gesetzlichen Definition, wann von einem Dauerschuldverhältnis auszugehen ist. Der Begriff ist somit ausfüllungsbedürftig. Dies lässt sich am besten bewerkstelligen durch eine Abgrenzung von sonstigen, namentlich punktuellen Schuldverhältnissen, die sich in einem einmaligen Leistungsaustausch erschöpfen.[8]

a) Zeitmoment

Diese Abgrenzung ist ausgehend vom Wortlaut „Dauerschuldverhältnis" in erster Linie phänomenologisch anhand des Zeitmoments durchzuführen.[9] Nach Oetker[10] lassen sich Vertragsverhältnisse in folgende fünf Grundtypen einordnen:

---

8 Vgl. auch BT-Drucks. 14/6040, S. 176 f. [Zu § 314 – Kündigung von Dauerschuldverhältnissen Vorbemerkung].

9 Krebs in AnwK BGB, Band 2, Teilband 1, 2005, § 314, Rn. 4; Kramer in MüKo BGB, Band 2, 5. Auflage 2007, § 314 Rn. 97; Gaier in MüKo BGB, Band 2, 6. Auflage 2012, § 314 Rn. 6; Oetker, Das Dauerschuldverhältnis und seine Beendigung, 1994, S. 20; Weller, Die Vertragstreue, 2009, S. 202; Michalski in JA 1979, 401 [402].

(1) Verträge mit kurzfristigem Leistungsaustausch

Hier kommt es nur zum Zwecke des Austauschs der vertraglichen Hauptleistungspflichten zu einer einmaligen Berührung zwischen den Vertragsparteien. Der zeitliche Umfang solcher (kurzen) Vertragsverhältnisse ist äußerst gering, da sich der Vertrag in dem einmaligen Leistungsaustausch erschöpft. Klassisches Beispiel dafür sind Bargeschäfte des täglichen Lebens.

(2) Verträge mit komplexer Hauptleistungspflicht

Diese Kategorie erfasst solche Verträge, welche die Parteien aufgrund ihres umfangreichen und komplexen Vertragsgegenstandes längere Zeit an einander binden. Darunter fallen insbesondere Bauwerkverträge größeren Umfangs.

(3) Verträge mit gestreckter Erfüllung der Hauptleistungspflicht(en)

Die Erfüllung einer oder mehrerer Hauptleistungspflichten kann sich auch bei Austauschverträgen über einen längeren Zeitraum erstrecken. Dies ist namentlich der Fall bei Ratenzahlungs- und Sukzessivlieferungsverträgen. Erfasst werden aber auch punktuelle Austauschverhältnisse, bei denen die Fälligkeit zumindest einer Hauptleistungspflicht zeitlich nicht unerheblich nach hinten verschoben wurde und ggf. zusätzlich Art, Inhalt und Umfang der Leistungserfüllung von Umständen im Zeitpunkt der Fälligkeit abhängig gemacht werden (in letzterem Falle ist aber eher an einen Bezugsvertrag mit unbestimmter (Gesamt-)Leistung i. S. v. (4.) zu denken).[11]

(4) Bezugsverträge mit unbestimmter Gesamtleistung

Im Unterschied zu den Verträgen mit gestreckter Erfüllung der Hauptleistungspflicht ist bei Verträgen dieser Art der geschuldete, insbesondere mengenmäßige Umfang der Hauptleistungspflicht(en) im Zeitpunkt des Vertragsschluss nicht bzw. nur sehr eingeschränkt oder vage bestimmbar. Hierunter fallen vor allem Dauerlieferungsverträge, die auf Bedarfsdeckung gerichtet sind, sowie Grund- oder Rahmenverträge, die Grundlage von Wie-

---

10 So Oetker, Das Dauerschuldverhältnis und seine Beendigung, 1994, S. 20; diesem folgend Weller, Die Vertragstreue, 2009, S. 202; ähnlich, jedoch ohne eine derart detaillierte Kategorisierung Michalski in JA 1979, 401 [402 ff.].

11 Zu denken ist hier insbesondere an einen Autokauf vom Hersteller, bei dem eine Tagespreisklausel vereinbart wurde, vgl. etwa BGH, vom 01.02.1984 – VIII ZR 54/83 = NJW 1984, 1177.

derkehrschuldverhältnissen sind und aufgrund derer die Parteien Einzelverträge über die Erbringung bestimmter Leistungen schließen.[12]

(5) *Verträge mit ausschließlich zeitlich bestimmbaren Leistungsumfang*
Schließlich ist ein fünfter Grundtypus von Vertragsverhältnissen denkbar, bei dem die vertraglich geschuldete Leistungspflicht mengenmäßig nur mittels der Kategorie „Zeit" bestimmt werden kann. Anders als die übrigen vier Grundtypen ist eine Bestimmung durch zeitunabhängige Gattungsmerkmale, wie etwa Maß, Gewicht, Anzahl, etc. nicht möglich. Von dieser Kategorie erfasst sind insbesondere Miet- und Arbeitsverträge.

Dauerschuldverhältnisse können im Hinblick auf das zeitliche Element von vorneherein nur diejenigen Vertragsverhältnisse sein, die von den Kategorien (2.) bis (5.) erfasst werden.[13] Die Bewertung ist maßgeblich davon abhängig, dass der Faktor Zeit das Austauschverhältnis prägt. Danach muss die Vertragsdurchführung über einen längeren, nicht unerheblichen Zeitraum hinweg erfolgen. Vertragserfüllung tritt entweder erst in deutlichem zeitlichen Abstand zum Vertragsschluss ein oder erfolgt – wie etwa beim Leih-, Verwahr-, Miet- und Arbeitsvertrag – dauernd oder wiederkehrend jeweils von Neuem.[14]

b) Zusätzliche Kriterien

Der Faktor Zeit kann jedoch nicht alleiniges Kriterium für das Vorliegen eines Dauerschuldverhältnisses sein.[15] Dies hätte zur Folge, dass die Abgrenzung ausschließlich danach erfolgen würde, ob eine bestimmte vertragliche Mindestlaufzeit vereinbart bzw. zugrunde gelegt wurde. Dann würden auch einmalige Austauschverhältnisse erfasst, bei denen die Erfüllung der prägenden Hauptleistungspflicht viel Zeit in Anspruch nimmt, es aber an jeglichen Berührungspunkten zwischen den Parteien fehlt.[16] Solche Vertragsbeziehungen sind in ihrer

---

12 Vgl. insofern auch Gaier in MüKo BGB, Band 2, 6. Auflage 2012, § 314 Rn. 7; Michalski in JA 1979, 401 [403]; zum Wiederkehrschuldverhältnis schon RG, vom 13.09.1935 – II 37/35 = RGZ 148, 326 [332].

13 So auch Weller, Die Vertragstreue, 2009, S. 202.

14 Vgl. auch Grüneberg in Palandt BGB, 71. Auflage 2012, § 314 Rn. 2.

15 Ulmer, Der Vertragshändler, 1969, S. 252; vgl. auch zum Abschluss eines Dienstvertrags auf bestimmte Zeit RG, vom 02.07.1912 – III 534/11 = RGZ 80, 29 ; vom 05.12.1922 – III 106/22 = RGZ 105, 416; BGH, vom 31. 3. 1967 – VI ZR 288/64 = BGHZ 47, 303 [307] = NJW 1967, 1416 [1417].

16 Beitzke, Nichtigkeit, Auflösung und Umgestaltung von Dauerschuldverhältnissen, 1948, S. 35 f.; Ulmer, Der Vertragshändler, 1969, S. 252.

Intensität jedoch nicht vergleichbar mit Dauerschuldverhältnissen, bei denen die Parteien dauernd bzw. häufig in Kontakt treten.

Wie diese zusätzlichen Kriterien ausgestaltet sein müssen, ist umstritten:[17] Vorgeschlagen werden u. a. eine fortdauernde bzw. ständige Pflichtenanspannung, aufgrund derer ein vertrauensvolles Zusammenwirken zwischen den Parteien erforderlich sein soll[18] oder ein besonderer persönliches Bezug zwischen den Vertragsparteien[19]. Dem muss man jedoch jeweils entgegen halten, dass die genannten Gesichtspunkte lediglich Ausflüsse eines Dauerschuldverhältnisses beschreiben, nicht aber zu dessen Qualifizierung geeignet sind.

Betrachtet man die unterschiedlichen Dauerschuldverhältnisse, die der Rechtsverkehr im Laufe der Zeit als solche identifiziert hat, ist zusätzlich alternativ eines der beiden folgenden Kriterien zu fordern: Ein Dauerschuldverhältnis kann sich dadurch auszeichnen, dass die Erfüllung einer Hauptleistungspflicht nicht zur Beendigung des Schuldverhältnisses führt. Davon werden insbesondere diejenigen Fälle erfasst, in denen die vertragliche Leistung dauerhaft oder ständig geschuldet ist, wie etwa bei Miet-, Arbeits-, Verwahrungs-, oder Dienstverhältnissen.[20] Alternativ dazu ist ein Dauerschuldverhältnis dann gegeben, wenn – neben der zeitlichen Komponente – der Gesamtumfang der geschuldeten Hauptleistungspflicht(en) im Zeitpunkt des Vertragsabschlusses nicht oder nur sehr vage bestimmt werden kann.[21]

2. Anpassung von Langzeitverträgen

Eine AGB-Anpassung kommt außerdem auch bei Langzeitverträgen in Betracht. Darunter versteht man solche Verträge, bei denen die Erfüllung der Hauptleistungspflichten zeitlich in deutlichem Abstand zum Vertragsschluss eintritt.[22]

Wie bei Dauerschuldverhältnissen ist auch hier zwischen den Parteien eine langfristige vertragliche Beziehung gegeben, innerhalb derer ein Bedarf nach Korrektur der Vertragsbedingungen entstehen kann. Die langfristige Vertrags-

---

17 Vgl. Überblick bei Oetker, Das Dauerschuldverhältnis und seine Beendigung, 1994, S. 74 ff.

18 Niklisch in JZ 1984, 757 [761]; Ulmer. Der Vertragshändler, 1969, S. 253.

19 W. Schwarz in FS Wilburg, 1975, S. 355 [362 f.].

20 Oetker, Das Dauerschuldverhältnis und seine Beendigung, 1994, S. 143, 115 f., spricht in sofern von Langzeitverträgen als Unterkategorie von langfristigen Verträgen, die auch Raten(zahlungs-)verträge erfassen.

21 Hier verwendet Oetker, Das Dauerschuldverhältnis und seine Beendigung, 1994, S. 143, 115 f., den Begriff Dauervertrag, der wiederum Sukzessiv- und Dauerschuldverträge erfassen soll.

22 So anschaulich zu Bauverträgen OLG Köln, vom 27.04.2001 – 11 U 63/00 = NJW-RR 2002, 15 [18].

bindung kann aber noch nicht alleine ausschlaggebend sein für die Gleichbehandlung mit Dauerschuldverhältnissen. Vielmehr müssen zusätzliche Gesichtspunkte hinzukommen, welche die Parteien im besonderen Maße zur gegenseitigen Rücksichtnahme verpflichten und eine Anpassung erforderlich machen. Zu denken ist dabei insbesondere an komplexe Vertragsgegenstände oder ein besonderes Interesse an der Fortsetzung des Vertrages. Maßgeblich sind auch hier die Umstände des konkreten Einzelfalles.

3. Erforderlichkeit eines Bestandsschutzes

Abschließend ist die Frage zu erörtern, ob der Verwender eine AGB-Anpassung nur im Rahmen von bestandsgeschützten Dauer- bzw. Langzeitschuldverhältnissen verlangen kann.

Gegen ein solches Erfordernis spricht zum einen das ultima-ratio-Prinzip, das nach seinem Zweck – Erhalt der vertraglichen Abrede – an sich unabhängig von einem Bestandsschutz einschlägig ist. Zum anderen kann für diese Sicht auch der Präventionsgedanke angeführt werden, zumal Dauer- und Langzeitschuldverhältnisse bereits aufgrund ihrer langen Vertragslaufzeit von erheblicher Bedeutung für die Parteien sind und deshalb die gegenseitigen Rücksichtnahme- bzw. Kooperationspflichten besonders stark ausgeprägt sind.[23]

Jedoch sprechen die überzeugenderen Argumente dafür, eine Anpassung von AGB nur bei Vorliegen eines Bestandsschutzes zuzulassen. Rechtsverhältnisse sind dann in ihrem Bestand schützenswert, wenn sie für wenigstens eine Vertragspartei eine essentielle Bedeutung haben und eine Beendigung mit erheblichen oder gar unzumutbaren Nachteilen verbunden wäre. So ist etwa der Arbeitnehmer in der Regel auf sein Einkommen aus dem Arbeitsverhältnis zwingend angewiesen, um seinen Lebensunterhalt bestreiten zu können.

Ein weiteres Beispiel dafür sind Wohnraummietverträge. Dem Mieter dient die Mietwohnung in den meisten Fällen als einzige Unterkunft und Lebensmittelpunkt. Aufgrund dessen schützt das Gesetz Wohnraummietverträge in ihrem Bestand, eine Kündigung durch den Vermieter ist nur ausnahmsweise bei Vorliegen eines wichtigen Grundes bzw. eines berechtigten Interesses möglich, vgl. § 569 und § 573 BGB. Auch die Vorschriften der §§ 557 ff. BGB über das Recht des Vermieters zur einseitigen Erhöhung der Miete sind Ausdruck dessen, dass Wohnraummietverhältnisse in ihrem Bestand geschützt sind. Es handelt sich dabei um eine verfassungsrechtlich gebotene Kompensation für das Verbot der

---

23 OLG Köln, vom 27.04.2001 – 11 U 63/00 = NJW-RR 2002, 15 [18].

vermieterseitigen Änderungskündigung.[24] Andernfalls könnte der Vermieter über Jahre bzw. Jahrzehnte hinweg kaum die Wirtschaftlichkeit seines Hauseigentums erhalten[25] bzw. noch nicht einmal auf die inflationsbedingte Geldentwertung reagieren.

Besteht der Bestandsschutz danach – wie regelmäßig – zu Gunsten des Kunden, ist die Aufrechterhaltung des Vertrages in seinem Interesse. Dies gilt auch im Hinblick auf die Regelung des § 306 Abs. 3 BGB und unabhängig vom Interesse des Verwenders an der Fortsetzung des Vertrages. Wenn der Kunde mit der Anpassung nicht einverstanden ist und das Vertragsverhältnis nicht mehr fortsetzen möchte, steht es ihm regelmäßig frei, den Vertrag ordentlich zu kündigen (zur Opponentenkündigung als Ausgleich für die erfolgte Anpassung siehe unten Fünfter Teil E. [S. 252 ff.]). Nichts anderes gilt in den – zugegebenermaßen seltenen – Fällen, in denen der Bestandsschutz dem AGB-Verwender zu Gute kommt. Das Interesse des betreffenden Vertragsteils an der Fortsetzung des Vertrages ist in beiden Fällen von einer derart großen Bedeutung, dass eine Anpassung als milderes Mittel zwingend in Betracht zu ziehen ist.

Ist das Rechtsverhältnis dagegen nicht in seinem Bestand geschützt, muss der andere Teil ohnehin jederzeit mit einer ordentlichen Kündigung rechnen. Diese Erwägung zeigt aber zugleich, dass eine AGB-Anpassung auch in solchen Dauer- oder Langzeitschuldverhältnissen in Betracht kommt, in denen die Parteien ein Recht zur ordentlichen Kündigung rechtswirksam ausgeschlossen haben.[26] Denn durch eine derartige Vereinbarung bringen sie ihr gegenseitiges besonderes Interesse an der Durchführung und Aufrechterhaltung des Vertrages zu Ausdruck, so dass eine Beendigung nach dem Willen der Parteien auf erhebliche Ausnahmefälle beschränkt bleiben soll. Eine Vertragsanpassung ist schließlich auch in solchen Fällen erforderlich, in denen zwar ein Bestandsschutz weder vereinbart noch von Gesetzes wegen vorgesehen ist, eine Fortsetzung des Vertrages jedoch dem Interesse sämtlicher Vertragsparteien entspricht. Es bietet sich insofern an, von einem faktischen Bestandsschutz zu sprechen.

---

24 Börstinghaus in Schmidt-Futterer, MietR, 10. Auflage 2011, Vor § 557 BGB Rn. 13 f. der Gesetzgeber wollte einen ausgewogenen Ausgleich zwischen dem Interesse des Vermieters an der ungehinderten Ausübung seiner privatrechtlichen Befugnisse (vgl. Art. 14 Abs. 1 GG) und dem Interesse des Mieters am unveränderten Fortbestand des Mietverhältnisses (grundrechtlich geschützt über die Sozialpflichtigkeit des Eigentums, Art. 14 Abs. 2 GG) erzielen, vgl. nur etwa BVerfG, vom 15.01.1969 – 1 BvL 3/66 = BVerfGE 26, 112 [117] und vom 23.04.1974 – 1 BvR 6/74 = BVerfGE 35, 132 [140] jeweils m. w. N. aus der Rspr.

25 Weidenkaff in Palandt BGB, 71. Auflage 2012, § 558 Rn. 1.

26 Allgemein zur privatautonomen Beschränkung der Kündigungsfreiheit Oetker, Das Dauerschuldverhältnis und seine Beendigung, 1994, S. 564.

Darüber hinaus sind gegenseitige Rücksichtnahmepflichten in bestandgeschützten Rechtsverhältnissen deutlich stärker ausgeprägt. Angesichts der enormen Bedeutung des Rechtsverhältnisses für zumindest eine Vertragspartei sind die Parteien in besonderem Maße dazu verpflichtet, alles ihnen Mögliche und Zumutbare zur Weitergeltung des Vertrages zu unternehmen. Diese Pflicht schließt insbesondere die Mitwirkung an einer Vertragsanpassung ein.[27]

Diese Unterscheidung führt auch nicht zu einer unangemessenen Benachteiligung des Verwenders in Verträgen ohne Bestandsschutz. Dieser ist hier auf § 306 Abs. 3 BGB zu verweisen, der in besonderen Härtefällen die Gesamtunwirksamkeit des Vertrages anordnet. Darüber hinaus steht es dem Verwender selbstverständlich jederzeit frei, das ihm zustehende Recht zur ordentlichen Kündigung auszuüben oder qua Vertragsfreiheit eine Fortsetzung des Vertrages zu anderen Konditionen zu vereinbaren. Ein (Sonder-)Kündigungsrecht nach § 314 Abs. 1 BGB scheidet jedoch aus, da es in jedem Fall an einem wichtigen Grund i. S. dieser Vorschrift fehlt, wenn dem Kündigenden die Fortsetzung des Vertrages unzumutbar ist.[28]

4. Zusammenfassung

Aufgrund der dargestellten Erwägungen kommt eine AGB-Anpassung nur in bestandsgeschützten Dauer- bzw. Langzeitschuldverhältnissen in Betracht. Nur hier sind die gegenseitigen Rücksichtnahmepflichten so stark ausgeprägt, dass im Einzelfall eine Anpassung in Betracht zu ziehen ist. Unerheblich ist der Grund für den Bestandsschutz.

Damit kommt eine AGB-Anpassung grundsätzlich in folgenden Rechtsverhältnissen in Betracht (Aufzählung nicht abschließend):

- Arbeitsverhältnisse
- Mietverhältnisse
- Bauverhältnisse
- Gesellschaftsrechtliche Verbindungen
- Gemeinschaft der Wohnungseigentümer
- Sonstige ordentlich unkündbare Dauer- und Langzeitschuldverhältnisse

27 Aus dem Arbeitsrecht etwa BAG, vom 30.05.1978 – 2 AZR 630/76 = NJW 1979, 332 [333] m. w. N.; vgl. zur Anpassung eines Gesellschaftsvertrages BGH, vom 28.04.1975 – II ZR 16/73 = NJW 1975, 1410 [1411].

28 BT-Drucks. 14/6040, S. 178 [Zu Satz 2]; zust. Gaier in MüKo BGB, Band 2, 6. Auflage 2012, § 314 Rn. 10.

Im Bereich des Versicherungsrechts verbleibt für eine AGB-Anpassung angesichts der vorrangigen Spezialvorschriften des VVG und des VAG kein Anwendungsbereich.

II. Lückenhaftigkeit des Vertrages

Die Lückenhaftigkeit des formularmäßigen Vertrages ist keine zwingende Voraussetzung für eine AGB-Anpassung. Wie im Dritten Teil gezeigt, scheidet eine Vertragskorrektur mit Hilfe der gegenwärtigen gesetzlichen bzw. allgemein anerkannten Instrumentarien in erster Linie in den Fällen aus, in denen § 306 Abs. 2 BGB die Geltung des dispositiven Rechts anordnet.

III. Störung der Vertragsparität

Darüber hinaus ergibt eine Zusammenschau der im Dritten Teil untersuchten Rechtsinstrumente, dass eine Vertragskorrektur nur bei solchen Störungen in Betracht kommt, die sich auf die Vertragsparität auswirken. Jedoch wirkt sich letztlich bereits der Entfall jeder Rechtsposition auf das vereinbarte Austauschverhältnis aus, mag diese auch noch so nebensächlich sein. Wie zuvor bereits dargestellt (Erster Teil, A. I. [S. 44]), lässt sich ein Vertrag als eine Summierung von einzelnen Rechtspositionen begreifen, die von den Parteien mit eingepreist werden. Damit wirkt sich jeder Nichteinbezug bzw. jede Unwirksamkeit einer formularmäßigen Klausel störend auf das vereinbarte Austauschverhältnis aus.

Daraus ist ersichtlich, dass es sich bei der Störung der Vertragsparität um ein ausfüllungsbedürftiges Blankett handelt, dem keine eigenständige Bedeutung zukommt. Eine derartige Störung ist vielmehr lediglich dann beachtlich, wenn sie einen Härtefall darstellt und dem Verwender ein Festhalten am Vertrag unzumutbar macht. Maßgeblich ist daher die Frage, welches Ausmaß die Belastungen für den Verwender erreichen müssen, damit dieser Anpassung der AGB verlangen kann (dazu sogleich unter IV.).

Im Übrigen verdeutlichen diese Erwägungen zugleich, dass eine Störung der Vertragsparität auch i. R. d. § 313 BGB nur in Ausnahmefällen einen Wegfall der Geschäftsgrundlage darstellt, der eine Vertragsanpassung rechtfertigt. Auch bei § 313 BGB (direkt) kommt es demnach entscheidend auf das Tatbestandsmerkmal der Unzumutbarkeit an.

IV. Unzumutbarkeit für den Verwender nach umfassender Interessenabwägung

Maßgeblich ist demnach, ob sich die Störung der Vertragsparität als so schwerwiegend darstellt, dass dem Verwender im konkreten Einzelfall ein unverändertes Festhalten am Vertrag unmöglich erscheint.

Die AGB-Anpassung soll den Verwender im konkreten Einzelfall vor unzumutbaren Nachteilen und Härten bewahren, die auf die Nichteinbeziehung bzw. die Unwirksamkeit einer oder mehrerer formularmäßiger Klauseln zurückgehen. Die Regelungen des § 306 Abs. 2 und Abs. 3 BGB zeigen, dass der Gesetzgeber eine Anpassung von AGB grundsätzlich als nicht erforderlich angesehen hat. Das Gesetz berücksichtigt damit jedoch nicht diejenigen Konstellationen, in denen zumindest eine Partei ein gewichtiges Interesse an der Fortführung des bestandgeschützten Vertrages hat. Die Anpassung ist dabei als relativ milderes Mittel vorrangig gegenüber der Gesamtnichtigkeit nach § 306 Abs. 3 BGB in Betracht zu ziehen.[29]

Aus diesem Grunde kann auf die Rechtsprechung und Literatur zu § 306 Abs. 3 BGB zurückgegriffen werden. Danach kommt eine AGB-Anpassung nur dann in Betracht, wenn dies zur Vermeidung von unzumutbaren Folgen, die mit Recht und Gerechtigkeit schlechthin nicht zu vereinen sind, zwingend erforderlich erscheint.[30] Dazu ist im jeweiligen Einzelfall die Opfergrenze des Verwenders aus Sicht eines vernünftigen Beobachters in der Rolle der Vertragsparteien zu bestimmen.[31] Angesichts dessen, dass die Anpassung, wie gezeigt, vor allem auch die Vertragsfreiheit als Ausfluss der Privatautonomie schützt, ist es zwingend erforderlich, die Bewertung der Zumutbarkeit anhand des Willens der Vertragsparteien sowie deren Interessen vorzunehmen.[32] Danach kann sich die Unzumutbarkeit nur aus „[...] *vertragsimmanenten Kriterien* [...]“[33] ergeben und darf nicht durch objektive Kriterien beeinflusst bzw. verfälscht werden.[34] Allgemeine Zumutbarkeitskriterien[35] oder geschäftsfremde Erwägungen, wie zum

---

29 Ähnlich wohl auch Schlosser in Staudinger BGB, §§ 305 – 310, 14. Bearbeitung 2010, § 305 Rn. 34.

30 So z. B. BGH, vom 31.05.1990 – I ZR 233/88 = NJW 1991, 1478 [1479] und vom 26.09.1996 – I ZR 265/95 = NJW 1997, 1702 [1704] jeweils m. w. N. zum Wegfall der Geschäftsgrundlage.

31 Dagegen eher auf die objektive Sicht abstellend H. Schmidt in Ulmer/Brandner/Hensen AGB, 11. Auflage 2011, § 306 BGB Rn. 43 a. E.

32 Hohloch in Erman, BGB, Band I, 13. Auflage 2011, § 313 Rn. 27.

33 Finkenauer in MüKo BGB, Band 2, 6. Auflage 2012, § 313 Rn. 77.

34 Hau, Vertragsanpassung und Anpassungsvertrag, 2003, S. 249.

35 Larenz, Geschäftsgrundlage und Vertragserfüllung, 3. Auflage 1963, S. 165; Ulmer AcP 174 (1974), 167 [201]; Beyer in NZM 2010, 417 [420].

Beispiel ein möglicher Ausgleich durch Ersatzgeschäfte[36], dürfen nicht in die Bewertung eingestellt werden. Maßgeblicher Zeitpunkt für die Bewertung ist nicht der Zeitpunkt des Vertragsschlusses, sondern der Geltendmachung der Anpassung durch den Verwender.[37]

Das Vorliegen einer unzumutbaren Härte für den Verwender ist im Rahmen eine umfassenden Interessenabwägung zu ermitteln, wobei insbesondere die nachteiligen Auswirkungen auf das Austauschverhältnis zu Lasten des Verwenders und das Bestandsinteresse des Kunden einzustellen sind.[38] Daneben ist auch die Art des Vertrages, seine Bedeutung für die Parteien sowie Art und Auswirkung der Störung auf das vertragliche Gleichgewicht einzustellen.[39]

1. Anforderungen an die Unzumutbarkeit der Vertragsfortsetzung für den Verwender

Neben der Verschiebung des Äquivalenzverhältnisses zu Lasten des Verwenders kann diesem die Fortsetzung des Vertrages vor allem auch dann unzumutbar sein, wenn er ein besonderes Interesse gerade an der unwirksamen bzw. nicht einbezogenen Klausel hat und ohne diese den Vertrag nicht bzw. nicht mit diesem Inhalt geschlossen hätte.[40] Die Frage nach der Vorhersehbarkeit und Vermeidbarkeit der Unwirksamkeit bzw. Nichteinbeziehung der betreffenden AGB stellt sich vielmehr im Rahmen des Tatbestandsmerkmals der Schutzwürdigkeit des Verwenders (dazu sogleich unter V. [S. 217 ff.]). Nicht ausreichend sind dagegen bloße wirtschaftliche oder sonstige Nachteile für den Verwender, die das Vertragsverhältnis aber nur indirekt bzw. überhaupt nicht betreffen.[41]

Dabei wird dem Verwender die Fortsetzung des Vertrages im Hinblick auf den Bestandsschutz nicht erst dann unzumutbar sein, wenn er unmittelbar in seinen existentiellen Grundlagen betroffen ist. Ausreichend sind vielmehr solche

---

36 RG vom 19.05.1920 – I 229/19 = RGZ 99, 115 [116 ff.]; BGH, vom 11.10.1994 – XI ZR 189/93 = NJW 1995, 47 [49]; Finkenauer in MüKo BGB, Band 2, 6. Auflage 2012, § 313 Rn. 77.

37 BGH, vom 14.05.1996 – XI ZR 257/94 = NJW 1996, 2092 [2094] m. w. N.; grundlegend auch H. Roth, Vertragsänderung bei fehlgeschlagener Verwendung von Allgemeinen Geschäftsbedingungen, 1994, S. 70 (III 3 b)).

38 BGH, vom 22.02.2002 – V ZR 26/01 = NJW-RR 2002, 1136 [1137] = WM 2002, 2337 [2338] zur früheren Regelung des § 6 Abs. 3 AGBG.

39 Unberath in Bamberger/Roth, BGB, Band 1, 3. Auflage 2012, § 313 Rn. 33 a. E.

40 Ähnlich BGH, vom 22.02.2002 – V ZR 26/01 = NJW-RR 2002, 1136 [1137] = WM 2002, 2337 [2338].

41 Vgl. etwa BGH, vom 09.05.1996 – III ZR 209/95 = NJW-RR 1996, 1009 [1010]; vom 22.02.2002 – V ZR 26/01 = NJW-RR 2002, 1136 [1137] = WM 2002, 2337 [2338].

einschneidenden Störungen der Vertragsparität, die sich in erheblichem Maße zu seinen Ungunsten auswirken.[42] Einen Sonderfall nehmen solche Rechtsgeschäfte ein, die infolge der Unwirksamkeit bzw. der Nichteinbeziehung bestimmter Klauseln schon keine hinreichende Grundlage mehr für einen Interessenausgleich bilden (Torsoverträge).[43]

Da es sich bei der hier in Rede stehenden AGB-Anpassung um ein Instrument zur Herstellung von Einzelfallgerechtigkeit handelt, ist jeweils anhand der konkreten Umstände festzustellen, was dem Verwender noch zugemutet werden kann. Insbesondere verbietet sich eine Aufstellung von starren Grenzen.

2. Zumutbarkeit der Anpassung für den Kunden

Das Anpassungsinteresse des Verwenders ist dem Interesse des Kunden an der unveränderten Fortsetzung des Vertrages gegenüber zu stellen. Eine AGB-Anpassung ist nur dann gerechtfertigt, wenn das Anpassungsinteresse des Verwenders schwerer wiegt als das Bestandsinteresse des Kunden. Andernfalls ist die begehrte AGB-Anpassung dem Kunden nicht zumutbar.[44]

a) Erforderlichkeit eines weiteren Korrektivs auf Tatbestandsebene

Auf den ersten Blick erscheint es überflüssig, die AGB-Anpassung bereits auf Tatbestandsseite – auch – davon abhängig zu machen, dass sie sich für den Kunden als zumutbar darstellt. Dieses Erfordernis könnte man mit Verweis auf die auf Rechtsfolgenseite durchzuführende Ausübungskontrolle als überflüssig ablehnen.

Eine solche Sicht der Dinge ist allerdings verfehlt, da es sich um zwei unterschiedliche und streng voneinander zu trennende Sachfragen handelt. Im Rahmen des hier in Rede stehenden Tatbestandsmerkmals der Zumutbarkeit ist zu klären, ob der begehrten AGB-Anpassung berechtigte Interessen des Kunden entgegenstehen. Demgegenüber stellt sich auf der Rechtsfolgenseite die Frage, ob sich die Berufung auf den Anpassungsanspruch als rechtsmissbräuchlich darstellt. Im Übrigen gewährt der Anspruch auf AGB-Anpassung dem Anpassungsberechtigten gerade kein Recht zur einseitigen Leistungsbestimmung (dazu

42 BGH, vom 09.05.1996 – III ZR 209/95 = NJW-RR 1996, 1009 [1010].

43 BGH, vom 08.05.2007 – KZR 14/04 = NJW 2007, 3568 [3570]; OLG München, vom 26.06.2002 – 7 U 5730/01 = BB 2002, 2521 [2523]; H. Schmidt in Ulmer/Brandner/Hensen, AGB, 11. Auflage 2011, § 306 BGB Rn. 53.

44 BGH, vom 02.05.1972 – VI ZR 47/71 = NJW 1972, 1577 [1579]; vgl. etwa auch Beyer in NZM 2010, 417 [421].

sogleich unter B. VII. 2. [S. 225 ff.]), so dass bei der Rechtsausübung nicht der Bewertungsmaßstab des billigen Ermessens anzulegen ist.

In diesem Zusammenhang ist insbesondere auch zu berücksichtigen, dass ein bloßer Verweis auf die Ausübungskontrolle, im Zuge derer der Kunde die vorgenommene Anpassung zur gerichtlichen Nachkontrolle stellen kann, die Gefahr gerichtlicher Auseinandersetzungen gerade erhöht.[45] Kann der Verwender dagegen nur dann Anpassung verlangen, wenn diese dem Kunden überhaupt zumutbar erscheint, muss er die begehrten Anpassungen bei Geltendmachung gegenüber dem Kunden hinreichend konkretisieren, so dass dieser sie nachvollziehen und bewerten kann (zu den formellen Anforderungen siehe Fünfter Teil A. [S. 247]). Dadurch erhöht sich die Wahrscheinlichkeit, das eine gerichtliche Auseinandersetzung vermieden werden kann.

Ob die begehrte Anpassung dem Kunden überhaupt zumutbar ist, muss daher bereits auf Tatbestandsebene geklärt werden. Auch hier stellt sich spiegelbildlich zur Frage der Zumutbarkeit der Störungen für den Verwender die Frage, bis zu welcher Grenze dem Kunden eine Anpassung überhaupt zugemutet werden kann.

b) Maßstab zur Ausfüllung des unbestimmten Rechtsbegriffs der Zumutbarkeit

Entscheidende Bedeutung kommt der Frage zu, wie bzw. nach welchem Maßstab der unbestimmte Rechtsbegriff der Zumutbarkeit auszufüllen ist. Insofern bietet es sich auf den ersten Blick an, auf die Vorschrift des § 306 Abs. 3 BGB zurückzugreifen. Dafür spricht insbesondere, dass die AGB-Anpassung gegenüber der Gesamtunwirksamkeit vorrangig ist und demnach ausscheiden muss, wenn dadurch eine unbillige Benachteiligung des Kunden bewirkt werden würde.

Danach wäre dem Kunden eine Fortsetzung des Vertrages zu den geänderten Konditionen dann nicht zumutbar, wenn es dadurch zu einer einschneidenden Störung des ursprünglichen Äquivalenzverhältnisses kommen würde.[46] Eine derartige Störung infolge der Anpassung ist jedoch kaum denkbar, da die AGB-Anpassung gerade darauf abzielt, das ursprüngliche Vertragsgleichgewicht wiederherzustellen.

Dies verdeutlicht, dass hier ein anderer Maßstab angelegt werden muss: Anders als bei § 306 Abs. 3 BGB sind die Wertungen der §§ 307 ff. BGB zu berücksichtigen, die erheblich strengere Voraussetzungen an die Wirksamkeit von AGB stellen. Das bedeutet für die AGB-Anpassung, dass der Inhalt der ange-

---

45 Vgl. dazu BGH, vom 11.06.1980 – VIII ZR 174/79 = NJW 1980, 2518 [2519]; vom 07.10.1981 – VIII ZR 229/80 = NJW 1982, 331 [332].

46 Vgl. zur Vorgängerregelung des § 6 Abs. 3 AGBG BGH, vom 09.05.1996 – III ZR 209/95 = NJW-RR 1996, 1009 [1010] m. w. N.

passten Klausel seinerseits einer Inhaltskontrolle nach den §§ 307 ff. BGB standhalten muss. Würde dem Verwender das Recht eingeräumt, einen modifizierten Klauselinhalt durchzusetzen, den er selbst nicht wirksam in AGB aufnehmen könnte, stünde der Kunde infolge der Anpassung erheblich schlechter als im Zeitpunkt des Vertragsschlusses. Die Inhaltskontrolle nach den §§ 307 ff. BGB würde gleichsam völlig unberücksichtigt bleiben, so dass in der Sache eine Umgehung vorliegt. Aus diesem Grunde kann es letztlich auch dahinstehen, ob es sich bei der betreffenden Klausel nach erfolgter Anpassung noch um AGB handelt, da bereits auf tatbestandlicher Ebene die Einhaltung der strengen Wirksamkeitsvoraussetzungen nach den §§ 307 ff. BGB sichergestellt werden muss.

Allerdings erscheint es angesichts des Einzelfallcharakters der AGB-Anpassung zumindest denkbar, dass in einzelnen krassen Ausnahmefällen sogar eine Anpassung über die Schranken der §§ 307 ff. BGB hinaus erfolgen könnte.

Bei der Bewertung der Zumutbarkeit für den Kunden ist auch daran zu denken, dass Dauer- und Langzeitschuldverhältnisse regelmäßig vor allem deshalb in ihrem Bestand geschützt sind, weil deren Beendigung eine unzumutbare Härte für den Kunden darstellen würde. Dieser ist meist aufgrund seiner wirtschaftlichen und/oder sozialen schwächeren Position von der Vertragsgestaltung ausgeschlossen und damit auf die Vertragsabschlussfreiheit beschränkt.

3. Nachteilige Auswirkungen auf schutzwürdige Dritte

In diesem Zusammenhang stellt sich außerdem die Frage, ob in die oben dargestellte Abwägung auch die Interessen von Dritten, die selbst nicht Vertragspartei geworden sind, eingestellt werden müssen. Nicht selten hat ein schuldrechtlicher Vertrag und damit auch dessen Anpassung Bedeutung und Auswirkungen auf die Rechtsposition von Personen außerhalb des Vertragsverhältnisses.[47] Insofern kann weitestgehend auf die Rechtsprechung und Literatur zur Berücksichtigung von Drittinteressen i. R. d. §§ 307 ff. BGB zurückgegriffen werden. Denn die Anpassung von AGB wird nach oben hin durch die Regelungen der §§ 307 ff. BGB begrenzt, d. h. der Inhalt der angepassten Klausel darf nicht seinerseits gegen die gesetzlichen Inhaltskontrollschranken verstoßen.

Eine Berücksichtigung von Drittinteressen scheitert nicht schon am Grundsatz der Relativität des Schuldverhältnisses.[48] Danach entfalten Schuldverhältnisse grundsätzlich nur zwischen den Vertragsparteien Rechtsbindungen,[49] wohingegen es hier nicht um die Begründung von Rechten und Pflichten des Dritten geht.

---

47 Vgl. insofern etwa Westermann in AcP 209 (2009), 141 [142 f.].

48 So auch Habersack, Vertragsfreiheit und Drittinteressen, 1992, S. 24 f.

49 Eingehend dazu Henke, Die sog. Relativität des Schuldverhältnisses, 1989, S. 11 ff.

Gleichwohl sind Drittinteressen grundsätzlich nicht in die Abwägung einzustellen, auch wenn der Dritte von der Anpassung möglicherweise nachteilig betroffen wird.[50] Dies würde dem Gedanken der Wertung aus dem Grundsatz der Relativität der Schuldverhältnisse widersprechen. Die AGB-Anpassung darf nicht zu einem Instrument zur Beseitigung „[...] *vertragsexterner Universalungerechtigkeit* [...]“[51] ausarten.

Fehlt es demnach – wie regelmäßig – an einer ausdrücklichen vertraglichen Abrede, sind Drittinteressen nur dann in der Abwägung berücksichtigen, wenn dies gesetzlich vorgeschrieben oder im Vertrag angelegt ist.[52] Letzteres ist durch Auslegung zu ermitteln. Dabei sind vor allem die Gesichtspunkte die vertraglichen Verpflichtungen der Vertragsparteien gegenüber dem Dritten sowie die Ausrichtung des Rechtsverhältnisses auf die Begünstigung bzw. Beeinträchtigung von Drittinteressen einzustellen.[53] Folglich sind Drittinteressen dann zu berücksichtigen, wenn eine der Vertragsparteien für den Dritten „[...] *rechtlich oder kraft persönlicher Verbundenheit verantwortlich ist* [...]“[54]. So wurden von der Rechtsprechung beispielsweise die Interessen des Drittbegünstigten aus einem Versicherungsvertrag (Vertrag zu Gunsten Dritter)[55] oder des Mitreisenden beim Reisevertrag (Vertrag mit Schutzwirkung für Dritte)[56] als schützenswert angesehen.

Die Verantwortlichkeit einer Partei für einen Dritten kommt insbesondere bei Konstellationen in Betracht, in denen der Inhalt des in Rede stehenden formularmäßigen Vertrages – ähnlich wie bei einer Kettenreaktion – Auswirkungen auf weitere Vertragsverhältnisse zwischen einer Vertragspartei und einem Dritten hat, sofern die andere Vertragspartei dies bei Vertragsschluss erkennen konnte. Dies gilt in besonderem Maße, wenn der betreffenden Vertragspartei Regressansprüchen des Dritten drohen.[57]

---

50 BGH, vom 07.10.1981 – VIII ZR 214/80 = NJW 1982, 178 [180] und vom 14.03.2012 – VIII ZR 220/11 = NJW 2012, 2184 [2185]; Rieble in DB 1995, 195 [203 f.]; Wurmnest in MüKo BGB, Band 2, 6. Auflage 2012, § 307 Rn. 50; a. A. Habersack, Vertragsfreiheit und Drittinteressen, 1992, S. 172 ff., der auch nur mitbetroffene Drittinteressen generell mitberücksichtigen will; vgl. ferner Baetge in AcP 202 (2202), 972 [979].

51 Rieble in Staudinger BGB, §§ 315 – 326, 14. Bearbeitung 2009, § 315 Rn. 316 a. E.

52 Eingehend Habersack, Vertragsfreiheit und Drittinteressen, 1992, S. 151, 193 ff.; Rieble in Staudinger BGB, §§ 315 – 326, 14. Bearbeitung 2009, § 315 Rn. 315 zu einseitigen Leistungsbestimmungen; vgl. auch Baetge in AcP 202 (2002), 972 [979 f.].

53 Westermann in AcP 209 (2009), 141 [157 ff. und 180].

54 Coester in Staudinger BGB, §§ 305 – 310, 14. Bearbeitung 2006, § 307 Rn. 146 m. w. N.

55 Vgl. etwa BGH, vom 16.11.1992 – II ZR 184/91 = NJW 1993, 2442 [2443 f.].

56 So z. B. BGH, vom 15.06.1989 – VII ZR 205/88 = NJW 1989, 2750 [2751].

57 Wolf in Wolf/Lindacher/Pfeifer, AGB, 5. Auflage 2009, § 307 Rn. 170.

Zu denken ist dabei etwa an die Situation auf einer Großbaustelle, bei der viele verschiedene Parteien an der Erstellung eines umfangreichen Werkes mitwirken.[58] Hier sind i. d. R. die einzelnen Vertragsverhältnisse der Beteiligten nach dem Willen der Parteien aufeinander abgestimmt. Können wesentliche Leistungen nicht mehr erbracht werden, werden auch die übrigen geschuldeten Leistungen überflüssig, so dass eine Beendigung sämtlicher Vertragsverhältnisse im Raum steht. Vergegenwärtigt man sich dazu noch die erheblichen Probleme bei der Rückabwicklung sowie die Tatsache, dass die Beteiligten häufig langfristig disponiert haben und/oder im Vertrauen auf die Durchführung des Großbauprojekts weitere vertragliche Bindungen eingegangen sind, so erscheint es umso zwingender, derartige Drittinteressen bei der Frage der Unzumutbarkeit der Vertragsfortsetzung zu berücksichtigen (vgl. dazu ausführlich oben, Dritter Teil C. V. 1. [S. 185 ff.]).[59] Dies gilt in besonderem Maße auch im Versicherungsrecht für das Interesse der Versichertengemeinschaft (vgl. dazu oben unter Dritter Teil B. V. 1. [S. 110 ff.]).

Demgegenüber genügt ein bloßer Interessengleichlauf, wie beispielsweise im Falle von ungesicherten Drittgläubigern bei einer Übersicherung zu Gunsten des Sicherungsnehmers, nicht, da hier die Drittinteressen nur reflexartig betroffen sind.[60]

Nach alldem sind Drittinteressen nur ausnahmsweise in die Abwägung einzustellen, wenn sich dies aus dem Gesetz oder nach Auslegung des Vertrages ergibt.

4. Restvertragslaufzeit

Schließlich ist in diesem Zusammenhang zu untersuchen, ob dem Verwender eine unveränderte Fortsetzung des Vertrages zugemutet werden kann, wenn sich das Vertragsverhältnis bereits in gekündigtem Zustand befindet oder alsbald aus sonstigen Gründen beendet wird.

Hier könnte es in Betracht kommen, eine Anpassungsmöglichkeit generell mit der Begründung abzulehnen, dass angesichts der kurzen verbleibenden Vertragslaufzeit die Schutz-, Rücksichtnahme-, Treue- und Koordinationspflichten nur noch in erheblich abgeschwächtem Maße Geltung beanspruchen, so dass eine Anpassung des Vertrages nicht mehr als geschuldet anzusehen sein könnte.

---

58 Vgl. dazu auch ausführlich OLG Köln, vom 27.04.2001 – 11 U 63/00 = NJW-RR 2002, 15 [18].

59 Ähnlich Schwarze in BauR 2004, 895 [897]; Nicklisch in NJW 1985, 2361 [2362].

60 BGH, vom 10.05.1994 – XI ZR 65/93 = NJW 1994, 1798 [1799] und vom 14.05.1996 – XI ZR 257/94 = NJW 1996, 2092 [2094].

Überzeugender erscheint es allerdings, eine AGB-Anpassung nicht grundsätzlich zu verneinen, wenn das Ende des Vertragsverhältnisses bereits absehbar ist. Dafür spricht zum einen, dass viele Dauerschuldverhältnisse von vorneherein nicht auf unbestimmte Zeit abgeschlossen werden, so dass eine Anpassung in diesen Fällen dann ebenfalls grundsätzlich ausscheiden müsste. Dies erscheint jedoch im Hinblick auf die oben beschriebenen, im Rahmen von Dauerschuldverhältnissen typischerweise auftretenden Gefahren nicht angemessen, zumal etwa langjährige, allerdings befristete Verträge mit erheblichen Leistungspflichten durchaus denkbar sind. In einem solchen Fall wird man kaum davon ausgehen können, dass die gegenseitigen Rücksichtnahmepflichten derart eingeschränkt sind, dass ein Anspruch auf Vertragsanpassung ausscheidet. Zu bedenken ist insofern vor allem auch, dass ein Anspruch auf Vertragsanpassung nach ganz herrschender Meinung im Rahmen von langfristigen Bauverträgen in Betracht kommt, obwohl die Zeit für die Erstellung des Werkes in der Regel im Bauvertrag vereinbart ist (siehe oben, Dritter Teil, C. V. 3 [S. 188]).

Zum anderen kann es der Präventionsgedanke gebieten, trotz einer nur mehr kurzen Restlaufzeit eine AGB-Anpassung vorzunehmen. Auch bei solchen Verträgen kann dem Verwender u. U. eine Fortsetzung des Vertrages bis zum Beendigungszeitpunkt nicht zugemutet werden. Die Alternative wäre auch in diesem Fall eine vorzeitige Beendigung des Vertragsverhältnisses. Dies gilt im besonderen Maße im Hinblick auf den Bestandsschutz, der eine vorzeitige Beendigung nur im Ausnahmefall zulässt.

Damit ist jeweils unter Berücksichtigung der Umstände des konkreten Einzelfalls und der Interessen der Vertragsparteien zu entscheiden, ob eine Anpassung der AGB trotz des Beendigungszeitpunkts des Vertragsverhältnisses vorzunehmen ist.[61] Als Faustregel gilt dabei: Ein Festhalten am gegenwärtigen Vertragsinhalt wird umso eher zumutbar sein, je kürzer die restliche Vertragslaufzeit ist. Denn in diesem Falle werden die Einbußen für den Verwender regelmäßig kleineren Ausmaßes sein, so dass eine unzumutbare Härte in der Tendenz eher ausscheiden wird.

5. Beispiel

Die Unzumutbarkeit lässt sehr anschaulich an folgendem Beispielsfall verdeutlichen:

---

61 So auch BGH, vom 10.03.1972 – I ZR 30/70 = NJW 1972, 1577 [1579 a. E.] und BAG, vom 09.07.1986 – 5 AZR 44/85 = NZA 1987, 16 [16 a. E.], die Anpassung bereits abgewickelter Dauerschuldverhältnisse nur in Ausnahmefällen zulassen wollen.

In einem unbefristeten formularmäßigen Mietvertrag schließt der Vermieter jegliche Mieterhöhungen aus, weil er mit der Verwaltung der Mietsache weitgehend nichts zu tun haben will und daher der Mieter sämtliche Reparaturen an der Wohnung selbst tragen soll. Nach Vertragsschluss erweist sich die Reparaturklausel nun als unwirksam.

An sich ist kommt hier nach § 306 Abs. 2 BGB das dispositive Gesetzesrecht zur Anwendung, so dass der Vermieter gem. § 535 Abs. 1 S. 2 Alt. 2 BGB dazu verpflichtet wäre, anfallende Reparaturen zu tragen.[62] Dies würde allerdings eine erhebliche und dauerhafte Mehrbelastung für den Vermieter verglichen mit dem vertraglich vereinbarten Austauschverhältnis bedeuten. Für die finanzielle Besserstellung des Mieters ist insofern auch kein Sachgrund ersichtlich. Der Vermieter hat darüber hinaus wegen des gesetzlich angeordneten Bestandsschutzes keine Möglichkeit zur (Änderungs-)Kündigung des Mietverhältnisses.

Demnach kommt in diesem Beispiel grundsätzlich das Vorliegen einer unzumutbaren Störung der Vertragsparität zu Lasten des Vermieters in Betracht. Dabei müssen jedoch insbesondere die Gesichtspunkte der Höhe der monatlichen Mehrbelastung für den Vermieter, die Differenz zur ortsüblichen Vergleichs- bzw. Indexmiete sowie auch die Kosten für die erforderlichen Reparaturen eingestellt werden.

6. Zusammenfassung

Zentrales Merkmal der AGB-Anpassung ist die Unzumutbarkeit der unveränderten Fortsetzung des Vertrages für den Verwender. Hier ist eine umfassende Abwägung der widerstreitenden Interessen vorzunehmen, wobei vor allem danach zu fragen ist, ob der Inhalt der konkreten Anpassung dem Kunden zugemutet werden kann. Eine Unzumutbarkeit ist regelmäßig zu verneinen, wenn der Verwender die Geltung von Klauseln begehrt, die er selbst nicht wirksam als AGB stellen könnte.

V. Schutzwürdigkeit

Aus den gesetzlichen und allgemein anerkannten Anpassungsinstrumenten lässt sich außerdem ableiten, dass das Anpassungsbegehren des Verwenders schutzwürdig sein muss. Der Kunde ist in seinem Bestandsschutzinteresse grundsätz-

---

62 St. Rspr. des BGH bei unwirksamen Schönheitsreparaturklauseln, vgl. nur BGH, vom 18.10.2006 – VIII ZR 52/06 = NJW 2006, 3378 [3780] m. w. N.; Überbbl. über die Rspr. etwa Flatow in NZM 2010, 641 [641 ff.] und Wagner in NZM 2010, 543 [543 ff.].

lich schutzwürdig, da er auf die Vertragsabschlussfreiheit beschränkt ist deshalb wegen § 306 Abs. 2 BGB kein Risiko aus der Vertragsgestaltung trägt.

1. Fallgruppen

Die fehlende Schutzwürdigkeit des Anpassungsbegehrens des Verwenders ist insbesondere aus folgenden Gründen abzulehnen:

a) Vorhersehbarkeit und Vermeidbarkeit der Änderungen

Es entspricht den allgemeinen rechtsgeschäftlichen Grundsätzen, dass i. d. R. derjenige nicht als schutzwürdig anzusehen ist, der die Möglichkeit des Eintritts von Störungen kannte bzw. kennen musste und trotzdem keine Vorkehrungen zu deren Verhinderung getroffen hat.[63] Beruft er sich anschließend auf das verwirklichte Risiko, handelt er rechtsmissbräuchlich.

Anders verhält es sich lediglich dann, wenn beide Vertragsparteien nachweisbar eine fehlerhafte Bewertung der rechtlichen Situation vorgenommen haben (beiderseitiger Rechtsirrtum).[64] Unabhängig davon, dass in dieser Konstellation oftmals eine individualvertragliche Abrede vorliegen wird, käme eine Schutzwürdigkeit des Verwenders trotz der Vorhersehbarkeit grundsätzlich in Betracht.[65]

Darüber hinaus ist ein solches Verhalten der Sache nach als – grob – fahrlässig zu bewerten. Unter dem Begriff „Fahrlässigkeit" (vgl. etwa § 276 Abs. 1 S. 1 Alt. 2 BGB) versteht man die Vorhersehbarkeit und Vermeidbarkeit des tatbestandlichen Erfolges jeweils in Ansehung der im Verkehr erforderlichen Sorgfalt.[66] Indem die betreffende Vertragspartei es unterlässt, entsprechende Vorsorgemaßnahmen zu ergreifen, ist sie ebenfalls (mit-)verantwortlich für anschließend auftretende Störungen. Sie übernimmt – konkludent – das Risiko für diese Störungen.

Die Schutzwürdigkeit des Verwenders entfällt allerdings nur dann, wenn er das Risiko eines Störungseintritts nicht nur vorhersehen, sondern auch vermeiden konnte. Dabei ist nicht zu fordern, dass er sämtlichen denkbaren Gefahren

---

63 So etwa zum Verschulden im Rahmen der deliktischen Haftung BGH, vom 04.02.1964 – VI ZR 25/63 = NJW 1964, 720 [722]; zum WoEigG: BGH, vom 07.10.2004 – V ZB 22/04 = NJW 2004, 3413 [3415] m. w. N.

64 So etwa BGH, vom 19.01.1967 – II ZR 27/65 = MDR 1965, 384 [384].

65 BGH, vom 19.01.1967 – II ZR 27/65 = MDR 1965, 384 [384].

66 St. Rspr., vgl etwa BGH, vom 21.05.1963 – VI ZR 254/62 = BGHZ 39, 281 [285 a. E.] = NJW 1963, 1609 [1609].

und Störungen vorbeugt.[67] Er muss vielmehr nur solche Maßnahmen ergreifen, die ihm zumutbar und möglich sind. Insbesondere muss er nicht ganz entfernte, daher sehr unwahrscheinliche Szenarien berücksichtigen.

Für die hier in Rede stehende AGB-Anpassung ergibt sich daraus Folgendes: Hätte der Verwender erkennen können bzw. müssen, dass die von ihm verwendeten AGB den Anforderungen der §§ 305 ff. BGB nicht genügen, ist es ihm anschließend verwehrt, Anpassung zu verlangen. Ihm ist es stets zumutbar, vor Stellung der AGB rechtskundigen Rat einzuholen. Dies gilt umso mehr, je größere Bedeutung dem Vertrag zukommt. Unterlässt er dies, kann er sich nicht darauf berufen, die Bedingungen selbst nach bestem Wissen und Gewissen erstellt zu haben.

Für die nähere Bestimmung der Pflichten, die der Verwender bei der rechtlichen Bewertung vor Stellung der AGB zu erfüllen hat, bietet es sich an, auf die Grundsätze zur Anwaltshaftung bei fehlerhafter rechtlicher Prüfung zurückzugreifen. Das erscheint angesichts der einseitigen Inanspruchnahme der Vertragsgestaltungsfreiheit durch den Verwender auch dann gerechtfertigt, wenn dieser selbst nicht rechtskundig ist. Dies gilt im besonderen Maße bei formularmäßigen Verbraucherverträgen, bei denen erfahrungsgemäß eine (rollen-)spezifische Überlegenheit des Unternehmers vorliegt. Die Übertragung der strengen Anwaltshaftungsmaßstäbe ist auch im Hinblick auf die weite Gestaltungsmacht des Verwenders erforderlich.

Demnach hat sich der Verwender bei Formulierung der AGB die entsprechenden Rechtskenntnisse zu verschaffen, was eine Information über die aktuelle Gesetzeslage sowie weitgehend über den Stand der gegenwärtigen obergerichtlichen Rechtsprechung einschließt.[68] Rechtsirrtümer gehen grundsätzlich zu seinen Lasten,[69] sofern nicht beide Parteien demselben Rechtsirrtum unterliegen.[70] Dagegen darf der Verwender grundsätzlich auf den Bestand der aktuellen Gesetzeslage sowie der höchstrichterlichen Rechtsprechung vertrauen, wenn sich nicht aufgrund eindeutiger Umstände eine Änderung abzeichnet.[71] Auch wenn bei Änderungen der höchstrichterlichen Rechtsprechung nach überzeugender Auffassung ein Vertrauensschutz zu Gunsten des Verwenders ausscheidet,[72] kann

67 BGH, vom 31.10.2006 – VI ZR 223/05 = NJW 2007, 762 [763].

68 So etwa BGH, vom 07.03.1978 – VI ZB 18/77 = NJW 1978, 1486 [1486]; vom 18.12.2008 – IX ZR 179/07 = NJW 2009, 987 [987 f.].

69 BGH, vom 20.04.1959 – III ZR 141/57 = VersR 1959, 638 [641].

70 Nachweise bei Fn. 45.

71 BGH, vom 30.09.1993 – IX ZR 211/92 = NJW 1993, 3323 [3325]; vom 06.11.2008 – IX ZR 140/07 = NJW 2009, 1593 [1594 f.] m. w. N.; zust. Borgmann in NJW 2010, 1924 [1927].

72 Vgl. statt aller BGH, vom 05.03.2008 – VII ZR 95/07 = NJW 2008, 1438 [1439] m. w. N.

dieser grundsätzlich trotzdem als schutzwürdig erscheinen, wenn er die Rechtsprechungsänderung nicht vorhersehen konnte.

Enthalten beispielsweise die für einen Dauerlieferungsvertrag geltenden allgemeinen Lieferbedingungen des Verwenders eine Klausel, wonach der Kunde die Ware an eine bestimmte Adresse zu liefern hat, ist der Verwender nicht als schutzwürdig anzusehen, wenn er dauerhaft die Lieferung an einen anderen Ort begehrt, etwa aufgrund eines Umzugs o. ä. Zum einen hätte der Verwender bei Stellung der AGB erkennen können und müssen, dass eine Lieferung an einen anderen Ort erforderlich werden könnte. Zum anderen hatte er in tatsächlicher und rechtlicher Hinsicht die Möglichkeit, die AGB interessengerecht zu formulieren. Es hätte etwa nahe gelegen, als Ort der Lieferung den jeweiligen Firmensitz bzw. die Lagerstätte zu benennen.

Demzufolge bleibt an dieser Stelle festzuhalten, dass der Verwender dann als schutzwürdig anzusehen ist, wenn sich die tatsächliche Gesetzeslage nicht als eindeutig darstellt und die Rechtsfrage noch nicht (abschließend) von der Rechtsprechung behandelt wurde. Dies gilt im gleichen Maße, wenn das dispositive Gesetzesrecht keine Regelung des betreffenden Umstands bereit hält.

b) Risikosphäre des Verwenders

Der Verwender ist darüber hinaus nicht als schutzwürdig anzusehen, wenn die eingetretenen Störungen, die eine Anpassung der AGB erforderlich machen, seiner Risikosphäre zuzuordnen sind.[73] Risiken aus und im Zusammenhang mit dem Vertrag fließen i. d. R. in das vertragliche Austauschverhältnis mit ein, wenn sie vom gemeinsamen Parteiwillen erfasst werden. Dies kann auch dann gelten, wenn die betreffenden Risiken von den Parteien bei Vertragsschluss nicht vorhergesehen wurden; jedenfalls sofern die Haftungsverteilung für unvorhersehbare Entwicklungen vom Parteiwillen erfasst wurde.[74] Die Parteien messen der Übernahme eines Risikos einen gewissen Gegenwert (Risikoprämie) zu, der anschließend bei der Berechnung des Entgelts berücksichtigt wird.[75] Ein Vertrag lässt sich damit auch als eine Addition von vertraglich übernommenen Risiken beschreiben.[76]

Die Zuweisung eines Risikos entspricht damit einer bewussten privatautonomen Entscheidung, die auch im Falle der Risikoverwirklichung zu berücksichti-

---

73 So zur WEG: BGH, vom 07.10.2004 – V ZB 22/04 = NJW 2004, 3413 [3415] m. w. N.; Bub in Staudinger WEG, §§ 1 – 15, 13. Bearbeitung 2005, § 16 Rn. 271.

74 G. Roth in FS Krejci, Zweiter Band, 2001, S. 1264.

75 G. Roth in FS Krejci, Zweiter Band, 2001, S. 1264; Finkenauer in MüKo BGB, Band 2, 6. Auflage 2012, § 313 Rn. 59.

76 Fikentscher, Die Geschäftsgrundlage als Frage des Vertragsrisikos, 1971, S. 43.

gen ist.[77] Auf ein Verschulden der risikobehafteten Partei kommt es – vorbehaltlich einer abweichenden vertraglichen Abrede – nicht an.[78]

Für die hier in Rede stehende AGB-Anpassung in den Fällen, in denen § 306 Abs. 2 BGB die Geltung des als unpassend empfundenen dispositiven Gesetzesrechts anordnet, ist der Gesichtspunkt der entgegenstehenden Risikoverteilung jedoch nicht ausschlaggebend. Die Regelung des § 306 Abs. 2 BGB weist eindeutig dem Verwender das Risiko aus der Verwendung von unwirksamen bzw. nicht einbezogenen gewordenen AGB zu. Mit der vorliegenden Arbeit wird aber gerade untersucht, ob diese gesetzliche Risikoverteilung im Einzelfall aus Gründen der Billigkeit überwunden werden kann, um dadurch vertragsgerechte Abreden zu gewährleisten.

In diesem Zusammenhang ist es außerdem kaum vorstellbar, dass dem Verwender das Risiko aus der Stellung von unwirksamen bzw. nicht einbezogenen formularmäßigen Bedingungen aus einem anderen – selbständigen – Grund als der gesetzlichen Regelung in § 306 Abs. 2 BGB zugewiesen wird. Dies gilt in gleichem Maße für den Gegenstand der unwirksamen bzw. nicht einbezogenen AGB: Hier ordnet § 306 Abs. 2 BGB die im dispositiven Gesetzesrecht vorgesehene Risikoverteilung an. Sollten die Parteien individuell eine anderweitige Abrede über die Risikoverteilung getroffen haben, würde diese nach § 305b BGB sowohl gegenüber der unwirksamen bzw. nicht einbezogenen formularmäßigen Abrede als auch gegenüber § 306 Abs. 2 BGB vorrangig sein.

Aufgrund dessen wird aus Gründen der Übersichtlichkeit und der Verständlichkeit an dieser Stelle von vertiefenden Ausführungen über die Bestimmung der Risikoverteilung abgesehen.

c) Kein Selbstwiderspruch

Schließlich ist es dem Anspruchsinteressenten verwehrt, sich auf die aus der Äquivalenzstörung resultierenden Nachteile zu berufen, wenn er diese selbst in vorwerfbarer Weise herbeigeführt hat.[79] Man spricht insofern von „Selbstwiderspruch“.[80] Das Anpassungsbegehren ist in diesem Fall nicht schutzwürdig, da es der Verwender selbst in der Hand hatte, die eingetretene Störung zu vermeiden. Im Übrigen soll der Anpassungsanspruch gerade keine Erweiterung des Ver-

---

77 So auch Finkenauer in MüKo BGB, Band 2, 6. Auflage 2012, § 313 Rn. 59 f.

78 Gsell in Soergel BGB, Band 5/2, 13. Auflage 2005, § 326 Rn. 49.

79 St. Rspr. BGH, vom 11.03.1993 – I ZR 27/91 = NJW-RR 1993, 880 [881 f.]; vom 03.05.1995 – XII ZR 29/94 = NJW 1995, 2028 [2031] m. w. N.; vom 10.11.2004 – VIII ZR 186/03 = NJW 2005, 359 [362].

80 Vgl. etwa Medicus/Stürner in Prütting/Wegen/Weinreich BGB, 6. Auflage 2011, § 313 Rn. 17.

tragsgegenstandes zu Lasten des Kunden bewirken. Diese Gefahr bestünde jedoch, wenn der Verwender Anpassung von bei Vertragsschluss unberücksichtigt gebliebenen Störungen verlangen könnte, die auf sein – vorwerfbares – Verhalten zurückgehen. Unerheblich ist insofern, ob der Verwender den Eintritt der veränderten Umstände vorsätzlich[81] oder in sonst vorwerfbarer Weise[82] herbeigeführt hat.

Dieser Gesichtspunkt wird im Rahmen der hier in Rede stehenden AGB-Anpassung kaum relevant, da ein Verwender, der vorsätzlich oder fahrlässig unwirksame AGB verwendet bzw. die Einbeziehungsvoraussetzungen nicht erfüllt, schon deshalb nicht schutzwürdig ist, weil er die eingetretenen Störungen vorhersehen und vermeiden konnte (vgl. insofern oben, V. 1. [S. 217]).

d) Langfristiger Ausgleich der Mehrbelastung

Ferner ist das Anpassungsbegehren des Verwenders auch dann nicht als schutzwürdig anzusehen, wenn sich seine ergebenden Mehrbelastungen langfristig ausgleichen.[83] Das Interesse des Verwenders, von einer kurzfristigen Mehrbelastung verschont zu werden, rechtfertigt nicht die Gewährung eines Anpassungsanspruchs.[84]

Dies ist jedoch letztlich unter Berücksichtigung der Umstände des konkreten Einzelfalles zu bewerten. Danach ist eine Schutzwürdigkeit des Verwenders trotz des langfristigen Ausgleichs zu befürworten, wenn die kurzfristige Mehrbelastung existenzbedrohende Ausmaße annimmt oder der Ausgleichszeitraum unangemessen lange (z. B. 100 Jahre) erscheint. Dies kann etwa durch eine erneute Anpassung oder eine zeitlich begrenzte Modifikation des Vertrages aufgefangen werden.

2. Folge der fehlenden Schutzwürdigkeit

Ist der Verwender aufgrund einer der soeben dargestellten Gründe in seinem Anpassungsbegehren nicht als schutzwürdig anzusehen, stellt sich die Frage nach der daraus resultierenden Folge für den Anpassungsanspruch. Eine katego-

81 So bei BGH, vom 10.11.2004 – VIII ZR 186/03 = NJW 2005, 359 [362] = ZIP 2004, 2384 [2388].

82 BGH, vom 03.05.1995 – XII ZR 29/94 = NJW 1995, 2028 [2031]; vom 03.05.1995 – XII ZR 89/94 = NJW 1995, 2031 [2032], vom 30.04.2009 – I ZR 42/07 = NJW-RR 2010, 960 [965]; OLG Frankfurt a. M., vom 20.05.2003 – 5 U 230/01 = WM 2003, 1850 [1853].

83 OLG Köln, vom 08.12.1997 – 16 Wx 311/97 = WuM 1998, 174 [174].

84 So auch Wendel in Köhler/Bassenge, AHB WEG, 2. Auflage 2009, Teil 3 Rn. 93.

rische Ablehnung des AGB-Anpassungsanspruchs hätte sanktionsähnlichen Charakter: Der Verwender würde für sein – schuldhaftes – Verhalten (Fälle a) bis c)) bestraft, indem er unverändert an dem bestandsgeschützten Vertrags festgehalten wird, obwohl dessen Inhalt eine für ihn unzumutbare Belastung darstellt.

Dieses Problem stellt sich dagegen nicht im Falle eines langfristigen Ausgleichs der Mehrbelastungen. Hier ist der Verwender, wie zuvor dargestellt (unter 1 d) [S. 221]), trotz einer langfristigen Amortisation in seinem Anpassungsbegehren schutzwürdig, wenn sich unzumutbare Nachteile nur mittels einer kurzfristigen Anpassung vermeiden lassen.

Demnach bietet sich bei einem schuldhaften Verhalten des Verwenders (Fälle a) bis c)) eine Differenzierung nach dem Grad seines Verschuldens an. Insofern kann auf die vom BAG entwickelten Haftungsmaßstäbe beim innerbetrieblichen Schadensausgleich zurückgegriffen werden.[85]

Danach hat der Verwender dann keinen Anspruch auf AGB-Anpassung, wenn er den Anpassungsbedarf vorsätzlich oder gröbst fahrlässig herbeigeführt hat. In allen anderen Fällen kommt ein Anpassungsanspruch grundsätzlich in Betracht. Die Schwere des Verschuldens (leichte – mittlere – grobe Fahrlässigkeit) ist jedoch im Rahmen des angemessenen Interessensausgleichs zu berücksichtigen. Je schwerer das Verschulden des Verwenders ist, desto weniger ist der Vertrag zu seinen Gunsten anzupassen.

3. Beispiel

Diese Erwägungen lassen sich an dem unter IV. 5 [S. 215 f.] dargestellten Beispielsfall mit einer unwirksamen Reparaturklausel anschaulich darstellen: Der Vermieter ist hier umso weniger schützenswert, je eindeutiger die Rechtslage bzgl. der Wirksamkeit der Reparaturklausel bei Vertragsschluss war.

Gleichwohl ist eine gänzliche Versagung der AGB-Anpassung angesichts der Vorstellungen der Parteien bei Vertragsschluss, wonach der Vermieter von der Verwaltung der Mietsache weitestgehend verschont bleiben soll und der Mieter dafür einen unterdurchschnittlichen Mietzins zahlen soll, unangebracht. Dies gilt sogar dann, wenn es zu dieser Frage im Zeitpunkt des Vertragsschlusses bereits eine gesicherte höchstrichterliche Rechtsprechung gab. Denn auch in diesem Fall wäre der dauerhafte und nicht mehr anderweitig auszugleichende finanzielle Vorteil des Mieters sachlich nicht gerechtfertigt.

---

85 BAG, 05.02.2004 – 8 AZR 91/03 = NJW 2004, 2469 [2470]; vom 18.01.2007 – 8 AZR 250/06 = NZA 2007, 1230 [1233 ff.]; vom 28.10.2010 – 8 AZR 418/09 = NJW 2011, 1096 [1097]; Walker in JuS 2002, 736 [737 ff.].

Allerdings ist das (fahrlässige) Verschulden des Vermieters bei der Durchführung der AGB-Anpassung zu berücksichtigen. Je nach Fahrlässigkeitsgrad hat er daher einen Teil der Reparaturkosten selbst zu tragen oder muss von vornherein für bestimmte Reparaturen aufkommen.

4. Zusammenfassung

Ist das Anpassungsbegehren des Verwenders als nicht schutzwürdig zu bewerten, scheidet eine AGB-Anpassung nach allgemeinen rechtsgeschäftlichen Grundsätzen aus. Dies gilt im Falle einer Verursachung der Störung durch den Verwender jedenfalls dann, wenn er diese vorsätzlich oder gröbst fahrlässig verschuldet hat. Andernfalls ist eine Anpassung nicht generell zu versagen, jedoch ist der Verschuldensgrad bei der Frage des Umfangs und der Reichweite der Anpassung zu berücksichtigen. Die (praktisch) wichtigsten Fälle, in denen es an einer Schutzwürdigkeit fehlt, sind diejenigen, in denen der Verwender die Unwirksamkeit seiner AGB hätte vorhersehen und vermeiden können.

VI. Erforderlichkeit

Weiter kann der Verwender nur dann Anpassung der von ihm gestellten AGB verlangen, wenn – abgesehen von der Beendigung nach § 306 Abs. 3 BGB – keine anderweitige zumutbare Möglichkeit gegeben ist, die eingetretene Störung zu beseitigen.[86] Es darf kein milderes, gleich wirksames Mittel zur Verfügung stehen.[87] Das ultima-ratio-Prinzip ist damit nicht nur im Hinblick auf die Beendigung des Vertrages (nach § 306 Abs. 3 BGB), sondern auch im Hinblick auf die Anpassung selbst zu beachten.

Somit hat der Verwender vorrangig sämtliche Möglichkeiten in Erwägung zu ziehen, die es ihm bei unverändertem Fortbestand des Vertrages in zumutbarer Weise ermöglichen, weiterhin seine vertragsgemäße Leistung zu erbringen. Interne Dispositionen sind vorrangig zum Ausgleich bzw. zur Vermeidung von Verlusten in Erwägung zu ziehen. So ist etwa bei Aktiengesellschaften zunächst an Kapitalerhöhungen oder einen Ausfall von Dividenden zu denken, bevor eine Änderung der Satzung in Betracht kommt.[88] Ferner kommt eine Reorganisation

86 Vgl. zu diesem Gedanken BGH, vom 08.10.1997 – IV ZR 220/96 = NJW 1998, 454 [455].

87 Allgemein zum ultima-ratio-Prinzip im Arbeitsrecht vgl. nur BAG, vom 30.05.1979 – 2 AZR 630/76 = NJW 1979, 332 [333] m. w. N.

88 Vgl. BGH, vom 08.10.1997 – IV ZR 220/96 = NJW 1998, 454 [455].

bzw. Verbesserung der betrieblichen Struktur, der Produktion, etc. in Betracht. Maßgeblich sind jedoch auch hier in jedem Fall die Umstände des konkreten Einzelfalls.

VII. Inhalt der neuen Klausel

Der für die Beteiligten (und ggf. auch für den Rechtsverkehr) bedeutendste Punkt ist letztlich, welchen konkreten Inhalt die neue – angepasste – Vertragsbedingung erhalten darf bzw. nach welchen Kriterien dieser zu ermitteln ist.

1. Bestimmung des Inhalts der neuen Klausel

Welchen konkreten Inhalt die neuen, angepassten Bedingungen erhalten sollen und können, lässt sich angesichts der enormen Bandbreite der denkbaren Möglichkeiten nicht allgemein darstellen.[89] Aus technischer Sicht bietet es sich an, vom Inhalt der unwirksamen Klausel auszugehen und diese nach den oben genannten Maßstäben zu anzupassen.

Alternativ dazu kommt eine Wiederherstellung des vertraglichen Gleichgewichts durch Anpassung der betreffenden Leistung an den Wert der Gegenleistung im Wege der Auf- bzw. Abwertung in Betracht.[90] Ferner ist an die Gewährung von Ausgleichszahlungen[91] oder die angemessene Neuverteilung[92] des in der unwirksamen Klausel geregelten Risikos zu denken. Gesetzliche Vorgaben sind in jedem Falle vorrangig zu berücksichtigen.[93]

Schließlich ist eine Befristung der Anpassung, eine Stundung bzw. zeitlicher Aufschub der betreffenden Leistungen oder auch ein Beobachtungszeitraum hinsichtlich der tatsächlichen Auswirkungen[94] in Erwägung zu ziehen, um den Eingriff im Hinblick auf das schützenswerte Bestandsschutzinteresse des Kunde so gering wie möglich zu halten.

---

89 Eingehend dazu Chiotellis, Rechtsfolgenbestimmung bei Geschäftsgrundlagenstörungen in Schuldverträgen, 1981; vgl. auch Hohloch in Erman BGB, Band I, 13. Auflage 2011, § 313 Rn. 41 m. w. N.

90 So etwa BGH, vom 08.02.2006 – VIII ZR 304/04 = NJW-RR 2006, 1037 [1038].

91 Vgl. BGH, vom 29.09.21961 – V ZR 136/60 = NJW 1962, 29 [30 f.].

92 Siehe z. B. BGH, vom 01.02.2002 – V ZR 61/01 = NJW 2002, 2234 [2237]; krit. Finkenauer in MüKo BGB, Band 2, 6. Auflage 2012, § 313 Rn. 95.

93 BGH, vom 28.04.2005 – III ZR 351/04 = NJW 2005, 2069 [2071 f.].

94 So etwa BAG, vom 01.02.2005 – 2 ME 1326/04 = NJW 2005, 1741 [1742].

2. Kein Ermessensspielraum des Verwenders

Auch wenn sich auf den ersten Blick oftmals mehrere Möglichkeiten zur Anpassung des formularmäßigen Vertrages ergeben, hat der Verwender im Rahmen der AGB-Anpassung nach § 313 BGB (analog) keinen Ermessensspielraum.[95] Dies würde der Sache nach einem einseitigen Leistungsbestimmungsrecht gleichkommen. Die Einräumung eines solchen Gestaltungsrechts stellt aber immer einen Eingriff in die Rechtssphäre der anderen Vertragspartei dar, der einer besonderen Rechtfertigung bedarf.[96] Ein solcher besonderer Rechtfertigungsgrund ist vorliegend nicht ersichtlich.

Vielmehr spricht gegen die Einräumung eines Gestaltungsrechts zu Gunsten des Verwenders vor allem, dass der Kunde die Anpassungsbedürftigkeit des Vertrages nicht – und schon gar nicht vorwerfbar – veranlasst hat. Die auftretenden Störungen stammen alleine aus der Sphäre des Verwenders. Das spiegelt sich u. a. auch in der gesetzlichen Risikoverteilung der § 305c und § 306 Abs. 2 BGB wider. Zwar ist das Bestandsinteresse des Kunden nicht von vornherein als höherwertiger anzusehen,[97] jedoch bedarf es zur Durchsetzung der berechtigten Rechte und Interessen des Verwenders nicht der Einräumung eines Gestaltungsrechts, das eine erhebliche nachteilige Bindungswirkung für den Kunden zur Folge hätte.[98]

Das Vorliegen eines besonderen Rechtfertigungsgrundes für einen einseitigen Eingriff in die Rechtssphäre des Kunden, der die Gewährung eines Gestaltungsrechts zulassen würde,[99] ist vorliegend nicht ersichtlich. Die bloße Notwendigkeit einer AGB-Anpassung im konkreten Einzelfall ist dafür alleine nicht ausreichend.

Er hat damit lediglich Anspruch auf diejenige Anpassung, die den widerstreitenden Interessen der Parteien am ehesten gerecht wird. Dem steht es auch nicht entgegen, dass im Rahmen des § 313 BGB mittlerweile allgemein anerkannt ist, dass die Vertragsanpassung nicht mehr von Gesetzes wegen eintritt, sondern von

95 Dies bei § 313 BGB verneinend Unberath Bamberger/Roth, BGB, Band 1, 3. Auflage 2012, § 313 Rn. 85, der – wohl dem Anpassungsberechtigten – einen Ermessenspielraum einräumen will.

96 Bötticher Gestaltungsrecht und Unterwerfung im Privatrecht, 1964, S. 7 f.; vgl. auch Wolf/Neuner, BGB AT, 10. Auflage 2012, § 20 Rn. 29.

97 Martinek in AcP 198 (1998), 330 [378].

98 Bötticher in FS Dölle Band I, 1963, S. 41 [45 ff.]; ders, Gestaltungsrecht und Unterwerfung im Privatrecht, 1964; Söllner, Einseitige Leistungsbestimmungen im Arbeitsverhältnis, 1966, S. 40 [§ 3 I.].

99 So auch Wolf/Neuner, BGB AT, 10. Auflage 2012, § 20 Rn. 29.

der zur Anpassung berechtigten Vertragspartei eingeklagt bzw. im Wege der Einrede erhoben werden muss.[100]

Im Prozess ist das zur Entscheidung über die Anpassung berufene Gericht dagegen befugt, nach freiem tatrichterlichen Ermessen die nach seiner Ansicht sachgerechteste von mehreren gleichwertigen Anpassungsmöglichkeit festzusetzen, wie sie sich aus dem Prozessstoff ergibt (vgl. § 287 Abs. 2 ZPO).[101] Dies darf jedoch keinesfalls dahingehend missverstanden werden, dass dem Richter eine echte Gestaltungskompetenz zukommt.[102] , Weil der Anpassungsanspruch in Umfang und Höhe vollumfänglich bestimmbar ist, trifft der Richter gerade keine materielle Billigkeitsentscheidung nach seinem freien Ermessen.[103] Vielmehr ist diejenige Partei, die sich im Prozess auf die Anpassung beruft, verpflichtet, die Anpassung konkret zu bezeichnen und die tatsächlichen Verhältnisse entsprechenden darzulegen und nachzuweisen. Aufgrund des so vorgetragenen und ggf. bewiesenen Sachverhalts trifft das Gericht dann seine Entscheidung. Dabei kann es nach seinem freien tatrichterlichen Ermessen von dem Beantragten abweichen, wird dabei aber vom Antrag (§ 308 ZPO) sowie dem Prozessstoff begrenzt. Demnach trägt die Partei, welche Anpassung begehrt, das Prozessrisiko, im Falle von mehreren Anpassungsmöglichkeiten nicht die „richtige“ zu beantragen.[104]

3. Beispiele für die Bestimmung des neuen Klauselinhalts

Für die Anpassung im Beispielsfall der unwirksamen Reparaturklausel im Mietvertrag (IV. 5. [S. 216]) bieten sich hier im Wesentlichen zwei Alternativen an: Entweder wird die unwirksame Reparaturklausel durch eine wirksame ersetzt oder der Mietpreis wird entsprechend erhöht. Ausgehend von den Vorstellungen der Parteien bei Vertragsschluss, wonach der Vermieter von der Verwaltung der Mietsache weitestgehend verschont bleiben soll und der Mieter dafür einen un-

---

100 Vgl. dazu nur Wolf/Neuner, BGB AT, 10. Auflage 2012, § 20 Rn. 32 a. E.; zum alten Recht etwa BGH, vom 04.07.1996 – I ZR 101/94 = BGHZ 133, 281 [298].

101 BGH, vom 09.12.1970 – VIII ZR 245/68 = WM 1971, 214 [215] und vom 08.02.1984 – VIII ZR 254/82 = NJW 1984, 1746 [1747].

102 Bayreuther, Die Durchsetzung des Anspruchs auf Vertragsanpassung beim Wegfall der Geschäftsgrundlage, 2004, S. 34.

103 Bayreuther, Die Durchsetzung des Anspruchs auf Vertragsanpassung beim Wegfall der Geschäftsgrundlage, 2004, S. 34 f.; D. Lorenz in DVBl 1997, 865 [870] zu § 60 VwVfG.

104 Köhler in 50 Jahre Bundesgerichtshof – Festgabe aus der Wissenschaft, Band I, 2000, S. 295 [325]; Rösler in ZGS 2003, 383 [389]; vgl. auch Medicus, BGB AT, 10. Auflage 2010, Rn. 877 ff.

terdurchschnittlichen Mietzins zahlen soll, erscheint die erste Alternative vorliegend als sach- und interessengerechter.[105]

Eine völlige Versagung der Anpassung erscheint auch im Beispiel der festen Lieferadresse (V. 1. a) [S. 219]) unangemessen. Dies gilt insbesondere dann, wenn der Verwender nach seinem Umzug überhaupt kein Interesse mehr an einer Lieferung der Ware an die vertragliche Lieferadresse hat, oder eine Abholung von diesem Ort einen erheblichen logistischen und finanziellen Aufwand bedeuten würde. In diesem Fall wäre die weitere Durchführung des Vertrages zu den ursprünglichen Konditionen weitestgehend sinnlos für den Verwender. Die AGB-Anpassung stellt auch hier das mildere Mittel gegenüber der Beendigung dar.[106] Angesichts der Verantwortlichkeit des Verwenders für die eingetretene Störung erscheint es hier daher interessengerecht, wenn der Kunde zwar in Zukunft an die neue Adresse zu liefern hat, der Verwender jedoch für etwaige, dadurch entstehende Mehrkosten aufkommen muss.

VIII. Beispiele für AGB-Anpassung

Eine AGB-Anpassung ist etwa in folgenden Fällen in Betracht zu ziehen:

1. Preisanpassung in Energielieferungsverträgen[107]

Die von Versorgungsunternehmen gestellten formularmäßigen Gasversorgungsverträge enthalten oftmals Klauseln, die ein einseitiges Preisanpassungsrecht zu Gunsten des Versorgungsunternehmens vorsehen. Dabei handelt es sich um sog. Preisnebenabreden, die lediglich mittelbare Auswirkung auf die vertraglichen Hauptleistungspflichten von Preis und Leistung haben und demnach nicht gem. § 307 Abs. 3 S. 2 BGB von AGB-Kontrolle ausgenommen sind (vgl. dazu auch oben, Zweiter Teil. B. II. 4. [S. 64]).[108] In derartigen Klauseln muss aufgrund des Transparenzgebots hinreichend klar und bestimmt zum Ausdruck kommen, unter welchen Umständen und in welchem Umfang der Versorger zur Anpassung

105 Anzumerken ist hier, dass eine derartige Fallkonstellation – soweit ersichtlich – bislang noch nicht von der höchstrichterlichen Rechtssprechung entschieden wurde.

106 In diesem Fall bedarf es nach überzeugender Ansicht keiner Analogie zu § 313 BGB, da es sich um eine wirksame, aber nachträglich sinnlos gewordene AGB handelt, so dass sich das Risiko aus der einseitigen Vertragsgestaltung (§ 306 Abs. 2 BGB) nicht verwirklicht hat.

107 BGH, vom 14.03.2012 – VIII ZR 113/11 = NJW 2012, 1865 [1865 ff.].

108 St. Rspr., vgl. etwa BGH, vom 30.11.1993 – XI ZR 80/93 = NJW 1994, 318 [318] m. w. N.

berechtigt ist.[109] Im Rahmen der Inhaltskontrolle ist zu berücksichtigen, dass die Vorschrift des § 5 Abs. 2 GasGVV eine Regelung für die Preisanpassung gegenüber Grundversorgungskunden bereit hält (vgl. dazu auch Dritter Teil, B. VI. [S. 123 f.]). Gegenüber Normsonderkunden findet diese Vorschrift zwar keine Anwendung, hat aber nach dem BGH gleichwohl Leitbildfunktion.[110] Ein Normsondervertrag ist dann gegeben, wenn der Gaslieferungsvertrag auch nur geringfügig von den Vorschriften der GasGVV abweicht und Tarife außerhalb der Grundversorgung gelten.[111]

Erweisen sich formularmäßige Preisanpassungsklauseln nach diesen Maßstäben als unwirksam, versagt das gem. § 306 Abs. 2 BGB anzuwendende dispositive Gesetzesrecht eine Preisanpassung. Eine solche ist nur nach Maßgabe des § 5 Abs. 2 GasGVV (analog) möglich. Eine ergänzende Vertragsauslegung scheidet hier nach überzeugender Ansicht aus, da es angesichts des vorhandenen dispositiven Gesetzesrechts bereits an einer Lücke fehlt.

Gleichwohl ist hier grundsätzlich eine AGB-Anpassung nach § 313 BGB (analog) in Betracht zu ziehen. Denn Gasversorgungsverträge werden regelmäßig auf Dauer vereinbart.[112] Im Verhältnis zum Grundversorgungskunden ist eine Kündigung nach § 20 Abs. 1 S. 2 GasGVV durch den Grundversorger ausgeschlossen, sofern eine Pflicht zur Grundversorgung nach § 36 Abs. 1 S. 2 EnWG besteht. Auch außerhalb des Anwendungsbereichs dieser Vorschriften ist eine ordentliche Kündigung durch das Versorgungsunternehmen regelmäßig nicht kurzfristig möglich bzw. völlig ausgeschlossen. Eine Unzumutbarkeit der Fortsetzung des Vertrages ohne Preisanpassungsrecht ergibt sich für das Versorgungsunternehmen regelmäßig dann, wenn der Vertrag bereits mehrere Jahre bestanden hat und das Versorgungsunternehmen zu dem ursprünglich vereinbarten Preis – der ohne Preisanpassungsklausel gelten würde – nur mehr unter erheblichen finanziellen Verlusten leisten könnte.[113] Hinzu kämen außerdem noch erhebliche bereicherungsrechtliche Rückabwicklungsansprüche zu Gunsten des Kunden innerhalb der regelmäßigen Verjährungsfristen. Das Drittinteresse der Allgemeinheit an ausreichender Energieversorgung ist hier ausnahmsweise in die

109 Vgl. etwa BGH, vom 24.03.2010 – VIII ZR 178/08 = NJW 2010, 2789 [2790] m. Anm. Zabel in BB 2010, 1365 [1365]; vgl. auch Theobald/Theobald, EnWR, 2. Auflage 2008, S. 276 mit versch. Bsp.; de Wyl/Essig/Holtmeier in Schneider/Theobald Hdb EnWR, 2003, § 10 Rn. 404.

110 BGH, vom 15.07.2009 – VIII ZR 56/08 = NJW 2009, 2667 [2667 f.] m. Anm. Zabel in BB 2009, 2278 [2278].

111 BGH, vom 14.07.2010 – VIII ZR 246/08 = NJW 2010, 50 [52]; Zabel inKommJur 2011, 289 [290].

112 Eingehend zur Laufzeit von Energielieferverträgen de Wyl/Essig/Holtmeier in Schneider/ Theobald Hdb EnWR, 2003, § 10 Rn. 319 ff.

113 So auch im Fall des BGH, vom 14.03.2012 – VIII ZR 113/11 = NJW 2012, 1865 [1867].

Abwägung mit einzustellen, da die gesetzliche Regelung des § 1 EnWG die Versorger nach ihrem Sinn und Zweck – für den Kunden erkennbar – unmittelbar verpflichtet. Das Bestandsschutzinteresse des Kunden tritt demgegenüber zurück, wenn die Differenz zwischen ursprünglichem und aktuellem Preis entsprechend groß ist.

Obwohl an sich nur AGB-Anpassung mit Wirkung für die Zukunft verlangt werden kann, ist vorliegend ausnahmsweise eine Rückwirkung der Anpassung zulässig, wenn es sich um eine lange Vertragslaufzeit (im Fall des BGH: 27 Jahre) und eine erhebliche Differenz zwischen ursprünglich vereinbartem und aktuellem Preis handelt.

Die vom BGH gewählte Lösung, wonach der Kunde keine Rückabwicklung mehr verlangen kann, wenn er die Unwirksamkeit der Preiserhöhung nicht innerhalb von drei Jahren gegenüber dem Versorgungsunternehmen geltend macht, ist im Ergebnis zutreffend. Das Gericht passt das anstelle der unwirksamen AGB tretende dispositives Gesetzesrecht, welches gerade keine Preisanpassung vorsieht (§ 5 Abs. 2 GasGVV gilt nicht), der Sache dahingehend an, dass dem Versorgungsunternehmen dennoch – von Anfang – ein einseitiges Preisanpassungsrecht eingeräumt wird. Die Wirksamkeit der jeweiligen Preisanpassung stellt es allerdings unter die Bedingung, dass der Kunde nicht innerhalb der ersten drei Jahre seit Zugang der jeweiligen Jahresrechnung, in der die Erhöhung berücksichtigt ist, geltend macht. Eine ergänzende Vertragsauslegung ist hier mangels Vorliegen einer Lücke im Vertrag bzw. im dispositiven Gesetzesrecht nicht möglich.

2. Korrektur bei unwirksamen Haftungsausschlüssen[114]

Darüber hinaus kommt grundsätzlich auch eine AGB-Anpassung bei unwirksamen bzw. nichteinbezogenen Haftungsausschlüssen in Betracht. Derartige Klauseln können in formularmäßigen Verträgen nur in sehr eingeschränktem Maße wirksam gestellt werden, vgl. § 309 Nr. 7 und Nr. 8 BGB.

Dies lässt sich an folgendem Beispiel verdeutlichen:

Ein von einem Kleinstgewerbetreibenden gestellter formularmäßiger (Geschäftsbesorgungs-) Rahmendienstvertrag (freier Mitarbeitervertrag) über die Erbringung von EDV-Dienstleistungen, welche vor Ort in der Fabrik eines großen Auftraggebers erbracht werden, enthält eine Klausel, wonach dieser unabhängig von der Art des von ihm bzw. einem Erfüllungsgehilfen verursachten Schadens nur für Vorsatz und grobe Fahrlässigkeit und nur bis zu einem Betrag von EUR 5.000,00 haftet. Anschließend verursacht er leicht fahrlässig einen Ausfall

114 Vgl. dazu etwa BGH, vom 24.09.1985 – VI ZR 4/84 = NJW 1986, 1610 [1612], der jedoch eine „ergänzende Vertragsauslegung" im konkreten Fall im Ergebnis ab.

der Elektronik, infolgedessen große Teile der Produktion für mehrere Tage ausfallen und erhebliche Einbußen entstehen.

Die Klausel betreffend den Haftungsausschluss ist deshalb unwirksam, da sie sich auch auf Verletzungen des Körpers, des Lebens und Gesundheit erstreckt. Zwar gilt § 309 Nr. 7 a) und b) BGB nach dem ausdrücklichen Wortlaut der Vorschrift nur im Verhältnis zwischen Unternehmer und Verbraucher, jedoch ist dessen Wertung auch im unternehmerischen Rechtsverkehr i. R. d. § 307 Abs. 2, Abs. 1 S. 1 BGB nebst den branchenspezifischen Besonderheiten zu berücksichtigen.[115] Danach ist eine derartige Haftungsausschlussklausel unwirksam, da sie zum einen auch eine Haftung bei der Verletzungen von Leben, Körper und Gesundheit (vgl. § 309 Nr. 7 a)) ausschließt. Zum anderen erstreckt sich die Klausel aber auch auf die vertraglichen Kardinalpflichten, d. h. die wesentlichen Vertragspflichten, und begrenzt die Haftungssumme zudem noch auf einen Betrag, der die voraussehbaren Schäden nicht abdeckt.[116] Anstelle der unwirksamen Klauseln tritt somit gem. § 306 Abs. 2 BGB die Regelung des § 276 BGB, wonach der Auftragnehmer für jegliches Verschulden, inklusive Fahrlässigkeit haftet.

Dies erscheint vorliegend jedoch nicht sachgerecht. Denn wie bei der Haftungsbeschränkung nach den Grundsätzen des innerbetrieblichen Schadensausgleichs ist der Auftraggeber hier wirtschaftlich und personell in der Lage, seinen Betrieb entsprechend zu organisieren und die erforderlichen vorsorgenden Maßnahmen zu treffen bzw. Versicherungen abzuschließen.[117] Daher ist der eingetretene Schaden tendenziell eher dem Betriebsrisiko des Auftraggebers, als dem des Auftragnehmers zuzurechnen. Dies ist auch im Rahmen der anzustellenden umfassenden Interessenabwägung zu berücksichtigen. Der Arbeitnehmer ist zwar war angesichts der klaren und eindeutigen Rechtslage bzgl. der Wirksamkeit derartiger formularmäßiger Haftungsausschlüsse grundsätzlich nicht schutzwürdig. Gleichwohl käme eine vollständige Versagung des Anpassungsanspruchs letztlich einer sachlich nicht gerechtfertigten Sanktion gleich.

Daher kann der Auftragnehmer in diesem Fall ausnahmsweise eine Anpassung der von ihm gestellten AGB nach § 313 BGB (analog) mit Wirkung für die

---

115 St. Rspr., vgl statt aller BGH, vom 19.09.2007 – VIII ZR 141/06 = NJW 2007, 3774 [3775]; aus der Lit. etwa Kessel/Stomps in BB 2009, 2666 [2666 ff.]; Dammann in Wolf/Lindacher/Pfeifer, AGB, 5. Auflage 2009, § 309 Nr. 7 Rn. 135 ff.

116 Vgl. etwa BGH, vom 15.09.2005 – I ZR 58/03 = NJW-RR 2005, 267 [269] zu § 24 ADSp; zust. z. B. Grüneberg in Palandt BGB, 71. Auflage 2012, § 309 Rn. 55 und Rn. 57.

117 Vgl. dazu Henssler in MüKo BGB, Band 4, 6. Auflage 2012; Brox/Walker in DB 1985, 1469 [1477]; Däubler in NJW 1986, 867 [869 ff.]; Rieble in EzA § 611 Gefahrgeneigte Arbeit Nr. 24, S. 16 ff. (Anm. zu BGH, vom 19.09.1989 – VI ZR 349/88); ablehnend allerdings BGH, vom 21.12.1993 – VI ZR 103/93 = NJW 1994, 852 [854 f.].

Zukunft verlangen. Diese könnte beispielsweise dahingehend erfolgen, dass lediglich eine Haftung für leichte Fahrlässigkeit ausgeschlossen wird, die sich nicht auf die Kardinalpflichten sowie die Fälle des § 309 Nr. 7 BGB erstreckt, und/oder eine angemessen Haftungsobergrenze. Für die Vergangenheit ist hier ausnahmsweise ebenfalls eine Anpassung zu gewähren, die angesichts der fehlenden Schutzwürdigkeit des Auftragnehmers in erheblich geringerem Umfang ausfallen müsste. Zudem ist im Hinblick auf den Schadensersatzanspruch zu berücksichtigen, dass u. U. eine Mithaftung des Auftraggebers nach § 254 BGB aus Organisationsverschulden bzw. wegen des nicht erfolgten Abschlusses einer Versicherung in Betracht kommt. Dies liefe – bezogen auf den Umfang des Schadensersatzanspruch – auf das gleiche Ergebnis hinaus.

3. Korrektur von dynamisierten Verweisungen im Arbeitsvertrag

Demgegenüber kann eine als dynamisierte Verweisung auf tarifvertragliche Regelungen auszulegende Bezugnahmeklausel nicht mit Hilfe der AGB-Anpassung korrigiert werden. Denn wie i. R. d. § 313 BGB (direkt) steht auch hier der spezialgesetzliche Vorrang des KSchG und der Änderungskündigung nach § 2 KSchG im Besonderen der Anwendbarkeit entgegen (vgl. dazu auch Dritter Teil, C. IV. 3. [S. 181] m. w. N.).

IX. Zusammenfassung

Unter dem Strich bleibt damit festzuhalten, dass der Verwender im Anwendungsbereich des § 306 Abs. 2 BGB eine AGB-Anpassung bei – kumulativem – Vorliegen der folgenden Voraussetzungen verlangen kann:

- *Bestehen eines bestandgeschützten Dauer- oder Langzeitschuldverhältnisses*
- *Störung der Vertragsparität, infolge derer dem Verwender die unveränderte Vertragsfortsetzung unzumutbar ist*
- *Schutzwürdigkeit des Verwenders*
- *Erforderlichkeit der Anpassung*

C. Rechtsfolge: Anspruch des Verwenders auf AGB-Anpassung

Abschließend ist in diesem Abschnitt zu untersuchen, welche Rechtsfolgen die Einschlägigkeit der soeben unter B. dargestellten Voraussetzungen einer AGB-Anpassung auslöst. Hier bietet es sich an, wie schon bei Bestimmung der Voraussetzungen, auf die im Zweiten Teil [S. 55 ff.] dieser Arbeit gewonnen Erkenntnisse zurückzugreifen.

I. Anpassungsmodus

Auf Rechtsfolgenseite stellt sich allen voran die Frage nach dem Anpassungsmodus, daher, auf welche Art und Weise der Verwender ein berechtigtes Anpassungsbegehren durchsetzen können soll. In Betracht kommt zum einen die Gewährung eines einseitigen Rechts zur Gestaltung des formularmäßigen Vertrages (Gestaltungsrechtsmodell, dazu sogleich unter 1.). Zum anderen könnte der Verwender ein Anspruch auf Zustimmung zur AGB-Anpassung gegen den Kunden erhalten, für dessen Durchsetzung verschiedene Möglichkeiten in Betracht kommen (Anspruchsmodell, siehe anschließend unter 2).[118]

1. Gestaltungsrechtsmodell

Unter einem Gestaltungsrecht versteht man das Recht einer bestimmten Person, auf die Rechtsstellung des Erklärungsempfängers einzuwirken, ohne dass es dessen Mitwirkung bedarf.[119] Der Wille des Erklärungsempfängers ist demnach für die Bewirkung der Rechtsänderung unerheblich.[120]

2. Anspruchsmodell

Demgegenüber kann ein Anspruchsberechtigter nach dem Anspruchsmodell ausgehend von der Legaldefinition des § 194 Abs. 1 BGB vom Anspruchsverpflichteten lediglich ein Tun oder Unterlassen verlangen und ist damit auf dessen

118 Hau, Vertragsanpassung und Anpassungsvertrag, 2003, S. 248 f.

119 Ellenberger in Palandt BGB, 71. Auflage 2012, Überbl v § 104 Rn. 17.

120 Bötticher in FS Dölle Band I, 1963, S. 41 [45 ff.]; Wolf/Neuner, BGB AT, 10. Auflage 2012, § 20 Rn. 29.

Mitwirkung angewiesen.[121] Nach diesem Modell könnte der Verwender bei Vorliegen der zuvor unter B. dargestellten Voraussetzungen vom Kunden lediglich Zustimmung zu der von ihm begehrten Anpassung verlangen.

Die Entscheidung zu Gunsten eines der beiden Modelle hängt – parallel zur Frage der Einräumung eines Ermessensspielraums (dazu oben, B. VII. 2. [S. 225 ff.]) – maßgeblich davon ab, ob ein besonderer Rechtfertigungsgrund für einen einseitigen Eingriff in die Rechtssphäre des Kunden, der die Gewährung eines Gestaltungsrechts zulassen würde, gegeben ist.[122] Die bloße Notwendigkeit einer AGB-Anpassung im konkreten Einzelfall ist für sich alleine nicht ausreichend.

Auch hier ist als Hauptargument gegen die Einräumung eines Gestaltungsrechts anzuführen, dass der Kunde die Anpassungsbedürftigkeit des Vertrages nicht – und schon gar nicht vorwerfbar – veranlasst hat. Vielmehr sind auftretende Störungen allein der Sphäre des Verwenders zuzuordnen. Dem Verwender entstehen keine unzumutbaren Nachteile, wenn ihm lediglich einen Anspruch auf AGB-Anpassung gegen den Kunden eingeräumt wird. Insbesondere kann er in dringenden Fällen einstweiligen Rechtsschutz beantragen. Das Anspruchsmodell hat zudem den Vorteil, dass sich der Verwender in jedem Falle mit den Einwendungen des Kunden auseinandersetzen muss. Dies erscheint insbesondere auch im Hinblick darauf sachgerecht, dass oftmals auf den ersten Blick mehrere verschiedene Möglichkeiten zur Anpassung des Vertrages bestehen. Gleichwohl hat der Verwender nur Anspruch auf Zustimmung zu dem veränderten Vertragsinhalt, der die widerstreitenden Parteiinteressen in angemessener Weise zum Ausgleich bringt (dazu B. VII. 2. [S. 225 ff.]). Schließlich ist in diesem Zusammenhang auch die Parallele zur Vorschrift des § 60 Abs. 1 S. 1 VwVfG anzuführen, die für den Bereich der öffentlich-rechtlichen Verträge ebenfalls nur einen Anspruch auf Anpassung vorsieht.[123]

Demnach sprechen vorliegend die besseren Argumente dafür, dass der Verwender als Rechtsfolge lediglich einen Anspruch auf AGB-Anpassung gegen den Kunden erhält.

3. Prozessuale Durchsetzung des Anspruchs auf AGB-Anpassung

Im Anschluss daran drängt sich die Frage auf, wie der Verwender seinen Anspruch gegen den Kunden prozessual durchsetzen kann. Zu denken ist hier einerseits an eine Klage auf Abgabe einer Zustimmungserklärung (vgl. § 894 ZPO).

121 So Wolf/Neuner, BGB AT, 10. Auflage 2012, § 20 Rn. 29.
122 So auch Wolf/Neuner, BGB AT, 10. Auflage 2012, § 20 Rn. 29.
123 So auch BT-Drucks. 14/6040, S. 176.

Andererseits könnte eine Klage direkt auf die angepasste Leistung bzw. – wenn sich der Verwender einer Klage des Kunden ausgesetzt sieht – eine Erhebung des Einwandes der AGB-Anpassung in Betracht kommen.

a) Rechtliche Situation bei §§ 462, 465 BGB a. F.

Diese Problematik ist nicht neu. Sie wurde bereits vor der Schuldrechtmodernisierung im Jahre 2001 im Rahmen der Wandelung bzw. Minderung nach § 465, § 462 BGB a. F. kontrovers diskutiert. Beide Ansprüche waren als schuldrechtliche Ansprüche auf Umgestaltung des Vertragsverhältnisses konzipiert, d. h. der Gläubiger konnte die Wandelung bzw. Minderung weder durch Ausübung eines einseitigen Gestaltungsrechts bewirken, noch sah das Gesetz einen unmittelbaren Leistungsanspruch vor.[124] Es bildeten sich im Wesentlichen zwei verschiedene Ansätze heraus: Nach der Vertragstheorie sollte der Gläubiger im Prozess zunächst auf Zustimmung zur Vollziehung der Wandlung bzw. Minderung klagen müssen.[125]

Demgegenüber waren die Vertreter der herrschenden Herstellungstheorie der Ansicht, dass die Wandlung bzw. Minderung von Anfang an auf Umgestaltung des Schuldverhältnisses abziele und der Gläubiger somit im Prozess unmittelbar auf die begehrte Leistung klagen bzw. die Befreiung von der Verbindlichkeit einredeweise entgegen halten könne.[126] Das aufgrund dessen ergehende gerichtliche Urteil wurde als „verdecktes Gestaltungsurteil" bezeichnet.[127] Diese Auffassung wurde in erster Linie mit den prozessualen Bedürfnissen begründet.[128]

b) Klage auf Abgabe der Zustimmungserklärung

In Anbetracht dessen, dass der Verwender, wie soeben gezeigt, lediglich einen Anspruch auf AGB-Anpassung und gerade kein einseitiges Recht zu Vertragsgestaltung hat, könnte man – mit der früher i. R. d. Wandelung bzw. Minderung (nach altem Recht) vertretenen Vertragstheorie annehmen –, dass der Anspruch

---

124 Vgl. etwa Larenz, SchuldR II/1, § 41 II a), S. 54 ff.; S. Lorenz in JuS 1993, 727 [728].

125 Grundlegend Oertmann, Recht der Schuldverhältnisse – Erste Abteilung, 3. Und 4 Auflage 1919, § 465, 1 d) [S. 440].

126 Eingehend Bötticher, Die Wandlung als Gestaltungsakt, 1938, der jedoch von einer modifizierten Vertragstheorie ausgeht, a. a. O., S. 26 ff.; vgl. ferner Westermann in MüKo BGB, Band 3, 3. Auflage 1995, § 462 Rn. 5 und Kupisch in AcP 170 (1979), 479 [481 ff.].

127 Bötticher, Die Wandlung als Gestaltungsakt, 1938, S. 31 ff.; vgl. auch Larenz, SchuldR II/1, § 41 II a), S. 55 a. E. m. w. N. in Fn. 68.

128 Bötticher, Die Wandlung als Gestaltungsakt, 1938, S. 26 ff.; vgl. auch S. Lorenz in JuS 1993, 727 [728].

im Wege der Zustimmungsklage durchzusetzen ist. Dafür ließe sich anführen, dass die Zustimmungsklage die vom Gesetzgeber gewollte und vorgegebene Klageart für die Durchsetzung eines Anspruchs auf Abgabe einer Willenserklärung darstellt, wie die zwangsvollstreckungsrechtliche Vorschrift des § 894 ZPO zeigt.

Dies ist allerdings nicht überzeugend. Würde man den Verwender auf die Erhebung einer Zustimmungsklage verweisen, müsste dieser im Erfolgsfalle zwangsläufig einen weiteren Prozess führen bzw. im Wege der Stufenklage einen weiteren Klageantrag auf Leistung stellen, wenn der Kunde die angepasste Leistung nicht (freiwillig) erbringt.[129] Dies gilt in gleichem Maße, wenn der Kunde vom Verwender klageweise eine Leistung verlangt, die dieser unter Erhebung der Einwendung der AGB-Anpassung verweigert. Eine Verpflichtung des Kunden durch das angerufene Gericht entspricht in der Regel nicht dem Rechtsschutzbedürfnis des Verwenders,[130] der an sich unmittelbar die angepasste Leistung bzw. Abweisung der gegen ihn erhobenen Klage begehrt. Darin besteht auch der Unterschied zu den Fällen, die der Gesetzgeber bei § 894 ZPO im Sinn hatte: Hier erschöpft sich das Begehren des Vollstreckungsgläubigers in der Abgabe der Willenserklärung, ein weitergehendes Ziel ist – anders als bei der Anpassung – nicht gegeben. Außerdem verbietet der Grundsatz der Prozessökonomie die Durchführung eines weiteren Gerichtsverfahrens bzw. die Erforderlichkeit eines weiteren Klageantrages, über den im Wege der Stufenklage nach § 254 ZPO entschieden werden müsste.[131]

Dennoch kann im Einzelfall sehr wohl ein berechtigtes Interesse des Verwenders an einer Verurteilung des Kunden zur Zustimmung gegeben sein, so dass man ein Rechtsschutzbedürfnis nicht generell verneinen kann.[132] Dies wäre z. B. vorstellbar, wenn der Verwender – etwa aus Rücksicht auf die langjährige Beziehung und/oder wegen der undurchsichtigen Rechtslage – lediglich Rechts-

129 So aber Dauner-Lieb/Dötsch in NJW 2003, 921 [924 f.].

130 Ersichtlich bereits aus BGH, vom 21.11.1969 – VII ZR 89/66 = WM 1969, 65 [66 f.]; siehe auch BGH, vom 30.03.1984 – V ZR 119/83 = BGHZ 91, 32 [36]; aus der Literatur etwa Massing/Rösler in ZGS 2008, 374 [376] und Grüneberg in Palandt BGB, 71. Auflage 2012, § 313 Rn. 41 jeweils m. w. N.; ein Rechtsschutzbedürfnis nicht generell verneinend Finkenauer in MüKo BGB, Band 2, 6. Auflage 2012 § 313 Rn. 128; ablehnend Dauner-Lieb/Dötsch in NJW 2003, 921 [924 f.].

131 Vgl. statt aller Hohloch in Erman BGB, Band I, 13. Auflage 2011, § 313 Rn. 41 m. w. N. und Bayreuther, Die Durchsetzung des Anspruchs auf Vertragsanpassung beim Wegfall der Geschäftsgrundlage, 2004, S. 49.

132 So auch Finkenauer in MüKo BGB, 6. Auflage 2012, § 313 Rn. 128; zu weit insofern BGH, vom 30.04.1984 – V ZR 119/83 = BGHZ 91, 32 [37].

klarheit hinsichtlich des Umfangs der betreffenden Verpflichtung schaffen möchte.[133]

c) *Klage direkt auf die begehrte Leistung bzw. Erhebung der Einwendung der AGB-Anpassung*

Demnach sprechen die besseren Argumente dafür, dass der Verwender entsprechend der bei § 313 Abs. 1 BGB geltenden Rechtslage unmittelbar Klage auf die angepasste Leistung erheben kann.[134] Im Übrigen wurde die bei der Wandlung bzw. Minderung nach §§ 462, 465 BGB a. F. herrschende Herstellungstheorie der Neufassung des § 313 Abs. 1 BGB im Zuge der Schuldrechtsmodernisierung im Jahre 2001 zugrunde gelegt.[135]

Wird der Kunde dagegen im Prozess von seinem Vertragspartner auf Leistung in Anspruch genommen, kann er seinen Anspruch auf AGB-Anpassung einredeweise geltend machen.[136] Die Erhebung einer Widerklage ist nicht erforderlich, wäre aber auch nicht bereits wegen eines fehlenden Rechtsschutzbedürfnisses als unzulässig abzuweisen.[137] Statthaft wäre insofern ein Antrag auf Feststellung, dass der Verwender die vertragliche Leistung nur mehr entsprechend seinem Anpassungsanspruch schuldet.[138] In jedem Fall hat diejenige Partei, die im Prozess Anpassung des formularmäßigen Vertrages begehrt, Umfang und Höhe des Anpassungsanspruchs konkret zu benennen und die zugrunde liegenden tatsächlichen Verhältnisse darzulegen und zu beweisen (siehe B. VII. 2. [S. 225 ff.]) und Fünfter Teil, B. [S. 248 ff.]).

Problematisch erscheint es jedoch in diesem Zusammenhang, dass der Anspruch auf AGB-Anpassung durch Gewährung eines Rechts, die Leistung unmittelbar einzuklagen, letztlich doch wieder einem Gestaltungsrecht sehr nahe kommt. Der Begriff der verdeckten Gestaltungsklage passt demnach auch hier.[139] Dies ist jedoch als bloßer Rechtsreflex zu werten und ändert nichts an der materiell-rechtlichen Natur des Anpassungsrechts. Wie zuvor bereits erwähnt, ist diese Privilegierung des Verwenders aufgrund dessen gerechtfertigt, dass es ihm nach seinem eigentlichen Prozessziel lediglich auf Erhalt der angepassten Leistung ankommt, nicht etwa nur auf die Zustimmung des Kunden. Darüber hinaus

---

133 Ähnlich Finkenauer in MüKo BGB, 6. Auflage 2012, § 313 Rn. 128.

134 Zu § 313 BGB vgl. BT-Drucks. 14/6040, S. 176; Nachweise aus Rspr. und Lit. siehe Fn. 78.

135 Statt aller: Schmidt-Kessel/Baldus in NJW 2002, 2076 [2077] m. w. N.

136 Vgl. etwa BGH, vom 24.03.2010 – VIII ZR 160/09 = NJW 2010, 1663 [1663].

137 Finkenauer in MüKo BGB, Band 2, 6. Auflage 2012, § 313 Rn. 131 m. w. N.

138 Ersichtlich etwa aus BGH, vom 12.01.1981 – VIII ZR 132/80 = ZIP 1981, 283 [284].

139 Zum alten Recht: Bötticher, Die Wandlung als Gestaltungsakt, 1938, S. 31 ff.; vgl. auch Larenz, SchuldR II/1, § 41 II a), S. 55 a. E. m. w. N. in Fn. 68.

ergeben sich Unterschiede auch bezüglich der Verjährung: Der Anspruch auf AGB-Anpassung unterliegt – anders als ein Gestaltungsrecht – gemäß § 194 Abs. 1 BGB der Verjährung.[140]

4. Zusammenfassung

Auf Rechtsfolgeseite hat der Verwender nach überzeugender Auffassung einen Anspruch gegen den Kunden auf AGB-Anpassung. Diesen Anpassungsanspruch kann er im Prozess entweder mittels einer Klage unmittelbar auf die angepasste Leistung oder – wenn er sich einer Klage des Kunden ausgesetzt sieht – durch Einwendung (der von Amts wegen zu beachtenden) AGB-Anpassung durchsetzen. U. U. kann auch ein Rechtsschutzbedürfnis für eine Klage auf Zustimmung zu der begehrten Anpassung bestehen.

II. Neuverhandlungspflicht

In Anbetracht dessen, dass der Verwender gegen den Kunden lediglich einen Anspruch auf AGB-Anpassung hat, käme es in Betracht, einen klageweise geltend gemachten Anpassungsanspruch u. a. auch von Neuverhandlungen zwischen Parteien abhängig zu machen.[141]

1. Erforderlichkeit von Neuverhandlungen

Für eine Verpflichtung der Parteien zur Neuverhandlung ließen sich in erster Linie präventive und prozessökonomische Gesichtspunkte anführen. Die Parteien könnten so dazu gezwungen werden, sich ernsthaft mit der Möglichkeit einer einvernehmlichen Korrektur des Vertrages auseinanderzusetzen. Dadurch würden sich die Chancen auf eine gütliche Streitbeilegung und Vermeidung einer gerichtlichen Auseinandersetzung in erheblichem Maße erhöhen. Darüber hinaus könnte man für die Pflicht zur Neuverhandlung anführen, dass somit eine einvernehmliche Streitbeilegung den privatautonomen Charakter der vertrag-

140 OLG Stuttgart, vom 11.10.2006 – 5 U 108/06 = NZG 2007, 239 [240].

141 Zur Verhandlungspflicht i. R. d. § 313 BGB: BT-Drucks. 14/6040, S. 176; angedeutet in BGH, vom 31.01.1967 – V ZR 125/65 = NJW 1967, 721 [722]; Horn in AcP 181 (1981), 255 [276 ff.]; Eidenmüller in ZIP 1995, 1063 [1063 ff.]; Riesenhuber in BB 2004, 2697 [2698 f.]; Heinrichs in FS Heldrich, 2005, S. 183 [196]; ablehnend Martinek in AcP 198 (1998), 330 [346 f.]; umfassend auch Nelle, Neuverhandlungspflichten, 1993.

lichen Abrede erhalten würde, da der Vertrag keine autoritäre Anpassung durch die Gerichte erfahren würde.[142] In diesem Zusammenhang ist auch zu erwähnen, dass die Anpassung von vorneherein eine weite Bandbreite hat,[143] so dass es sich im Hinblick auf die angestrebte Konfliktlösung anbiete, wenn sich die Parteien zuvor über die in Betracht kommenden Möglichkeiten austauschen. Ein weiteres Argument dafür ist, dass eine einvernehmliche Vertragsanpassung regelmäßig deutlich weniger Kosten verursacht als eine Anpassung in Folge einer gerichtlichen Auseinandersetzung,[144] deren Ergebnis zudem für beide Parteien kaum sicher vorhersehbar ist.

Gleichwohl ist eine Pflicht zur Neuverhandlung über den Vertragsinhalt, wie bei § 313 BGB, abzulehnen.[145] Derartige Neuverhandlungspflichten wären nur dann sinnvoll, wenn sie einen effektiven Mechanismus zur Konfliktlösung bieten würden.[146] Daran fehlt es jedoch. Zum einen kann bereits der Inhalt der Verhandlungspflichten kaum derart fest umrissen werden, dass die Parteien rechtssicher ihre Rechte und Pflichten ersehen können. Zum anderen ist eine Neuverhandlungspflicht kaum jutziabel bzw. vollstreckbar.[147] Zwar könnte eine Vertragspartei, die Verhandlungen ablehnt, nach § 888 Abs. 1 ZPO unter Androhung von Zwangsgeld bzw. -haft dazu gezwungen werden, in die Verhandlungen einzutreten. Allerdings ist eine Verurteilung zur Abgabe einer Vergleichsvorschlages kaum denkbar. Demnach kann eine Vertragspartei nicht gegen ihren Willen verpflichtet werden, ernsthaft über einen sachgerechten Ausgleich zu verhandeln. Im Übrigen spricht es auch gegen eine Neuverhandlungspflicht, dass dadurch letztlich derjenige besser gestellt würde, der ein berechtigtes (konkretes) Anpassungsverlangen des Verwenders ablehnt.[148] In diesem Fall wären die Parteien zunächst verpflichtet, neu zu verhandeln, so dass trotz der berechtigten Forderung kein Verzug entsteht. Demgegenüber käme der redlich Handelnde, der die Forderung anerkennt, sofort in Verzug. Schließlich hält § 93 ZPO eine mittelbare

142 Eidenmüller in ZIP 1995, 1063 [1066]; krit. Martinek in AcP 198 (1998), 330 [374 ff.].

143 So auch Hohloch in Erman BGB, Band I, 13. Auflage 2011, § 313 Rn. 41.

144 Fecht, Neuverhandlungspflichten zur Vertragsänderung, 1987, S. 12; zweifelnd Eidenmüller in ZIP 1995, 1063 [1065 f.].

145 Eingehend Martinek in AcP 198 (1998), 329 [363 ff.; 392 f.]; Rösler in ZGS 2003, 383 [388]; Bayreuther, Die Durchsetzung des Anspruchs auf Vertragsanpassung beim Wegfall der Geschäftsgrundlage, 2004, S. 26 f.; Finkenauer in MüKo BGB, Band 2, 6. Auflage 2012, § 313 Rn. 122.

146 Finkenauer in MüKo BGB, Band 2, 6. Auflage 2012, § 313 Rn. 122.

147 So etwa Unberath in Bamberger/Roth, Band 1, 3. Auflage 2012, § 313 Rn. 85; Finkenauer in MüKo BGB, Band 2, 6. Auflage 2012, § 313 Rn. 122.

148 Vgl. insofern OLG München, 17.10.1997 – 15 W 1806/97 = NJW-RR 1998, [380] zu § 475 BGB a. F.; zust. Dauner-Lieb/Dötsch in NJW 2003, 921 [925 f.], a. A. noch OLG Hamm, vom 15.01.1993 – 19 U 166/92 = NJW 1992, 1930 [1930].

und ausreichende Sanktion für die Verweigerung von Neuverhandlungen bereit. Danach hat der Beklagte die Prozesskosten nicht zur tragen hat, wenn er die Klage nicht veranlasst hat, d. h. zu Verhandlungen bereit war.[149]

Demnach stellt die Pflicht zur Neuverhandlung keine Sachurteilsvoraussetzung für den Erlass einer prozessualen Entscheidung dar.[150] Ferner erleidet eine Partei, die Neuverhandlungen ablehnt, nicht dadurch prozessuale Nachteile, dass sie mit ihrem Sachvortrag, den sie bereits während der Verhandlungsphase hätte vortragen können, präkludiert ist.[151] Richtigerweise entspricht die vorprozessuale Verständigung dem Interesse beider Parteien, zumal regelmäßig mehrere Anpassungsmöglichkeiten denkbar sind und bei einer klageweisen Geltendmachung der Anpassung erhebliche Kosten entstehen.[152]

2. Keine Gewährleistungsansprüche bei Verweigerung von Neuverhandlungen

Ausgehend davon, dass nach überzeugender Ansicht eine Neuverhandlungspflicht abzulehnen ist, scheidet ein Schadensersatzanspruch der verhandlungsbereiten Partei mangels Pflichtverletzung aus, wenn der andere Teil Neuverhandlungen ablehnt oder abbricht.

Darüber hinaus scheidet auch ein (Sonder-)Rücktrittsrecht der verhandlungsbereiten Partei aus. Zum einen zeigt bereits die Wertung der gesetzlich normierten Rücktrittsrechte, dass ein einseitiges außerordentliches Lösungsrecht nur bei Pflichtverletzungen der anderen Vertragspartei gewährt wird, vgl. etwa §§ 314, 323, 326 BGB. Zum anderen würde ein derartiges Lösungsrecht der Grundkonzeption des § 313 BGB zuwider laufen, wonach eine Vertragsbeendigung nur als letzter Ausweg bei absoluter Unzumutbarkeit bzw. Unmöglichkeit der Anpassung vorsieht.[153] Im Übrigen würde sich hier wiederum das Problem stellen, dass

149 Köhler in 50 Jahre Bundesgerichtshof – Festgabe aus der Wissenschaft, Band I, 2000, S. 295 [325]; Rösler in ZGS 2003, 383 [389].

150 Finkenauer in MüKo BGB, Band 2, 6. Auflage 2012, § 313 Rn. 122 Rösler in ZGS 2003, 383 [388]; Bayreuther, Die Durchsetzung des Anspruchs auf Vertragsanpassung beim Wegfall der Geschäftsgrundlage, 2004, S. 26 f.

151 Bayreuther, Die Durchsetzung des Anspruchs auf Vertragsanpassung beim Wegfall der Geschäftsgrundlage, 2004, S. 27 f.

152 Vgl. auch Köhler in 50 Jahre Bundesgerichtshof – Festgabe aus der Wissenschaft, Band I, 2000, S. 295 [324].

153 Bayreuther, Die Durchsetzung des Anspruchs auf Vertragsanpassung beim Wegfall der Geschäftsgrundlage, 2004, S. 29.

die Anforderungen aus der Neuverhandlungspflicht kaum rechtssicher umschrieben werden können.[154]

3. Zusammenfassung

An dieser Stelle ist festzuhalten, dass es nach überzeugender Ansicht an einer Neuverhandlungspflicht fehlt. Der Versuch einer Einigung ist gleichwohl dringend zu empfehlen, da nicht selten eine Vielzahl von Anpassungsmöglichkeiten in Betracht kommen werden.

III. Wirkung der Anpassung

Abschließend ist in diesem Unterabschnitt notwendigerweise die Frage zu untersuchen, ab welchem Zeitpunkt die angepassten AGB Geltung entfalten. Als maßgeblicher zeitlicher Bezugspunkt für die Wirkung der Anpassung kommen grundsätzlich der Zeitpunkt des Vertragsschlusses, des Eintritts der Störungen bzw. der Kenntnis des Anpassungsberechtigten, des Zugangs der Anpassungserklärung beim Kunden oder der Rechtskraft des Urteils in Betracht.[155] Allerdings ist es bereits fraglich, ob insofern überhaupt eine Rückwirkung auf den Zeitpunkt vor Zugang des Anpassungsbegehrens beim Kunden zulässig ist (ex-tunc-Geltung) oder ausschließlich eine Wirkung für die Zukunft (ex-nunc-Geltung) in Frage kommt.

1. Zulässigkeit einer Rückwirkung

Zur Beantwortung der Frage nach der Zulässigkeit einer Rückwirkung der Anpassung entspricht die Rechts- und Interessenlage der Situation bei einer Anpassung wegen des Wegfalls der Geschäftsgrundlage nach § 313 BGB.

Gegen eine Rückwirkung lässt sich zum einen die gesetzliche Systematik der §§ 313 f. BGB anführen. Danach stellt die Anpassung nach § 313 Abs. 1 BGB das mildere Mittel gegenüber der Vertragsbeendigung dar. Eine Loslösung vom Vertrag kann bei Dauerschuldverhältnissen ausschließlich mittels Kündigung erfolgen; ein Rücktrittsrecht ist insofern nach § 313 Abs. 3 BGB ausgeschlossen.

---

154 Bayreuther, Die Durchsetzung des Anspruchs auf Vertragsanpassung beim Wegfall der Geschäftsgrundlage, 2004, S. 29.

155 Vgl. dazu Haarmann, Wegfall der Geschäftsgrundlage bei Dauerschuldverhältnissen, 1979, S. 101 f.; Finkenauer in MüKo BGB, Band 2, 6. Auflage 2012, § 313 Rn. 96.

Rücktritt und Kündigung unterscheiden sich aber gerade dadurch voneinander, dass die Kündigung – grundsätzlich – zukunftsbezogen ist und eine Rückabwicklung der erbrachten Leistungen ausschließt, vgl. § 314, § 489 f., 543 und § 346 BGB.[156] Diese Ansicht stützt sich außerdem auf das Argument, dass eine Rückabwicklung den Kunden oftmals erheblich stärker beeinträchtigt.[157] Außerdem soll eine Rückwirkung, die unweigerlich auch eine Rückabwicklung der erbrachten Leistungen nach sich ziehen würde, den Grundsatz „pacta sunt servanda" über Gebühr beschneiden.[158] Ferner kann hier der Vertrauensschutzgedanke angeführt werden. Der Kunde darf grundsätzlich auf den vereinbarungsgemäßen Fortbestand des Vertrages vertrauen, zumal er nicht selten aufgrund dessen in der Vergangenheit Dispositionen getroffen hat.[159] So zeigt etwa auch die Regelung des § 818 Abs. 3 BGB, dass dieses Vertrauen auf den Fortbestand des Rechtsgrundes von Gesetzes wegen als schutzwürdig angesehen wird.[160] Schließlich muss ggf. auch berücksichtigt werden, wenn im Außenverhältnis die Interessen Dritter durch die Anpassung berührt werden[161] (vgl. dazu oben, B. IV. 3. [S. 212 ff.]). Eine rückwirkende Änderung kommt aus dem Gesichtspunkt des Vertrauensschutzes heraus allenfalls dann in Betracht, wenn sich der Kunde darauf einstellen konnte. Schließlich kann man die Ablehnung einer Rückwirkung mit dem erhöhten Bestandsschutz in Dauer- und Langzeitschuldverhältnissen begründen.[162]

Die genannten Bedenken gegen eine Rückwirkung sind sachlich gerechtfertigt und grundsätzlich auf die AGB-Anpassung übertragbar. Gleichwohl kann eine rückwirkende Anpassung im Einzelfall interessengerecht und damit zulässig sein.[163] Richtigerweise ist auch bei der Frage der Wirkung der Anpassung eine Interessenabwägung vorzunehmen und so in begründeten Ausnahmefällen eine

---

156 BGH, vom 21.02.1979 – VIII ZR 88/78 = NJW 1979, 1288 [1289]; Grothe in Bamberger/Roth, BGB, Band 1, 3. Auflage 2012, § 346 Rn. 17.

157 Haarmann, Wegfall der Geschäftsgrundlage bei Dauerschuldverhältnissen, 1979, S. 101 f.; vgl. auch Köhler in FS Steindorff, 1990, S. 611 [617 f.].

158 Haarmann, Wegfall der Geschäftsgrundlage bei Dauerschuldverhältnissen, 1979, S. 101 f.

159 Köhler in FS Steindorff, 1990, S. 611 [640].

160 Ähnlich auch Horn in Gutachten und Vorschläge zur Überarbeitung des Schuldrechts, Band I, 1981, S. 551 [588]; Köhler in FS Steindorff, 1990, S. 566; zum Regelungszweck des § 818 Abs. 3 BGB, der im übrigen die einzige Wertung des – an sich wertungsneutralen – Bereicherungsrechts enthält, vgl. ferner BGH, vom 17.06.1992 – XII ZR 119/91 = NJW 1992, 2415 [2416] und Sprau in Palandt BGB, 71. Auflage 2012, § 818 Rn. 27.

161 Horn in Gutachten und Vorschläge zur Überarbeitung des Schuldrechts, Band I, 1981, S. 588; Köhler in FS Steindorff, 1990, S. 640.

162 Larenz, SBT Band I, 13. Auflage 1987, § 26 d., S. 416.

163 St. Rspr., vgl. etwa BGH, vom 02.05.1972 – VI ZR 47/71 = NJW 1972, 1577 [1579]; vom 02.02.1994 – XII ZR 191/92 = DtZ 1994, 371 [372]; Köhler in FS Steindorff, 1990, S. 611 [618 und 640]; Beyer in NZM 2010, 417 [421].

Rückwirkung zuzulassen.[164] So ist beispielsweise eine rückwirkende Anpassung zulässig, wenn der Mietzins in einem Wohnraummietvertrag von Anfang an auf Basis einer unrichtigen tatsächlichen Wohnfläche berechnet wurde.[165] Der Vermieter ist in seinem Bestandsschutzinteresse in diesem Fall nicht schützenswert, zumal ihm die Ermittlung der korrekten Wohnfläche obliegt.[166] Aufgrund dessen fällt das Ereignis der Störung – Fehlberechnung – ausschließlich in den Risikobereich des Vermieters.

Die Zulässigkeit einer (zeitlich begrenzten) Rückwirkung in derartigen Ausnahmefällen begründet sich zum einen dadurch, dass das Gesetz das Verbot der Rückwirkung selbst nicht konsequent einhält, wie etwa beim Landpachtvertrag, § 593 Abs. 2 BGB oder einer Änderung der Betriebskosten, § 560 Abs. 2 BGB.[167] Zum anderen wird der Grundsatz der Vertragstreue schon nicht durchbrochen, wenn der Risikobereich (oder mit anderen Worten: die Opfergrenze) einer Vertragspartei überschritten und eine Vertragsanpassung erforderlich geworden ist.[168] In diesem Fall verhält sich ausschließlich die anpassungswillige Partei vertragstreu, wohingegen der andere Teil gegen Treu und Glauben verstößt, wenn er die anpassungswillige Partei am Vertrag festhalten will.[169]

Demnach ist eine Rückwirkung der Anpassung grundsätzlich ausgeschlossen, sofern nicht im konkreten Einzelfall eine Abwägung der Parteiinteressen etwas anderes ergibt. Entfaltet die Anpassung demgegenüber – wie in der Regel – ausschließlich Wirkungen für die Zukunft, ist der Zugang der Anpassungserklärung beim Kunden maßgeblicher Zeitpunkt für den Beginn er Anpassung.[170] Dies ist deshalb geboten, da sich der Kunde erst ab diesem Zeitpunkt auf eine Korrektur des Vertrages einstellen kann. Ein schützenswertes Vertrauen besteht ab diesem Zeitpunkt nicht mehr. Ein Abstellen auf den Zeitpunkt der Rechtskraft des Urteils würde es dem Anpassungsgegner dagegen ermöglichen, den Anpassungsbeginn weitgehend willkürlich nach hinten zu verlegen.[171]

---

164 Vgl. etwa vom BGH, 10.11.1993 – VIII ZR 119/82 = NJW 1994, 576 [577] m. w. N. eingehend Köhler in FS Steindorff, 1990, S. 611 [618 ff. und 640 f.]; Finkenauer in MüKo BGB, Band 2, 6. Auflage 2012, § 313 Rn. 97.

165 Beispiel nach BGH, vom 07.07.2004 – VIII ZR 192/03 = NZM 2004, 699 [700].

166 BGH, vom 07.07.2004 – VIII ZR 192/03 = NZM 2004, 699 [700].

167 Finkenauer in MüKo BGB, Band 2, 6. Auflage 2012, § 313 Rn. 98; vgl. auch Köhler in FS Steindorff, 1990, S. 611 [612].

168 Köhler in JA 1979, 498 [498]; Harms in DB 1983, 322 [326]; Wiedemann in FS Universität Köln, 1988, S. 367 [383 ff. und 388].

169 So auch Martinek in AcP 198 (1998), 330 [379].

170 So auch BGH, vom 12.10.1977 – VIII ZR 84/76 = NJW 1978, 154 [155]; zust. Steindorff in BB 1983, 1127 [1131]; Finkenauer in MüKo BGB, Band 2, 6. Auflage 2012, § 313 Rn. 99.

171 Finkenauer in MüKo BGB, Band 2, 6. Auflage 2012, § 313 Rn. 99.

2. Wirkung der AGB-Anpassung

Aus diesen Erwägungen ergibt sich Folgendes für die AGB-Anpassung: Eine Rückwirkung ist grundsätzlich ausgeschlossen, da es um die Anpassung des an Stelle einer nichteinbezogenen bzw. unwirksamen Klausel tretenden dispositiven Gesetzesrechts geht. Der Verwender begehrt mit der AGB-Anpassung eine Neuzuordnung des ihm nach § 306 Abs. 2 BGB zugewiesenen Risikos aus der einseitigen Vertragsgestaltung. Die gesetzliche Risikoverteilung schützt jedoch ausschließlich den Kunden. Dieser ist in seinem Vertrauen auf die – gesetzlich angeordnete – Geltung des dispositiven Gesetzesrechts grundsätzlich schützenswert.

Somit kommt grundsätzlich nur eine Anpassung mit Wirkung für die Zukunft in Betracht. Dies gilt unabhängig davon, ob die nicht einbezogene bzw. unwirksame Klausel dem Verwender einen Leistungsanspruch oder ein Verweigerungsrecht gewährt. Beginn der Wirkung ist aus den zuvor genannten Gründen auch hier der Zugang der Anpassungserklärung beim Kunden.

Gleichwohl kann eine Interessenabwägung auch im konkreten Einzelfall dazu führen, dass eine Rückwirkung der Anpassung als sachgerecht erscheint. Ein solcher Ausnahmefall wäre etwa dann denkbar, wenn die bereicherungsrechtlichen Ansprüche des Kunden ohne Berücksichtigung der AGB-Anpassung den Verwender in seiner Existenz bedrohen würden. Der Anpassungsanspruch des Verwenders ist in der weit überwiegenden Anzahl der Fälle nur im Rahmen der bereicherungsrechtlichen Ansprüche des Kunden in Anrechnung zu bringen: Sieht die unwirksame bzw. nicht einbezogene Klausel beispielsweise einen Leistungsanspruch des Verwenders vor, kann der Kunde an sich sämtliche, von ihm aufgrund dessen erbrachte Leistungen nach § 812 Abs. 1 S. 1 Alt. 1 BGB zurückfordern. Der Anpassungsanspruch des Verwenders bewirkt demgegenüber, dass der an sich ausgeschlossene Leistungsanspruch des Verwenders nach Maßgabe der zulässigen Anpassung erhalten bleibt. Bei Vorliegen einer wirtschaftlichen bzw. finanziellen Unzumutbarkeit für den Verwender kann der Kunde dann nur die Differenz zwischen der von ihm erbrachten und der angepassten – daher eigentlich geschuldeten Leistungen – zurückverlangen. Auf eine Saldierung[172] kommt es hier – anders als in der reinen bereicherungsrechtlichen Rückabwicklung – nicht an.

---

172 Zur Saldierung vgl. etwa BGH, vom 06.12.1991 – V ZR 311/89 = NJW 1992, 1037; vom 11.11.1994 – V ZR 116/93 = NJW 1995, 454 [455]; BAG, vom 03.11.2004 – 5 AZR 592/03 = NZA 2005, 1409 [1410]; Sprau in Palandt, BGB, 71. Auflage 2012, § 818 Rn. 28 f. und 48; Finkenauer in NJW 2004, 1704 [1705].

Anders verhält es sich, wenn der Verwender das Leistungsverlangen des Kunden erfüllt, obwohl er an sich einen Anspruch auf Anpassung eines formularmäßigen Vertrages hat, der ein unwirksames bzw. nicht einbezogenes Leistungsverweigerungsrecht zu Gunsten des Verwenders vorsieht.[173] Hier kann der Verwender die Differenz zwischen der von ihm zu viel erbrachten und seiner eigentlich geschuldeten Leistung vom Kunden in der Regel schon deshalb nicht zurückverlangen, weil sich bereits in der (rügelosen) Leistung das Fehlen einer unzumutbaren Härte zeigt.

3. Zusammenfassung

Letztlich bleibt festzuhalten, dass die AGB-Anpassung im Regelfall auf den Zeitpunkt des grundsätzlich zukunftsbezogen wirkt. Maßgeblicher Zeitpunkt für den Beginn ist dabei der Zugang der Anpassungserklärung beim Kunden. Eine Rückwirkung kommt nur in seltenen Ausnahmefällen in Betracht.

IV. Ausübungskontrolle

Nach den allgemeinen rechtsgeschäftlichen Grundsätzen darf sich auch die Ausübung des Anpassungsanspruchs auf Rechtsfolgenseite nicht als rechtsmissbräuchlich darstellen (vgl. dazu oben, Zweiter Teil, B. III. [S. 66 ff.]).

Die Wirksamkeit der Ausübungskontrolle bemisst sich ausschließlich nach dem allgemeinen Treu-und-Glaubens-Maßstab des § 242 BGB. Insofern ergeben sich vorliegend keine Besonderheiten gegenüber der allgemeinen Ausübungskontrolle (vgl. dazu Zweiter Teil, B. III. 2. c) [S. 79]).

Demgegenüber ist insbesondere § 315 Abs. 3 BGB tatbestandlich nicht einschlägig, da der Anpassungsanspruch nach § 313 BGB (analog) kein einseitiges Recht des Verwenders zur Vertragskorrektur darstellt. Es fehlt mithin an einer Gestaltungslage. Dem Verwender ist gerade nicht die Rechtsmacht eingeräumt, den Inhalt des Vertrages nach eigenem Ermessen anzupassen. Dem steht es auch nicht entgegen, dass er die AGB-Anpassung, wie gezeigt (oben, C. I. [S. 222 ff.]), notfalls auch gegen den Willen des Kunden durchsetzen kann. Denn im Falle eines Anspruchs auf AGB-Anpassung kann der Verwender den (neuen)

173 In diesem Fall erscheint es zugegebenermaßen bereits fraglich, ob die Tatsache, dass der Verwender in der Vergangenheit bereits auf die unwirksame Klausel hin geleistet hat, nicht gerade zeigt, dass diesem ein unverändertes Festhalten am Vertrag zugemutet werden kann (vgl. dazu ausführlich oben B. IV.).

Inhalt der anzupassenden Klausel gerade nicht nach seinem Dafürhalten aus mehreren möglichen Anpassungsmöglichkeiten auswählen. Er hat vielmehr lediglich Anspruch auf diejenige Anpassung, welche sämtliche Interessen, die im Einzelfall zu berücksichtigen sind, so weit als möglich in Ausgleich bringt.

Fünfter Teil: Folgefragen

Im abschließenden fünften Teil dieser Arbeit werden verschiedene Folgefragen erörtert, die sich an die Befürwortung einer AGB-Anpassung anschließen bzw. ggf. anschließen können.

A. Formelle Anforderungen als Wirksamkeitsvoraussetzungen

Als erstes könnte eine Pflicht des Verwenders zur Einhaltung von besonderen Formvorschriften, wie insbesondere der Schriftform nach § 126 BGB, in Erwägung gezogen werden. Ein Verstoß dagegen würde – in der Regel – zur Unwirksamkeit des Anpassungsbegehrens führen, vgl. etwa § 125 BGB für das Schriftformerfordernis.

Die Statuierung einer derartigen Wirksamkeitsvoraussetzung ist jedoch abzulehnen. Erstens bedarf es aus § 125 S. 1 und S. 2 BGB ersichtlich zur Begründung von Formerfordernissen einer rechtsgeschäftlichen Vereinbarung oder einer gesetzlichen Anordnung. Daran fehlt es jedoch hier. Insbesondere kann der Rechtsgrundlage des Anpassungsanspruchs, § 313 BGB (analog), nicht die Anordnung eines formellen Erfordernisses entnommen werden.

Zweitens ist nicht einmal die besondere Anzeigepflicht des Verwenders im Rahmen des § 308 Nr. 5 lit. b) BGB an die Einhaltung eines besonderen Formerfordernisses geknüpft. Hier ist es vielmehr ausreichend, wenn der Hinweis in einer Form erfolgt, aufgrund welcher unter normalen Umständen mit Kenntnisnahme zu rechnen ist.[1]

Schließlich bedarf es vorliegend keiner gesonderten Warnung des Kunden vor etwaigen weitreichenden Einbußen oder Verpflichtungen, weil die Anpassung nicht von Gesetzes wegen erfolgt, sondern vom Verwender beim Kunden geltend gemacht werden muss (siehe oben, Vierter Teil, C. I. 2 [S. 233]).

Demnach ist die Geltendmachung des Anpassungsanspruchs nicht an die Einhaltung einer bestimmten Form gebunden.

1 Vgl. dazu etwa BGH, vom 04.10.1984 – III ZR 119/83 = NJW 1985, 617 [619] und BAG, vom 18.03.2009 – 10 AZR 281/08 = NJW 2009, 2475 [2477].

B. Darlegungs- und Beweislast

Die allgemeinen Grundsätze über die Verteilung der Darlegungs- und Beweislast im Prozess, wonach jede Partei die für sie günstigen Tatsachen darzulegen und zu beweisen hat (Rosenberg'sche Normentheorie),[2] gilt auch im Falle einer prozessualen Geltendmachung einer AGB-Anpassung. Danach hat der Verwender sämtliche Umstände, die für die Einschlägigkeit der AGB-Anpassung sowie deren Umfang maßgebend sind, vorzutragen und zu beweisen, sofern es um die Begründung des Anspruchs auf AGB-Anpassung geht.[3] Dementsprechend obliegt ihm grundsätzlich auch die Beweislast für die Billigkeit der angepassten Klausel.[4] Etwas anderes gilt lediglich dann, wenn der Kunde im Rückforderungsprozess bereicherungsrechtliche Rückerstattungsansprüche wegen rechtgrundlos erbrachter Leistungen geltend macht.[5]

Im Zusammenhang mit der Darlegungs- und Beweislastverteilung stellt sich auch die Frage, ob der Verwender noch im Prozess Gründe für das Vorliegen eines Anspruchs auf AGB-Anpassung nachschieben kann. Dies muss mit Verweis auf das berechtigte Interesse des Kunden abgelehnt werden, der davon ausgehen darf, dass der Verwender eine AGB-Anpassung nur aus den ihm mitgeteilten Gründen begehrt.[6] Andernfalls würde der Kunde einem unüberschaubaren Prozessrisiko ausgesetzt. Darüber hinaus wären Neuverhandlungen zwecklos, wenn der Verwender bei Geltendmachung der AGB-Anpassung gegenüber dem Kunde nicht vollständig über sämtliche insofern ausschlaggebende Umstände aufklären müsste.

C. Rückschlüsse auf die anderweitigen Korrekturmöglichkeiten

Außerdem könnte es in Betracht kommen, ausgehend von den Ausführungen über die Voraussetzungen und Rechtsfolgen einer AGB-Anpassung Rückschlüsse für diejenigen Fälle zu ziehen, in denen eine Korrektur mittels ergänzender Vertragsauslegung bzw. nach § 313 BGB grundsätzlich möglich erscheint (zu

---

2 BGH, vom 11.10.1994 – X ZR 30/93 = NJW 1995, 49 [50]; aus der Literatur etwa Foerster in Musielak, ZPO, 8. Auflage 2011, § 286 Rn. 34 f.

3 Vgl. statt aller BGH, vom 28.10.1998 – XII ZR 255/96 = NJW 1999, 353 [354].

4 BGH, vom 05.07.2005 – X ZR 60/04 = NJW 2005, 2919 [2921] m. w. N.

5 Vgl. BGH, vom 05.02.2003 – VIII ZR 111/02 = NJW 2003, 1449 [1449 f.] m. w. N.

6 Vgl. zum Parallelproblem bei der Anfechtung von Willenserklärungen, BGH, vom 11.10.1965 – II ZR 45/63 = NJW 1966, 39 [39].

den Fallgruppen siehe oben Dritter Teil, B. II. 1. [S. 101 ff.] und C. I. 3. [S. 148 ff.]).

I. Ergänzende Vertragsauslegung

Die für die Voraussetzungen einer AGB-Anpassung gewonnen Erkenntnisse sind auf die ergänzende Vertragsauslegung nicht bzw. nur sehr eingeschränkt übertragbar. Eine ergänzende Vertragsauslegung setzt tatbestandlich voraus, dass sich der Vertrag als lückenhaft erweist und ein Wille der Parteien weder der Auslegung an sich noch dem Auslegungsergebnis entgegensteht (siehe dazu ausführlich Dritter Teil C. I. 3. a) [S. 148 ff.]).

Auf Rechtsfolgenseite sind beide Rechtsinstrumente darauf gerichtet, einen angemessenen Ausgleich zwischen den entgegenstehenden Interessen der Vertragsparteien zu erzielen. Insofern können die obigen Ausführungen zum Inhalt der angepassten Bedingungen (unter Vierter Teil C. VII. [S. 224 ff.]) auch im Rahmen der ergänzenden Vertragsauslegung herangezogen werden.

II. Wegfall der Geschäftsgrundlage, § 313 Abs. 1 BGB

Demgegenüber sind die im Fünften Teil gewonnenen Erkenntnisse auch für die Anpassung nach § 313 BGB verwertbar.

Auch eine Vertragsanpassung nach § 313 Abs. 1 BGB (direkt) kommt regelmäßig nur im Rahmen von Dauer- und Langzeitschuldverhältnissen in Betracht,[7] da sich auftretende Störungen hier meistens viel stärker auswirken. Dem Anpassungsinteressenten ist eine unveränderte Fortsetzung des Vertrages eher unzumutbar. Außerdem wird man aufgrund der in diesen Rechtsverhältnissen stark ausgeprägten gegenseitigen Rücksichtnahmepflichten andere Maßstäbe an die Zumutbarkeit sowie den billigen Interessenausgleich auf Rechtsfolgenseite stellen müssen. Dies gilt auch im Hinblick auf die Frage, ob der von den eingetretenen Störungen betroffene Gegenstand überhaupt Geschäftsgrundlage geworden ist. Eine weitere Verallgemeinerung erscheint an dieser Stelle wegen der Ausrichtung beider Instrumente auf die Schaffung von Einzelfallgerechtigkeit nicht zielführend.

7 Angedeutet etwa in BGH, vom 02.05.1972 – VI ZR 47/71 = NJW 1972, 1577 [1579 a. E.].

D. AGB nach Anpassung

Als weitere Folgefragen sind zu beantworten, ob es sich bei den angepassten Vertragsbedingungen noch um AGB i. S. d. §§ 305 ff. BGB handelt und wenn ja, welche Besonderheiten sich aufgrund dessen ergeben.

I. Vorliegen von AGB nach erfolgter Anpassung

Im Hinblick auf die Rechtsnatur der angepassten Bedingungen ist die Zustimmung zur Anpassung durch den Kunden unerheblich. Denn trotz dessen willentlicher bzw. der fingierten Erklärung dürfen – zumindest in der weit überwiegenden Anzahl der Fälle – nicht die strengen Anforderungen an ein Aushandeln im Einzelnen i. S. v. § 305 Abs. 1 S. 3 BGB oder eine vorrangige Individualabrede i. S. d. § 305b BGB erfüllt werden.[8]

Ausschlaggebend für die Bewertung ist demnach letztlich das Tatbestandsmerkmal „für eine Vielzahl von Verträgen" des § 305 Abs. 1 S. 1 BGB. Sofern der Verwender also nicht in mehreren Verträgen parallel die Anpassung (weitgehend) gleichlautender AGB begehrt, ist die Anpassung typischerweise auf die Schaffung von individuellen Vertragsinhalten gerichtet.[9] In diesem Fall sind die in den §§ 305c und 306 Abs. 2 ff. BGB enthaltenen Maßstäbe nur dann heranzuziehen, wenn die Anpassung gegenüber einem Verbraucher erfolgen soll, § 310 Abs. 3 Nr. 2 BGB.[10]

II. Folgen aus der rechtlichen Bewertung der angepassten Vertragsbedingungen

Die Eigenschaft der angepassten – ursprünglich formularmäßigen – Bedingungen wirkt sich vor allem auf die erneute Anwendbarkeit der §§ 305 ff. BGB aus. Diese Vorschriften behandeln (weitestgehend) abschließend die rechtlichen Besonderheiten im Zusammenhang mit der einseitigen Stellung von Vertragsbedingungen. Abgesehen davon hat die AGB-Eigenschaft allenfalls mittelbare Rechtswirkungen.

---

8 Rieble in Staudinger, BGB, §§ 315 – 326, 14. Bearbeitung 2009, § 315 Rn. 298.

9 Nachweis wie Fn. 8.

10 Nachweis wie Fn. 8.

Ist die AGB-Eigenschaft der angepassten Vertragsbedingungen entsprechend den zuvor unter I. dargestellten Erwägungen zu befürworten, so bestimmt sich deren Einbeziehung in den Vertrag (erneut) nach den §§ 305 Abs. 2 ff. BGB. Es ist dann eine erneute Inhaltskontrolle anhand der §§ 307 ff. BGB vorzunehmen.

Ist demgegenüber eine AGB-Eigenschaft nach Anpassung abzulehnen, gelten die allgemeinen Wirksamkeitsregelungen. Dies hat zur Folge, dass der Inhalt der angepassten Bedingungen nicht am verschärften Maßstab der §§ 307 ff. BGB[11], sondern lediglich nach den allgemeinen Wirksamkeitsregelungen (insbesondere §§ 104 ff., 134, § 138 BGB) zu messen ist. Einer erneuten Anpassung steht dann nicht mehr die gesetzliche Risikoverteilung des § 306 Abs. 2 und Abs. 3 BGB entgegen, so dass § 313 BGB jedenfalls nicht aus diesem Grunde ausscheidet.

Diese an sich wesentlichen Unterschiede wirken sich allerdings nicht auf die weitere rechtliche Bewertung der Rechtswirksamkeit der angepassten Bedingungen aus. Denn es ist bereits auf Ebene der tatbestandlichen Voraussetzungen der AGB-Anpassung zu berücksichtigen, dass dem Kunden eine AGB-Anpassung nur dann zumutbar ist, wenn die angepasste Bedingung nicht ihrerseits gegen die §§ 307 ff. BGB verstößt (siehe oben, Vierter Teil B. IV. 2. b) [S. 211]). Darüber hinaus ist ein angemessener Ausgleich zwischen den widerstreitenden Parteiinteressen bei der inhaltlichen Ausgestaltung der angepassten Bedingung vorzunehmen. Dabei sind – je nach dem, ob es sich bei den angepassten Regelungen um AGB handelt – ggf. bereits die verschärften Maßstäbe der §§ 305 ff. BGB heranzuziehen. Demnach ist in jedem Falle sichergestellt, dass die modifizierten Bedingungen keine der Vertragsparteien in unangemessener Weise benachteiligen. Eine erneute Inhaltskontrolle wird die Wirksamkeit nicht abweichend von der Zumutbarkeit der Anpassung bzw. der Ausübungskontrolle bewerten, zumal in beiden Fällen auf den Zeitpunkt des Vertragsschlusses abzustellen ist.

Unterschiede ergeben sich einzig im Hinblick auf den – zugegebenermaßen äußerst seltenen – Fall, dass eine erneute Anpassung der bereits einmal angepassten Bedingungen erforderlich wird. Denn dies bestimmt sich dann im Falle von individualvertraglichen Regelungen nach § 313 BGB. Demgegenüber kann eine Anpassung von AGB nur entsprechend den im Dritten Teil dargestellten Erwägungen erfolgen.

E. Lösungsrecht des Kunden (Opponentenkündigung)

Als weitere Folge könnte dem Kunden als Ausgleich für die Anpassung ein Recht zur Lösung vom Vertrag zustehen.

11 BT-Drucks. 7/3919, S. 22 [Zu § 7 (Grundsatz des angemessenen Interessenausgleichs)].

I. Art des Beendigungsrechts

Ein solches Lösungsrecht kann sinnvollerweise ausschließlich als Gestaltungsrecht ausgestaltet sein. Andernfalls würde eine Anpassung immer automatisch zur Beendigung des Vertrages führen und wäre damit letztlich überflüssig. In Betracht kommt dabei entweder die Einräumung eines Kündigungs- oder eines Rücktrittsrechts.

Wie insbesondere aus der Regelung des § 346 BGB ersichtlich wird, ist es Ziel des Rücktritts, den ursprünglichen Zustand wiederherzustellen und somit die Parteien so zu stellen, als wäre der Vertrag nicht geschlossen worden (status quo ante contractum).[12] Nach Ausübung des Rücktrittsrechts wandelt sich das Vertragsverhältnis in ein Rückabwicklungsverhältnis um, aus dem die Parteien verpflichtet werden, bereits ausgetauschte Leistungen in Natur zurückzugewähren bzw. Wertersatz zu leisten, sollte eine Rückgewährung nicht möglich sein.[13] Eine vollständige Wiederherstellung des vorvertraglichen Zustandes ist zwar insbesondere bei langzeitigen Schuldverhältnissen tatsächlich nicht möglich und teilweise auch vom Gesetz nicht gewollt.[14] Dies ändert jedoch nichts daran, dass der Rücktritt grundsätzlich auf den Zeitpunkt des Vertragsschlusses zurückwirkt (ex tunc).

Demgegenüber beendet die Kündigung ein Schuldverhältnis mit Wirkung für die Zukunft (ex nunc).[15] Bereits erbrachte Leistungen sind, anders als beim Rücktritt, nicht zurück zu gewähren.[16]

In Rahmen von Dauer- und Langzeitschuldverhältnissen werden regelmäßig verschiedene Leistungen erbracht, so dass eine Rückabwicklung in der weit überwiegenden Anzahl der Fälle faktisch unmöglich ist. Dies gilt insbesondere bei Vertragsverhältnissen, die auch unkörperliche Leistungen zum Gegenstand haben (wie z. B. in Arbeitsverhältnissen). Ferner ist auch einzustellen, dass Dauer- und Langzeitschuldverhältnisse für die Parteien in der Regel von erheblicher Bedeutung sind, so dass eine Rückabwicklung zumeist nicht gewollt sein wird.

Somit kommt, wenn überhaupt, nur die Einräumung eines Kündigungsrechts zu Gunsten des Anpassungsgegners in Betracht.

---

12 BGH, vom 16.09.1981 – VIII ZR 265/80 = NJW 1982, 105 [107]; siehe auch Beckmann in WM 2006, 952 [952].

13 Vgl. etwa BGH, vom 28.11.2007 – VIII ZR 16/07 = NJW 2008, 911 [911]; Gaier in MüKo BGB, Band 2, 6. Auflage 2012, § 346 Rn. 1.

14 Gaier in MüKo BGB, Band 2, 6. Auflage 2012, Vorb. § 346 Rn. 1; vgl. auch Freund in NZBau 2008, 685 [688], zur Problematik der Rückabwicklung im Arbeits- und Gesellschaftsrecht („fehlerhafter Vertrag").

15 Grüneberg in Palandt, BGB, 71. Auflage 2012, Einf v § 346 Rn. 12.

16 BGH, vom 21.02.1979 – VIII ZR 88/78 = NJW 1979, 1288 [1289].

II. Bestehen eines Kündigungsrechts des Anpassungsgegners

In dogmatischer Hinsicht könnte § 314 Abs. 1 BGB (analog) als Rechtsgrundlage für ein solches Kündigungsrecht des Kunden wegen der erfolgten Anpassung herangezogen werden. Diese Vorschrift sieht in Dauerschuldverhältnissen ein außerordentliches fristloses Kündigungsrecht aus wichtigem Grunde vor. Ein solches ist gegeben, wenn dem Kündigenden die Fortsetzung des Vertragsverhältnisses unter Berücksichtigung sämtlicher Umstände des konkreten Einzelfalls nicht mehr zumutbar erscheint.[17]

Ein Kündigungsrecht des Kunden scheidet jedoch von vorneherein aus, wenn der Bestandsschutz ausnahmsweise zu Gunsten des Verwenders besteht, da dieser ansonsten ausgehöhlt bzw. umgangen werden würde. Der Verwender soll dann gerade vor der Beendigung des Vertrages bewahrt werden.

Darüber hinaus sprechen hier die überzeugenderen Argumente dafür, ein (Sonder-)Kündigungsrecht des Kunden wegen der Anpassung generell abzulehnen. Denn auch im Rahmen des § 314 Abs. 1 BGB ist es anerkannt, dass ein Kündigungsrecht ausscheidet, wenn eine Anpassung möglich und den Parteien zumutbar ist.[18] Vor allem die Zumutbarkeit der Anpassung ist vorliegend gewährleistet (siehe oben Fünfter Teil B. IV. 2. [S. 210 ff.]). Außerdem hat die AGB-Anpassung nach billigem Ermessen zu erfolgen, was die Gerichte im Wege der Ausübungskontrolle überprüfen können (dazu oben, Vierter Teil C. IV. [S. 245 ff.]). Dadurch sind die berechtigten Interessen des Kunden ausreichend geschützt und die Einräumung eines Sonderkündigungsrechts nicht erforderlich.

III. Zusammenfassung

Ausgehend davon steht dem Kunden nach überzeugender Auffassung kein außerordentliches (Sonder-)Kündigungsrecht zu, wenn der Verwender eine Anpassung der AGB verlangen kann. Der Anspruch des Verwenders gegen den Kunden kann daher als echtes bzw. positives Anpassungserzwingungsrecht bezeichnet werden. Dieser ist zwar verpflichtet, der Anpassung zuzustimmen, kann sich jedoch nach erfolgter Anpassung nicht vom Vertrag lösen.[19]

---

17 Vgl. dazu statt aller BGH, vom 20.05.2009 – IV ZR 274/06 = NJW-RR 2009, 1189 [1191].

18 Vgl. zu § 313 BGB BT-Drucks. 14/6040, S. 177; BGH, NJW vom 11. 2. 1958 – VIII ZR 12/57 = NJW 1958, 785 [785] m. w. N.

19 Zur Begrifflichkeit siehe Hau, Vertragsanpassung und Anpassungsvertrag, 2003, S. 248 ff.; in Abgrenzung zu Anpassungsbestimmungsrechten, bei denen der andere Teil im Gegenzug ein Beendigungsrecht erhält.

F. Gewährleistungsrechte bei Versagung der Zustimmung

Die Regelungen des allgemeinen Schuldrechts finden auf den – schuldrechtlichen – AGB-Anpassungsanspruch grundsätzlich ohne jegliche Einschränkungen Anwendung. Somit stehen den Parteien an sich sämtliche Gewährleistungsrechte zu, wie insbesondere Schadensersatzansprüche und Kündigungsrechte.

I. Schadensersatzansprüche nach §§ 280 ff. BGB

Eine Schadensersatzpflicht des Verwenders wegen Nichtaufnahme von Neuverhandlungen scheidet mangels entsprechender Pflicht aus (vgl. Vierter Teil, C. II. 1. [S. 238 ff.] und 2. [S. 240]).

Auf der anderen Seite kommen Schadensersatzansprüche des Kunden in Betracht, wenn sich das Anpassungsbegehren des Verwenders von Anfang an als unbegründet darstellt. Die Pflichtverletzung kann dabei einerseits bereits in der ernsthaften Ankündigung liegen, die berechtigten vertraglichen Ansprüche des Kunden nicht zu erfüllen.[20] Andererseits kommt unter engen Voraussetzungen ein Schadensersatzanspruch des Kunden auch dann in Betracht, wenn der Verwender gegenüber dem Kunden unbegründete Ansprüche geltend macht.[21] Eine Pflichtverletzung i. S. v. § 280 Abs. 1 S. 2 BGB wird man dabei aber nur annehmen können, wenn sich im Wege einer Plausibilitätskontrolle feststellen lässt, dass die geltend gemachten Ansprüche jeglicher rechtlicher Grundlage entbehren und somit gleichsam völlig aus der Luft gegriffen sind.

Demgegenüber hat der Verwender ab ordnungsgemäßer Geltendmachung der Anpassungserklärung gegenüber dem Kunden Ansprüche auf Ersatz eines ggf. eintretenden Verzugsschadens.

20 BGH, vom 14.03.1984 – VIII ZR 284/82 = NJW 1984, 2034 [2035 a. E.]; vgl. auch BAG, vom 12.12.2007 – 10 AZR 97/07 = NJW 2008, 872 [877] zur Weigerung eines Arbeitgebers, eine Zielvereinbarung abzuschließen, die Voraussetzung für Bonusansprüche des Arbeitnehmers ist.

21 BGH, vom 12.12.2006 – VI ZR 224/05 = NJW 2007, 1458 [1458 a. E.] und vom 16.01.2009 – V ZR 133/08 = NJW 2009, 1262 [1263].

II. Rücktritt

Ein Rücktrittsrecht[22] des Verwenders nach § 323 BGB wegen fehlender Mitwirkung des Kunden an der Anpassung kommt aufgrund des Bestandsschutzes des Rechtsverhältnisses sowie der fehlenden Neuverhandlungspflicht des Verwenders von vorneherein nicht in Betracht.

G. Gesetzesänderung

Abschließend ist die Frage zu beantworten, ob eine Änderung des Gesetzes (im Besonderen der §§ 305 ff. BGB) erforderlich bzw. ratsam ist und wie sich ein Anspruch auf AGB-Anpassung allgemein formulieren lässt.

I. Erforderlichkeit einer Gesetzesänderung

Ein Anspruch des Verwenders auf AGB-Anpassung lässt sich, wie zuvor im Vierten Teil (dort unter A. [S. 197 f.]) gezeigt, als Ausfluss des Grundsatzes von Treu und Glauben ohne weiteres in § 313 Abs. 1 BGB (analog) verankern. Aus dogmatischen Gründen besteht demnach kein Bedürfnis für eine Kodifizierung. Gegen das Erfordernis einer Gesetzesänderung kann außerdem angeführt werden, dass der Anspruch auf eine AGB-Anpassung auf die Herstellung von Einzelfallgerechtigkeit abzielt, was einer Verankerung in den allgemeinen Regelungen der § 313 Abs. 1 BGB (analog) am ehesten entsprechen würde.

Gleichwohl lassen sich – wie im Fünften Teil ausführlich gezeigt – recht klare Merkmale auf Tatbestands- und Rechtsfolgenseite formulieren, unter denen der Verwender trotz der Risikoverteilung des § 306 Abs. 2 BGB vom Kunden Anpassung der AGB verlangen kann. Somit wäre es in (rechts-)technischer Hinsicht zumindest möglich, eine allgemeine Regelung zu verfassen, die aus Gründen der Rechtsklarheit und –sicherheit auch zum Gesetz erhoben werden könnte.

---

22 Dazu etwa Riesenhuber in BB 2005, 2697 [2699] und Grüneberg in Palandt BGB, 71. Auflage 2012, § 313 Rn. 41.

II. Versuch der Formulierung eines gesetzlichen Anpassungsanspruchs

Es käme zunächst in Betracht, eine Möglichkeit zur Korrektur von AGB in Anlehnung an den Gesetzesentwurf zum AGBG aufzunehmen. Danach war in § 5 Abs. 2 HS. 2 AGBG ursprünglich eine Regelung vorgesehen, wonach sich der Inhalt des Vertrages bei unwirksamen AGB nach der Natur des Vertrages richten sollte, soweit kein dispositives Gesetzesrecht zum Schluss der entstandenen Lücke zur Verfügung stand.[23] Eine solche Regelung ist jedoch im Hinblick auf den Anwendungsbereich des § 306 Abs. 2 BGB nicht ausreichend, weil sie schon nicht diejenigen Fälle erfasst, in denen entstandene Lücken mit Hilfe des dispositiven Gesetzesrechts geschlossen werden können. Darüber hinaus berücksichtigt die vorgeschlagene Regelung nicht, dass eine Korrektur im Rahmen des § 306 Abs. 2 BGB nur in besonderen Ausnahmefällen erfolgen darf.

Nach meiner Ansicht bietet es sich vielmehr an, einen Anspruch des Verwenders auf AGB-Anpassung in einem neu zu schaffenden § 306 Abs. 4 BGB zu verankern.

Eine gesetzliche Regelung, die einen Anspruch des Verwenders gegen den Kunden auf Anpassung der AGB vorsieht, könnte unter Heranziehung der vorhergehenden Ergebnisse etwa folgendermaßen lauten:

> *„Kann in Dauer- oder Langzeitschuldverhältnissen dem Verwender in den Fällen des § 306 Abs. 2 BGB unter Berücksichtigung aller Umstände des Einzelfalls ein Festhalten am unveränderten Vertrag nicht zugemutet werden, so kann dieser ausnahmsweise vom Kunden Anpassung des Vertrages verlangen, wenn eine Beendigung nach § 306 Abs. 3 BGB für zumindest einen Vertragsteil eine unzumutbare Belastung bedeuten würde."*

---

23 Gesetzentwurf der Bundesregierung, BT-Drucks. 7/3919, S. 4 und S. 21 [Zu Absatz 2].

Ergebnisse

A. Das Gesetz enthält, abgesehen von einzelnen spezialgesetzlichen Vorschriften, keine allgemeine Regelung zur Korrektur von AGB. Jedoch besteht gerade im Rahmen von Dauer- und Langzeitschuldverhältnissen ein Bedarf zur Korrektur von Störungen, weil diese angesichts der langen Vertragslaufzeit und der wesentlichen Bedeutung des Vertrages regelmäßig zu erheblichen Belastungen für die Parteien führen. Dies gilt grundsätzlich auch für selbstverschuldete Störungen, wie etwa die Stellung unwirksamer Klauseln (dazu Erster [S. 41 ff.] und Dritter Teil [S. 85 ff.]).

B. Eine umfassende Möglichkeit zur einseitigen Korrektur von AGB durch den Verwender ist im Gesetz nicht vorgesehen. Die Implementierung einer derartigen Regelung würde sich wegen der bewussten Risikoverteilung zu Lasten des Verwenders in § 306 Abs. 2 und § 305c Abs. 2 BGB als systemwidrig darstellen. Lediglich im Bereich des Versicherungsrechts sind in den §§ 163 f., § 176 und §§ 202 f. VVG spezielle Vorschriften enthalten, mit Hilfe derer bestehende Allgemeine Versicherungsbedingungen korrigiert werden können. Eine Verallgemeinerung dieser spezialgesetzlichen Regelungen verbietet sich jedoch aufgrund der Besonderheiten des Versicherungsrechts. Zu nennen ist hier maßgeblich die Risikogemeinschaft der Versicherten (Dritter Teil, B. V. [S. 110 ff.]).Gleichwohl kann eine Korrektur von AGB – wie bei individualvertraglichen Vereinbarungen – entweder mittels ergänzender Vertragsauslegung oder durch Vertragsanpassung erfolgen. Auch im Anwendungsbereich der §§ 305 ff. BGB sind diese Rechtsinstrumente grundsätzlich anwendbar (Dritter Teil, B. II. 1. d) [S. 105] und C. I. 3. [S. 148 ff.]).

C. Die ergänzende Vertragsauslegung stellt nach überzeugender Ansicht einen Unterfall der (richterlichen) Rechtsfortbildung dar. Sie sollte im Bereich vertraglicher Vereinbarungen als spezielle Bezeichnung der Analogie verwendet werden, da sie ausschließlich zum Schluss von Vertrags- und Gesetzeslücken verwendet werden kann. Im Unterschied dazu kommt die Vertragsanpassung einer teleologischen Reduktion bzw. Extension gleich (vgl. dazu Dritter Teil, C. I. 2. [S. 145 ff.]).

D. Mit Hilfe der ergänzenden Vertragsauslegung ist es möglich, anfängliche bzw. nachträgliche Lücken im Vertragswerk zu schließen. Dies gilt jedoch nicht grenzenlos: Die Grundsätze über die ergänzende Vertragsauslegung können u. a. nicht zum Schluss von Lücken im Vertrag herangezogen werden, die mit Hilfe des dispositiven Gesetzesrechts geschlossen werden können. § 306 Abs. 2 BGB enthält insoweit eine vorrangige Spezialregelung für die Lückenfüllung. Die beiden Rechtsinstitute unterscheiden sich in ihren Voraussetzungen. Wie sich aus des sytsematischen Bewertung der gesetzlichen (§ 313 BGB, § 164 VVG, § 10 Abs. 2 S. 3 WoEigG) sowie den allgemein anerkannten Anpassungsinstrumenten (Anpassung aufgrund der gesellschaftsrechtlichen Treuepflicht sowie aufgrund der bauvertraglichen Kooperationspflicht) ergibt, kommt eine Vertragsanpassung nur in Ausnahme- bzw. Härtefällen in Betracht. Maßgeblicher Grund dafür ist, dass der anzupassende Vertragsinhalt dem ersten Anschein nach Ausdruck des übereinstimmenden Parteiwillens ist. Hierfür ist in jedem Fall ein größerer Begründungsaufwand erforderlich als bei der ergänzenden Vertragsauslegung, die lediglich eine planwidrige Lücke entsprechend dem wirklichen Willen der Vertragsparteien schließen soll. Denn der andere Teil darf zunächst auf den unveränderten Bestand der vertraglichen Regelung bzw. bei § 306 Abs. 2 BGB auf die Geltung des dispositiven Gesetzesrechts vertrauen. Dieses schützenswerte Vertrauen kann nur im Ausnahme- bzw. Härtefall überwunden werden (Dritter Teil C. I. 2 [S. 145 ff.] und C. I. 4. [S. 157 ff.]).

E. Eine Anpassung von lückenhaften AGB wegen Wegfalls der Geschäftsgrundlage nach § 313 Abs. 1 BGB ist im Anwendungsbereich des § 306 Abs. 2 BGB nicht möglich. Werden formularmäßige Klauseln nicht in den Vertrag einbezogenen bzw. sind sie unwirksam, trägt allein der Verwender das Risiko aus der einseitigen Inanspruchnahme der Vertragsgestaltungsfreiheit, so dass § 313 Abs. 1 BGB bereits tatbestandlich ausscheidet. (Dritter Teil, C. I. 3. d) [S. 151 ff.]). Außerhalb des Anwendungsbereichs des § 306 Abs. 2 BGB kommt eine Anpassung von AGB über § 313 Abs. 1 BGB dagegen grundsätzlich in Betracht. Dies gilt insbesondere für nachträglich eintretende Störungen des vertraglichen Gleichgewichts, die nicht auf unwirksamen bzw. nicht einbezogenen AGB beruhen. Der mit § 306 Abs. 2 BGB bzw. den §§ 305 ff. BGB bezweckte Schutz des Kunden steht einer Anpassung nach § 313 Abs. 1 BGB hier nicht entgegen (Dritter Teil, B. II. 1. d) [S. 105]).

F. Gleichwohl kann eine Anpassung von AGB im Einzelfall auch im Anwendungsbereich des § 306 Abs. 2 BGB zulässig sein. Die gesetzlichen Regelungen und die daraus resultierenden Wertungen stehen dem nicht von vornherein entgegen. Insbesondere gebietet es das Gebot von Treu und Glauben, dass keine Partei ein Risiko unbegrenzt zu tragen hat. Dies gilt auch für das dem Verwender in § 306 Abs. 2 (§ 305c Abs. 2) BGB zugewiesene Risiko aus der Stellung nicht einbezogener bzw. unwirksamer AGB (Vierter Teil [S. 197 ff.].

G. Hier steht dem Verwender unter Umständen ein Anspruch gegen den Kunden auf Anpassung der AGB zu, der dogmatisch in § 313 BGB (analog) zu verorten ist (Vierter Teil, A. [S. 198 ff.]). Ein solcher Anspruch setzt neben einer im Wege der umfassenden Interessenabwägung festzustellenden unzumutbaren Benachteiligung des Verwenders voraus, dass dieser im Hinblick auf sein Anpassungsbegehren schutzwürdig erscheint und eine Anpassung zwingend erforderlich ist. Ferner muss eine Beendigung des Vertrages für zumindest einen Teil eine unzumutbare Härte darstellen. Dies kommt im Regelfall nur bei in ihrem Bestand geschützten Dauer- und Langzeitschuldverhältnissen in Betracht (Vierter Teil, B. III. bis VI. [S. 207 ff.]).

H. Liegen die genannten tatbestandlichen Voraussetzungen vor, hat der Verwender einen Anspruch gegen den Kunden auf Anpassung der AGB. Er kann im Prozess direkt auf die angepasste Leistung klagen, bzw. die Einwendung des Anspruchs auf AGB-Anpassung erheben (Vierter Teil, C. I. [S. 232 ff.]). Neuverhandlungen vor Erhebung der Klage sind nach überzeugender Ansicht nicht zweckmäßig und daher nicht erforderlich (Vierter Teil, C. II. [S. 238 ff.]). Der Verwender kann grundsätzlich lediglich Anpassung des formularmäßigen Vertrages mit Wirkung für die Zukunft verlangen (Vierter Teil, C. III. [S. 241 ff.]).

I. Ein derartiger Anspruch auf AGB-Anpassung entspricht der Sache nach auch der gegenwärtigen höchstrichterlichen Rechtsprechung: Diese lässt mittlerweile eine Korrektur von AGB im Anwendungsbereich des § 306 Abs. 2 BGB nur noch dann zu, wenn die strengen Voraussetzungen einer Anpassung vorliegen. So wird eine Korrektur insbesondere vom Vorliegen einer „unangemessenen“[1] bzw. „unzumutbaren Härte“[2] für den Verwender abhängig gemacht. Bislang werden die vorgenommenen Korrekturen von den Gerichten freilich noch in unzutreffender Weise als „ergänzende Vertragsauslegung“ bezeichnet (Dritter Teil, C. I. 3. d) [S. 251 f.]).

J. Eine Gesetzesänderung ist an sich nicht erforderlich. Die auf Schaffung von Einzelfallgerechtigkeit ausgerichtete AGB-Anpassung lässt sich ohne weite-

---

1 So etwa BGH, vom 29.04.2008 – KZR 2/07 = NJW 2008, [2175]; vom 14.07.2010 – VIII ZR 246/08 = NJW 2011, 50 [54]; ähnlich auch BGH, vom 01.02.1984 – VIII ZR 54/83 = NJW 1984, 1177 [1178].

2 BAG, vom 19.12.2006 – 9 AZR 294/06 = NZA 2007, 809 [812]; vom 12.01.2009 – 3 AZR 900/07 = NZA 2009, 666 [669]; vgl. auch Annuß in BB 2006, 1333 [1338].

res in § 313 BGB (analog) verankern. Gleichwohl könnte ein neu einzufügender § 306 Abs. 4 BGB folgendermaßen lauten[3]:

„Kann in Dauer- oder Langzeitschuldverhältnissen dem Verwender in den Fällen des § 306 Abs. 2 BGB unter Berücksichtigung aller Umstände des Einzelfalls ein Festhalten am unveränderten Vertrag nicht zugemutet werden, so kann dieser ausnahmsweise vom Kunden Anpassung des Vertrages verlangen, wenn eine Beendigung nach § 306 Abs. 3 BGB für zumindest einen Vertragsteil eine unzumutbare Belastung bedeuten würde."

3 Vgl. insofern auch den Regelungsvorschlag bei Kolmsee, Die Anpassung von Allgemeinen Geschäftsbedingungen in Dauerschuldverhältnissen, 2011, S. 225, der jedoch das Element der „Unzumutbarkeit" außen vor lässt.

Literaturverzeichnis

Abram, Nils „Die Bedingungsanpassungsklausel – Eine Möglichkeit zur Einbeziehung von geänderten Versicherungsbedingungen in laufende Versicherungsverträge?“ in Neue Zeitschrift für Versicherung und Recht, 3. Jahrgang 2000, Seiten 249 ff., Verlag C. H. Beck, München

Alexey, Robert „Ermessensfehler“ in Juristenzeitung, 41. Jahrgang 1986, Seiten 701 ff., Verlag J. C. B. Mohr (Paul Siebeck), Tübingen

Annuß, Georg „Tarifbindung durch arbeitsvertragliche Bezugnahme?“ in Zeitschrift für Arbeitsrecht, 36. Jahrgang 2005, Seiten 405 ff., Carl Heymanns Verlag KG, Köln, Berlin, München

–. „Grundstrukturen der AGB-Kontrolle von Arbeitsverträgen“ in Der Betriebsberater, 59. Jahrgang 2006, 2. Halbjahr, Seiten 1333 ff., Verlagsgesellschaft Recht und Wirtschaft mbH, Heidelberg

Armbrüster, Christian „Die Treuepflicht der Wohnungseigentümer“ in Zeitschrift für Wohnungseigentumsrecht, 3. Jahrgang 2002, Seiten 333 ff., C. H. Beck Verlag, München

Arnauld, Andreas v. Rechtssicherheit, 2006, Mohr Siebeck, Tübingen

Artz, Markus „Änderung des Mietvertrags durch konkludentes Verhalten“ in Neue Zeitschrift für Mietrecht, 8. Jahrgang 2005, Seiten 367 ff., C. H. Beck Verlag, München

Ascheid/Preis/ Schmidt KündR — Ascheid, Reiner / Preis, Ulrich / Schmidt, Ingrid (Hrsg.): Kündigungsrecht – Großkommentar zum gesamten Recht der Beendigung von Arbeitsverhältnissen, 4. Auflage 2012, C. H. Beck Verlag, München

Baetge, Dietmar — „Allgemeininteressen in der Inhaltskontrolle – Der Einfluss öffentlicher Interessen auf die Wirksamkeit Allgemeiner Geschäftsbedingungen“ in Archiv für die civilistische Praxis, 202. Band, 2002, Seiten 972 ff.; Verlag J. C. B. Mohr (Paul Siebeck), Tübingen

Baier, Klaus-Georg — „Die Störung der Geschäftsgrundlage im Recht der Personengesellschaften“ in Neue Zeitschrift für Gesellschaftsrecht 2004, Seiten 356 ff., Verlag C. H. Beck, München

Bamberger/Roth BGB — Bamberger, Heinz Georg / Roth, Herbert (Hrsg.): Kommentar zum Bürgerlichen Gesetzbuch, 2. und 3. Auflage 2007 ff., Band 1: §§ 1 – 610 [3. Auflage 2012]; Band 2: §§ 611 – 1296 [3. Auflage 2012]; Verlag C. H. Beck, München

Bärmann/Pick WEG — Bärmann, Johannes / Pick, Eckhardt (Hrsg.): Wohnungseigentumsgesetz – Gesetz über das Wohnungseigentum und das Dauerwohnrecht – Kommentar, 19. Auflage 2010, Verlag C. H. Beck, München

Bärmann, Johannes — Wohnungseigentumsgesetz – Gesetz über das Wohnungseigentum und das Dauerwohnrecht, 11. Auflage 2010, Verlag C. H. Beck, München

Bartmuß, Ralph — „AVB-Anpassung durch Bedingungsanpassungsklauseln und Bedingungstreuhänder“ in Verbraucher und Recht (Zeitschrift), 15. Jahrgang 2000, Seiten 299 ff., Nomos-Verlag

Bauer Jobst-Hubertus Diller, Martin — Wettbewerbsverbote, 5. Auflage 2009, Verlag C. H. Beck Verlag, München

Bauer/Göpfert/ Krieger AGG — Bauer, Jobst-Hubertus / Göpfert, Burkhard / Krieger, Steffen, Allgemeines Gleichbehandlungsgesetz, 3. Auflage 2011, Verlag C. H. Beck, München

Bauer, Jobst-Hubertus — „Neue Spielregeln für Aufhebungs- und Abwicklungsverträge durch das geänderte BGB?“ in Neue Zeitschrift für Arbeitsrecht, 19. Jahrgang 2002, Seiten 169 ff., Verlag C. H. Beck, München und Frankfurt a. M.

Bauer, Steffen — „Doppelt hält nicht besser – Auch Anmerkung zur Entscheidung des BAG vom 20.05.2008 –“ in Betriebsberater, 2. Halbjahr 2009, 64. Jahrgang, Seiten 1588 ff., Verlag Recht und Wirtschaft GmbH, Frankfurt a. M.

Baumann, Horst — „Bedingungsanpassungsklauseln bei Verischerungs-Aktiengesellschaften und -Gegenseitigkeitsvereinen“ in Juristen Zeitung 1999, Seiten 881 ff.

Baumbach/Hopt HGB — Baumbach, Adolf / Hopt, Klaus J. (Hrsg.): Handelsgesetzbuch, 34. Auflage 2010, Verlag C. H. Beck, München

Baumbach/Hueck — Baumbach, Adolf / Hueck, Alfred (Hrsg.): Gesetz betreffend die Gesellschaften mit beschränkter Haftung, 19. Auflage 2010, Verlag C. H. Beck München

Baumbach/ Lauterbach/Albers/ Hartmann ZPO — Baumbach, Adolf / Lauterbach, Wolfgang / Albers, Jan / Hartmann, Peter (Hrsg.), Zivilprozessordnung, 69. Auflage 2011, Verlag C. H. Beck, München

Bayreuther, Frank — Die Durchsetzung des Anspruchs beim Wegfall der Geschäftsgrundlage, 2004, Nomos Verlagsgesellschaft, Baden-Baden

Bechthold, Rainer — „Unwirksamkeit der Tagespreisklausel in einzelnen Kfz-Kaufverträgen?“ in Der Betrieb, 36. Jahrgang 1983, I. Halbband, Seiten 539 ff., Verlagsgruppe Handelsblatt, Düsseldorf, Frankfurt

Beck'scher VOB-Kommentar	Beck'scher VOB- und Vergaberechts-Kommentar – Vergabe- und Vertragsordnung für Bauleistungen – Teil B (Hrsg.: Ganten, Hans / Jagenburg, Walter / Motzke, Gerd), 2. Auflage 2008, Verlag C. H. Beck, München
Beckmann, Heiner	„Rechtswirkungen eines unberechtigten Rücktritts von einem Liefervertrag und Auswirkungen auf den Leasingvertrag" in Wertpapier-Mitteilungen – Zeitschrift für Wirtschafts- und Bankenrecht, 60. Jahrgang 2006, 1. Halbband, Seiten 952 ff., Verlag Wertpapier-Mitteilungen, Frankfurt a. M.
Beckmann/ Matusche-Beckmann VersR Hdb	Beckmann, Roland Michael / Matusche-Beckmann, Annemarie, Versicherungsrechts-Handbuch, 2. Auflage 2009, Verlag C. H. Beck München
Beitzke, Günther	Nichtigkeit, Auflösung und Umgestaltung von Dauerrechtsverhältnissen, 1948, Otto Meissners Verlag, Schloss Bleckede an der Elbe
Bernuth, Wolf H. von	„Die Bindung des AGB-Verwenders an unwirksame Klauseln – Grund und Grenzen" in „ in Betriebsberater, 56. Jahrgang 1999, 1. Halbjahr, Seiten 1284 ff., Verlag Recht und Wirtschaft GmbH, Frankfurt am Main
Bepler, Klaus	„Die „zweifelhafte Rechtsquelle" der betrieblichen Übung – Beharrungen und Entwicklungen" in Recht der Arbeit, 58. Jahrgang 2005, Seiten 323 ff., Verlag C. H. Beck, München
Berkowsky, Wilfried	„Möglichkeit und Grenzen der Änderungskündigung" in Neue Zeitschrift für Arbeitsrecht – Beilage, 27. Jahrgang 2010, Seiten 50 ff. Verlag C. H. Beck, München und Frankfurt a. M.
Beyer, Dietrich	„Die Anpassung des Mietvertrags an erhebliche und unerhebliche Flächenabweichungen" in Neue Zeitschrift für Miet- und Wohnungsrecht 2010, Seiten 417 ff., Verlag C. H. Beck, München

Bieder, Marcus „Grundfragen der Auslegung arbeitsrechtlicher Willenserklärungen“ in Recht der Arbeit, 64. Jahrgang 2011, Seiten 142 ff., Verlag C. H. Beck, München

Biehl, Björn „Grundsätze der Vertragsauslegung“ in Juristische Schulung, 50. Jahrgang 2010, Seiten 195 ff., Verlag C. H. Beck, München und Frankfurt

Bloching, Micha / Ortlof, Daniel „Große“ oder „kleine Übergangslösung“ zur negativen betrieblichen Übung in Neue Zeitschrift für Arbeitsrecht, 27. Jahrgang 2010, Seiten 1335 ff., Verlag C. H. Beck, München

Boemke, Burkhard „Privatautonomie im Arbeitsvertragsrecht“ in Neue Zeitschrift für Arbeitsrecht, 10 Jahrgang 1993, Seiten 532 ff., Verlag C. H. Beck, München und Frankfurt

Borgmann, Bernd / Faas, Thomas „Das Weisungsrecht zur betrieblichen Ordnung nach § 106 S. 2 GewO in Neue Zeitschrift für Arbeitsrecht, 21. Jahrgang 2004, Seiten 241 ff., Verlag C. H. Beck, München und Frankfurt a. M.

Bork, Reinhard Allgemeiner Teil des Bürgerlichen Gesetzbuchs, 3. Auflage 2011, Mohr Siebeck, Tübingen

Bötticher, Eduard Die Wandlung als Gestaltungsakt, 1938, Carl Winter's Universitätsbuchhandlung, Heidelberg

–. Gestaltungsrecht und Unterwerfung im Privatrecht, 1964, Walter de Gruyter, Berlin, New York

–. „Betriebliche Übungen“ in Recht der Arbeit – Zeitschrift für die Wissenschaft und Praxis des gesamten Arbeitsrechts, 6. Jahrgang 1953, Seiten 161 ff., C. H. Beck'sche Verlagsbuchhandlung, München

–. „Besinnung auf das Gestaltungsrecht und das Gestaltungsklagerecht“ in Vom Deutschen zum Europäischen Recht – Festschrift für Hans Dölle, Band I (Hrsg.: von Caemmerer, Ernst / Nikisch, Arthur / Zweigert, Konrad), 1963, Seiten 43 ff., Verlag J. C. B. Mohr (Paul Siebeck), Tübingen

–. „Wesen und Arten der Vertragsstrafe“ in Zeitschrift für Arbeitsrecht, 1. Jahrgang 1970, Seiten 3 ff., Carl Heymanns Verlag KG, Köln, Berlin, Bonn, München

Brandes, Helmut „Die Rechtsprechung des BGH zur Offenen Handels-, Kommandit- und Publikumspersonengesellschaft“ in Wertpapier-Mitteilungen – Zeitschrift für Wirtschafts- und Bankenrecht, 44. Jahrgang 1990, 2. Halbband, Seiten 1221 ff., Verlag Wertpapier-Mitteilungen, Frankfurt a. M.

Brandner, Hans Erich „Transparenz als Maßstab der Inhaltskontrolle? Eine Problemskizze“ in Festschrift für Horst Locher zum 65. Geburtstag am 19.10.1990 (Hrsg.: Löffelmann, Peter / Korbion, Hermann), Seiten 317 ff., Werner-Verlag GmbH, Düsseldorf

Braunfels, Florian „Der neue § 24a AGBG und seine Auswirkungen auf die Inhaltskontrolle notarieller Verträge“ in Deutsche Notar-Zeitschrift, 48. Jahrgang 1997, Seiten 356 ff., Verlag C. H. Beck, München

Britz/Hellermann/ Hermes EnWG Britz, Gabriele / Hellermann, Johannes / Hermes, Georg (Hrsg.): Energiewirtschaftsgesetz, 2. Auflage 2010, Verlag C. H. Beck, München

Brox, Hans / Walker, Wolf-Dieter „Die Einschränkung der Arbeitnehmerhaftung gegenüber dem Arbeitgeber“ in Der Betrieb, 38. Jahrgang 1985, 2. Halbband, Seiten 1469 ff., Verlagsgruppe Handelsblatt, Düsseldorf, Frankfurt

Bruck/Möller VVG Baumann, Horst / Beckmann, Michael Roland / Johannsen, Katharina / Johannsen, Ralf (Hrsg.): Bruck/Möller Versicherungsvertragsgesetz, Band 1 – Einführung; §§ 1 – 32 [9. Auflage 2008]; De Gruyter Recht, Berlin

Buchholz-Schuster, Eckardt „Gesetzliches Korsett oder wegweisendes Prinzip: Zur Bedeutung und Reichweite des § 172 I 1 VVG in der Lebensversicherung“ in Neue Zeitschrift für Versicherung und Recht, 2. Jahrgang 1999, Seiten 199 ff., Verlag C. H. Beck, München und Frankfurt a. M.

Büdenbender, Ulrich „Die Bedeutung der Preismissbrauchskontrolle in § 315 BGB in der Energiewirtschaft“ in Neue Juristische Wochenschrift, 60. Jahrgang 2007, Seiten 2945 ff., Verlag C. H. Beck, München und Frankfurt a. M.

–. „Die neue Rechtsprechung des BGH zu Preisanpassungsklauseln in Energielieferungsverträgen“ in Neue Juristische Wochenschrift, 62. Jahrgang 2009, Seiten 3125 ff., Verlag C. H. Beck, München und Frankfurt a. M.

–. „Begründung von Gestaltungsrechten als Wirksamkeitsvoraussetzung?“ in Archiv für die civilistische Praxis, 210. Band, 2010, Seiten 611 ff., Mohr Siebeck e. K., Tübingen

Bunte, Hermann-Josef „Ergänzende Vertragsauslegung bei Unwirksamkeit von AGB-Klauseln“ in Neue Juristische Wochenschrift 37. Jahrgang 1984, 1. Halbband, Seiten 1145 ff., Verlag C. H. Beck, München

Callies/Ruffert AEUV/EUV Callies, Christian / Ruffert, Matthias (Hrsg.):, EUV / AEUV – Das Verfassungsrecht der Europäischen Union mit Europäischer Grundrechtscharta, 4. Auflage 2011, Verlag C. H. Beck, München

Canaris, Claus-Wilhelm Die Feststellung von Lücken im Gesetz, 1964, Duncker & Humblot, Berlin

–. Die Bedeutung der iustitia distributiva im deutschen Vertragsrecht, 1997, Verlag der Bayerischen Akademie der Wissenschaften, München in Kommission der C. H. Beck'schen Verlagsbuchhandlung, München

–. „Die Unanwendbarkeit des Verbots der geltungserhaltenden Reduktion, ergänzenden Vertragsauslegung oder Umdeutung von AGB bei den Kunden begünstigenden Klauseln" in Neue Juristische Wochenschrift, 41. Jahrgang 1988, 1. Halbband, Seiten 1243 ff., Verlag C. H. Beck, München und Frankfurt a. M.

–. „Gesamtunwirksamkeit und Teilgültigkeit rechtsgeschäftlicher Regelungen" in Festschrift für Ernst Steindorff zum 70. Geburtstag am 13.03.1990 (Hrsg.: Baur, Jürgen F. / Hopt, Klaus J. / Mailänder, K. Peter), Seiten 519 ff., Verlag Walter de Gruyter, Berlin, New York

–. „Verfassungs- und europarechtliche Aspekte der Vertragsfreiheit in der Privatgesellschaft" in Festschrift für Peter Lerche zum 65. Geburtstag, (Hrsg.: Badura, Peter / Scholz, Ruppert), 1993, Seiten 873 ff., C. H. Beck'sche Verlagsbuchhandlung, München

–. „Die Problematik der Sicherheitenfreigabeklauseln im Hinblick auf § 9 AGBG und § 138 BGB" in Zeitschrift für Wirtschaftsrecht, 16. Jahrgang 1996, 2. Halbband, Seiten 1109 ff., RWS Verlags Kommunikationsforum GmbH, Köln

–. „Die Problematik der Sicherheitsfreigabeklauseln im Hinblick auf § 9 AGBG und § 138 BGB" in Zeitschrift für Wirtschaftsrecht, 17. Jahrgang 1996, 1. Halbband, Seiten 1109 ff., RWS Verlags Kommunikationsforum GmbH, Köln

–. „Die AGB-rechtliche Leitbildfunktion des neuen Leistungsstörungsrechts" in Festschrift für Peter Ulmer zum 70. Geburtstag am 02. Januar 2003 (Hrsg.: Habersack, Matthias / Hommelhoff, Peter / Hüffer, Uwe), 2003, Seiten 1073 ff., Verlag De Gruyter Recht, Berlin

Chiotellis, Aristide — Rechtsfolgenbestimmung bei Geschäftsgrundlagenstörungen in Schuldverträgen, 1981, C. H. Beck'sche Verlagsbuchhandlung, München

Cziupka, Johannes — „Die ergänzende Vertragsauslegung" in Juristische Schulung, 49. Jahrgang 2009, Seiten 103 ff., Verlag C. H. Beck, München und Frankfurt

–. — Dispositives Vertragsrecht – Funktionsweise und Qualitätsmerkmale gesetzlicher Regelungsmuster, 2010, Verlag Mohr Siebeck, Tübingen

Danner/Theobald EnergieR — Danner, Wofgang / Theobald, Christian (Hrsg.): Energierecht, 71. Ergänzung 2011, Verlag C. H. Beck, München

Däubler, Wolfgang — „Die Haftung des Arbeitnehmers – Grundlagen und Grenzen" in Neue Juristische Wochenschrift, 39. Jahrgang 1986, Seiten 867 ff., Verlag C. H. Beck, München

–. — „Die Auswirkungen der Schuldrechtsmodernisierung auf das Arbeitsrecht" in Neue Zeitschrift für Arbeitsrecht, 18. Jahrgang 2001, Seiten 1329 ff., Verlag C. H. Beck, München und Frankfurt a. M.

Dauner-Lieb, Barbara / Dötsch, Wolfgang — „Prozessuale Fragen rund um § 313 BGB" in Neue Juristische Wochenschrift, 56. Jahrgang 2003, 1. Halbband, Seiten 921 ff., Verlag C. H. Beck, München

Dehner, Walter — „Die Entwicklung des Maklerrechts seit 1997" in Neue Juristische Wochenschrift, 53. Jahrgang 2000, 2. Halbband, Seiten 1986 ff., Verlag C. H. Beck, München und Frankfurt a. M.

–. — „Die Entwicklung des Maklerrechts seit 2000" in Neue Juristische Wochenschrift, 55. Jahrgang 2002, 2. Halbband, Seiten 3747 ff., Verlag C. H. Beck, München und Frankfurt a. M.

Diehn, Thomas „AGB-Kontrolle von arbeitsrechtlichen Verweisungsklauseln“ in Neue Zeitschrift für Arbeitsrecht, 18. Jahrgang 2004, Seiten 129 ff., Verlag C. H. Beck, München und Frankfurt a. M.

Dietrich, Thomas „Die Grundrechtsbindung in Tarifverträgen“ in Festschrift für Günter Schaub zum 65. Geburtstag (Hrsg.: Schlachter, Monika / Ascheid, Reiner / Friedrich, Hans-Wolf), 1998, Seiten 117 ff., C. H. Beck'sche Verlagsbuchhandlung, München

Diller, Martin „Nachvertragliche Wettbewerbsverbote und AGB-Recht“ in Neue Zeitschrift für Arbeitsrecht, 22. Jahrgang 2005, Seiten 250 ff., Verlag C. H. Beck, München und Frankfurt a. M.

Drexl, Josef Die wirtschaftliche Selbstbestimmung des Verbrauchers, 1998, J. C. B. Mohr (Paul Siebeck), Tübingen

Dzida, Boris / Schramm, Nils „Versetzungsklauseln: mehr Flexibilität für den Arbeitgeber, mehr Kündigungsschutz für den Arbeitnehmer“ in Betriebsberater, 62. Jahrgang 2007, 1. Halbjahr, Seiten 1221 ff., Verlag Recht und Wirtschaft GmbH, Frankfurt am Main

Ebenroth/Boujong/ Joost HGB Ebenroth, Carsten Thomas / Boujong, Karlheinz / Joost, Detlev (Hrsg.), Handelsgesetzbuch, 2001; Band 1 §§ 1 – 342a [2001]; Verlag C. H. Beck / Verlag Franz Vahlen, München

Ebel, Hermann „AGB-Gesetz-konforme Auslegung bei Unwirksamkeit einzelner Klauseln in Allgemeinen Geschäftsbedingungen?“ in Der Betrieb, 32. Jahrgang 1979, 2. Halbband, Seiten 1973 ff., Verlagsgruppe Handelsblatt, Düsseldorf, Frankfurt

Eckelt, Matthias Vertragsanpassungsrecht, 2008, Duncker & Humblot, Berlin

Ehricke, Ulrich „Zur Bedeutung der Privatautonomie bei ergänzender Vertragsauslegung“ in Rabels Zeitschrift für ausländisches und internationales Privatrecht 60 (1996), Seiten 661 ff., Mohr Siebeck GmbH & Co. KG, Tübingen

Eidenmüller, Horst „Neuverhandlungspflichten bei Wegfall der Geschäftsgrundlage“ in Zeitschrift für Wirtschaftsrecht, 16. Jahrgang 1995, 2. Halbband, Seiten 1063 ff., RWS Verlags Kommunikationsforum GmbH, Köln

Emmerich, Volker / Sonnenschein, Jürgen Miete – Handkommentar §§ 535 bis 580a des Bürgerlichen Gesetzbuches, 10. Auflage 2011, De Gruyter Recht, Berlin

Entzian, Tobias „Zulässigkeit von Bedingungsanpassungsklauseln in Allgemeinen Versicherungsbedingungen“ in Neue Zeitschrift für Versicherung und Recht, 1. Jahrgang 1998, Seiten 65 ff., Verlag C. H. Beck, München

Erfurter Kommentar zum Arbeitsrecht Erfurter Kommentar zum Arbeitsrecht (Begr.: Dietrich, Thomas / Hanau, Peter / Schaub, Günther – Hrsg.: Müller-Glöge, Rudi / Preis, Ulrich / Schmidt, Ingrd), 12. Auflage 2012, Verlag C. H. Beck, München

Erman BGB Erman, Bürgerliches Gesetzbuch – Handkommentar (Begr.: Erman Walter – Hrsg.: Westerman, Harm, Peter), 13. Auflage 2011 ff., Band I, §§ 1 – 758 [2011]; Verlag Dr. Otto Schmidt, Köln

Fastrich, Lorenz Richterliche Inhaltskontrolle im Privatrecht, 1992, C. H. Beck'sche Verlagsbuchhandlung, München

–. „Gleichbehandlung und Gleichstellung?“ in Recht der Arbeit, 53. Jahrgang 2000, Seiten 65 ff., Verlag C. H. Beck, München

Fecht, Gabriele Neuverhandlungspflicht zur Vertragsänderung – unter besonderer Berücksichtigung des bundesdeutschen Rechts und der UN-Kodizes über Technologietransfer und das Verhalten transnationaler Unternehmen, 1987, Verlag V. Florentz, München

Feißel, Annette / Gorn, Cornelia „Finanzkrise vs. Pacta sunt servanda – Vertragsanpassung in Krisenzeiten“ in Betriebsberater, 64. Jahrgang 2009, 1. Halbjahr, Seiten 1138 ff., Verlag Recht und Wirtschaft GmbH, Frankfurt am Main

Feldhahn, Peter „Die Störung der Geschäftsgrundlage im System des reformierten Schuldrechts“ in Neue Juristische Wochenschrift, 58. Jahrgang 2005, 2. Halbband, Seiten 3381 ff., Verlag C. H. Beck, München

Fikentscher, Wolfgang Die Geschäftsgrundlage als Frage des Vertragsrisikos, 1971, C. H. Beck’sche Verlagsbuchhandlung, München

Finkenauer, Thomas „Vindikation, Saldotheorie und Arglisteinwand“ in Neue Juristische Wochenschrift, 57. Jahrgang 2004, 1. Halbband, Seiten 1704 ff., Verlag C. H. Beck, München

Flatow, Beate „Vom – schwierigen – Umgang mit Renovierungsklauseln bei der Vertragsabwicklung“ in Neue Zeitschrift für Miet- und Wohnungsrecht, 13. Jahrgang 2010, Seiten 641 ff., Verlag C. H. Beck München und Frankfurt a. M.

Fleischer, Holger „Grundfragen der ökonomischen Theorie im Gesellschafts- und Kapitalmarktrecht“ in Zeitschrift für Unternehmens- und Gesellschaftsrecht, 30. Jahrgang 2001, Seiten 1 ff., Walter de Gruyter, Berlin, New York

Flume, Werner Allgemeiner Teil des Bürgerlichen Rechts Zweiter Band – Das Rechtsgeschäft, 3. Auflage 1979, Springer-Verlag, Heidelberg, New York

Foerste, Ulrich „Die Form des Testaments als Grenze der Auslegung“ in Deutsche Notar-Zeitschrift, 44. Jahrgang 1993, Seiten 84 ff., Verlag C. H. Beck, München

Freitag, Robert „Grundfragen der Einbeziehung Allgemeiner Geschäftsbedingungen in Verträge“ in Juristische Arbeitsblätter, 32. Jahrgang 2000, Seiten 887 ff., Hermann Luchterhand Verlag GmbH, Neuwied, Kriftel/Ts.

Freund, Stefan „Der nicht gegengezeichnete Bauvertrag“ in Neue Zeitschrift für Baurecht und Vergaberecht, 9. Jahrgang 2008, Seiten 685 ff., Verlag, C. H. Beck, München

Fricke, Martin „Quomodo pacta sunt servanda?“ in Versicherungsrecht, 51. Jahrgang 2000, Seiten 257 ff.

Fuchs, Heiko „Der Schürmannbau-Beschluss: Der Anfang vom Ende der Kooperationspflichten der Bauvertragsparteien?“ in Neue Zeitschrift für Baurecht und Vergaberecht, 5. Jahrgang 2004, Seiten 65 ff., Verlag, C. H. Beck, München

Führich, Ernst Reiserecht, 6. Auflage 2010, Verlag C. H. Beck München

Gamillscheg, Frank „Betriebliche Übung“ in Festschrift für Marie Luise Hilger und Hermann Stumpf, 1983, Verlag C. H. Beck, München

Gaul, Hans Friedhelm „Die Erstreckung der Durchbrechung der Urteilswirkungen nach §§ 19, 21 AGBG“ in Festschrift für Günther Beitzke zum 70. Geburtstag am 26. April 1970 (Hrsg.: Sandrock, Otto) 2979, Seiten 997 ff., Verlag De Gruyter, Berlin, New York

–. „Bezugnahmeklauseln – zwischen Inhaltskontrolle und Nachweisgesetz“ in Zeitschrift für Arbeitsrecht, 34. Jahrgang 2003, Seiten 75 ff., Carl Heymanns Verlag KG, Köln, Berlin, München

Gelhaar, Daniel „Sozialauswahl: Vergleichbarkeit von Arbeitnehmern bei unwirksamer Versetzungsklausel?“ in Neue Juristische Wochenschrift, 63. Jahrgang 2010, 2. Halbband, Seiten 2550 ff., Verlag C. H. Beck, München

GK GmbHG Gesetz betreffend die Gesellschaften mit beschränkter Haftung (GmbHG) – Großkommentar (Hrsg.: Ulmer, Peter / Habersack, Martin / Winter, Martin), 2005 ff.; Band I, §§ 1 – 28 [2005]; Mohr Siebeck, Tübingen

GK KR Gemeinschaftskommentar zum Kündigungsschutzgesetz und zu sonstigen kündigungsrechtlichen Vorschriften (Hrsg.: Etzel, Gerhard / Fischermeier, Ernst / Friedrich, Hans-Wolff / Griebeling, Jürgen / Lipke, Gert-Albert / Rost, Friedhelm / Spilger, Andreas Michael / Treber, Jürgen / Vogt, Norbert / Weigand, Horst / Wolff, Ingeborg), 9. Auflage 2009, Luchterhand, Köln

Giesen, Richard „Bezugnahmeklauseln – Auslegung, Formulierung und Änderung" in Neue Zeitschrift für Arbeitsrecht, 20. Jahrgang 2006, Seiten 625 ff., Verlag C. H. Beck, München und Frankfurt a. M.

Götz, Heinrich „Rechtsfolgen des teilweisen Verstoßes einer Klausel gegen das AGB-Gesetz" in Neue Juristische Wochenschrift, 31. Jahrgang 1978, 2. Halbband, Seiten 2223 ff., C. H. Beck'sche Verlagsbuchhandlung, München

Groys, Michael „Änderungskündigung zur Entgeltreduzierung" in Neue Juristische Wochenschrift Spezial, 1. Jahrgang 2004, Seiten 81 f., Verlag C. H. Beck, München

Grunsky, Wolfgang Wettbewerbsverbote für Arbeitnehmer, 2. Auflage 1987, Kommunikationsforum Recht Wirtschaft Steuern Tagungs- und Verlagsgesellschaft mbH, Köln

Haarmann, Wilhelm Wegfall der Geschäftsgrundlage bei Dauerschuldverhältnissen, 1979, Duncker & Humblot, Berlin

Habersack, Matthias Vertragsfreiheit und Drittinteressen, 1992, Duncker & Humblot, Berlin

Hager, Johannes Gesetzes- und sittenkonforme Auslegung und Aufrechterhaltung von Rechtsgeschäften 1983, C. H. Beck'sche Verlagsbuchhandlung, München

–. „Die gesetzeskonforme Aufrechterhaltung übermäßiger Vertragspflichten – BGHZ 89, 316 und 90, 69" in Juristische Schulung 25. Jahrgang 1985, Heft 4, Seiten 264 ff., Verlag C. H. Beck, München und Frankfurt

–. „Der lange Abschied vom Verbot der geltungserhaltenden Reduktion" in Juristenzeitung 51. Jahrgang 1996, Seiten 175 ff., Verlag Mohr Siebeck, Tübingen

Hanau, Peter / Hromadka, Wolfgang „Richterliche Kontrolle flexibler Entgeltregelungen in Allgemeinen Arbeitsbedingungen" in Neue Zeitschrift für Arbeitsrecht, 22. Jahrgang 2005, Seiten 73 ff., Verlag C. H. Beck, München

Harms, Wolfgang „Zur Anwendung von Revisionsklauseln in langfristigen Energielieferungsverträgen" in Der Betrieb, 36. Jahrgang 1983, 1. Halbjahr, Seiten 322 ff., Verlagsgruppe Handelsblatt, Düsseldorf, Frankfurt

Häsemeyer, Ludwig „Geltungserhaltende oder geltungszerstörende Reduktion?" in Festschrift für Peter Ulmer zum 70. Geburtstag am 02. Januar 2003 (Hrsg.: Habersack, Matthias / Hommelhoff, Peter / Hüffer, Uwe), 2003, Seiten 1097 ff., Verlag De Gruyter Recht, Berlin

Hau, Wolfgang Jakob Vertragsanpassung und Anpassungsvertrag, 2003, Verlag J. C. B. Mohr (Paul Siebeck), Tübingen

Hellwege Allgemeine Geschäftsbedingungen, einseitig gestellte Vertragsbedingungen und die allgemeine Rechtsgeschäftslehre, 2010, Mohr Siebeck, Tübingen

Heiden, Ralph „Neue Entwicklungen im Recht der Sonderzahlungen" in Recht der Arbeit, 65. Jahrgang 2012, Seiten 225 ff., Verlag C. H. Beck, München

Heinrichs, Helmut „Die Entwicklung des Rechts der Allgemeinen Geschäftsbedingungen im Jahre 1994“ in Neue Juristische Wochenschrift, 48. Jahrgang 1995, 1. Halbband, Seiten 1395 ff., Verlag C. H. Beck, München

–. „Vertragsanpassung bei Störung des Geschäftsgrundlage – Eine Skizze der Anspruchslösung des § 313 BGB“ in Festschrift für Andreas Heldrich zum 70. Geburtstag, 2005 (Hrsg.: Lorenz, Stephan / Trunk, Alexander / Eidenmüller, Horst / Wendehorst, Christiane / Adolff, Johannes), Seiten 183 ff., Verlag C. H. Beck, München

Henckel, Wolfram „Die ergänzende Vertragsauslegung“ in Archiv für die civilistische Praxis, 159. Band, 1959, Seiten 106 ff.; Verlag J. C. B. Mohr (Paul Siebeck), Tübingen

Henke, Horst-Eberhard Die sog. Relativität des Schuldverhältnisses, 1989, Duncker & Humblot, Berlin

Hennige, Susanne „Rechtliche Folgewirkungen schlüssigen Verhaltens der Arbeitsvertragsparteien“ in Neue Zeitschrift für Arbeitsrecht, 26. Jahrgang 1999, Seiten 281 ff., Verlag C. H. Beck, München und Frankfurt a. M.

Hensseler, Martin Risiko als Vertragsgegenstand, 1994, Verlag J. C. B. Mohr (Paul Siebeck), Tübingen

–. „Tarifbindung durch betriebliche Übung“ in 50 Jahre Bundesarbeitsgericht (Hrsg.: Oetker, Hartmut / Preis, Ulrich / Rieble, Volker), 2004, Seiten 683 ff., Verlag C. H. Beck, München

Hensseler/Willemsen/ Kalb ArbR Henssler, Martin / Willemsen, Heinz Josef / Kalb, Heinz-Jürgen (Hrsg.) Arbeitsrecht Kommentar, 4. Auflage 2010, Verlag Dr. Otto Schmidt, Köln

Hergenröder, Wolfgang „Kündigung und Kündigungsschutz im Lichte der Verfassung“ in Zeitschrift für Arbeitsrecht, 33. Jahrgang 2001, Carl Heymanns Verlag KG, Köln, Berlin, Bonn, München

Hirsch, Christian — Kündigung aus wichtigem Grund und Geschäftgrundlage, 2005, Duncker & Humblot, Berlin

HKK BGB — Historisch-kritischer Kommentar zum BGB, 2003 ff., Band I, §§ 1 – 240 [2003]; Band II, 2. Teilband, §§ 305 – 432 [2007], Mohr Siebeck, Tübingen

Hönn, Günter — Kompensation gestörter Vertragsparität, 1982, Verlag C. H. Beck, München

Horn, Norbert — „Vertragsdauer – Die Vertragsdauer als schuldrechtliches Regelungsproblem. Empfiehlt sich eine zusammenfassende Regelung der Sonderprobleme von Dauerschuldverhältnissen und langfristigen Verträgen?" in Gutachten und Vorschläge zur Überarbeitung des Schuldrechts, Band I (Hrsg.: Bundesminister der Justiz), 1981, Seiten 551 ff., Bundesanzeiger Verlagsgesellschaft mbH, Köln

–. — „Neuverhandlungspflicht" in Archiv für die civilistische Praxis, 181. Band, 1981, Seiten 255 ff.; Verlag J. C. B. Mohr (Paul Siebeck), Tübingen

–. — „Vertragsbindung unter veränderten Umständen – Zur Wirksamkeit von Anpassungsregelungen in langfristigen Verträgen" in Neue Juristische Wochenschrift, 38. Jahrgang 1985, 1. Halbband, Seiten 1118 ff., Verlag C. H. Beck, München

–. — „Zur Zulässigkeit der Globalbürgschaft – Bestimmtheitsgrundsatz und Verbot der Fremddisposition im Bürgschaftsrecht" in Zeitschrift für Wirtschaftsrecht, 18. Jahrgang 1997, 1. Halbband, Seiten 525 ff., RWS Verlags Kommunikationsforum GmbH, Köln

–. — „Die richterliche Kontrolle von Entgeltklauseln nach dem AGB-Gesetz am Beispiel der Kreditwirtschaft" in Wertpapier-Mitteilungen – Zeitschrift für Wirtschafts- und Bankenrecht, 51. Jahrgang 1997, 1. Halbband, Sonderbeilage zu Heft 11, Seiten 3 ff., Verlag Wertpapier-Mitteilungen, Frankfurt a. M.

Hoyningen-Huene, Gerrick von — Die Billigkeit im Arbeitsrecht, 1978, Verlag C. H. Beck, München

–. — Die Inhaltskontrolle nach § 9 AGB-Gesetz, 1992, Verlag Recht Wirtschaft GmbH, Heidelberg

Hromadka, Wolfgang — „Zur betrieblichen Übung" in Neue Zeitschrift für Arbeitsrecht, 1. Jahrgang 1984, Seiten 241 ff. Verlag C. H. Beck, München und Frankfurt a. M.

–. — „Das Leistungsbestimmungsrecht des Arbeitgebers" in Der Betrieb, 48. Jahrgang 1995, II. Halbband, Seiten 1609 ff., Verlagsgruppe Handelsblatt, Düsseldorf, Frankfurt

–. — „Schuldrechtsmodernisierung und Vertragskontrolle im Arbeitsrecht" in Neue Juristische Wochenschrift, 55. Jahrgang 2002, 2. Halbband, Seiten 2523 ff., Verlag C. H. Beck, München

Hromadka, Wolfgang / Maschmann, Frank — Arbeitsrecht, 3. Auflage 2005, Band 1 – Individualarbeitsrecht, Springer Verlag, Berlin, Heidelberg, New York

Hübner, Heinz — Allgemeiner Teil des Bürgerlichen Gesetzbuches, 2. Auflage 1996, Walter de Gruyter, Berlin, New York

Hueck, Alfred — „Die rechtliche Bedeutung der betrieblichen Übung"„Das deutsche Privatrecht in der Mitte des 20. Jahrhunderts" – Festschrift für Heinrich Lehmann zum 80. Geburtstag – Band II (Hrsg.: Nipperdey, H. C.), 1956, Seiten 633 ff., Walter de Gruyter & Co., Berlin; J. Schweitzer Verlag, Berlin; J. C. B. Mohr (Paul Siebeck), Tübingen, Verlag Franz Vahlen GmbH, Berlin, Frankfurt a. M.

–. — „Inwieweit besteht eine gesellschaftliche Pflicht des Gesellschafters einer Handelsgesellschaft zur Zustimmung von Gesellschaftsbeschlüssen?" in Zeitschrift für Unternehmens- und Gesellschaftsrecht, 1. Jahrgang 1972, Seiten 237 ff., Äthenum Verlag GmbH, Frankfurt a. M.

Hüffer, Uwe — Aktiengesetz (Kommentar), 10. Auflage 2012, Verlag C. H. Beck, München

Hunold, Wolf — „Gleichbehandlung im Betrieb“ in Der Betrieb, 54. Jahrgang 1991, II. Halbband, Seiten 1670 ff., Verlagsgruppe Handelsblatt GmbH, Düsseldorf, Frankfurt

–. — „Ausgewählte Rechtsprechung zur Gleichbehandlung im Betrieb – 1. Teil Personalgewinnung, laufendes Arbeitsentgelt, Zulagen“ in Neue Zeitschrift für Arbeitsrecht – Rechtsprechungs-Report, 11. Jahrgang 2006, Seiten 561 ff., Verlag C. H. Beck, München

Ingenstau / Korbion — Ingenstau, Heinz / Korbion, Hermann, VOB Teile A und B – Kommentar (Hrsg: Vyrgen, Klaus / Kratzenberg, Rüdiger), 17. Auflage 2010, Werner Verlag, Köln

Isensee / Kirchhof — Isensee, Josef / Krichhof, Paul (Hrsg.), Handbuch des Staatsrechts der Bundesrepublik Deutschland, Band VI Freiheitsrecht (3. Auflage 1989), C. F. Müller Juristischer Verlag, Heidelberg

Jauernig BGB — Jauernig, Othmar (Hrsg.): Bürgerliches Gesetzbuch mit Allgemeinen Gleichbehandlungsgesetz (Auszug), 14. Auflage 2011, Verlag C. H. Beck, München

Jennißen WEG — Jennißen, Georg (Hrsg.): Wohnungseigentumsgesetz, 2. Auflage 2010, Verlag Dr. Otto Schmidt, Köln

Jensen, Jens — „Arbeitsvertragsklauseln gegen betriebliche Übung – Was geht noch?“ in Neue Zeitschrift für Arbeitsrecht – Rechtsprechungs-Report, 16. Jahrgang 2011, Seiten 225 ff., Verlag C. H. Beck, München

Joost, Detlev „Vertragsstrafen im Arbeitsrecht – Zur Inhaltskontrolle von Formularverträgen im Arbeitsrecht" in Zeitschrift für Wirtschaftsrecht, 25. Jahrgang 2004, Seiten 1981 ff., RWS Verlags Kommunikationsforum Recht Wirtschaft Steuern, Köln

Joppich, Tim Gero Die Kodifikation des Transparenzgebots in § 307 BGB, 2009, Verlag Peter Lang, Frankfurt

Jordan, Christopher / Bissels, Alexander „Gilt „der jeweils anwendbare Tarifvertrag in der jeweils gültigen Fassung" noch? Wirksamkeit von großen dynamischen Bezugklauseln" in Neue Zeitschrift für Arbeitsrecht, 27. Jahrgang 2010, Seiten 71 ff., Verlag C. H. Beck, München

Joussen, Jacob „Das Gestaltungsrecht des Dritten nach § 317 BGB" in Archiv für die civilistische Praxis, 203. Band, 2003, Seiten 429 ff., Mohr Siebeck e. K., Tübingen

Jung, Peter „Privatversicherungsrechtliche Gefahrengemeinschaft und Treuepflicht des „ in Versicherungsrecht, 54. Jahrgang 2003, Seiten 282 ff., Verlag Versicherungswirtschaft

Kaiser, Bernd Die Vertragsstrafe im Wettbewerbsrecht, 1999, Carl Heymanns Verlag KG, Köln, Berlin, Bonn, München

Kapellmann Messerschmidt VOB Kapellmann, Klaus / Messerschmidt, Burkhard (Hrsg.): VOB Teile A und B – Vergabe- und Vertragsordnung für Bauleistungen mit Vergabeverordnung (VgV), 3. Auflage 2010, Verlag C. H. Beck, München

Kessel, Christian / Schwedler, Christian „Preisanpassungsklauseln in AGB und ihre Bewertung durch die Rechtsprechung" in Der Betriebsberater 65. Jahrgang 2010, 1. Halbjahr, Seiten 585 ff., Verlag Recht und Wirtschaft GmbH, Frankfurt a. M.

Kessel, Christian / Stomps, Andreas „Haftungsklauseln im Geschäftsverkehr zwischen Unternehmern – Plädoyer für eine Änderung der Rechtsprechung“ in Der Betriebsberater 64. Jahrgang 2009, 2. Halbjahr, Seiten 2666 ff., Verlag Recht und Wirtschaft GmbH, Frankfurt a. M.

Kimmich, Bernd „Beschleunigung von Bauabläufen und Anspruchsgrundlagen: Ist die Forderung nach Einhaltung der Vertragsfristen eine konkludente Beschleunigungsanordnung?“ in Zeitschrift für das gesamte öffentliche und zivile Baurecht, 39. Jahrgang 2008, Halbband 1, Seiten 365 ff., Werner Verlag, Köln

Kitz, Volker Die Dauerschuld im Kauf, 2005, Nomos Verlagsgesellschaft, Baden-Baden

Klebeck, Ulf „Unklarheiten bei der arbeitsvertraglichen Bezugnahmeklausel – Zur angekündigten Anwendbarkeit des § 305c Abs. 2 BGB auf arbeitsvertragliche Bezugnahmeklauseln“ in Neue Zeitschrift für Arbeitsrecht, 22. Jahrgang 2005, Seiten 15 ff., Verlag C. H. Beck, München und Frankfurt a. M.

Kleinebrink, Wolfgang „Tätigkeitsklauseln in Formularverträgen“ in Arbeitsrechtsberater (Zeitschrift), 7. Jahrgang 2007, Seiten 57 ff., Verlag Dr. Otto Schmidt, Köln

Kliemt, Michael „Der neue Teilzeitanspruch“ in Neue Zeitschrift für Arbeitsrecht, 18. Jahrgang 2001, Seiten 63 ff., Verlag C. H. Beck, München und Frankfurt a. M.

Knack/ Hennecke VwVfG Knack Hans Joachim / Henneke, Hans-Günter (Hrsg.), Verwaltungsverfahrensgesetz (VwVfG), 9. Auflage 2010, Carl Heymanns Verlag (Wolters Kluwer Deutschland GmbH), Köln

Kniffka, Rolf / Koeble, Wolfgang Kompendium des Baurechts – Privates Baurecht und Bauprozess – 3. Auflage 2008, Verlag C. H. Beck, München

Köhler, Helmut „Grundprobleme der Lehre von der Geschäftsgrundlage“ in Juristische Arbeitsblätter, 11. Jahrgang 1979, Seiten 498 ff., Verlag Ernst Werner und Gieseking, Bielefeld

–. „Rückwirkende Vertragsanpassung bei Dauerschuldverhältnissen?“ in Festschrift für Ernst Steindorff zum 70. Geburtstag am 13.03.1990 (Hrsg.: Baur, Jürgen F. / Hopt, Klaus J. / Mailänder, K. Peter), 1990, Seiten 611 ff., Verlag Walter de Gruyter, Berlin, New York

–. „Die Lehre von der Geschäftsgrundlage als Lehre von der Risikobefreiung“ in 50 Jahre Bundesgerichtshof – Festgabe aus der Wissenschaft , Band I. Bürgerliches Recht (Hrsg.: Canaris, Claus-Wilhelm / Heldrich, Andreas / Hopt, Klaus J. / Roxin, Claus / Schmidt, Karsten / Widmaier, Gunter), 2000, Seiten 295 ff., Verlag C. H. Beck, München

Köhler/Bassenge AHB WEG Köhler, Wilfried J. / Bassenge, Peter (Hrsg.): Anwaltshandbuch zum Wohnungseigentumsrecht, 2. Auflage 2009, Verlag Dr. Otto Schmidt, Köln

Köhler/Bornkamm UWG Köhler, Helmut / Bornkamm, Joachim (Hrsg.): Gesetz gegen den unlauteren Wettbewerb, 30. Auflage 2012, Verlag C. H. Beck, München

Kötz, Hein „Zur Teilunwirksamkeit von AGB-Klauseln“ in in Neue Juristische Wochenschrift, 32. Jahrgang 1979, 1. Halbband, Seiten 785 ff., Verlag C. H. Beck, München

Kolbe, Sebastian „Rechtsschutz gegen vertragsrechtliche Abmahnungen“ in Neue Juristische Wochenschrift, 61. Jahrgang 2008, 2. Halbband, Seiten 2685 ff., Verlag C. H. Beck, München

Koller, Ingo Die Risikozurechnung bei Vertragsstörungen in Austauschverträgen, 1979, C. H. Beck'sche Verlagbuchhandlung, München

–. „Das Transparenzgebot als Kontrollmaßstab Allgemeiner Geschäftsbedingungen“ in Baur, Jürgen F. / Hopt, Klaus J. / Mailänder, K. Peter (Herausgeber), Festschrift für Ernst Steindorff zum 70. Geburtstag am 13.03.1990, Seiten 611 ff., Verlag Walter de Gruyter, Berlin, New York

Kollhosser, Helmut „Noch einmal: Zustimmungspflicht zur Änderung von Gesellschaftsverträgen bei Personenhandelsgesellschaften“ in Festschrift für Johannes Bärmann zum 70. Geburtstag (Hrsg: Lutter, Marcus / Kohlhosser, Helmut / Trusen, Winfried), 1975, Seiten 533 ff., C. H. Beck'sche Verlagsbuchhandlung, München

–. „Auslegung des § 172 VVG“ in Versicherungsrecht, 54. Jahrgang 2003, Seiten 807 ff., Verlag Versicherungswirtschaft e. V., Karlsruhe

Kolmsee, Bastian Die Anpassung von Allgemeinen Geschäftsbedingungen in Dauerschuldverhältnissen, 2011, Verlag Dr. Kovac, Hamburg

Konzen, Horst „Gesellschaftspflicht und Abgeordnetenmandat“ in Archiv für die civilistische Praxis, 172. Band, 1972, Seiten 317 ff.; Verlag J. C. B. Mohr (Paul Siebeck), Tübingen

Kopp/Ramsauer VwVfG Kopp, Ferdinand O. (Begr.) / Ramsauer, Ulrich (Hrsg.), Verwaltungsverfahrensgesetz, 12. Auflage 2011, Verlag C. H. Beck, München

Kreft, Burghard „Kontinuität und Wandel im Bestandsschutz“ in Neue Zeitschrift für Arbeitsrecht – Beilage, 28. Jahrgang 2012, Seiten 58 ff., Verlag C. H. Beck, München und Frankfurt a. M.

Kuntz, Thilo „Angemessenheit weiter formularmäßiger Zweckerklärungen bei Globalbürgschaften, Grundschulden und anderen Sicherungsrechten“ in Archiv für die civilistische Praxis, 209. Band, 2009, Seiten 242 ff.; Verlag J. C. B. Mohr (Paul Siebeck), Tübingen

Kupisch, Berthold „Konstruktionsprobleme der Wandlung im BGB“ in Archiv für die civilistische Praxis, 170. Band, 1970, Seiten 479 ff.; Verlag Mohr Siebeck, Tübingen

Küttner Personalhandbuch Küttner, Wolfdieter (Hrsg.), Personalbuch 2012, 19. Auflage, Verlag C. H. Beck, München

Langen, Markus / Schielke, Oliver / Zöll, Oliver „Schluss mit Boni? Vergütung an Instituten nach der MaRisk-Novelle“in Der Betriebsberater, 62. Jahrgang 2009, 2. Halbjahr, Seiten 2479 ff., Verlagsgesellschaft Recht und Wirtschaft mbH, Heidelberg

Langheid, Theo „Zum Verhältnis von Prämien- und Bedingungsanpassung in der substitutiven Krankenversicherung“ in Recht und Risiko – Festsschrift für Helmut Kollhosser zum 70. Geburtstag, Band I – Versicherungsrecht (Hrsg.: Bork, Reinhard / Hoeren, Thomas / Pohlmann, Petra), 2004, Seiten 231 ff., Verlag Versicherungswirtschaft GmbH, Karlsruhe

Langheid, Theo / Grote, Joachim „Bedingungsanpassung nach Rechtsprechungswechsel“ in Versicherungsrecht 2003, Seiten 1569 ff., Verlag Versicherungswirtschaft e. V., Karlsruhe

Larenz, Karl / Wolf, Manfred Allgemeiner Teil des Bürgerlichen Rechts, 9. Auflage 2004, Verlag C. H. Beck, München

Larenz, Karl Die Methode der Auslegung des Rechtsgeschäfts, 1. Auflage 1930, A. Deichertsche Verlagsbuchhandlung Dr. Werner Stoll, Leipzig

–. Geschäftsgrundlage und Vertragserfüllung – Die Bedeutung „veränderter Umstände“ im Zivilrecht, 3. Auflage 1963, C. H. Beck'sche Verlagsbuchhandlung, München und Berlin

–. Lehrbuch des Schuldrechts, Band II – Halbband 1 Besondere Teil, 13. Auflage 1986, C. H. Beck'sche Verlagsbuchhandlung, München

–. Lehrbuch des Schuldrechts, Band I – Allgemeiner Teil, 13. Auflage 1987, C. H. Beck'sche Verlagsbuchhandlung, München

–. „Ergänzende Vertragsauslegung und dispositoves Recht“ in Neue Juristische Wochenschrift, 16. Jahrgang 1963, Seiten 737 ff., C. H. Beck’sche Vertragshandlung, München

Lass, Christiane „Zum Lösungsrecht bei arglistiger Verwendung unwirksamer AGB“ in Juristenzeitung, 52. Jahrgang 1997, Seiten 67 ff., Verlag J. C. B. Mohr (Paul Siebeck), Tübingen

Laux, Helga / Schlachter, Monika Teilzeit- und Befristungsgesetz, 2. Auflage 2011, Verlag C. H. Beck, München

Leder, Tobias / Morgenroth, Sascha „Die Vertragsstrafe im Formulararbeitsvertrag“ in Neue Zeitschrift für Arbeitsrecht, 19. Jahrgang 2006, Seiten 952 ff., Verlag C. H. Beck, München und Frankfurt a. M.

Leder, Tobias / Scheuermann, Philipp „Schriftformklauseln in Arbeitsverträgen – das Ende der betrieblichen Übung?“ in Neue Zeitschrift für Arbeitsrecht, 25. Jahrgang 2008, Seiten 1222 ff., Verlag C. H. Beck, München und Frankfurt a. M.

Leinemann, Wolfgang „Ewiges Zunftrecht oder Recht auf Freiheit?“ in Arbeit und Recht – Zeitschrift für Arbeitsrechtspraxis (Hrsg.: Bundesvorstand des deutschen Gewerkschaftsbundes), 18. Jahrgang 1970, Seiten. 289 ff., Bund-Verlag, Köln

Lettl, Tobias „Die Anpassung von Verträgen des Privatrechts“ in Juristische Schulung 41. Jahrgang 2001, Heft 2, Seiten 144 ff.; Heft 3, 248 ff.; Heft 4, Seiten 347 ff.; Heft 5, Seiten 456 ff.; Heft 6, Seiten 559 ff., Verlag C. H. Beck, München und Frankfurt

–. Die Anpassung von Personengesellschaftsverträgen“ in Archiv für die civilistische Praxis, 202. Band, 2002, Seiten 3 ff.; Verlag Mohr Siebeck, Tübingen

Leyens, Patrick C. / Schäfer, Hans-Peter „Inhaltskontrolle allgemeiner Geschäftsbedingungen“ in Archiv für die civilistische Praxis, 210. Band, 2010, Seiten 771 ff.; Verlag Mohr Siebeck, Tübingen

Lieb, Manfred, Grundfragen der Schuldrechtsreform" in Archiv für die civilistische Praxis, 183. Band, 1983, Seiten 327 ff.; Verlag J. C. B. Mohr (Paul Siebeck), Tübingen

Limbach, Jutta „Forum: Das Rechtsverständnis in der Vertragslehre" in Juristische Schulung 25. Jahrgang 1985, Seiten 10 ff., Verlag C. H. Beck, München und Frankfurt

Lindacher, Walter F. „Der topos der Transparenz im Rahmen der Einbeziehungs- und Inhaltskontrolle Allgemeiner Geschäftsbedingungen" in Vorträge zur Rechtsentwicklung der achtziger Jahre, 1991 (Hrsg.: Juristische Gesellschaft Osnabrück-Emsland), Seiten 347 ff., Carl Heymanns Verlag KG, Köln, Berlin, Bonn, München

Lindacher, Walter F. „Reduktion oder Kassation übermäßiger AGB-Klauseln?" in Der Betriebsberater, 36. Jahrgang 1983, 1. Halbjahr, Seiten 154 ff., Verlagsgesellschaft Recht und Wirtschaft mbH, Heidelberg

Lindner, Franz „Grundrechtsfestigkeit des arbeitsrechtlichen Kündigungsschutzes?" in Recht der Arbeit, 59. Jahrgang 2005, Seiten 166 ff., Verlag C. H. Beck, München

Lingemann, Stefan „Allgemeine Geschäftsbedingungen und Arbeitsvertrag" in Neue Zeitschrift für Arbeitsrecht, 19. Jahrgang 2002, Seiten 181 ff., Verlag C. H. Beck, München und Frankfurt a. M.

Littbarski, Sigurd „Neure Tendenzen zum Anwendungsbereich der Lehre von der Geschäftsgrundlage" in Juristenzeitung, 36. Jahrgang 1981, Seiten 8 f., Verlag J. C. B. Mohr (Paul Siebeck), Tübingen

Locher, Horst „Die AGB-gesetzliche Kontrolle zusätzlicher Leistungen" in Festschrift für Hermann Korbion zum 60. Geburtstag am 18. Juni 1986 (Hrsg.: Pastor, Walter), 1986, Seiten 283 ff., Werner-Verlag, Köln

Lögering, Martin P. „Verlust etwaiger Schadensersatzansprüche durch die Minderung des Kaufpreises?“ in Monatsschrift für Deutsches Recht, 63. Jahrgang 2009, Seiten 664 ff.

Looschleders/ Pohlmann VVG Looschelders, Dirk / Pohlmann, Petra (Hrsg.): VVG-Kommentar, 2. Auflage 2011, Carl Heymanns Verlag, Köln

Looschelders, Dirk „Grundrechte und Vertragsrecht: Die verfassungskonforme Roth, Reduktion des § 565 Abs. 2 S. 2 BGB“ in Juristenzeitung, 50. Jahrgang 1995, Seiten 1034 ff., Verlag J. C. B. Mohr (Paul Siebeck), Tübingen

Lorenz, Dieter „Der Wegfall der Geschäftsgrundlage beim verwaltungsrechtlichen Vertrag“ in Deutsches Verwaltungsblatt, 112. Jahrgang 1991, Seiten 865 ff., Carl Heymanns Verlag, Köln, Berlin, Bonn, München

Lorenz, Egon „Nochmals: „Notwendigkeit“ des Klauselersetzungsverfahrens nach § 172 Abs. 2 VVG“ in Versicherungsrecht, 53. Jahrgang 2002, Seiten 410 ff., Verlag Versicherungswirtschaft e. V., Karlsruhe

Lorenz, Stephan „Rechtsgrundlagen des Anspruchs aus „Minderung“ in Juristische Schulung, 33. Jahrgang 1993, Seiten 727 ff., Verlag C. H. beck, München

Löwe, Walter „Folgerungen aus der Verwerfung der Tagespreisklausel in den Neuwagen-Verkaufsbedingungen durch den Bundesgerichtshof“ in Der Betriebsberater 37. Jahrgang 1982, 1. Halbjahr, Seiten 152 ff., Verlag Recht und Wirtschaft GmbH, Frankfurt a. M.

–. „Das Gesetz zur Regelung des Rechts der Allgemeinen Geschäftsbedingungen (AGB-Gesetz)“ in Juristische Schulung 17. Jahrgang 1987, Seiten 421 ff., Verlag C. H. Beck, München und Frankfurt

Löwisch, Manfred „Rechtswidrigkeit und Rechtfertigung von Forderungsverletzungen" in Archiv für die civilistische Praxis, 165. Band, 1965, Seiten 421 ff.; Verlag J. C. B. Mohr (Paul Siebeck), Tübingen

–. „Arbeitskampf und Vertragserfüllung" in Archiv für die civilistische Praxis, 174. Band, 1974, Seiten 202 ff.; Verlag J. C. B. Mohr (Paul Siebeck), Tübingen

Löwisch/Rieble TVG Löwisch, Manfred / Rieble, Volker (Hrsg.): Tarifvertragsgesetz, 3. Auflage 2012, Verlag C. H. Beck, München und Frankfurt a. M.

Ludwig, Pascal M. / Rein, Michael Starr, flexibel, Mindestlohn? Aktuelle Gestaltungs- und Rechtsfragen des Arbeitsentgelts" in Neue Zeitschrift für Arbeitsrecht, 27. Jahrgang 2010, Seiten 865 ff., Verlag C. H. Beck, München und Frankfurt a. M.

Lutter, Marcus „Theorie der Mitgliedschaft – Prolegomena zu einem Allgemeinen Teil des Korporationsrechts –" in Archiv für die civilistische Praxis, 180. Band, 1980, Seiten 84 ff.; Verlag J. C. B. Mohr (Paul Siebeck), Tübingen

–. „Die Treuepflicht des Aktionärs" in Zeitschrift für das gesamte Handelsrecht und Wirtschaftsrecht, 153. Band, 1989, Verlag Recht und Wirtschaft GmbH, Heidelberg

–. „Treuepflichten und ihre Anwendungsprobleme" in Zeitschrift für das gesamte Handelsrecht und Wirtschaftsrecht, 162. Band, 1998, Verlag Recht und Wirtschaft GmbH, Heidelberg

Lutz, Reinhard AGB-Kontrolle im Handelsverkehr unter Berücksichtigung der Klauselverbote, C. H. Beck'sche Verlagsbuchhandlung, München

Luz/Neus/Schaber/ Scharpf/Schneider/ Weber KWG — Luz, Günther / Neus, Werner / Schaber, Matthias / Scharpf, Paul / Schneider, Peter / Weber, Max (Hrsg.): Kreditwesengesetz (KWG), 2. Auflage 2011, Schäffer-Poeschel Verlag, Stuttgart

Mangoldt/Klein/Starck GG — Mangoldt, Hermann von / Klein, Friedrich / Starck, Christian (Hrsg.): Kommentar zum Grundgesetz, 6. Auflage, Band 1, Präambel, Art. 1 – 19 [2010], Verlag Franz Vahlen, München

Martens, Klaus-Peter — „Rechtliche Rahmenbedingungen der Vorstandsvergütung“ in Festschrift für Uwe Hüffer zum 70. Geburtstag (Hrsg.: Kindler, Peter / Koch, Jens / Ulmer, Peter / Winter, Martin), 2010 Seiten 647 ff., Verlag C. H. Beck, München

Martinek, Michael — „Haakjöringsköd im Examinatorium“ in Juristische Schulung 37. Jahrgang 1997, Seiten 136 ff., Verlag C. H. Beck, München und Frankfurt

–. — Die Lehre von den Neuverhandlungspflichten“ in Archiv für die civilistische Praxis, 198. Band, 1998, Seiten 330 ff.; Verlag J. C. B. Mohr (Paul Siebeck), Tübingen

Massing, Dominik / Rösler, Hannes — „Verfahrensrechtliche Probleme des Anpassungsanspruchs nach § 313 BGB“ in Zeitschrift für das gesamte Schuldrecht 2009, Seiten 374 ff., ZAP Verlag, LexisNexis Deutschland GmbH, Münster

Maties, Martin — „Freiwilligkeits- und Widerrufsvorbehalte in Arbeitsverträgen und bei der betrieblichen Übung“ in Der Betrieb, 58. Jahrgang 2005, II. Halbband, Seiten 269 ff., Verlagsgruppe Handelsblatt GmbH, Düsseldorf, Frankfurt

Matthießen, Volker — „Die Nichteinbeziehung von Arbeitnehmern in die soziale Auswahl bei betriebsbedingten Kündigungen“ in Neue Zeitschrift für Arbeitsrecht, 15. Jahrgang 1998, Seiten 1153 ff., Verlag C. H. Beck, München und Frankfurt a. M.

Matusche-Beckmann, Annemarie „Die Anpassungsklausel – Zulässiges Instrument für den Fall der Unwirksamkeit Allgemeiner Versicherungsbedingungen?“ in Neue Juristische Wochenschrift, 51. Jahrgang 1998, 1. Halbband, Seiten 112 ff., Verlag C. H. Beck, München

Mayer-Maly, Theo „Die Bedeutung des tatsächlichen Parteiwillens für den hypothetischen“ in Festschrift für Werner Flume zum 70. Geburtstag (12. September 1978), Band I (Hrsg.: Ballerstedt, Kurt / Jakobs, Horst Heinrich), 1978, Seiten 621 ff., Verlag Dr. Otto Schmidt KG, Köln

Medicus, Dieter „Vertragsauslegung und Geschäftsgrundlage“ in Festschrift für Werner Flume zum 70. Geburtstag (12. September 1978), Band I (Hrsg.: Ballerstedt, Kurt / Jakobs, Horst Heinrich), 1978, Seiten 741 ff., Verlag Dr. Otto Schmidt KG, Köln

–. „Rechtsfolgen für den Vertrag bei Unwirksamkeit von Allgemeinen Geschäftsbedingungen“ in Heinrichs, Helmut / Löwe, Walter / Ulmer, Peter (Hrsg.), Zehn Jahre AGB-Gesetz, 1987, Verlag Kommunikationsforum Recht Wirtschaft Steuern Tagungs- und Verlagsgesellschaft mbH, Köln

–. „Der Grundsatz der Verhältnismäßigkeit im Privatrecht“ in Archiv für die civilistische Praxis, 192. Band, 1992, Seiten 35 ff.; Verlag J. C. B. Mohr (Paul Siebeck), Tübingen

–. „Über die Rückwirkung von Rechtsprechung“ in Neue Juristische Wochenschrift, 48. Jahrgang 1995, 2. Halbband, Seiten 2577 ff., Verlag C. H. Beck, München

–. Allgemeiner Teil des BGB, 10. Auflage 2010, C. F. Müller, Verlagsgruppe Hüthig Jehle Rehm GmbH, Heidelberg, München, Landsberg, Frechen, Hamburg

Meier, Hans-Georg	„Der fehlerhafte Anstellungsvertrag von Organmitgliedern und die Rückabwicklung der Vergütung“ in Neue Zeitschrift für Arbeitsrecht, 28. Jahrgang 2011, Seiten 267 ff., Verlag C. H. Beck, München und Frankfurt a. M.
Meinel/Heyn/Herms TzBfG	Meinel, Gernod / Heyn, Judith / Herms, Sascha (Hrsg.): Teilzeit- und Befristungsgesetz (Kommentar), 4. Auflage 2012, Verlag C. H. Beck, München
Merle, Werner	Das Wohnungseigentum im System des bürgerlichen Rechts, 1979, Duncker & Humblot, Berlin
–.	„Rechtsgrundsätze der Wohnungseigentumsverwaltung“ in Wohnungseigentum, 43. Jahrgang 1992, Seiten 239 ff., Hammonia-Verlag GmbH, Hamburg
Messerschmidt/Voit BauR	Messerschmidt, Burkhard / Voit, Wolfgang (Hrsg.): Privates Voit Baurecht – Kommentar zu §§ 631 ff. BGB, 2008, C. H. Beck Verlag, München
Michalski GmbHG	Michalski, Lutz, Kommentar zum Gesetz betreffend die Gesellschaften mit beschränkter Haftung, 2. Auflage 2010; Band I §§ 1 – 34 [2010]; C. H. Beck Verlag, München
Michalski, Lutz	„Zur Rechtsnatur des Dauerschuldverhältnisses“ in Juristische Arbeitsblätter, 11. Jahrgang 1979, Seiten 401 ff., Verlag Ernst Werner und Gieseking, Bielefeld
–.	„Treuepflichten persönlich haftender Gesellschafter (OHG, KG)“ in Neue Zeitschrift für Gesellschaftsrecht, 1. Jahrgang 1998, Seite 460 f., Verlag C. H. Beck, München
Michalski, Lutz / Römermann, Volker	„Die Wirksamkeit der salvatorischen Klausel“ in Neue Juristische Wochenschrift, 47. Jahrgang 1994, 1. Halbband, Seiten 886 ff., Verlag C. H. Beck, München
Miethaner, Tobias	AGB-Kontrolle versus Individualvereinbarung, 2010, Mohr Siebeck, Tübingen

Müller-Bonanni, Thomas / Mehrens, Christian — „Neue Vergütungsregeln für Banken – Entwurf der Instituts-Vergütungsverordnung“ in Neue Zeitschrift für Arbeitsrecht, 27. Jahrgang 2010, Seiten 792 ff., Verlag C. H. Beck, München und Frankfurt a. M.

Müller-Foell, Christoph — Die Mitwirkung des Bestellers beim Werkvertrag, 1982, Verlag Duncker & Humblot, Berlin

Müller, Christoph — „Zur Diskussion um die Lehre vom Wegfall der Geschäftsgrundlage“ in Juristenzeitung, 36. Jahrgang 1981, Seiten 337 f., Verlag J. C. B. Mohr (Paul Siebeck), Tübingen

Müller, Horst — Praktische Fragen des Wohnungseigentums, 5. Auflage 2010, C. H. Beck Verlag, München

Müller, Klaus J. — „Nachschusspflicht der Gesellschafter einer KG und Ausschließung aus wichtigem Grund bei Verweigerung von Nachschüssen“ in Der Betrieb, 58. Jahrgang 2005, I. Halbband, Seiten 95 f., Verlagsgruppe Handelsblatt GmbH, Düsseldorf, Frankfurt

MüHdb ArbR — Münchener Handbuch zum Arbeitsrecht, 3. Auflage 2009 (Hrsg.: Richardi, Reiner / Wißmann, Hellmut / Wlotzke, Otfried / Oetker, Hartmut); Band 1 – Individualarbeitsrecht (Hrsg.: Richardi, Reiner / Wißmann, Hellmut / Wlotzke, Otfried / Oetker, Hartmut) [2009]; Verlag C. H. Beck, München

MüHdb GesR — Münchener Handbuch des Gesellschaftsrechts, 3. Auflage 2007 ff. (Hrsg.: Gummert, Hans / Weipert, Lutz); Band 1, BGB-Gesellschaft, Offene Handelsgesellschaft, Partnergesellschaft, Partenreederei, EWIV (Hrsg.: Gummert, Hans / Weiper, Lutz) [2009]; Band 3, Gesellschaft mit beschränkter Haftung (Hrsg.: Priester, Hans-Joachim / Mayer, Dieter) [2009]; Band 4 Aktiengesellschaft (Hrsg.: Hoffmann-Becking, Michael) [2007]; Verlag C. H. Beck, München

MüKo AktG — Münchener Kommentar zum Aktiengesetz, 3. Auflage 2008 ff. (Hrsg.: Goette, Wulf / Habersack, Matthias / Kalss, Susanne); Band 2, §§ 76 – 117 (Hrsg.: Goette, Wulf / Habersack, Matthias) [2008]; Verlag C. H. Beck / Verlag Franz Vahlen, München

MüKo BGB — Münchener Kommentar zum Bürgerliches Gesetzbuch mit Nebengesetzen, 3., 5. und 6. Auflage 2007 ff. (Hrsg.: Säcker, Franz Jürgen / Rixecker, Roland); Band 1, §§ 1 – 240 (Red.: Säcker, Franz Jürgen) [6. Auflage 2012]; Band 2, §§ 241 – 432 (Red.: Krüger, Wolfgang) [5. Auflage 2007 und 6. Auflage 2012]; Band 3, §§ 433 – 610 (Red.: Krüger, Wolfgang / Westermann, Harm Peter) [3. Auflage 1995 und 6. Auflage 2012]; Band 4, §§ 611 – 705 (Red.: Henssler, Martin) [5. Auflage 2009]; Band 5, §§ 705 – 853 (Red.: Habersack, Martin) [5. Auflage 2009]; Verlag C. H. Beck, München

MüKo HGB — Münchener Kommentar zum Handelsgesetzbuch, 3. Auflage 2010 ff. (Hrsg.: Schmidt, Karsten); Band 1 §§ 1 – 104 (Red.: Schmidt, Karsten) [2010]; Band 2 §§ 105 – 160 (Red.: Schmidt, Karsten) [2011]; Verlag C. H. Beck / Verlag Franz Vahlen, München

MüKo VVG — Münchener Kommentar zum Versicherungsvertragsrecht, 1. Auflage 2009 ff. (Hrsg.: Langheid, Theo / Wandt, Manfred); Band 2, §§ 100 – 191 (Hrsg.: Langheid, Theo / Wandt, Manfred) [2011]; Verlag C. H. Beck, München

MüKo ZPO — Münchener Kommentar Zivilprozessordnung mit Gerichtsverfassungsgesetz und Nebengesetzen, 3. Auflage 2007 ff. (Hrsg.: Rauscher, Thomas / Wax, Peter / Wenzel, Joachim); Band 1, §§ 1 – 510c (Hrsg.: Rauscher, Thomas / Wax, Peter / Wenzel, Joachim) [2008]; Band 4, FamFG (Hrsg.: Rauscher) [2010]; Verlag C. H. Beck, München

Musielak ZPO Musielak, Hans-Joachim (Hrsg.): Kommentar zur Zivilprozessordnung mit Gerichtsverfassungsgesetz, 9. Auflage 2012, Verlag Franz Vahlen, München

Nelle, Andreas Neuverhandlungspflichten – Neuverhandlungen zur Vertragsanpassung und Vertragsergänzung als Gegenstand von Pflichten und Obliegenheiten, 1993, C. H. Beck'sche Verlagsbuchhandlung, München

Neuner, Jörg „Vertragsauslegung – Vertragsergänzung – Vertragskorrektur" in Festschrift für Claus-Wilhelm Canaris zum 70. Geburtstag, Band I (Hrsg.: Heldrich, Andreas / Prölss, Jürgen / Koller, Ingo / Petersen, Jens / Hager, Johannes / Singer, Reinhard / Langenbucher, Katja / Grigoleit, Christopher / Hey, Felix), 2007, Seiten 901 ff., Verlag C. H. Beck, München

–. „Was ist eine Willenserklärung?" in Juristische Schulung 47. Jahrgang 2007, Seiten 929 ff., Verlag C. H. Beck, München und Frankfurt

Nicklisch/Weick VOB Nicklisch, Fritz / Weick, Günter (Hrsg.): VOB – Verdingungsordnung für Bauleistungen Teil B, 3. Auflage 2001, Verlag C. H. Beck, München

Nicklisch, Fritz „Zum Anwendungsbereich der Inhaltskontrolle Allgemeiner Geschäftsbedingungen" in Der Betriebsberater 29. Jahrgang 1974, 2. Halbjahr, Seiten 941 ff., Verlag Recht und Wirtschaft GmbH, Frankfurt a. M.

–. „Mitwirkungspflichten des Bestellers beim Werkvertrag, insbesondere beim Bau- und Industrieanlagenvertrag" in Der Betriebsberater 34. Jahrgang 1979, 1. Halbjahr, Seiten 533 ff., Verlag Recht und Wirtschaft GmbH, Frankfurt a. M.

–. „Ergänzende Vertragsauslegung und Geschäftsgrundlagenlehre – ein einheitliches Rechtsinstitut zur Lückenausfüllung?" in Der Betriebsberater 35. Jahrgang 1980, 2. Halbjahr, Seiten 949 ff., Verlag Recht und Wirtschaft GmbH, Frankfurt a. M.

–.	„Empfiehlt sich eine Neukonzeption des Werkvertragsrechts? – unter besondere Berücksichtigung komplexer Langzeitverträge –“ in Juristenzeitung, 39. Jahrgang 1984, Seiten 757 ff., Verlag J. C. B. Mohr (Paul Siebeck), Tübingen
–.	„Rechtsfragen des Subunternehmervertrags bei Bau- und Anlageprojekten im In- und Auslandsgeschäft“ in Neue Juristische Wochenschrift, 38. Jahrgang 1985, 2. Halbband, Seiten 2361 ff., Verlag C. H. Beck, München
Niederleithinger, Ernst	Das neue VVG, Erläuterungen, Texte, Synopse, 2007, Nomos Verlagsgesellschaft, Baden-Baden
Nomos Kommentar BGB	Anwaltkommentar zum BGB (Hrsg.: Dauner-Lieb, Barbara / Heidel, Thomas / Ring, Gerhard), 1. und 2. Auflage 2005 ff.; B Band 2, Teilband 1, §§ 241 – 631 (Hrsg.: Dauner-Lieb, Barbara / Langen, Werner) [2. Auflage 2012]; Deutscher Anwaltverlag, Bonn
Oetker, Hartmut	Das Dauerschuldverhältnis und seine Beendigung, 1994, Verlag J. C. B. Mohr (Paul Siebeck), Tübingen
–.	„Dynamische Verweisungen in Allgemeinen Geschäftsbedingungen als Rechtsproblem“ in Juristenzeitung, 57. Jahrgang 2002, Seiten 337 f., Verlag J. C. B. Mohr (Paul Siebeck), Tübingen
–.	„Arbeitsrechtlicher Bestandsschutz und Grundrechtsordnung“ in Recht der Arbeit, 59. Jahrgang 1997, Seiten 9 ff., Verlag C. H. Beck, München
Oetker HGB	Oetker, Hartmut (Hrsg.): Kommentar zum Handelsgesetzbuch, 2009, Verlag C. H. Beck, München
Oertmann, Paul	Recht der Schuldverhältnisse Erste Abteilung, §§ 1 bis 432, [3. und 4. Auflage 1910]; Zweite Abteilung, §§ 433 bis 853 [5. Auflage 1929], Carl Heymanns Verlag, Berlin

Ohlendorf, Bernd / Salamon, Ernst „Die Aufrechterhaltung unwirksamer Formulararbeitsbedingungen – das Verhältnis des Verbots geltungserhaltender Reduktion zur ergänzenden Vertragsauslegung im Arbeitsrecht „ in Recht der Arbeit, 59. Jahrgang 2006, Seiten 281 ff., Verlag C. H. Beck, München

Pabst, Günter „Mitwirkungspflichten bei Klagen nach §§ 117, 127, 140 HGB und bei Anpassung von Verträgen im Recht der Personenhandelsgesellschaften" in Der Betriebsberater 32. Jahrgang 1977, 2. Halbjahr, Seiten 1524 ff., Verlag Recht und Wirtschaft GmbH, Frankfurt a. M.

Palandt BGB Palandt, Bürgerliches Gesetzbuch (Begr.: Palandt, Otto), 71. Auflage 2012, Verlag C. H. Beck, München

Papier, Hans-Jürgen „Probleme der Inflation" in Juristische Schulung 14. Jahrgang 1974, Seiten 477 ff., Verlag C. H. Beck, München und Frankfurt

Paulus, Christoph G. / Zenker, Wolfgang „Grenzen der Privatautonomie" in Juristische Schulung 41. Jahrgang 2001, Seiten 1 ff., Verlag C. H. Beck, München und Frankfurt

Pehle, Rudolf / Stimpel, Walter Richterliche Rechtsfortbildung, 1969, Verlag C. F. Müller, Karlsruhe

Peters, Frank „Zur Funktion der Minderung" in Neue Zeitschrift für Baurecht und Vergaberecht, 13. Jahrgang 2012, Seiten 209 ff.; Verlag C. H. Beck, München und Frankfurt a. M.

Picker, Christian Die betriebliche Übung, 2011, Mohr Siebeck, Tübingen

Preis, Ulrich Grundfragen der Vertragsgestaltung im Arbeitsrecht, 1993, Hermann Luchterhand Verlag, Neuwied, Kriftel, Berlin

–. „Autonome Unternehmerentscheidung und „dringendes betriebliches Erfordernis“ in Neue Zeitschrift für Arbeitsrecht, 12. Jahrgang 1995, Seiten 241 ff., Verlag C. H. Beck, München und Frankfurt a. M.

–. „Der langsame Tod der Freiwilligkeitsvorbehalte und die Grenzen betrieblicher Übung“ in Neue Zeitschrift für Arbeitsrecht, 26. Jahrgang 2009, Seiten 281 ff. Verlag C. H. Beck, München und Frankfurt a. M.

–. „Probleme der Bezugnahme auf Allgemeine Arbeitsbedingungen und Betriebsvereinbarungen“ in Neue Zeitschrift für Arbeitsrecht, 24. Jahrgang 2010, Seiten 361 ff., Verlag C. H. Beck, München und Frankfurt a. M.

Preis, Ulrich / Gotthardt, Michael „Das Teilzeit- und Befristungsgesetz“ in Der Betrieb, 54. Jahrgang 2001, I. Halbband, Seiten 145 ff., Verlagsgruppe Handelsblatt, Düsseldorf, Frankfurt

Prölss/Martin VVG Prölss, Erich R. / Martin, Anton (Hrsg.): Versicherungsvertragsgesetz, 28. Auflage 2010, Verlag C. H. Beck, München

Prölss, Jürgen „Der Versicherer als „Treuhänder der Gefahrengemeinschaft“ – Zur Wahrnehmung kollektiver Belange der Versicherungsnehmer durch den Privatversicherer“ in Festschrift frü Karl Larenz zum 80. Geburtstag am 23. April 1983 (Hrsg.: Canaris, Claus-Wilhelm / Diederichsen, Uwe), 1982, C. H. Beck'sche Verlagsbuchhandlung, München

Prütting/Wegen/ Weinreich BGB Prütting, Hanns / Wegen, Gerhard / Weinreich, Gerd, BGB Kommentar, 4. Auflage 2009, Luchterhand – Wolters Kluwer Deutschland GmbH, Köln

Rabe, Dieter „Die Auswirkungen des AGB-Gesetzes auf den kaufmännischen Verkehr“ in Neue Juristische Wochenschrift, 40. Jahrgang 1987, 2. Halbband, Seiten 1978 ff., Verlag C. H. Beck, München

Raffler, Andrea / Weissgerber, Jan „Verbot der geltungserhaltenden Reduktion auch bei nachvertraglichen Wettbewerbsverboten?“ in Der Personalleiter 2007, Seiten 187 ff., Hermann Luchterhand Verlag, Neuwied, Köln

Rasch, Harold „Geldentwertung und langfristige Verträge“ in Der Betriebsberater 26. Jahrgang 1971, 1. Halbjahr, Seiten 753 ff., Verlag Recht und Wirtschaft GmbH, Frankfurt a. M.

Rawls, John Eine Theorie der Gerechtigkeit [Titel der Originalausgabe A Theory of Justice – Aus dem Amerikanischen von Herrmann Vetter], 1975 (Originalausgabe 1971), Suhrkamp Verlag, Frankfurt am Main

Reich, Dietmar O. / Schmitz, Peter „Globalbürgschaften in der Klauselkontrolle und das Verbot der geltungserhaltenden Reduktion“ in Neue Juristische Wochenschrift, 48. Jahrgang 1995, 2. Halbband, Seiten 2533 f., Verlag C. H. Beck, München

Rehberg, Markus „Vertragsgerechtigkeit im Arbeitsrecht“ in Recht der Arbeit, 65. Jahrgang 2012, Seiten 160 ff., Verlag C. H. Beck, München

Reichel, Michael E. Die arbeitsvertragliche Bezugnahme auf den Tarifvertrag, 2001, Verlag Dr. Otto Schmidt, Köln

Reichold, Hermann „Neues zum Arbeitsrecht der Kirchen: Konsolidierung oder Irritation durch das BAG?“ in Neue Zeitschrift für Arbeitsrecht, 25. Jahrgang 2008, Seiten 1377 ff., Verlag C. H. Beck, München und Frankfurt a. M.

Reiser, Ludwig „Der Gleichheitsgrundsatz im Privatrecht“ in Zeitschrift für das Gesamte Handelsrecht und Konkursrecht 111 (1949), Seiten 75 ff., Verlag von Ferdinand Enke, Stuttgart

Reiserer, Kerstin / Powietzka, Arnim „Änderungskündigung und Entgeltsenkung“ in Der Betriebsberater 59. Jahrgang 2004, 2. Halbjahr, Seiten 2697 ff., Verlag Recht und Wirtschaft GmbH, Frankfurt a. M.

Renger, Reinhard „Stand, Inhalt und Probleme des neuen Versicherungsrechts“ in Versicherungsrecht, 45. Jahrgang 1994, Seiten 753 ff., Verlag Versicherungswirtschaft e. V., Karlsruhe

Reuter, Dieter „Unternehmerische Freiheit und betriebsbedingte Kündigung“ in Recht der Arbeit, 58. Jahrgang 2004, Seiten 161 ff., Verlag C. H. Beck, München

Reymann, Christoph „Falsa demonstratio und Erwerbsverhältnis bei der Auflassung“ in Neue Juristische Wochenschrift, 61. Jahrgang 2008, 1. Halbband, Seiten 1773 ff., Verlag C. H. Beck, München

Richardi, Reinhard „Die betriebliche Übung – ihre rechtliche Bedeutung – insbesondere ihr Verhältnis zur Betriebsvereinbarung“ in Recht der Arbeit – Zeitschrift für die Wissenschaft und Praxis des gesamten Arbeitsrechts, 13. Jahrgang 1960, Seiten 401 ff., C. H. Beck'sche Verlagsbuchhandlung, München

Ricken, Oliver „Betriebliche Übung und Vertragskontrolle im Arbeitsrecht“ in Der Betrieb, 58. Jahrgang 2006, I. Halbband, Seiten 1372 ff., Verlagsgruppe Handelsblatt, Düsseldorf, Frankfurt

Rieble, Volker Die Kontrolle des Ermessens der betriebsverfassungsrechtlichen Einigungsstelle, 1990, Verlag Recht und Wirtschaft GmbH, Heidelberg

–. „Maklerprovision für Personalvermittler“ in Der Betrieb, 47. Jahrgang 1994, II. Halbband, Seiten 1776 ff., Verlagsgruppe Handelsblatt, Düsseldorf, Frankfurt

–. „Außergerichtliches Inkasso im Wettbewerb zwischen Anwälten und Inkassounternehmen“ in Der Betrieb, 46. Jahrgang 1995, I. Halbband, Seiten 195 ff., Verlagsgruppe Handelsblatt, Düsseldorf, Frankfurt

–. „Flexible Gestaltung von Entgelt und Arbeitszeit im Arbeitsvertrag“ in Beilage zur Neuen Zeitschrift für Arbeitsrecht, 17. Jahrgang 2000, Seiten 34 ff., Verlag C. Beck, München

–. „Entgeltbestimmung nach § 315 BGB in tariflichen Entgeltbändern“ in Festschrift für Rolf Birk zum siebzigsten Geburtstag, 2008 (Hrsg.: Konzen, Horst / Krebber, Sebastian / Raab, Thomas / Veit, Barbara / Waas, Bernd), Mohr Siebeck, Tübingen

Rieble, Volker / Gutfried, Michael „Spezifikationskauf und BGB-Schuldrecht“ in Juristenzeitung, 63. Jahrgang 2008, Seiten 593 ff., Mohr Siebeck, Tübingen

Riesenhuber, Karl „Vertragsanpassung wegen Geschäftsgrundlagenstörung – Dogmatik, Gestaltung und Vergleich“ in Der Betriebsberater 59. Jahrgang 2004, 2. Halbjahr, Seiten 2697 ff., Verlag Recht und Wirtschaft GmbH, Frankfurt a. M.

Röhricht/Westphalen HGB Röhricht, Volker / Westphalen, Friedrich Graf von (Hrsg.): Handelsgesetzbuch, 3. Auflage 2008, Verlag Dr. Otto Schmidt, Köln

Rolfs/Giesen/Kreikebohm/Udsching ArbR Rolfs, Christian / Giesen, Richard / Kreikebohm, Ralf / Udsching, Peter (Hrsg.): Arbeitsrecht Kommentar, 2008, Verlag C. H. Beck, München

Roloff, Sebastian „Vertragsänderungen und Schriftformklauseln“ in Neue Zeitschrift für Arbeitsrecht, 21. Jahrgang 2004, Seiten 1191 ff., Verlag C. H. Beck, München und Frankfurt a. M.

Römer, Wolfgang „Für eine gesetzliche Regelung zur Anpassung Allgemeiner Versicherungsbedingungen“ in Versicherungsrecht, 45. Jahrgang 1994, Seiten 125 ff., Verlag Versicherungswirtschaft e. V., Karlsruhe

–. „Für eine gesetzliche Regelung zur Anpassung Allgemeiner Versicherungsbedingungen“ in Versicherungsrecht, 45. Jahrgang 2001, Seiten 125 ff., Verlag Versicherungswirtschaft e. V., Karlsruhe

Rösler, Hannes „Störung der Geschäftgrundlage nach der Schuldrechtsreform“ in Zeitschrift für das gesamte Schuldrecht, 2003, Seiten 383 ff., ZAP-Verlag für die Rechts- und Anwaltspraxis GmbH & Co. KG, Recklinghausen

–. „Schutz des Schwächeren im Europäischen Vertragsrecht“ in Rabels Zeitschrift für ausländisches und internationales Privatrecht 73 (2009), Seiten 889 ff., Mohr Siebeck GmbH & Co. KG, Tübingen

Roth, Günter H. „Vom Wegfall der Geschäftsgrundlage zur richterlichen Vertragsanpassung“ in Festsschrift für Heinz Krejci zum 60. Geburtstag, Zweiter Band (Hrsg.: Bernat, Erwin / Böhler, Elisabeth / Weilinger, Arthur), 2001, Seiten 1251 ff., Verlag Österreich, Wien

–. „Die Anpassung von Gesellschaftsverträgen“ in Festschrift für Heinrich Honsell zum 60. Geburtstag, 2002 (Hrsg.: Harrer, Friedrich / Portmann, Wolfgang / Zäch, Robert), Seiten 575 ff., Schulthess Juristische Medien AG, Zürich, Basel, Genf

Roth, Herbert „Allgemeine Geschäftsbedingungen und Individualvereinbarungen“ in Der Betriebsberater 47. Jahrgang 1992, 1. Halbjahr, Beilage 4, Seiten 1 ff., Verlag Recht und Wirtschaft GmbH, Heidelberg

–. „Geltungsrehaltende Reduktion im Privatrecht“ in Juristenzeitung, 44. Jahrgang 1989, Seiten 411 ff., Verlag J. C. B. Mohr (Paul Siebeck), Tübingen

–. Vertragsänderung bei fehlgeschlagener Verwendung von Allgemeinen Geschäftsbedingungen, 1994, J. C. B. Mohr (Paul Siebeck), Tübingen

–. „Zweiparteiensystem und mehrseitige Gestaltungsklagen im Personengesellschaftsrecht“ in Festschrift für Bernhard Großfeld zum 65. Geburtstag (Hrsg.: Ulrich Hübner / Ebke, Werner F.), 1999, Seiten 915 ff., Verlag Recht und Wirtschaft GmbH, Heidelberg

Roussos, Kleanthis „Die Anwendungsgrenzen der Inhaltskontrolle und die Auslegung von § 9 AGBG“ in Juristenzeitung, 43. Jahrgang 1988, Seiten 997 ff., Verlag J. C. B. Mohr (Paul Siebeck), Tübingen

Rowedder/ Schmidt-Leithoff GmbHG Rowedder, Heinz / Schmidt-Leithoff, Christian (Hrsg.): Gesetz betreffend die Gesellschaften mit beschränkter Haftung, 4. Auflage 2002; Verlag Franz Vahlen, München

Rüffer/Halbach/ Schimikowski VVG Rüffer, Wilfried / Halbach, Dirk / Schimikowski, Peter (Hrsg.): Versicherungsvertragsgesetz, 2. Auflage 2011, Nomos Verlagsgesellschaft, Baden-Baden

Rüßmann, Helmut „Die „ergänzende Auslegung“ Allgemeiner Geschäftsbedingungen“ in Der Betriebsberater 42. Jahrgang 1987, 1. Halbjahr, Seiten 843 ff., Verlag Recht und Wirtschaft GmbH, Heidelberg

Säcker, Franz Jürgen „Die Anpassung von langfristigen Verträgen an bei Vertragsschluss unvorhergesehene und unvorhersehbare Umstände im Wege der ergänzenden Vertragsauslegung“ in Festschrift für Harm Peter Westermann zum 70. Geburtstag 2008 (Hrsg.: Aderhold, Lutz / Grunewald, Barbara / Klingberg, Dietgard / Paefgen, Walter G.), 2008, Seiten 617 ff., Verlag Dr. Otto Schmidt, Köln

Schaub ArbR Hdb Schaub, Günter (Begr.); Arbeitsrechts-Handbuch, 14. Auflage 2011, Verlag C. H. Beck, München

Schimansky/ Bunte Lwoski BankenR Schimansky, Herbert / Bunte, Hermann-Josef / Lwowski, Hans-Jürgen (Hrsg.): Bankrechts-Handbuch, Band I [3. Auflage 2007]

Schlewing, Anja „Geltungserhaltende Reduktion und / oder ergänzende Vertragsauslegung im Rahmen der AGB-Kontrolle arbeitsvertraglicher Abreden?“ in Recht der Arbeit, 64. Jahrgang 2011, Seiten 92 ff., Verlag C. H. Beck, München

Schmid/Harz MietR — Schmid, Michael J. / Harz, Annegret L (Hrsg.): Fachanwaltskommentar Mietrecht, 3. Auflage 2012, Luchterhand, Wolters Kluwer Deustchland GmbH, Köln

Schmidt-Futterer, MietR — Schmidt-Futterer Mietrecht Großkommentar des Wohn- und Gewerberaummietrechts (Hrsg.: Blank, Hubert / Börstunghaus, Ulf Peter / Eisenschmidt, Norbert / Lammel, Siegbert / Langenberg, Hans / Streyl, Elmar), 10. Auflage 2011, Verlag C. H. Beck, München

Schmidt-Rimpler, Walter — „Grundfragen einer Erneuerung des Vertragsrechts" in Archiv für die civilistische Praxis, 147. Band, 1947, Seiten 84 ff.; Verlag J. C. B. Mohr (Paul Siebeck), Tübingen

–. — „Zum Vertragsproblem" in Funktionswandel der Privatrechtsinstitutionen" – Festschrift für Ludwig Raiser zum 70. Geburtstag (Hrsg: Baur, Fritz / Esser, Fritz / Kübler, Friedrich, Steindorff, Ernst), 1974, Seiten 4 ff., Verlag J. C. B. Mohr (Paul Siebeck), Tübingen

Schmidt-Salzer, Joachim — Allgemeine Geschäftsbedingungen – Bilantz und politische Rechtsfolgen, 1971, J. Schweitzer Verlag, Berlin

Schmidt-Salzer ProdHG — Schmidt-Salzer, Joachim (Hrsg.): Produkthaftung, 2. Auflage, 1988 ff.; Band I Strafrecht [1988]; Verlag Recht und Wirtschaft GmbH, Heidelberg

Schmidt, Eike — „Teil- oder Totalnichtigkeit angreifbarer AGB-Klauseln" in Juristische Arbeitsblätter, 12. Jahrgang 1980, Seiten 401 ff., Verlag Ernst Werner und Gieseking, Bielefeld

–. — „AGB-Gesetz und Schuldvertragsrecht des BGB" in Zeitschrift für Wirtschaftsrecht, 8. Jahrgang 1987, 2. Halbband, Seiten 1505 ff., RWS Verlags Kommunikationsforum Recht Wirtschaft Steuern, Köln

–. „Grundlagen und Grundzüge der Inzidentkontrolle allgemeiner Geschäftsbedingungen nach dem AGB-Gesetz“ in Juristische Schulung 27. Jahrgang 1987, Seiten 929 ff., Verlag C. H. Beck, München und Frankfurt

Schmidt, Harry Vertragsfolgen der Nichteinbeziehung und Unwirksamkeit von Allgemeinen Geschäftsbedingungen, 1986, Verlagsgesellschaft Recht und Wissenschaft mbH, Heidelberg

Schmidt, Ingrid „Die Beteiligung der Arbeitnehmer an den Kosten der beruflichen Bildung – Umfang und Grenzen der Vertragsgestaltung“ in Neue Zeitschrift für Arbeitsrecht, 21. Jahrgang 2004, Seiten 1002 ff., Verlag C. H. Beck, München und Frankfurt a. M.

Schmidt K./Lutter AktG Schmidt, Karsten / Lutter, Marcus (Hrsg.): Aktiengesetz, I. Band §§ 1 – 149 [2. Auflage 2010], Verlag Dr. Otto Schmidt, Köln

Schmidt, Karsten „Grundfragen der vertraglichen Wertsicherung“ in Zeitschrift für Wirtschaftsrecht, 4. Jahrgang 1983, 1. Halbband, Seiten 639 ff., RWS Verlags Kommunikationsforum GmbH, Köln

–. Mehrseitige Gestaltungsprozesse bei Personengesellschaften, 1992, Hüthig Verlagsgemeinschaft Decker & Müller GmbH, Heidelberg

–. Gesellschaftsrecht, 4. Auflage 2002, Carl Heymanns Verlag KG, Köln, Berlin, Bonn, München

Schmidt-Kessel, Martin / Baldus, Christian „Prozessuale Behandlung des Wegfalls der Geschäftsgrundlage nach neuem Recht“ in Neue Juristische Wochenschrift, 65. Jahrgang, 2002, Seiten 2076 ff., Verlag C. H. Beck, München

Schneider/Theobald Hdb EnWR Schneider, Jens-Peter / Theobald, Christian (Hrsg.): Handbuch zum Recht der Energiewirtschaft, 2003, Verlag C. H. Beck, München

Schuhmann, Ralph „Kooperationspflichten des Anlagevertrages: Rechtliche Substanz und praktische Konsequenzen“ in Zeitschrift für das gesamte öffentliche und zivile Baurecht, 34. Jahrgang 2003, Seiten 162 ff., Werner Verlag, Köln

Schüller, Michael „Änderung von Teilungserklärungen und Gemeinschaftsordnungen“ in Rheinische Notar-Zeitschrift, 10. Jahrgang 2011, Seiten 203 ff., C. H. Beck Verlag, München

Schünemann, Wolfgang B. „„„Notwendigkeit“ des Klauselersetzungsverfahrens nach § 172 Abs. 2 VVG“ in Versicherungsrecht, 53. Jahrgang 2002, Seiten 393 ff., Verlag Versicherungswirtschaft e. V., Karlsruhe

Schwab, Dieter / Löhnig, Martin Einführung in das Zivilrecht, 19. Auflage 2012, C. F. Müller, Heidelberg

Schwarz, Walter „Dauerschuldverhältnis und Dogmatik arbeitsrechtlicher Treuepflicht“ in Festschrift für Walter Wilburg zum 70. Geburtstag (Hrsg.: Baltl, Hermann), 1975, Leykam-Verlag, Gratz

Schwarze, Torsten Das Kooperationsprinzip des Bauvertragsrechts, 2003, Tenea Verlag für Medien, Berlin

–. „Auswirkungen der bauvertraglichen Kooperationsverpflichtung“ in Zeitschrift für das gesamte öffentliche und zivile Baurecht, 35. Jahrgang 2004, Seiten 895 ff., Werner Verlag, Köln

Schwarze, Torsten Das Kooperationsprinzip des Bauvertragsrechts, 2003, Tenea Verlag für Medien, Berlin

Schwintowski/ Brömmelmeyer VVG Schwintowski, Hans-Peter / Brömmelmeyer, Christop (Hrsg.): Praxiskommentar zum Versicherungsvertragsrecht, 2008, ZAP Verlag, Lexis Nexis Deutschland GmbH, Münster

Schwintowski, Hans-Peter „Transparenz in der Lebensverściherung“ in Neue Zeitschrift für Versicherung und Recht, 4. Jahrgang 2001, Seiten 337 ff., Verlag C. H. Beck, München und Frankfurt a. M.

Seibert, Ulrich „Auslegung und Inhaltskontrolle arbeitsvertraglicher Verweisungen“ in Neue Zeitschrift für Arbeitsrecht, 2. Jahrgang 1985, Seiten 730 ff., Verlag C. H. Beck, München und Frankfurt a. M.

Sieg, Karl „Korrektur von Rechtsgeschäften durch den Prozeßrichter“ in Neue Juristische Wochenschrift, 4. Jahrgang 1951, Seiten 506 ff., C. H. Beck'sche Verlagsbuchhandlung, München

–. „Wesen und Geltung der Betriebsübung“ in Recht der Arbeit – Zeitschrift für die Wissenschaft und Praxis des gesamten Arbeitsrechts, 8. Jahrgang 1955, Seiten 441 ff., C. H. Beck'sche Verlagsbuchhandlung, München

Sievers, Jochen Kommentar zum Teilzeit- und Befristungsgesetz, 2. Auflage 2007, Luchterhand, Köln

Singer, Reinhard „Neue Entwicklungen im Recht der Betriebsübung“ in Zeitschrift für Arbeitsrecht, 24. Jahrgang 1993, Seiten 487 ff., Carl Heymanns Verlag KG Köln, Berlin, Bonn, München

Soergel BGB Soergel, Kommentar zum Bürgerlichen Gesetzbuch, 12. und 13. Auflage 1990 ff. (Begr.: Soergel, Theodor); Band 2, §§ 241 – 432 (Bearb.: Siebert, Wolfgang) [12. Auflage 1990]; Band 5/2, §§ 320 – 327 (Bearb.: Siebert, Wolfgang) [13. Auflage 2005]; Verlag W. Kohlhammer GmbH, Stuttgart

Söllner, Alfred Einseitige Leistungsbestimmung im Arbeitsverhältnis, 1966, Verlag der Wissenschaften und der Literatur in Mainz in Kommission bei Franz Steiner Verlag GmbH, Wiesbaden

Söllner/Waltermann ArbR Söllner, Alfred / Waltermann, Raimund, Arbeitsrecht, 15. Auflage 2009, Verlag Franz Vahlen GmbH, München

Speiger, Peter „Die Reduzierung von Gratifikationsleistungen durch betriebliche Übung“ in Neue Zeitschrift für Arbeitsrecht, 15. Jahrgang 1998, Seiten 510 ff., Verlag C. H. Beck, München und Frankfurt a. M.

Spindler/Stilz AktG Spindler, Gerald / Stilz, Eberhard (Hrsg.): Kommentar zum AktG Aktiengesetz, 2. Auflage 2010, Band 1 §§ 1 – 149 [2010], Verlag C. H. Beck, München

Staub HGB Staub, Handelsgesetzbuch Großkommentar, 5. Auflage 2005 ff. (Begr.: Staub Hermann – Hrsg.: Canaris, Claus-Wilhelm / Habersack, Matthias / Schäfer, Carsten); Dritter Band, §§ 105 – 160 [2009]; De Gruyter Recht, Berlin

Staudinger BGB Staudingers Kommentar zum Bürgerlichen Gesetzbuch mit Einführungsgesetz und Nebengesetzen, 13. und 14. Bearbeitung 1993 ff. (Begr.: Staudinger, Julius von); §§ 90 – 133 [14. Bearbeitung 2004]; §§ 139 – 163 [14. Bearbeitung 2010]; Einl. Zu §§ 241 ff.; §§ 241 – 243 [13. Bearbeitung 1995]; §§ 305 – 310 [14. Bearbeitung 2006]; §§ 328 – 345 [14. Bearbeitung 2009]; §§ 535 – 562d [14. Bearbeitung 2006]; §§ 631 – 651 [14. Bearbeitung 2009]; §§ 1 – 25 Wohnungseigentumsgesetz [13. Bearbeitung 2005]; Sellier – de Gruyter, Berlin

Steindorff, Ernst „Vorvertrag zur Vertragsänderung – Ein Beitrag zu Leistungsvorbehalten und Anpassungsklauseln“ in Der Betriebsberater 38. Jahrgang 1983, 1. Halbjahr, Seiten 1127 ff., Verlag Recht und Wirtschaft GmbH, Frankfurt a. M.

Sternel, Friedemann „Minderung und Zurückbehaltung der Miete – Durchsetzung und Ausschluss im bestehenden Mietverhältnis“ in Wohnungswirtschaft und Mietrecht, 55. Jahrgang 2002, Seiten 244 ff., DMB-Verlag Verlags- und Verwaltungsgesellschaft des Deutschen Mieterbundes mbH, Berlin

Stoffels, Markus AGB-Recht, 2. Auflage 2009, Verlag C. H. Beck, München

–. „Schranken der Inhaltskontrolle“ in Juristenzeitung, 56. Jahrgang 2001, Seiten 844 ff., Verlag J. C. B. Mohr (Paul Siebeck), Tübingen

–. „Gestaltungsmöglichkeiten durch Änderungskündigung?“ in Zeitschrift für Arbeitsrecht, 33. Jahrgang 2002, Seiten 401 ff., Carl Heymanns Verlag KG, Köln, Berlin, München

Tasche, Friedrich „Wege zur Änderung des Verteilungsschlüssels für die Betriebskosten bei Wohnungseigentum“ in Deutsche Notar-Zeitschrift, Jahrgang 1973, Seiten 453 ff., C. H. Beck'sche Buchdruckerei, Nördlingen

Theobald/Tehobald, EnWR Nill-Theobald, Christiane / Theobald, Christian, Grundzüge des Energiewirstchaftsrechts, 2. Auflage 2008, Verlag C. H. Beck, München

Thomas/Putzo ZPO Thomas, Heinz / Putzo, Hans (Hrsg.): Zivilprozessordnung – Kommentar, 32. Auflage 2011, Verlag C. H. Beck, München

Thomas, Stefan „Pressefreiheit im Recht der Allgemeinen Geschäftsbedingungen“ in Archiv für die civilistische Praxis, 209. Band, 2009, Seiten 84 f..; Verlag J. C. B. Mohr (Paul Siebeck), Tübingen

Thüsing Gregor Arbeitrechtlicher Diskriminierungsschutz – Das neue Allgemeine Gleichbehandlungsgesetz und andere arbeitsrechtliche Benachteiligungsverbote, 2007, Verlag C. H. Beck, München

–. „Teilzeit- und Befristungsgesetz – Oder: Von der Schwierigkeit eines Kompromisses zwischen Beschäftigungsförderung und Arbeitnehmerschutz“ in Zeitschrift für Arbeitsrecht, 35. Jahrgang 2004, Seiten 67 ff., Carl Heymanns Verlag, Köln

–. „Das Arbeitsrecht in der Kirche – Ein Nachtrag der aktuellen Entwicklungen“ in Neue Zeitschrift für Arbeitsrecht, 23. Jahrgang 2006, Seiten 306 ff., Verlag C. H. Beck, München und Frankfurt a. M.

Thüsing, Gregor / Lambrich, Thomas „Arbeitsvertragliche Bezugnahme auf Tarifnormen – Verbandsaustritt, Verbandswechsel, Betriebsübergang“ in Recht der Arbeit, 55. Jahrgang 2002, Seiten 92 ff., Verlag C. H. Beck, München

Thüsing, Gregor / Leder, Tobias „Neues zur Inhaltskontrolle von Formulararbeitsverträgen“ in Der Betriebsberater 1. Halbjahr 2004, 59. Jahrgang, Seiten 42 ff., Verlag Recht und Wirtschaft GmbH, Heidelberg

Tiedemann, Jens / Triebel, Volker „Warum dürfen sich Arbeitgeber nicht auf die Unwirksamkeit ihrer AGB-Vertragsklauseln berufen?“ in Der Betriebsberater 65. Jahrgang 2010, 2. Halbjahr, Seiten 1723 ff., Verlag Recht und Wirtschaft GmbH, Frankfurt a. M.

Timme WEG Timme, Michael (Hrsg.): Wohnungseigentumsgesetz – Gesetz über das Wohnungseigentum und das Dauerwohnrecht – Kommentar, 2010, Verlag C. H. Beck, München

Tomic, Alexander „Recht des Auftraggebers auf Zeitänderung?“ in Zeitschrift für deutsches und internationales Bau- und Vergaberecht, 33. Jahrgang 2010, Seiten 315 ff., Verlag C. H. Beck, München

–. „Vergabeverzögerung – Bauzeitänderung – Geklärtes – Ungeklärtes“ in Neue Zeitschrift für Baurecht und Vergaberecht, 11. Jahrgang 2010, Seiten 5 ff., Verlag C. H. Beck, München

Treber, Jürgen Kommentar zum Entgeltfortzahlungsgesetz und zu den wesentlichen Nebengesetzen, 2. Auflage 2007, Luchterhand, Köln

Trupp, Andreas „Die Bedeutung des § 133 BGB für die Auslegung von Willenserklärungen“ in Neue Juristische Wochenschrift, 43. Jahrgang 1990, 1. Halbband, Seiten 1346 ff., Verlag C. H. Beck, München

Uffmann, Katharina Das Verbot der geltungserhaltenden Reduktion, 2010, Mohr Siebeck, Tübingen

–. „Die Unzumutbarkeitsschwelle als neue Voraussetzung einer ergänzenden Vertragsauslegung im Arbeitsrecht? Zur Abkehr des BAG von der grundsätzlichen Zulässigkeit richterlicher Vertragsergänzung“ in Recht der Arbeit, 64. Jahrgang 2011, Seiten 154 ff., Verlag C. H. Beck, München

Ulmer, Peter Der Vertragshändler, 1969, C. H. Beck’sche Verlagsbuchhandlung, München

–. „Gestaltungsklagen im Personengesellschaftsrecht und notwendige Streitgenossenschaft“ in Festschrift für Ernst Geßler zum 65. Geburtstag, 1972, Seiten 269 ff., Verlag Franz Vahlen GmbH, München

–. „Wirtschaftslenkung und Vertragserfüllung – Zur Bedeutung staatlicher Lenkungsmaßnahmen für die vertragliche Geschäftsgrundlage –“ in Archiv für die civilistische Praxis, 174. Band, 1974, Seiten 167 ff.; Verlag J. C. B. Mohr (Paul Siebeck), Tübingen

–. „Teilunwirksamkeit von teilweise unangemessenen AGB-Klauseln – Zum Verhältnis von geltungserhaltender Reduktion und ergänzender Vertragsauslegung“ in Neue Juristische Wochenschrift, 34. Jahrgang 1981, 2. Halbband, Seiten 2025 ff., Verlag C. H. Beck, München

–. „Der Kaufpreis für Neuwagen bei Unwirksamkeit der Tagespreisklausel“ in Der Betriebsberater, 35. Jahrgang 1982, 2. Halbjahr, Seiten 1125 ff., Verlagsgesellschaft Recht und Wirtschaft mbH, Heidelberg

Ulmer/Brandner/ Hensen AGB	Ulmer, Peter / Brandner, Hans Erich / Hensen, Horst-Dieter (Hrsg.): AGB-Recht (Kommentar), 11. Auflage 2011, Verlag Dr. Otto Schmidt, Köln
Verse, Dirk A. / Wurmnest, Wolfgang	„Zur Nichtigkeit von Verträgen bei Verstößen gegen das EG-Beihilferecht" in Archiv für die civilistische Praxis, 204. Band, 2004, Seiten 855 ff.; Verlag Mohr Siebeck, Tübingen
Wagner, Matthias	„Die Rechtsprechung des BGH zu Schönheitsreparaturklauseln seit 2006" in Neue Zeitschrift für Miet- und Wohnungsrecht, 13. Jahrgang 2010, Seiten 543 ff., Verlag C. H. Beck München und Frankfurt a. M.
Walker, Wolf-Dietrich	„Die eingeschränkte Haftung des Arbeitsnehmers unter Berücksichtigung der Schuldrechtsmodernisierung" in Juristische Schulung, 42. Jahrgang 2002, Seiten 736 ff., Verlag C. H. Beck, München
Waltermann, Raimund	„Die betriebliche Übung" in Recht der Arbeit, 59. Jahrgang 2006, Seiten 257 ff., Verlag C. H. Beck, München
Wandt, Manfred	Verischerungsrecht, 4. Auflage, 2009, Carl Heymanns Verlag GmbH, Köln
–.	Änderungsklauseln in Versicherungsverträgen, 2000, Verlag Versicherungswirtschaft, Karlsruhe
–.	„Ersetzung unwirksamer ALB im Treuhänderverfahren gem. § 172 VVG" in Versicherungsrecht, 52. Jahrgang 2001, Seiten 1449 ff., Verlag Versicherungswirtschaft e. V., Karlsruhe
Weber, Martin	„Bereicherungsansprüche wegen enttäuschter Erwartung?" in Juristenzeitung, 44. Jahrgang 1989, Seiten 25 ff., Verlag J. C. B. Mohr (Paul Siebeck), Tübingen

Weipert, Lutz „Vorsorgliche Anpassung von Personengesellschaftsverträgen als Bestandteil der Pflicht zur verantwortungsbewußten Unternehmensführung“ in Zeitschrift für Unternehmens- und Gesellschaftsrecht, 19. Jahrgang 1990, Seiten 142 ff., Walter de Gruyter, Berlin, New York

Weller, Marc-Philippe Die Vertragstreue, 2009, Mohr Siebeck, Tübingen

Wendeling-Schröder/ Stein AGG Wendeling-Schröder, Ulrike / Stein, Axel (Hrsg.): Allgemeines Gleichbehandlungsgesetz, 2008, Verlag C. H. Beck, München

Wensing, Hans-Hubert

Niemann, Jan-Malte „Vertragstrafen in Formulararbeitsverträgen: § 307 BGB neben § 343 BGB? Überlegungen zum Verhältnis von Wirksamkeits- und Ausübungskontrolle“ in Neue Juristische Wochenschrift, 60. Jahrgang 2007, 1. Halbband, Seiten 401 ff., Verlag C. H. Beck, München

Westermann, Harm Peter „Die Anpassung von Gesellschaftsverträge an veränderte Umstände“ in Festschrift für Wolfgang Hefermehl zum 70. Geburtstag am 18. September 1976, Seiten 225 ff., C. H. Beck’sche Verlagsbuchhandlung, München

–. „Drittinteressen und öffentliches Wohl als Elemente der Bewertung privater Rechtsverhältnisse“ in Archiv für die civilistische Praxis, 209. Band, 2009, Seiten 141 ff.; Verlag Mohr Siebeck, Tübingen

Westphalen AGB Westphalen, Friedrich Graf von / Thüsing, Gregor (Hrsg.): Vertragsrecht und AGB-Klauselwerke, 31. Ergänzung 2012, Verlag C. H. Beck, München

Westfahlen, Friedrich, Graf von „Das Dispositionsrecht des Prinzipals im Vertragshändlervertrag“ in Neue Juristische Wochenschrift, 35. Jahrgang 1982, 2. Halbband, Seiten 2465 ff., Verlag C. H. Beck, München

–. „AGB-Recht im Jahr 2009“ in Neue Juristische Wochenschrift, 63. Jahrgang 2010, 2. Halbband, Seiten 2254 ff., Verlag C. H. Beck, München

–. „AGB-Recht im Jahr 2011“ in Neue Juristische Wochenschrift, 63. Jahrgang 2012, 2. Halbband, Seiten 2243 ff., Verlag C. H. Beck, München

Weyer, Friedhelm „Bauzeitverlängerungen aufgrund von Änderungen des Bauentwurfs durch den Auftraggeber“ in Zeitschrift für das gesamte öffentliche und zivile Baurecht, 21. Jahrgang 1990, Seiten 138 ff., Werner Verlag, Köln

Wieacker, Franz „Die Methode der Auslegung des Rechtsgeschäfts“ in Juristenzeitung, 22. Jahrgang 1967, Seiten 385 ff., Verlag J. C. B. Mohr (Paul Siebeck), Tübingen

Wiedemann, Herbert „Subjektives Recht und sozialer Bestand nach dem KSchG“ in Recht der Arbeit – Zeitschrift für die Wissenschaft und Praxis des gesamten Arbeitsrechts, 14. Jahrgang 1961, Seiten 1 ff., C. H. Beck’sche Verlagsbuchhandlung, München

–. „Das System der Leistungsstörungen im deutschen Vertragsrecht“ in Festschrift für der Rechtswissenschaftlichen Fakultät zur 600-Jahr-Feier der Universität zu Köln, 1988, Seiten 367 ff., Carl Heymanns Verlag, Köln, Berlin, Bonn, München

–. „Ergänzenden Vertragsauslegung – richterliche Vertragsergänzung“ in Festschrift für Claus-Wilhelm Canaris zum 70. Geburtstag, Band I (Hrsg.: Heldrich, Andreas / Prölss, Jürgen / Koller, Ingo / Petersen, Jens / Hager, Johannes / Singer, Reinhard / Langenbucher, Katja / Grigoleit, Christopher / Hey, Felix), 2007, Seiten 901 ff., Verlag C. H. Beck, München

Willemsen, Heinz Josef / Grau, Timon — „Geltungserhaltende Reduktion und „Besonderheiten des Arbeitsrechts" Zu den Rechtsfolgen unzulässiger Klauseln in Formulararbeitsverträgen" in Recht der Arbeit, 56. Jahrgang 2003, Seiten 321 ff., Verlag C. H. Beck, München

Willoweit, Dietmar — „Störungen sekundärer Vertragszwecke" in Juristische Schulung, 28. Jahrgang 1988, Seiten 833 ff., Verlag C. H. beck, München

Winter, Johannes — „Wirksamkeits- und Angemessenheitskontrolle bei Vertragsstrafen im Formulararbeitsvertrag" in Der Betriebsberater, 63. Jahrgang 2010, 2. Halbjahr, Seiten 2757 ff., Verlagsgesellschaft Recht und Wirtschaft mbH, Heidelberg

Wolf/Lindacher/ Pfeiffer AGB — Wolf, Manfred / Lindacher, Walter F. / Pfeiffer, Thomas (Hrsg.): AGB-Recht (Kommentar), 5. Auflage 2009, Verlag C. H. Beck, München

Wolf. Manfred / Neuner, Jörg — Allgemeiner Teil des Bürgerlichen Rechts, 10. Auflage 2012, Verlag C. H. Beck, München

Wolf, Manfred — „Gesetz und Richterrecht bei Allgemeinen Geschäftsbedingungen" in Juristenzeitung, 29. Jahrgang 1974, Seiten 465 ff., Verlag J. C. B. Mohr (Paul Siebeck), Tübingen

–. — „Inhaltskontrolle von Arbeitsverträgen" in Recht der Arbeit, 41. Jahrgang 1988, Seiten 270 ff., C. H. Beck'sche Verlagsbuchhandlung, München

Zabel, Lorenz — „Die Anforderungen an Preisanpassungsklauseln in Gas- und Fernwärmelieferverträgen" in Kommunaljurist, 8. Jahrgang 2011, Seiten 289 ff., Verlag C. H. Beck, München und Frankfurt a. M.

Zöller ZPO — Zöller, Zivilprozessordnung – Kommentar, 29. Auflage 2012 (Begr. Zöller, Richard), Verlag Dr. Otto Schmidt, Köln

Zöllner, Wolfgang — Die Anpassung von Personengesellschaftsverträgen an veränderte Umstände, 1979, C. F. Müller Juristischer Verlag, Heidelberg, Karlsruhe

–. „Vorsorgende Flexibilisierung durch Vertragsklauseln“ in Neue Zeitschrift für Arbeitsrecht, 14. Jahrgang 1997, Seiten 121 ff., Verlag C. H. Beck, München und Frankfurt a. M.

–. „Vertragskontrolle und Gerechtigkeit“ in Beilage zu Neue Zeitschrift für Arbeitsrecht, 23. Jahrgang 2006, Seiten 99 ff., Verlag C. H. Beck, München und Frankfurt a. M.

Sachverzeichnis

Schriften zum Arbeitsrecht und Wirtschaftsrecht

Herausgegeben von Abbo Junker

Band 1 Christoph-N. Lerche: Der Europäische Betriebsrat und der deutsche Wirtschaftsausschuß. Eine vergleichende Analyse der betrieblichen Mitwirkung der Arbeitnehmer vor dem Hintergrund der Globalisierung der Märkte. 1997.

Band 2 Christian Walter Mecke: Zur rechtlichen Verbindlichkeit kollektiver Vereinbarungen in England. 1997.

Band 3 Katja Francke: Die betriebliche Mitwirkung der Arbeitnehmer in Belgien. Unter Berücksichtigung vergleichender Aspekte zum deutschen Betriebsverfassungsrecht. 1997.

Band 4 Christian Schulze: Die Zulässigkeit einstweiliger Verfügungen gegen Betriebsänderungen. 1998.

Band 5 Stefan Miersch: Die Rechtsfolgen mitbestimmungswidriger Maßnahmen für das Arbeitsverhältnis. Eine zivilrechtsdogmatische Untersuchung. 1998.

Band 6 Heike Wegner: Internationaler Verbraucherschutz beim Abschluß von Timesharingverträgen: § 8 Teilzeitwohnrechtegesetz. 1998.

Band 7 Julia Wichmann: Dienstleistungsfreiheit und grenzüberschreitende Entsendung von Arbeitnehmern. 1998.

Band 8 Johann-Volker Peter: Société par actions simplifiée (S.A.S.). Die Vereinfachte Aktiengesellschaft in Frankreich, eine Rechtsform für die Kooperation von Unternehmen. 1999.

Band 9 Sylvia Schnelle: Der Europäische Betriebsrat in Spanien. Zugleich eine Einführung in das spanische Recht der Arbeitnehmervertretung. 1999.

Band 10 Viktoria Bornhagen: Die Zumutbarkeit als Rechtsgedanke im Arbeitsrecht. 1999.

Band 11 Thorsten Schacht: Der Übereilungsschutz beim arbeitsrechtlichen Aufhebungsvertrag. Arbeitnehmerschutz bereits de lege lata? 2000.

Band 12 Marcus Hellmann: Immobilienkauf nach spanischem Recht. 1999.

Band 13 Nicolaus Johannes Ehinger: Die juristischen Personen des öffentlichen Rechts als herrschende Unternehmen. 2000.

Band 14 Alexander Lentz: Das kollektive Arbeitsrecht der Republik Südafrika. Eine Untersuchung mit Bezügen zum deutschen Recht. 2000.

Band 15 Michaela Brunssen: Der Arbeitgeberverbandswechsel. Tarifrechtliche und arbeitskampfrechtliche Konsequenzen. 2000.

Band 16 Morten Petersenn: Das Recht des Grundstückskaufs in Südafrika. 2000.

Band 17 Stefan Krüger: Die umwandlungsrechtliche Haftungsregelung bei der Betriebsaufspaltung und ihre Analogiefähigkeit. 2001.

Band 18 Jürgen Kitzinger: Der GmbH-Geschäftsführer zwischen Arbeits- und Gesellschaftsrecht. Im Blickpunkt: Zuständigkeit der Arbeitsgerichte. 2001.

Band 19 Anja Ruge: Die Lohnersatzansprüche ehemaliger Zwangsarbeiter gegen deutsche Industrieunternehmen. 2001.

Band 20 Michael Knoll: Die Sozialauswahl im Arbeitsrecht. 2001.

Band 21 Britta Albrecht: Mediation im Arbeitsrecht. Individualarbeitsrecht und Betriebsverfassungsrecht. 2001.

Band 22 Annusch Barten: Das System der Arbeitnehmervertretung in Frankreich. 2001.

Band 23 Diane Westera: Der Wiedereinstellungsanspruch nach wirksamer Kündigung. 2001.

Band 24 Kristin Doerlich: Die Tariffähigkeit der Gewerkschaft. Eine Analyse der Mächtigkeitsrechtsprechung des Bundesarbeitsgerichts im Lichte neuerer Erfahrungen. 2002.

Band 25 Tina Witten: Vertragsgestaltung und Gesetzesbindung im Recht der Zeitarbeit. 2002.

Band 26 Martin Hellfeier: Die Leistungszeit im Arbeitsverhältnis. Eine Untersuchung zum Fixschuldcharakter der Arbeitspflicht und zu den Folgen ihrer Nichterfüllung. 2003.

Band 27 Almut Maulshagen: Betriebliche Arbeitskampfregelungen. 2003.

Band 28 Maren Band: Tarifkonkurrenz, Tarifpluralität und der Grundsatz der Tarifeinheit. 2003.

Band 29 Manuela Schulz: Der Bereitschaftsdienst in öffentlich-rechtlich organisierten Krankenhäusern. Eine rechtliche Bewertung. 2003.

Band 30 Felix Benedikt: Die Kürzung von Tariflöhnen zur Sanierung. Eine verfassungskonforme Auslegung des § 3 III TVG entsprechend § 626 BGB. 2003.

Band 31 Tim Kaden: Individuelle Bündnisse für Arbeit und Günstigkeitsprinzip. 2003.

Band 32 Simone Kreiling: Die Erstreckung betrieblicher und betriebsverfassungsrechtlicher Tarifnormen auf Außenseiter. 2004.

Band 33 Carsten Beck: Betriebliche Mitbestimmung und Kündigungsschutz. Die Funktionen betrieblicher Mitbestimmung im und deren Einfluß auf den Kündigungsschutz nach dem KSchG. 2004.

Band 34 Jost Eder: Die Regelungsabrede als Alternative zur Betriebsvereinbarung bei der Gestaltung materieller Arbeitsbedingungen. 2004.

Band 35 Christian Pfab: Wirkungsweise und Reichweite tarifvertraglicher Öffnungsklauseln. 2004.

Band 36 Julia Amlang: Die unternehmerische Entscheidungsfreiheit bei „betriebsbedingten Kündigungen" im europäischen Rechtsvergleich. Kündigung aus wirtschaftlichen Gründen in Deutschland, Frankreich, Spanien, Großbritannien und Schweden. 2005.

Band 37 Alida Milthaler: Das Fragerecht des Arbeitgebers nach den Vorstrafen des Bewerbers. 2006.

Band 38 Doreen Peter: Nebentätigkeiten von Arbeitnehmern. Interessenkollisionen von Arbeitgebern und Arbeitnehmern. 2006.

Band 39 Julia V. C. Bartlog: Das Verhältnis von Gesetz und Tarifvertrag. 2006.

Band 40 Michael Fuhlrott: Der geschädigte Arbeitnehmer. Zur Verfassungsmäßigkeit des Ausschlusses von Schmerzensgeld in der Unfallversicherung sowie zur Herleitung der Haftung bei Eigenschäden im Hinblick auf das Verschuldensprinzip. 2006.

Band 41 Femke Reinecke: Leistungsbestimmung des Arbeitnehmers. 2006.

Band 42 Maria M. Bausback: Der Bestandsschutz des Arbeitsverhältnisses auf europäischer und internationaler Ebene. Entwicklungen vom Mittelalter bis zur Gegenwart. Teil 1 / Teil 2. 2007.

Band 43 Jens Günther: AGB-Kontrolle von Arbeitsverträgen. Analyse der deutschen Rechtslage nach der Schuldrechtsreform und vergleichende Betrachtung des österreichischen Kontrollsystems. 2007.

Band 44 Claudiana Triskatis: Ethikrichtlinien im Arbeitsrecht. 2008.

Band 45 Annette Bruder: Die Weitergabe von Insiderinformationen durch Arbeitnehmervertreter. 2008.

Band 46 Ute Dietrich: Nichtraucherschutz am Arbeitsplatz. 2008.

Band 47 Markus Ebert: Übertragung und Zuordnung von Versorgungsverpflichtungen gegenüber Arbeitnehmern im Rahmen einer umwandlungsrechtlichen Spaltung. 2008.

Band 48 Susanne Schneider: Broad-based Black Economic Empowerment in der Republik Südafrika. 2008.

Band 49 Mandy Reichel: Die Einbeziehung des Außenseiter-Arbeitgebers in den Verbandsarbeitskampf. 2008.

Band 50 Abbo Junker (Hrsg.): Betriebsübergang in Europa. Symposion aus Anlass des 10-jährigen Bestehens der Schriften zum Arbeitsrecht und Wirtschaftsrecht am 10.10.2008 in München. 2009.

Band 51 Till Bender: Vorschläge zur Neuordnung des Sonderkündigungsschutzes nach MuSchG und SGB IX. 2009.

Band 52 Manuela Rauch: Die geschlechtsbezogene Diskriminierung am Arbeitsplatz nach kalifornischem Recht. 2009.

Band 53 Tina Luise Allenberg: Das französische règlement intérieur d'entreprise. Die Arbeitsordnung im französischen Arbeitsrecht. 2009.

Band 54 Bernd Haas: Anwaltliches Mandatsverhältnis zum Betriebsrat. 2009.

Band 55 Martin Fröhlich: Die erweiterte Weisungsbefugnis des Arbeitgebers im spanischen Recht. 2009.

Band 56 Stefanie Lorenzen: Inhaltskontrolle beim Betriebsübergang. Die Anpassung tariflicher Arbeitnehmerpflichten nach Privatisierungen. 2009.

Band 57 Oliver E. Aldea: Das französische Kündigungsrecht im Spannungsfeld von Abfindungen und Bestandsschutz. 2010.

Band 58 Wolfgang Stock: Die Einsetzung einer Transfergesellschaft. Unter besonderer Berücksichtigung betriebsverfassungs- und arbeitsförderungsrechtlicher Vorgaben. 2010.

Band 59 Claudia Hagedorn: Zulässigkeit und Grenzen von Tarifsozialplänen. 2010.

Band 60 Daniela Quink: Inhaltskontrolle von Freiwilligkeitsvorbehalten in Arbeitsverträgen. 2010.

Band 61 Kathrin Kentner: Arbeitskampfmittel der Arbeitgeber. 2010.

Band 62 Angela Nunes Fernandes Gil Wolf: Arbeitnehmereinsatz im Ausland. Das auf doppelte Arbeitsverhältnisse anwendbare Recht am Beispiel der Vertragsgestaltung eines internationalen Konzerns. 2010.

Band 63 Annemarie Berthold: Whistleblowing in der Rechtsprechung des Bundesarbeitsgerichts. 2010.

Band 64 Malte Koch: Die Beteiligung von Arbeitnehmervertretern an Aufsichtsrats- und Verwaltungsratsausschüssen einer Europäischen Aktiengesellschaft. 2011.

Band 65 Agnes Maria Kollerbaur: Die französische Arbeitsinspektion. Eine Untersuchung unter besonderer Berücksichtigung ihrer Rolle bei Kündigungen. 2011.

Band 66 Marcus Christian Leinenweber: Landesschlichtungsgesetze? 2011.

Band 67 Frederike Cathérine Gärtner: Die gesetzliche Regulierung von Bahnstreiks in Frankreich. Arbeitskampf vs. Kontinuität öffentlicher Dienstleistungen. 2011.

Band 68 Carolin van Straelen: Der Rollenkonflikt des Arbeitnehmervertreters zwischen Betriebsratsmitglied und Gewerkschaftsfunktionär. 2012.

Band 69 Anna Maria Jordan: Entgeltdiskriminierung in Frauenberufen? 2012.

Band 70 Dominic Köstner: Compliance-Richtlinien im Unternehmen. Arbeits- und datenschutzrechtliche Implementierungsaspekte. 2012.

Band 71 Michael Kobler: Fremdeinflüsse auf die tarifliche Willensbildung. 2012.

Band 72 Anne Kraas: Zulässigkeit und Grenzen der arbeitsvertraglichen Entgeltflexibilisierung. 2012.

Band 73 Melanie Amann: Die Belegschaftsabstimmung. 2012.

Band 74 Christina Mennemeyer: „Dritter Weg" und rechtliche Grenzen der Flexibilisierung des Arbeitsrechts der katholischen Kirche. 2012.

Band 75 Joël Philipp Hofmann: Rechtsmissbrauch und Verwirkung bei Widerspruch gegen den Übergang des Arbeitsverhältnisses nach § 613a BGB. 2013.

Band 76 Jennifer Junker: Das Recht der Arbeitnehmerüberlassung in Japan. 2013.

Band 77 Gabriele Geiselhart: Tarifliche Regelungsmacht bei Haustarifverträgen und Unternehmerfreiheit. Dargestellt am Beispiel von Standortgarantien und Zeitarbeitsquoten. 2013.

Band 78 Lorenz Sylvester Mitterer: AGB-Korrektur in Dauer- und Langzeitschuldverhältnissen. 2013.